Recuperação Judicial e Falência

CB081041

Recuperação Judicial e Falência

MÉTODOS DE SOLUÇÃO DE CONFLITOS

BRASIL E PORTUGAL

2022

Coordenação
António Júdice Moreira
Asdrubal Franco Nascimbeni
Christiana Beyrodt
Mauricio Morais Tonin
Paulo Furtado de Oliveira Filho

ALMEDINA

RECUPERAÇÃO JUDICIAL E FALÊNCIA
MÉTODOS DE SOLUÇÃO DE CONFLITOS
© Almedina, 2022
COORDENAÇÃO: António Júdice Moreira, Asdrubal Franco Nascimbeni, Christiana Beyrodt, Mauricio Morais Tonin e Paulo Furtado de Oliveira Filho

DIRETOR ALMEDINA BRASIL: Rodrigo Mentz
EDITORA JURÍDICA: Manuella Santos de Castro
EDITOR DE DESENVOLVIMENTO: Aurélio Cesar Nogueira
ASSISTENTES EDITORIAIS: Isabela Leite e Larissa Nogueira

DIAGRAMAÇÃO: Almedina
DESIGN DE CAPA: FBA

ISBN: 9786556274454
Fevereiro, 2022

Dados Internacionais de Catalogação na Publicação (CIP)
(Câmara Brasileira do Livro, SP, Brasil)

Recuperação judicial e falência : métodos de solução de conflitos / coordenação António Júdice Moreira...[et al.]. -- 1. ed. – São Paulo : Almedina, 2022.
Vários autores. Outros coordenadores: Asdrubal Franco Nascimbeni, Christiana Beyrodt, Mauricio Morais Tonin, Paulo Furtado de Oliveira Filho

Bibliografia.
ISBN 978-65-5627-445-4

1. Empresas - Recuperação - Leis e legislação 2. Falência - Brasil 3. Falência - Leis e legislação - Brasil 4. Recuperação judicial (Direito) - Brasil 5. Recuperação judicial de empresas - Brasil 6. Solução de conflitos (Direito) I. Moreira, António Júdice. II. Nascimbeni, Asdrubal Franco. III. Beyrodt, Christiana. IV. Tonin, Mauricio Morais. V. Oliveira Filho, Paulo Furtado de.

21-92087 CDU-347.736(81)

Índices para catálogo sistemático:

1. Brasil : Recuperação judicial : Empresas : Direito 347.736(81)

Cibele Maria Dias - Bibliotecária - CRB-8/9427

Este livro segue as regras do novo Acordo Ortográfico da Língua Portuguesa (1990).

Todos os direitos reservados. Nenhuma parte deste livro, protegido por copyright, pode ser reproduzida, armazenada ou transmitida de alguma forma ou por algum meio, seja eletrônico ou mecânico, inclusive fotocópia, gravação ou qualquer sistema de armazenagem de informações, sem a permissão expressa e por escrito da editora.

EDITORA: Almedina Brasil
Rua José Maria Lisboa, 860, Conj.131 e 132, Jardim Paulista | 01423-001 São Paulo | Brasil
editora@almedina.com.br
www.almedina.com.br

SOBRE OS COORDENADORES

António Júdice Moreira

Advogado Sénior na área de Resolução de Litígios em Lisboa, Portugal. Tem cerca de 15 anos de experiência em resolução de litígios, focados em contencioso e nos últimos 10 anos em arbitragem e mediação. Ao longo dos últimos anos, esteve envolvido como advogado em dezenas de arbitragens, tanto internacionais como domésticas, à luz de vários regulamentos arbitrais e com sede em vários países. Representa clientes de vários setores, nomeadamente energia, transporte, turismo, construção e comércio internacional. LL.M. em International Legal Studies pela Georgetown University — Law Center em Washington DC. Membro da APA — Associação Portuguesa de Arbitragem. Mediador certificado pelo ICFML Membro da Comissão de ADR e Arbitragem da CCI em Paris.

Asdrubal Franco Nascimbeni

Advogado. Bacharel e Mestre em Direito Processual Civil, pela Faculdade de Direito da USP. Doutor em Direito das Relações Econômicas Internacionais, pela PUC-SP. Especialista em: Bioética e Biodireito (PUC-Cogeae), Direito Tributário (Instituto Internacional de Ciências Sociais — ICCS/CEU) e Mediação e Arbitragem (FGVLaw-Ead). Vice-presidente da Comissão de Direito Empresarial da OAB-SP (2013-15). Membro Consultor da Comissão Especial de Mediação, Conciliação e Arbitragem, do Conselho Federal da OAB (2015). Membro da Comissão de Mediação e Arbitragem da OAB-SP (2016-18) e atual Secretário-Geral da referida Comissão (2019-2021). Componente das listas de árbitros de diversas Câmaras de Mediação e de Arbitragem.

Christiana Beyrodt

Fundadora e COO da empresa DSD2B que se dedica ao design de solução de disputas para empresas. Secretária Geral da Med Arb Rb, especializada em Mediação, Arbitragem e outros métodos adequados de Resolução de Conflitos para empresas em reestruturação. Advogada especializada contencioso cível estratégico empresarial, arbitragem e mediação, com especializações em direito processual civil, direito tributário, contratos, principalmente em casos envolvendo construção, infraestrutura, energia, telecomunicações, regulamentação do setor de saúde, prestação de serviços, franquias, lawtechs, entre outros. Experiência em controle estratégico de departamento jurídico de grandes empresas e na gestão de Centros de Arbitragem e Mediação. Atuou por 7 (sete) anos como Assessora Jurídica da Presidência do Centro de Arbitragem e Mediação da Câmara de Comércio Brasil — Canadá — CAM/CCBC, como consultora na formação do CAMITAL e como Community Manager na startup Mediação Online — MOL. Mediadora certificada pelo ICFML, capacitada com formações nos termos da resolução 125/2010 do CNJ, especializada em mediação transformativa pelo IMAB, com experiência em mediação empresarial geral, envolvendo empresas familiares, franquias, família, recuperação de empresas, entre outros. Fundadora e Coordenadora do Grupo Café com Mediação. Coordenadora do Comitê de ODR (Online Dispute Resolution) do CONIMA. Membro da Comissão de Advocacia na Mediação da OAB/SP. Membro da Comissão de Arbitragem da OAB/SP. Formada em Direito pela Pontifícia Universidade Católica de São Paulo — PUC/SP (1993-1997), Especialização em Direito Processual Civil — FADISP (2008), Especialização em Direito Tributário — PUC-COGEAE — Pontifícia Universidade Católica de São Paulo — PUC/SP (1999-2000), Aluna especial no Curso de Acordos com a Administração Pública, ministrado pelo professor Gustavo Justino de Oliveira para o Mestrado e Doutorado USP (2019).

Mauricio Morais Tonin

Doutor e Mestre em Direito Processual Civil pela Universidade de São Paulo — USP. Bacharel em Direito pela Universidade de São Paulo — USP. Procurador do Município de São Paulo. Mediador Judicial capacitado pelo Instituto dos Advogados de São Paulo — IASP. Membro da Comissão Especial de Arbitragem da OAB/SP. Membro da Task Force de Mediação com a Administração Pública do CAM-CCBC. Autor do livro “Arbitragem,

Mediação e Outros Métodos de Solução de Conflitos Envolvendo o Poder Público", publicado pela Editora Almedina em 2019, e de artigos jurídicos em periódicos e obras coletivas. Advogado. Professor. Atuação como árbitro.

Paulo Furtado de Oliveira Filho
Bacharel em Direito pela Faculdade de Direito da Universidade de São Paulo (USP), em 1994. Mestrando em Direito Comercial pela USP. Juiz de Direito da 2ª Vara de Falências e Recuperações Judiciais da Comarca de São Paulo. Palestrante em diversos eventos voltados à área de Falências e Recuperações Judiciais de empresas. Coordenador dos Núcleos Regionais da Escola Paulista da Magistratura. Palestrante em diversos eventos voltados à área de Falências e Recuperações Judiciais de empresas. Coautor das obras, como: Temas de Mediação e Arbitragem II, publicada em 2018 pela Editora LEX, coordenada por Asbrubal Franco Nascimbeni, Maria Odete Bertasi e Ricardo Borges Ranzolin, Editora LEX, 2018; Comentários ao Código de Processo Civil. Perspectivas da Magistratura. Coordenação de Silas Silva Santos, Fernando Antonio Maia da Cunha, Milton Paulo de Carvalho Filho e Antonio Rigolin. RT. 2018.

SOBRE OS AUTORES

Adolfo Braga Neto

Mestre em Direito Civil pela PUC-SP. Especialista em Direitos Coletivos de Difusos pela ESMP-SP. Graduado em Direito pela USP. Presidente do Conselho de Administração do IMAB — Instituto de Mediação e Arbitragem do Brasil. Diretor de Relações Internacionais do CONIMA — Conselho Nacional das Instituições de Mediação e Arbitragem. Diretor do ISCT — *Institute for the Study of Conflict Transformative*. Advogado.

Ana Maria Maia Gonçalves

Mediadora Internacional. Fundadora do Instituto de Certificação e Formação de Mediadores Lusófonos — ICFML, Membro do Painel de Mediadores do Office of the Ombudsman for United Nations Funds and Programmes.

Andréa Galhardo Palma

Master in Law (LLM) in International Commercial Arbitration na PennState University (EUA). Especialista em International Commercial Arbitration pela Columbia University (EUA), em Arbitragem Doméstica pela Fundação Getúlio Vargas (FGV). Fellow do Chartered Institute of Arbitrators (FCiarb). Juíza de Direito da 2ª Vara Empresarial Regional e de Conflitos Relacionados à Arbitragem da 1ª RAJ de São Paulo.

Catarina Serra

Agregada em Ciências Jurídicas Privatísticas pela Universidade do Minho. Doutora em Ciências Jurídico-Empresariais pela Universidade de Coimbra. Mestre em Ciências Jurídico-Empresariais pela Universidade de Coimbra.

Licenciada em Direito pela Universidade de Coimbra. Professora Associada com Agregação da Escola de Direito da Universidade do Minho.

Cátia Sofia Marques Cebola
Professora Adjunta na Escola Superior de Tecnologia e Gestão do Politécnico de Leiria — Portugal. Coordenadora do polo de investigação IJP-PLeiria. Formadora e Coordenadora Pedagógica do Instituto de Certificação e Formação de Mediadores Lusófonos — ICFML.

César Augusto Martins Carnaúba
Mestrando em Direito Processual pela USP. Professor do Programa de Pós-Graduação em Direito do IBMEC-SP. Advogado e mediador.

Domingos Fernando Refinetti
Bacharel em Direito pela Faculdade de Direito da USP. Especialista em Administração de Empresas pela FGV EASP (CEAG-FGV). Advogado, Árbitro e Mediador.

Elias Mubarak Júnior
Advogado, Sócio do Mubarak Advogados Associados. Mediador inscrito no TJSP. Especialista em Direito Empresarial pela UNESP. Membro efetivo da Comissão Especial de Estudos de Recuperação Judicial e Falências da OAB — Seção de São Paulo. Conselheiro do Conselho Empresarial de Competitividade e Ambiente de Negócios da Associação Comercial do Rio de Janeiro — ACRJ. Vice-presidente do Instituto Brasileiro de Insolvência, IBAJUD e Presidente da Med Arb RB.

Francisco da Cunha Matos
Advogado, Associado PLMJ Resolução de Litígios. Mestrado em Ciências Jurídico-Filosóficas pela Faculdade de Direito da Universidade de Coimbra. Doutorando em Ciências Jurídico-Empresariais na Faculdade de Direito da Universidade de Coimbra.

Frederico Antonio Oliveira de Rezende
Mestre em Direito e INSOL International Fellow. Palestrante e Professor em Direito Insolvencial. Advogado e Administrador Judicial.

Gabriel Augusto Luís Teixeira Gonçalves
Procurador da Fazenda Nacional. Foi procurador-chefe da Divisão de Assuntos Fiscais e coordenador do Núcleo de Falências e Recuperações Judiciais em São Paulo. Atual Procurador-Chefe da Dívida Ativa na Procuradoria Regional da Fazenda Nacional da 3ª Região. Pós-graduado em Direito Tributário pelo IBET.

Gustavo Lacerda Franco
Doutorando e Mestre em Direito Comercial pela Faculdade de Direito da USP, em que se graduou. Advogado.

Irini Tsouroutsoglou
MBA Executivo, Direito Empresarial pela Fundação Getulio Vargas — FGV. Pós-Graduação, Direito Privado pela Universidade Candido Mendes — UCAM. Professora Convidada pela Escola Superior de Advocacia, ESA/RJ. Advogada. Administradora Judicial. Membro da Comissão Especial de Juristas na elaboração do Novo Código Comercial, Projeto de Lei no Senado Federal nº 487/2013. Presidente no Conselho Empresarial de Competitividade e Ambiente de Negócios, na Associação Comercial do Estado do Rio de Janeiro — ACRJ. Membro da Comissão Permanente de Direito Falimentar e Recuperacional do Instituto dos Advogados de São Paulo — IASP. Membro do International Women's Insolvency & Restrutucturing Confederation — IWIRC. Membro da ABJ — Associação Brasileira de Jurimetria. Coordenadora da Coordenação de Estudos de Direito Recuperacional e Falimentar da Escola Superior de Advocacia da OAB/BARRA. Membro do CMR — Centro de Mulheres na Reestruturação Empresarial; Membro da Comissão Especial de Direito Empresarial na OAB/RJ. Membro da Comissão Especial de Recuperação Judicial, Extrajudicial e Falências da OAB/RJ. Membro da Comissão de Assuntos Legislativos na OAB/RJ.

Ivo Bari Ferreira
Bacharel em Direito pela FGV SP. Mestre em Direito Comercial pela Faculdade de Direito da USP. Professor de Contencioso Empresarial do Insper. Advogado.

Joana Gomes Baptista Bontempo
Bacharela em Direito pela Milton Campos-MG. Advogada.

João Paulo Betarello Dalla Mulle
Advogado. Especialista em Direito Processual Civil pela USP-FDRP. Presidente da Med Arb RB.

José Laurindo de Souza Netto
Pós-doutor pela Faculdade de Direito da Universidade Degli Studi di Roma La Sapienza, com Estágio de Pós-doutorado em Portugal e Espanha. Professor de Direito Processual no curso de mestrado da Universidade Paranaense UNIPAR. Desembargador Presidente do Tribunal de Justiça do Estado do Paraná.

Juliana Della Valle Biolchi
Mestre em Direito das Relações Sociais pela UFPR e em Direitos Humanos e Desenvolvimento pela UPO. Advogada.

Luiz Antonio Sampaio Gouveia
Advogado, Sócio da Sampaio Goveia Advogados Associados.

Luiz Fernando Valente de Paiva
Mestre em Direito Comercial pela PUC-SP. LL.M pela Northwestern University. Advogado.

Luiz Gustavo Bacelar
Mestre em Direito pela Pontifícia Universidade Católica de São Paulo. Palestrante e Professor em Direito Insolvencial. Advogado.

Marcelo Barbosa Sacramone
Doutor e Mestre em Direito Comercial pela Universidade de São Paulo. Advogado e parecerista. Ex-juiz de Direito da 2ª Vara de Recuperações e Falências de São Paulo. Professor de direito empresarial na Pontifícia Universidade Católica de São Paulo, Insper e Ibmec-SP.

Nathalia Mazzonetto
Doutora e Mestre em Direito Processual Civil pela USP. Especialista em Direito Processual Civil e Arbitragem pela Università degli Studi di Milano e especialista em Propriedade Intelectual pela Univesità Commerciale Luigi Bocconi e pela Fundação Getúlio Vargas (GV Law-SP). Graduada em Direito pela PUC-SP. Advogada, sócia de Müller Mazzonetto.

Nuno Líbano Monteiro
Advogado, Sócio PLMJ Resolução de Litígios.

Rita Dias Nolasco
Procuradora da Fazenda Nacional. Atuou na Divisão de Grandes Devedores e na Divisão de Planejamento da PRFN da 3ª Região. Doutora em Direito pela PUC/SP. Adjunta da Direção da Escola da AGU. Professora de Direito Processual Civil na Pós-Graduação da COGEAE PUC/SP e da Escola da AGU. Diretora Regional do Instituto Brasileiro de Direito Processual (IBDP).

Rodrigo D'Orio Dantas
Especialista, Mestre e Doutor em Direito pela PUC-SP. Administrador Judicial, mediador, advogado e professor de Direito. Psicanalista com mestrado em psicanálise pela UK John Kennedy.

Ronaldo Vasconcelos
Doutor e Mestre em Direito Processual pela USP. Professor da Faculdade de Direito da Universidade Presbiteriana Mackenzie. Advogado.

Samantha Mendes Longo
Mestranda em Direito Empresarial e Cidadania pela UNICURITIBA. LLM. em Direito Empresarial pelo IBMEC/RJ. Negotiation and Leadership Program na Harvard University.
Sócia do Longo Abelha Advogados. Membro do Grupo de Trabalho de recuperação empresarial e membro do Comitê Gestor de Conciliação, ambos do Conselho Nacional de Justiça. Secretária das Comissões de Recuperação Judicial e de Mediação, ambas do Conselho Federal da OAB. Professora da Escola da Magistratura do Rio de Janeiro e de cursos de pós-graduação. Coordenadora da coluna Migalhas Consensuais.

Valeria Ferioli Lagrasta
Juíza de Direito da 2ª Vara da Família e das Sucessões da Comarca de Jundiaí. Especialista em Métodos de Soluções Alternativas de Conflitos Humanos pela Escola Paulista da Magistratura (EPM). Mestranda em Direito pelo CEDES — Centro de Estudos de Direito Econômico e Social. Doutoranda em Direito pela UNINOVE — Universidade Nove de Julho.

NOTA DOS COORDENADORES

Após a bem-sucedida publicação da obra coletiva "Mediação e Arbitragem na Administração Pública — Brasil e Portugal", em 2020, por essa mesma Editora Almedina, surgiu a ideia da elaboração desta nova obra sobre métodos adequados de solução de conflitos.

O recorte para a recuperação judicial e falência se deu em razão do aumento da utilização da mediação nesses casos, sobretudo com a alteração promovida pela Lei nº 14.112/2020 no Brasil, acompanhada do grande interesse de profissionais do Direito por produção acadêmica sobre o tema.

Ao grupo de coordenadores brasileiros, agregou-se o Dr. Paulo Furtado de Oliveira Filho, com toda a sua experiência de magistrado na 2ª Vara de Falências e Recuperação Judiciais da Comarca de São Paulo.

Novamente, a obra contém artigos de autores brasileiros e portugueses, permitindo aos leitores uma visão internacional e abrangente sobre o tema proposto. O resultado, mais uma vez, é de uma excelente obra acadêmica que, assim esperamos, ficará marcada como referência no assunto.

Reiteramos o agradecimento à Almedina, aos autores que aceitaram participar conosco desse ambicioso projeto e ao ilustre prefaciador da obra, Desembargador Manoel de Queiroz Pereira Calças.

Por fim, desejamos a todos uma ótima leitura.

Lisboa e São Paulo, 8 de novembro de 2021.

António Júdice Moreira,
Asdrubal Franco Nascimbeni,
Christiana Beyrodt,
Mauricio Morais Tonin e
Paulo Furtado de Oliveira Filho

PREFÁCIO

Honram-me os eminentes advogados António Júdice Moreira, Asdrubal Franco Nascimbeni, Christiana Beyrodt Cardoso, Mauricio Morais Tonin e o magistrado Paulo Furtado de Oliveira Filho com o convite para a apresentação deste primoroso livro por eles coordenado, "Recuperação Judicial e Falência: métodos de solução de conflitos", editado pela prestigiosa Editora Almedina.

Os coordenadores da Obra, juristas de reconhecida competência profissional e acadêmica, lograram reunir um extraordinário e seleto grupo de profissionais da área jurídica, com destacada atuação aquém e além-mar, tanto em Portugal, como no Brasil, ao aliarem à pesquisa acadêmica o exercício da advocacia, da magistratura, do magistério, da promotoria e da procuradoria de justiça, da arbitragem, da mediação e da administração judicial, em processos de Recuperação de Empresas e de Falência.

São seus coautores Valéria Ferioli Lagrasta, Samantha Mendes Longo, Elias Mubarak Júnior, João Paulo Betarello Dalla Mulle, Adolfo Braga Neto, Nathalia Mazzonetto, César Augusto Martins Carnaúba, Ronaldo Vasconcelos, Domingos Fernando Refinetti, Ivo Bari Ferreira, Gustavo Lacerda Franco, Andréa Galhardo Palma, Marcelo Barbosa Sacramone, Frederico Antonio Oliveira de Rezende, Luiz Gustavo Bacelar, Juliana Della Valle Biolchi, Luiz Fernando Valente de Paiva, Joana Gomes Baptista Bontempo, Rodrigo D'Orio Dantas de Oliveira, Gabriel Augusto Luís Teixeira Gonçalves, Rita Maria Dias Nolasco, Luiz Antonio Sampaio Gouveia, Irini Tsouroutsoglou Pires, José Laurindo de Souza Netto, Ana Maria Maia Gonçalves, Cátia Sofia Marques Cebola, Catarina Serra, Nuno Líbano Monteiro e Francisco da Cunha Matos.

Imantados pela liberdade acadêmica, os consagrados coordenadores e autores deste livro harmonizaram a teoria e a prática jurídicas, ao debaterem e sustentarem os respectivos posicionamentos em relação aos diversos institutos objeto dos estudos apresentados, com aplausos, críticas, concordâncias, discordâncias, sugestões, e ao conferirem ênfase especial aos métodos consensuais de solução de conflitos, notadamente à mediação, à negociação e à conciliação nos processos — judicial e extrajudicial — de Recuperação de Empresas e de Falência, além de nos demais conflitos de natureza empresarial.

Levada a efeito pela Lei nº 14.112, de 24 de dezembro de 2020, a Reforma da Lei brasileira de Recuperação de Empresas e de Falência é examinada por todos esses juristas sob um prisma crítico, acadêmico e prático, no cenário da pandemia da covid-19, de modo que cumpre realçar a profunda análise por eles elaborada, sob a ótica das modificações implementadas pelo legislador pátrio, notadamente as inovações inseridas na Lei nº 11.101, de 9 de fevereiro de 2005, concernentes à regulamentação das conciliações e das mediações antecedentes ou incidentais nos processos de recuperação judicial e extrajudicial, bem como à disciplina da insolvência transnacional ou transfronteiriça, a colmatarem, destarte, omissão legislativa anteriormente anotada pela melhor doutrina e pela hodierna jurisprudência especializada em reestruturação e liquidação de empresas em crise econômico-financeira.

Encerrando estas singelas notas, agradeço aos coordenadores e aos autores desta Obra o prestígio e a distinção que me concederam pelo privilégio de sua apresentação à comunidade jurídica luso-brasileira.

MANOEL DE QUEIROZ PEREIRA CALÇAS

SUMÁRIO

1.
CEJUSC EMPRESARIAL OU ADEQUADA FORMAÇÃO DE CONCILIADORES E MEDIADORES?

Valeria Ferioli Lagrasta

Introdução

Há muitos anos vivemos uma crise na Justiça, podendo ser elencados como causadores dessa crise, a morosidade, a falta de investimento em estrutura, pessoal, na capacitação de magistrados e servidores, a exposição de magistrados na mídia, dentre outros.

Por outro lado, grande parte da crise se deve à excessiva judicialização dos conflitos, encontrando-se o Estado, bancos e empresas de diversas áreas e portes, entre os maiores demandantes e demandados.

Em 2011, a lista dos maiores litigantes nacionais era assim composta: INSS — Instituto Nacional de Seguro Social — 22,33%; CEF — Caixa Econômica Federal — 8,50%; Fazenda Nacional — 7,45%; União — 16,73%; Banco do Brasil S/A — 4,24%; e Estado do Rio Grande do Sul — 7, 73%.[1]

[1] CONSELHO NACIONAL DE JUSTIÇA. 100 maiores litigantes. 2011. Disponível em: http://www.cnj.jus.br/images/pesquisas-judiciarias/pesquisa_100_maiores_litigantes.pdf. Acesso em 27.jul.2021.

Mais recentemente, em decorrência da pandemia da Covid-19, as pequenas e médias empresas entraram para o rol dos litigantes habituais, devido às grandes dificuldades econômico-financeiras que lhes foram impostas: na segunda quinzena de agosto de 2020, 33,5% das empresas apresentaram efeitos negativos da pandemia nos negócios; 32,9% demonstraram diminuição em produtos ou serviços comercializados e 46,8% indicaram dificuldades para acessar fornecedores de insumos, matérias-primas ou mercadorias;[2] atingindo a taxa de desemprego da população brasileira, em setembro de 2020, a ordem de 14,4%.[3] Tudo isso, fez com que, em 2020, comparado ao ano de 2019, houvesse um aumento de 12,7% nos pedidos de falência, e de 13,4% nos pedidos de recuperação judicial.[4]

Mas não podemos olvidar, que a crise se deve também à própria cultura do povo brasileiro, voltada para o litígio, à expansão de órgãos como o Ministério Público, a Defensoria Pública e a Ordem dos Advogados do Brasil, com a ampliação da assistência judiciária aos economicamente necessitados, além de problemas de ordem econômica e política.

A verdade é que o Poder Judiciário tem convivido com a multiplicação de processos, tendo hoje mais de 90 milhões de processos, com ingresso, em média, de 28 milhões de novos processos ao ano.

Em vinte e sete anos o número de processos se multiplicou 80 (oitenta) vezes, enquanto o número de juízes apenas quadruplicou, de 4.900 (quatro mil e novecentos), para 17 (dezessete) mil hoje, o que significa dizer que temos 8 (oito) juízes para cada 100 (cem) mil habitantes.

Há excesso de judicialização em vários âmbitos, como na política, nas relações de consumo, na saúde, etc., encontrando-se entre os grandes litigantes, muitas empresas de planos de saúde, empresas de telefonia, bancos, etc, que acabam congestionando os tribunais.

[2] Pesquisa Pulso Empresa. Disponível em: https://covid19.ibge.gov.br/ppulso-empresa/>. Acesso em 27.jul.2021.

[3] Pesquisa Nacional por Amostra de Domicílios Contínua realizada com apoio do Ministério da Saúde, que visa verificar os impactos da pandemia da Covid-19 no mercado de trabalho brasileiro. Disponível em: https://covid19.ibge.gov.br/pnad-covid/. Acesso em 27.jul.2021.

[4] Disponível em: https://www.boavistaservicos.com.br/noticias/pedidos-de-falencia-avancam-127-em-2020/. Acesso em: 27.jul.2021.

E, cabe aqui uma reflexão, pois se esse protagonismo, de um lado é bom, por refletir o conhecimento dos direitos pelos cidadãos e o acesso à justiça, significando que a sociedade está entregando seus pleitos ao Judiciário, como canal de afirmação da cidadania; por outro, é ruim, pois congestiona, sendo atualmente a taxa de congestionamento do Poder Judiciário de 72% (setenta e dois por cento).

A ampliação do acesso à justiça é importante e condenar a judicialização é um retrocesso democrático e um golpe contra a cidadania, mas além de permitir que as pessoas ingressem no Judiciário, é necessário permitir que elas consigam sair (ideia do Tribunal Multiportas: uma grande porta de entrada, com acesso amplo, e várias portas de saída, não só a sentença, mas também a conciliação, a mediação, a arbitragem, etc); ou que nem ingressem, por conseguir solucionar seus conflitos, através dos métodos consensuais de solução de conflitos.

Entretanto, o povo brasileiro, pela sua cultura, é um povo dependente de autoridade: ao invés de decidir seus conflitos pelo diálogo, prefere que um terceiro, no caso, o juiz, resolva os conflitos impondo uma decisão (a sentença).

Tal fato encontra-se perfeitamente demonstrado nos últimos Relatórios Justiça em Números, do Conselho Nacional de Justiça,[5] onde se constata que a taxa de conciliação teve uma queda em 2018, aumentando apenas um pouco em 2019, nada obstante todo o esforço legislativo no sentido de mudança de mentalidade, desde o advento da Resolução CNJ nº 125/2010, que instituiu Política Judiciária Nacional de tratamento adequado dos conflitos de interesses.

O que é importante notar é que a sentença, na maioria das vezes, deixa pelo menos, uma das partes descontentes, quando não, as duas, o que gera a execução e os recursos, pois resolve apenas a parcela da lide levada a juízo, ou em outras palavras, resolve o processo, mas não o conflito.

E essa constatação pode ser extraída facilmente dos processos de recuperação judicial e falência, nos quais a imposição de uma solução, pela sentença, dificilmente contempla as necessidades dos trabalhadores ou retoma a "saúde" da empresa, com reflexos nefastos na economia

[5] Dados do Relatório Justiça em Números 2018. Conselho Nacional de Justiça, disponível em: https://www.cnj.jus.br/pesquisas.

do país, como um todo, e na própria sociedade, aumentando os índices de desemprego.

Melhor explicando, isso ocorre, porque a sentença resolve a controvérsia jurisdicional, que reflete as posições das partes, que são levadas a juízo, na inicial e na contestação e, ainda, através de um intermediário, que é o advogado; mas não resolve a controvérsia social, o verdadeiro conflito, que reflete os interesses e necessidades das partes, e que fica encoberta pela controvérsia jurídica, como a base de um iceberg. E, por isso, ou seja, por não resolver o conflito no seu âmago, a sentença não pacifica as partes.

Atualmente, devido a essa percepção de que a pacificação social apenas é atingida quando se utilizam os métodos consensuais de solução de conflitos, como a conciliação e a mediação, bem como diante da própria crise da Justiça e sua morosidade, busca-se o resgate dos métodos consensuais de solução de conflitos, que diferentemente do que parece, não são novos, e já foram utilizados em grande escala, em diferentes fases ligadas à própria forma de organização da sociedade.

Nota-se, assim, que em todos os âmbitos, estamos numa fase de transição da "cultura da sentença" para a "cultura da pacificação", conforme afirma Watanabe,[6] havendo várias iniciativas legislativas nesse sentido, como a inclusão da mediação no processo civil (Lei nº 13.105/2015 — Código de Processo Civil), e na Administração Pública (Lei nº 13.140/2015 — Lei de Mediação), além do incentivo do uso, tanto desse método, quanto da conciliação, nos conflitos relacionados à recuperação judicial e à falência (Lei nº 14.112/2020); sendo a principal delas, o advento da Resolução n. 125, do Conselho Nacional de Justiça, de 29 de novembro de 2010, que permitiu a utilização da mediação e da conciliação, tanto dentro do processo, quanto em fase anterior a ele, fase pré-processual, evitando a judicialização dos conflitos.

Em outras palavras, está havendo um incentivo ao *diálogo* e à *cooperação*, em todos os níveis, com a introdução dos métodos consensuais de solução de conflitos, como a conciliação e a mediação, no processo, a modificação do ensino jurídico (muitas universidades já incluíram

[6] Para saber mais, leia-se WATANABE, Kazuo. Cultura da sentença e cultura da pacificação. In: MORAES, Maurício Zanoide; YARSHELL, Flávio Luiz (Coords.). Estudos em homenagem à professora Ada Pellegrini Grinover. São Paulo: DPJ Ed., 2005. p. 684-690.

em seus currículos disciplinas específicas de métodos consensuais de solução de conflitos) e a modificação do relacionamento interinstitucional (Ministério Público, Defensoria Pública, Ordem dos Advogados, Procuradorias, Poder Judiciário), entre Poderes do Estado (Judiciário, Legislativo e Executivo) e entre estes e setores da economia.

Trata-se, em linhas gerais, de uma mudança do próprio paradigma da justiça, trazendo o Poder Judiciário como prestador de serviços que atende aos anseios da comunidade, capaz de tornar efetivo o princípio do acesso à justiça, tal como previsto na Constituição Federal, não se limitando ao mero acesso ao Poder Judiciário, mas acesso a uma decisão célere, justa e efetiva para o conflito; o que exige cooperação entre magistrados, partes e advogados, e também entre o magistrado e o corpo social.

1. Evolução dos métodos consensuais de solução de conflitos no Brasil

Para compreender e analisar a possibilidade de utilização efetiva dos métodos consensuais de solução de conflitos na recuperação judicial, na recuperação extrajudicial e na falência do empresário e da sociedade empresária, conforme preconizado pela Lei nº 14.112/2020, necessário termos uma visão do contexto no qual tal previsão legislativa se insere.

Se fizermos uma retrospectiva e um comparativo do panorama atual dos métodos consensuais de solução de conflitos, com aquele existente à época da edição da Resolução CNJ nº 125/2010, que instituiu a Política Judiciária Nacional de tratamento adequado dos conflitos de interesses, vamos perceber que, apesar de ainda serem necessárias certas iniciativas relacionadas à mudança de mentalidade, estruturação das unidades responsáveis pela conciliação/mediação e formação adequada de conciliadores e mediadores, já avançamos bastante.[7] [8]

[7] O panorama atual da Política Judiciária Nacional de tratamento adequado dos conflitos de interesses você encontra na obra: Ávila, Henrique de Almeida; Lagrasta, Valeria Ferioli. (Coords.). Política Judiciária Nacional de Tratamento Adequado dos Conflitos de Interesses. São Paulo: IPAM, 2020. E aquele existente quando da edição da Resolução CNJ nº 125/2010, na obra: Richa, Morgana de Almeida; Peluso, Antonio Cezar (org.). Grinover, Ada Pellegrini; Watanabe, Kazuo (coord. Coleção ADRs). Conciliação e Mediação: Estruturação da Política Judiciária Nacional. Rio de Janeiro: Ed. Gen/Forense, 2011.

O Brasil sempre teve uma tradição de conciliação, trazendo a Constituição Federal do Império (1824) três artigos: 160, 161 e 162, que tratavam da conciliação, da arbitragem e da justiça de paz. E o que é interessante notar é que a conciliação era prévia e obrigatória, ou seja, ninguém podia ingressar com ação em juízo, se não tivesse tentado a conciliação perante o juiz de paz.

A conciliação prévia obrigatória foi sendo repetida na legislação infraconstitucional, como no Código Comercial de 1850 e na Consolidação das Leis de Processo Civil do Conselheiro Emílio Ribas; mas após a Constituição Federal de 1891, acabou a obrigatoriedade da tentativa de conciliação prévia.

A grande inovação de métodos consensuais de solução de conflitos no Brasil, porém, ocorreu na década de 80, com a Lei dos Juizados de Pequenas Causas (Lei nº 7.244/84) que, após a Constituição Federal de 1988, foi aprimorada pela Lei dos Juizados Especiais (Lei nº 9.099/95), recebendo a fase de execução; pois foi nesse momento que teve início o trabalho com conciliadores terceiros, que não mais os juízes, em grande escala.

Necessário lembrar, assim, de todos aqueles que participaram dessas primeiras iniciativas de conciliação no Brasil, como os Professores Kazuo Watanabe, Ada Pellegrini Grinover, Cândido Dinamarco, os magistrados Mariz de Oliveira e Caetano Lagrasta, que atuavam na prática, contribuindo com sua experiência para a legislação, e o Ministro Nelson Jobin, que alavancou o projeto de lei dos Juizados.

Mais tarde, em 2003, surgiu o "Projeto de Gerenciamento do Processo", coordenado pelos Professores Kazuo Watanabe e Ada Pellegrini Grinover e pelo Desembargador Caetano Lagrasta, desenvolvido para o Tribunal de Justiça do Estado de São Paulo, e que foi implantado como piloto na Vara única da Comarca de Patrocínio Paulista, da qual é titular o Professor Fernando da Fonseca Gajardoni, e na 2ª Vara da Comarca

[8] Para se aprofundar no contexto do surgimento da Resolução CNJ nº 125/2010, leia-se: LAGRASTA LUCHIARI, Valeria F. A Mediação de Conflitos — análise da realidade brasileira e sua efetiva implantação no Poder Judiciário do Estado de São Paulo. 2009. 170 p. Tese (Pós Graduação "Lato Sensu" em Direito) — Escola Paulista da Magistratura, São Paulo. e ______. Mediação Judicial: Análise da realidade brasileira — origem e evolução até a Resolução nº 125, do Conselho Nacional de Justiça. Coleção ADRs. São Paulo: Gen/Forense Editora, 2012.

de Serra Negra, da qual era titular Valeria Ferioli Lagrasta, base do que hoje é o Setor Pré-processual do CEJUSC (Centro Judiciário de Solução Consensual de Conflitos), e primeira iniciativa de introdução da mediação no processo civil brasileiro.

A menção a esse projeto se justifica porque foi nessa época que teve início a preocupação com a formação de conciliadores e mediadores, que até então não existia, bastando para o exercício da função de conciliador ter vocação e reputação ilibada.

Paralelamente, surgiram outras experiências em vários Estados, como Paraná, Rio Grande do Sul, Santa Catarina, Pernambuco, com Centrais de Conciliação, tanto no Judiciário, quanto no Ministério Público e na Defensoria Pública.

O Conselho Nacional de Justiça, seguindo essa evolução, em 2006, na gestão da Ministra Ellen Gracie, lançou o "Movimento pela Conciliação", instituindo o "Dia da Conciliação" e, mais tarde, a "Semana Nacional da Conciliação", que visava a difundir esse método de solução de conflito, sendo fruto de projeto de grupo de trabalho do qual participaram vários magistrados, dentre os quais, o atual Ministro do Superior Tribunal de Justiça, Marco Aurélio Buzzi.

Merece destaque nessa retrospectiva histórica, a proposta de Política Pública apresentada pelo Professor Kazuo Watanabe, quando integrava o Conselho Consultivo do CNJ, ao então Presidente Ministro Gilmar Mendes e que, posteriormente, na gestão do Ministro Cezar Peluso, deu origem à Resolução CNJ nº 125/2010, tornando o trabalho com os métodos consensuais de solução de conflitos, que até então era facultativo, permanente e obrigatório nos tribunais, como Política Judiciária Nacional.

Assim, podemos perceber que a Resolução CNJ nº 125/2010 trouxe um mosaico das experiências de vários estados e tribunais, consolidando-as numa Política permanente e estruturada do Poder Judiciário, sendo importante mencionar os magistrados integrantes do grupo de trabalho responsável por sua elaboração, que recebeu orientação do Professor Kazuo Watanabe e foi coordenado pela então Conselheira do CNJ Morgana de Almeida Richa: Adriana Goulart de Sena Orsini, Valeria Ferioli Lagrasta, Mariella Ferraz de Arruda Police Nogueira, Sidmar Dias Martins, José Guilherme Wasi Werner e Tatiana Cardoso. E ainda, os membros do Comitê Gestor da Conciliação: o atual Ministro Marco Buzzi, e os magistrados André Gomma de Azevedo e Roberto Portugal

Bacellar, que participaram da finalização da redação, após a apresentação da minuta pelo grupo de trabalho mencionado.

Mais recentemente, em 2015, a partir da experiência consolidada, muitos dos avanços trazidos pela Resolução CNJ nº 125/2010 foram levados para a legislação, com o advento do Código de Processo Civil (Lei nº 13.105/2015) e da Lei de Mediação (Lei nº 13.140/2015).

E, passou a existir no Brasil, então, conforme afirmava a Professora Ada Pellegrini Grinover, um minissistema de métodos consensuais de solução de conflitos, composto pelas Leis nºs 13.105/2015 (Código de Processo Civil) e 13.140/2015 (Lei de Mediação) e pela Resolução CNJ nº 125/2010, que não foi revogada pelas primeiras e que, portanto, continua em vigor.[9]

Partindo dessa constatação, em alguns momentos, há uma aparente contradição entre as normas que, em grande parte, decorre da origem dos normativos mencionados.

Nesse sentido, importante mencionar, que a Lei de Mediação, em princípio, iria se destinar a tratar apenas da mediação pública, mas acabou tratando também da mediação judicial, que já estava regulamentada na Resolução CNJ nº 125, com excelentes resultados e que, por esse motivo, teve a maior parte de seus regramentos consolidados na Lei nº 13.105/2015 (Código de Processo Civil), anterior à Lei de Mediação.

A própria Professora Ada realizou incansável trabalho a fim de evitar distorções e a revogação de disposições da Resolução CNJ nº 125, que vinham sendo aplicadas com grande sucesso; como por exemplo, evitar que o art. 3º da Lei de Mediação trouxesse a vedação da mediação para direitos indisponíveis, modificando a redação para admiti-la em questões que versem sobre direitos transacionáveis ou "indisponíveis que admitam transação".

Tornou-se, então, um desafio para os profissionais da área jurídica a interpretação coerente das normas.

Nessa seara, ao afirmar a existência de um minissistema de métodos consensuais de solução de conflitos no Brasil, a Professora Ada Pellegrini Grinover sugeria a aplicação da "Teoria do Diálogo das Fontes", que

[9] Para saber mais leia-se: Minissistema de Métodos Consensuais de Solução de Conflitos e Aplicação Efetiva do Artigo 334 do Código de Processo Civil. In: ÁVILA, Henrique de Almeida; LAGRASTA, Valeria Ferioli. (Coords.). Política Judiciária Nacional de Tratamento Adequado dos Conflitos de Interesses. São Paulo: IPAM, 2020.

preceitua que apesar da lei especial prevalecer sobre a lei geral (art. 2º, §§ 1º e 2º, do Decreto-lei nº 4.657/42 — Lei de Introdução às Normas do Direito Brasileiro), onde a lei geral não contrariar ou não restringir a lei especial, ela a complementa.

Esta é a regra de hermenêutica jurídica que deve ser aplicada em várias hipóteses de aparente contradição entre os normativos acima referidos (Lei 13.105/2015 — CPC, Lei nº 13.140/2015 — Lei de Mediação e Resolução CNJ nº 125/2010), como por exemplo, na interpretação do art. 334 do Código de Processo Civil em consonância com o art. 27 da Lei de Mediação, dentre outros; e também naquelas que surgiram a partir da legislação esparsa, como a própria Lei nº 14.112/2020.

E é essa mesma regra que irá auxiliar na reflexão sobre o objeto central desse artigo, qual seja, a necessidade de criação de Centro Judiciário de Solução Consensual de Conflitos específico para tratamento de conflitos atinentes a questões empresariais, conforme veremos a seguir.

2. Centros Judiciários de Solução Consensual de Conflitos

Ao verificar a legislação em vigor, constatamos que, tanto o Código de Processo Civil (lei geral), quanto a Lei de Mediação (lei especial), e também a Resolução CNJ nº 125/2010 (norma administrativa), ao tratarem dos Centros Judiciários de Solução Consensual de Conflitos, sua instalação, fiscalização e funcionamento, em nenhum momento, estabelecem a necessidade de criação de unidades temáticas ou divididas por matéria (art. 165 do CPC; art. 24 da Lei de Mediação e art. 8º da Resolução CNJ nº 125/2010).

O que trazem, de forma implícita, ao tratarem da adequada formação de conciliadores e mediadores, é a necessidade de formação específica de conciliadores e mediadores para cada tipo de conflito, a fim de possibilitar seu tratamento adequado e oferecer um serviço de qualidade para o jurisdicionado, na perspectiva de tribunal multiportas, contribuindo para o acesso à justiça.

Não bastasse isso e nada obstante a obrigatoriedade, contida na legislação, no sentido de tribunais instalarem CEJUSCs em todas as Comarcas com mais de uma Vara (art. 8º, § 2º da Resolução CNJ nº 125/2010, que aqui, de acordo com a Teoria do Diálogo das Fontes, complementa as leis — CPC e Lei de Mediação), são poucos os tribunais que nesses dez anos de vigência da Resolução CNJ nº 125/2010 instalaram essas unidades na forma preconizada, sendo os motivos os mais variados, indo de dificuldades orçamentárias, até aquelas de cunho geográfico.

Assim, ainda representa um grande desafio para consolidação da Política Judiciária Nacional de tratamento adequado dos conflitos de interesses, a própria instalação dos CEJUSCs em todo o território nacional, se mostrando pouco viável a criação de CEJUSCs temáticos, na maioria dos Estados (principalmente aqueles com maior dificuldade orçamentária), tal como trazida na Recomendação CNJ nº 71/2020, que propõe a criação e CEJUSCs empresariais.

Nesse ponto, importante enfatizar ainda, que, apesar da Resolução CNJ nº 282/2019 ter alçado o CEJUSC à condição de unidade judiciária, alterando, em parte, a Resolução CNJ nº 219/2016 (Priorização do Primeiro Grau) e exigindo que tenha estrutura física e de pessoal semelhante a de uma Vara, são poucas as unidades em todo o Brasil que realmente contam com essa estrutura, o que reflete diretamente até mesmo na sua capacidade de atender à demanda advinda da obrigatoriedade de realização de sessão de conciliação/mediação no início do processo, logo após o recebimento da inicial (art. 334 do CPC/2015), deixando vários magistrados de designá-la, exatamente sob o fundamento de falta de estrutura adequada.

Desta forma, cabe a reflexão sobre a verdadeira necessidade de criação de CEJUSCs temáticos, seja para conflitos afetos a relações empresariais, seja para aqueles ligados a qualquer outra área.

3. Formação de conciliadores e mediadores

Como já dito, o CEJUSC — Centro Judiciário de Solução Consensual de Conflitos foi criado na perspectiva de tribunal multiportas, tal qual existente nos Estados Unidos da América, possibilitando que cada conflito apresentado, de acordo com suas características e também com as características das partes envolvidas, receba tratamento, através do método de solução de conflito mais adequado, dentre os disponíveis; que no Brasil, ainda são poucos, limitando-se basicamente à conciliação e à mediação.

Por outro lado, não podemos olvidar, que a formação adequada de conciliadores e mediadores reflete diretamente na qualidade do serviço prestado por eles, sendo este um dos objetivos da Política Judiciária Nacional de tratamento adequado dos conflitos de interesses, instituída pela Resolução CNJ nº 125/2010, que traz em seu Anexo I parâmetros mínimos, que devem ser observados nos cursos de formação disponibilizados pelos tribunais, diretamente, ou através de entidades habilitadas pelos Núcleos Permanentes de Métodos Consensuais de Solução de Conflitos — NUPEMECs.

Em face desse quadro, em meados de 2020, exatamente diante da defasagem existente em relação ao número de conciliadores e mediadores necessário nos CEJUSCs, para atender a demanda advinda da obrigatoriedade da sessão de conciliação/mediação no início do processo (art. 334 CPC/2015), o Conselho Nacional de Justiça, passou a disponibilizar gratuitamente, em parceria com os tribunais, curso de formação de conciliadores e mediadores judiciais por ensino à distância, coordenado pelo Ministro Marco Aurélio Buzzi, pelo Desembargador Roberto Portugal Bacellar e pela magistrada Valeria Ferioli Lagrasta.[10]

Importante enfatizar, entretanto, que essa formação exigida para o cadastro como conciliador ou mediador judicial é básica, não trazendo conhecimento suficiente ao profissional para atuar em conflitos complexos ou mais específicos, como por exemplo, aqueles afetos às áreas de família e empresarial; sendo por esse motivo que entre os princípios éticos que regem a atuação de conciliadores e mediadores judiciais, conforme Anexo III, da Resolução CNJ nº 125/2010 (Código de Ética de Conciliadores e Mediadores Judiciais), encontra-se o princípio da competência, que estabelece ao terceiro facilitador o dever de, além de possuir qualificação que o habilite à atuação judicial, observar a reciclagem e formação continuada.

Nesse contexto, não há dúvida que a formação adequada dos terceiros facilitadores (conciliadores, mediadores e negociadores) para atuarem, tanto no âmbito judicial, quanto no extrajudicial e nas câmaras que utilizam métodos consensuais de solução de conflitos nos órgãos da

[10] A formação de instrutores, assim como a formação de conciliadores, mediadores e negociadores é o objetivo da obra lançada pelo Ministério da Justiça e Segurança Pública, de autoria de Valeria Ferioli Lagrasta, que serve de base para essas formações e se encontra disponível gratuitamente, tanto no site do Ministério da Justiça e Segurança Pública, quanto no site do Conselho Nacional de Justiça: LAGRASTA, Valeria F. Curso de Formação de Instrutores: Negociação, Mediação e Conciliação. ENAPRES/Ministério da Justiça e Segurança Pública, 2020 — https://legado.justica.gov.br/seus-direitos/politicas-de-justica/enapres/formacao-instrutores_web-1.pdf/view.

Administração Pública, é fundamental para tornar real o acesso à justiça amplo ao cidadão, objetivo de todos os Poderes do Estado.

Então, fato é que já deveríamos estar pensando no aperfeiçoamento e aprofundamento da formação dos terceiros facilitadores, com capacitações específicas em mediação empresarial, de consumo, familiar, etc; e ainda, no uso de outros métodos consensuais de solução de conflitos, além da conciliação e da mediação, como avaliação neutra de terceiro, *mini trail*, dentre tantos já utilizados em outros países e principalmente nos Estados Unidos, a fim de tornar realidade o Poder Judiciário organizado como tribunal multiportas, o que representa um grande desafio ainda a ser enfrentado.

Isso porque, como já mencionado, a qualidade do serviço prestado por conciliadores e mediadores, exige, além da formação básica, aperfeiçoamento, com investimento em cursos de reciclagem e especialização, ou seja, formação complementar.

Desta forma, tendo sido afastada, com o advento da Lei nº 14.112/2020, qualquer dúvida quanto à possibilidade de utilização da mediação e da conciliação, seja de forma antecedente, seja de forma incidental, nos processos de recuperação judicial, em qualquer grau de jurisdição, o que deveria estar sendo estimulado, para obtenção de melhores resultados, seria a formação adequada de conciliadores e mediadores, e não, a criação de CEJUSCs empresariais, que de nada vai adiantar.

Conclusões

Diante da evolução histórica dos métodos consensuais de solução de conflitos no país e partindo da premissa que há um minissistema de "justiça conciliativa", composto pelas leis nºs 13.105/2015 (Código de Processo Civil) e 13.140/2015 (Lei de Mediação) e pela Resolução CNJ nº 125/2010, além de leis esparsas, a interpretação que prevalece, utilizando-se a Teoria do Diálogo das Fontes, é que não há previsão, nem justificativa, para a criação do que se denominou CEJUSC empresarial.

O que surge como necessário para dar efetividade às normas contidas na Lei nº 14.112/2020 é o estímulo e investimento, tanto dos tribunais, quanto das próprias empresas, na formação adequada de conciliadores e mediadores, propiciando-lhes conhecimentos específicos e expertise para atuação em conflitos empresariais.

Isso porque, a formação disponibilizada gratuitamente pelo Conselho Nacional de Justiça, em parceria com os tribunais, é básica e tem por objetivo permitir o cadastro dos terceiros como conciliadores e mediadores judiciais, para atuação, principalmente, na sessão obrigatória prevista no art. 334 do CPC, que tem por finalidade precípua permitir o conhecimento dos métodos consensuais de solução de conflitos pelos jurisdicionados, contribuindo para a mudança de mentalidade; mas não atende à necessidade de atuação na facilitação da solução de conflitos propriamente dita ou da solução de conflitos complexos.

E isso porque, sendo a mediação interdisciplinar, para atuação adequada em conflitos complexos, é necessário que o mediador tenha conhecimentos específicos de outras áreas do conhecimento. E é exatamente isso que ocorre nos conflitos empresariais, nos quais é necessário que o conciliador/mediador detenha, além do conhecimento das técnicas e do procedimento da mediação, conhecimentos específicos de outras áreas, como Direito Empresarial e do Trabalho, economia, contabilidade, etc.

Melhor explicando, o legislador, ao estabelecer a obrigatoriedade de sessão de conciliação/mediação no início do processo (art. 334 do CPC), pretendia, na verdade, contribuir para a mudança de mentalidade em relação ao uso dos métodos consensuais de solução de conflitos, sendo que, ao estabelecer o tempo de 20 (vinte) minutos para essa sessão (§ 12), buscava que nela fosse realizada a pré mediação, preferencialmente por profissional diferente daquele responsável pela condução do procedimento propriamente dito, e na qual, além de informações sobre o procedimento, princípios éticos e regras de conduta, seria estabelecida a projeção de horas a serem trabalhadas com a negociação da remuneração do mediador, tal como ocorre no âmbito extrajudicial.

Assim, após as explicações, caso os envolvidos concordassem em se submeter à conciliação/mediação, comprometendo-se com suas regras, deveria ser designada sessão de conciliação/mediação propriamente dita, que seria conduzida por outro conciliador/mediador com formação específica na área afeta ao conflito.

Infelizmente, devido à falta de compreensão adequada desse dispositivo e problemas orçamentários dos tribunais, o que vemos na prática, é que isso dificilmente ocorre, partindo-se diretamente para a sessão de conciliação/mediação propriamente dita, que muitas vezes, se torna inócua, exatamente em virtude da ausência de conhecimentos suficientes de conciliadores e mediadores.

Desta forma, podemos concluir, que o curso disponibilizado pelo Conselho Nacional de Justiça em parceria com os tribunais, não se destina e, por outro lado, não se mostra suficiente, para formar terceiros com competência para atuação em conflitos complexos, como são os da área empresarial.

E, assim, para tornar efetivas e úteis as previsões contidas na Lei nº 14.112/2020, no sentido de possibilitar e "estimular, sempre que possível, a conciliação, a mediação e outros métodos alternativos de solução de conflitos relacionados à recuperação judicial e à falência", é necessário que haja investimento, tanto do Poder Judiciário, quanto das próprias empresas, não só na formação de conciliadores, mediadores e demais facilitadores, mas também, por parte do primeiro, no adequado aparelhamento dos Centros Judiciários de Solução Consensual de Conflitos já existentes, demonstrando-se a mera criação de CEJUSCs empresariais, totalmente inócua e despida de utilidade.

Referências

ÁVILA, Henrique de Almeida; LAGRASTA, Valeria Ferioli. (Coords.). *Política Judiciária Nacional de Tratamento Adequado dos Conflitos de Interesses.* São Paulo: IPAM, 2020.

LAGRASTA LUCHIARI, Valeria F. *A Mediação de Conflitos — análise da realidade brasileira e sua efetiva implantação no Poder Judiciário do Estado de São Paulo.* 2009. 170 p. Tese (Pós Graduação "Lato Sensu" em Direito) — Escola Paulista da Magistratura, São Paulo.

______. *Mediação Judicial*: Análise da realidade brasileira — origem e evolução até a Resolução nº 125, do Conselho Nacional de Justiça. Coleção ADRs. São Paulo: Gen/Forense Editora, 2012.

LAGRASTA, Valeria F. Curso de Formação de Instrutores: Negociação, Mediação e Conciliação. ENAPRES/Ministério da Justiça e Segurança Pública, 2020 — https://legado.justica.gov.br/seus-direitos/politicas-de-justica/enapres/formacao-instrutores_web-1.pdf/view.

RICHA, Morgana de Almeida; PELUSO, Antonio Cezar (org.). GRINOVER, Ada Pellegrini; WATANABE, Kazuo (coord. Coleção ADRs). *Conciliação e Mediação: Estruturação da Política Judiciária Nacional.* Rio de Janeiro: Ed. Gen/Forense, 2011.

WATANABE, Kazuo. Cultura da sentença e cultura da pacificação. In: MORAES, Maurício Zanoide; YARSHELL, Flávio Luiz (Coords.). *Estudos em homenagem à professora Ada Pellegrini Grinover.* São Paulo: DPJ Ed., 2005

http://www.cnj.jus.br/images/pesquisas-judiciarias/pesquisa_100_maiores_litigantes.pdf.
https://covid19.ibge.gov.br/ppulso-empresa/>.
https://covid19.ibge.gov.br/pnad-covid/.
https://www.boavistaservicos.com.br/noticias/pedidos-de-falencia-avancam-127-em-2020/.
https://www.cnj.jus.br/pesquisas.

2.
A RECOMENDAÇÃO nº 71/2020 DO CONSELHO NACIONAL DE JUSTIÇA: OBJETIVOS E DESAFIOS[1]

Samantha Mendes Longo

1. As recomendações do Conselho Nacional de Justiça sobre solução consensual de conflitos em recuperações empresariais

O Conselho Nacional de Justiça criou, em dezembro de 2018, um Grupo de Trabalho para debater e sugerir medidas voltadas à modernização e à efetividade da atuação do Poder Judiciário nos processos de recuperação empresarial e de falência.[2] Em setembro de 2020, as atividades do grupo foram estendidas por mais um ano.

Desde que foi criado, o grupo apresentou quase uma dezena de propostas de atos normativos, todos aprovados pelo Conselho Nacional de Justiça, e que têm contribuído para o desenvolvimento dos processos de insolvência. Há recomendações sobre constatação prévia; especialização de varas e Câmaras empresariais; relatórios a serem apresentados pelos administradores judiciais; cooperação entre juízos na recuperação trans-

[1] Este artigo desenvolve estudo originalmente publicado In: Japur, José Paulo; Marques, Rafael Brizola (Org.). **Recomendações do CNJ em Direito Recuperatório e Falimentar**. Porto Alegre: Ed. Buqui, 2021.

[2] https://atos.cnj.jus.br/atos/detalhar/2787

nacional; assembleias de credores virtuais; e padronização de documentos que instruem o pedido de recuperação.

No que diz respeito à solução consensual de conflitos, duas recomendações se destacam: as Recomendações 58/2019 e 71/2020.

A Recomendação 58/2019 recomenda aos magistrados responsáveis pelo processamento e julgamento dos processos de recuperação empresarial e falências, de varas especializadas ou não, que promovam, sempre que possível, nos termos da Lei nº 13.105/2015 e da Lei nº 13.140/2015, o uso da mediação, de forma a auxiliar a resolução de todo e qualquer conflito entre o empresário/sociedade, em recuperação ou falidos, e seus credores, fornecedores, sócios, acionistas e terceiros interessados no processo.

Já a Recomendação 71/2020 recomenda aos Tribunais brasileiros a implementação de Centros Judiciários de Solução de Conflitos e Cidadania Empresariais — CEJUSC, para o tratamento adequado de conflitos envolvendo matérias empresariais de qualquer natureza e valor, inclusive aquelas decorrentes da crise da pandemia do Covid-19, na fase pré-processual ou em demandas já ajuizadas.

Estimular os métodos alternativos de solução de conflitos nos processos de recuperação judicial sempre foi um dos nortes do grupo de trabalho. Como destaquei em obra dedicada ao tema,

> o principal objetivo [da Recomendação 58/20119] é trazer ao conhecimento de muitos magistrados uma ferramenta que poderá ser de grande utilidade nos processos de recuperação e falências que abrangem interesses múltiplos e pressupõem, como já visto, ampla negociação.[3]

Até o emblemático caso da recuperação judicial do Grupo Oi, eram escassos e isolados os casos em que magistrados estimulavam a autocomposição nas recuperações judiciais e falências. Também não se viam advogados e administradores judiciais buscando soluções para os impasses, com o emprego de técnicas de negociação e mediação.

Após a Recomendação 58, que inclusive inspirou a recente reforma legislativa, os casos começaram a acontecer com menos timidez e, em

[3] Longo, Samantha Mendes; Souza Netto, Antonio Evangelista de. **A Recuperação Empresarial e os Métodos Adequados de Solução de Conflitos**. Paixão Editores. 2020.

2020, o CNJ buscou contribuir ainda mais com a consensualidade, recomendando a criação do CEJUSC Empresarial, tema deste artigo.

2. O CEJUSC Empresarial

A Recomendação CNJ 71/2020, na esteira de projetos e iniciativas de alguns Tribunais de Justiça, determinou a criação do chamado CEJUSC Empresarial, espaço dedicado à solução pacífica de conflitos empresariais, no qual as partes podem realizar uma negociação, uma conciliação ou uma mediação, nas modalidades individuais ou coletivas.

Abra-se um parêntese para esclarecer que os CEJUSCs são Centros Judiciários de Solução de Conflitos e Cidadania, unidades judiciárias de primeira instância, responsáveis pela realização e gestão das sessões de conciliação e mediação pré-processuais e judiciais, bem como pelo atendimento e orientação ao cidadão.[4]

A criação destes Centros foi prevista na Resolução CNJ 125/2010 que instituiu a Política Judiciária Nacional de Tratamento Adequado dos Conflitos de Interesses, que visa assegurar a todos o direito à solução dos conflitos por meios adequados à sua natureza e peculiaridade.

Na referida Resolução, determinou-se aos Tribunais brasileiros a criação de Núcleos Permanentes de Métodos Consensuais de Solução de Conflitos (NUPEMECs) e instalação de Centros Judiciários de Solução de Conflitos e Cidadania (CEJUSCs), nos quais a mediação e a conciliação acontecem, com a participação de profissionais capacitados.

Os Tribunais instalaram seus CEJUSCs na última década, sendo que alguns Tribunais foram além, criando CEJUSCs temáticos. O Tribunal de Justiça do Estado do Paraná é um ótimo exemplo dessa iniciativa inteligente e eficiente na prevenção e solução de conflitos.[5] Por meio do seu NUPEMEC, foram criados diversos centros temáticos.

Há o CEJUSC Endividados, para tratar do superendividamento do consumidor; o CEJUSC Agro, que pretende dar maior celeridade e eficiência aos conflitos do agricultor, o CEJUSC Fazendário que prevê a conciliação em ações fazendárias, o CEJUSC Moradia Legal, que tem

[4] Em 2015, o CPC e a Lei de Mediação passaram a chamar estes centros de Centros Judiciários de Solução Consensual de Conflitos.

[5] Registro importante à atuação do Des. José Laurindo de Souza Netto, que à frente do NUPEMEC, vem criando esses centros temáticos e valorizando a autocomposição.

por objetivo promover a regularização fundiária de habitações juridicamente vulneráveis, dentre outros. Foi justamente o TJPR que instalou o primeiro CEJUSC Recuperação Empresarial, voltado a ajudar empresários em crise.

Os núcleos e os centros, portanto, fomentam a conciliação e a mediação; propagam os métodos consensuais, trabalham na mudança de mentalidade e de cultura, que ainda só enxerga a jurisdição como forma de solucionar conflitos. Eles são parte integrante da estrutura criada quando da instituição da nossa política nacional do tratamento adequado do conflito.

Feita esta breve contextualização, a Recomendação CNJ 71/2020 tem por objetivo justamente criar um local propício ao diálogo entre o devedor e seus credores. Um espaço que fomente a autocomposição, os acordos, os ajustes, as conversas, antes mesmo de se bater às portas do Poder Judiciário com o ingresso de uma demanda.

Os procedimentos de autocomposição no CEJUSC Empresarial, nos termos da recomendação, podem ser realizados de forma presencial ou de maneira virtual. Se for virtual, estão permitidas as formas síncrona ou assíncrona, ou seja, os interlocutores poderão ou não participar simultaneamente do encontro remoto.

As partes têm total liberdade para escolher o melhor meio de comunicação com a serventia e com os demais interessados, podendo optar por qualquer via digital disponível e adequada para todos os envolvidos. Como previsto no parágrafo único do art. 6º, a escolha de comunicação com a serventia deverá constar de termo de compromisso e o meio de comunicação eleito entre os interessados deverá ser objeto de convenção processual.

A autocomposição pode envolver sujeito estranho ao conflito originário ou ao processo e versar sobre relação jurídica que não tenha sido deduzida em juízo. A ideia é justamente ampliar e ir fundo no conflito. Muitas vezes o que foi apresentado no processo judicial, ou o que uma das partes entende como o problema a ser resolvido, não é exatamente o conflito. Por isso as técnicas de escuta ativa e busca do real interesse são tão importantes para o conhecimento e delimitação da controvérsia e dos personagens nela envolvidos.

Diz a recomendação que o Tribunal, ao implementar o CEJUSC Empresarial, deve adotar as seguintes providências no que tange aos mediadores, conciliadores e negociadores: a) realizar o cadastro de mediadores e conciliadores, bem como de câmaras de mediação e conciliação; b) providenciar a capacitação específica de conciliadores e mediadores em matéria empresarial; e c) instituir a remuneração e a forma de pagamento dos conciliadores e mediadores empresariais, de acordo com a organização interna de cada Tribunal.

Estes pontos são fundamentais: quem realizará a mediação e o valor dos honorários do profissional. Ninguém duvida que qualquer serviço de excelência é prestado por um profissional capacitado, profundo conhecedor da matéria, que estudou, se dedicou, investiu tempo e dinheiro na sua qualificação e tem experiência na prestação daquele serviço.

Na mediação e na conciliação não é diferente. Prestará um bom serviço aquele que sabe o que está fazendo; que estudou e domina as técnicas de negociação e mediação; que está habituado a exercer esse papel de terceiro imparcial facilitador do diálogo e que entende as regras do jogo.

Um mediador especializado em direito de família, por exemplo, conhece a dinâmica própria dessas relações; sabe o que é permitido pela legislação; está por dentro da interpretação que os Tribunais conferem aos temas mais relevantes; tem familiaridade com as estratégias dos advogados que atuam nessa área. Em resumo: tem vivência e conhecimento.

Imaginemos que esse mediador, que ajuda, com muito sucesso, famílias a reconstruírem seus laços e relações, seja escolhido para realizar uma mediação no âmbito de um processo de recuperação empresarial. Não dá para afirmar que ele não terá condições de fazê-lo, mas é possível imaginar que se o mediador tem conhecimento em recuperação de empresas, terá chances de conduzir a mediação com mais eficiência.

A qualificação especializada é de grande valor. Soma muito. Não é à toa que médicos, advogados, engenheiros, dentre tantos profissionais de outras áreas, busquem especialização em seus estudos continuados.

Ter conhecimento, por exemplo, de que a recuperação empresarial tem como princípio basilar *a par conditio creditorum* que impede o tratamento diferenciado e desigual de credores que estão na mesma situação, nos parece relevantíssimo. Assim como entender como funciona a dinâmica de um processo de recuperação, os personagens envolvidos, a divisão de classes de credores, o procedimento para aprovação do plano de recuperação, dentre outros.

Então, além de dominar as técnicas de negociação e mediação que são adquiridas quando da formação em mediador e conciliador, o profissional que pretende atuar nessa área também tem que conhecer as regras do jogo que pretende participar, deve ter as noções fundamentais da recuperação empresarial.

Nos termos da recomendação, a escolha do profissional que irá auxiliar as partes na busca da autocomposição será das próprias partes. Exatamente porque esse terceiro imparcial deve ser da confiança delas. Se elas não conseguirem alcançar um acordo quanto ao nome do conciliador, mediador ou negociador, será designado um profissional que já esteja cadastrado no CEJUSC ou na Câmara privada parceira do Tribunal.

A recomendação permite que os Tribunais de Justiça se utilizem de Câmaras Privadas de Mediação e Conciliação para realizarem os procedimentos de mediação, negociação ou conciliação, exigindo apenas que essas Câmaras estejam previamente cadastradas no respectivo Tribunal de Justiça.

Essas parcerias entre os CEJUSCs e as Câmaras privadas já são realidade em alguns Tribunais de Justiça do país. Permitir que mediadores não cadastrados, ou seja, mediadores extrajudiciais possam realizar mediações empresariais nos CEJUSCs é muito salutar tendo em vista que ainda não é usual ter mediadores judiciais com experiência em direito empresarial.

Sobre a participação dos advogados nos procedimentos, a Recomendação trata expressamente do ponto, afirmando que as partes poderão estar acompanhadas de advogados ou defensores públicos. E, caso só uma das partes esteja acompanhada de advogado, determina a suspensão do procedimento até que todas estejam devidamente assistidas.

Com relação ao procedimento, a Recomendação prevê que a parte interessada deverá preencher formulário eletrônico, que conterá a qualificação completa das partes envolvidas, incluindo telefones e e-mails, a descrição resumida dos fatos e dos pedidos e o valor da causa.

O formulário eletrônico deverá ser instruído com o upload dos documentos pessoais e/ou atos constitutivos atualizados da parte autora, e dos demais documentos essenciais ao esclarecimento da controvérsia.

Recebido o formulário e verificada a conformidade da documentação apresentada, o CEJUSC providenciará a comunicação aos demais envolvidos no conflito do dia e hora da sessão de negociação, conciliação ou mediação, que deverá ocorrer no prazo de 10 (dez) dias úteis, preferencialmente por videoconferência.

A parte interessada poderá, quando preencher o formulário eletrônico, indicar ao CEJUSC se tem algum método de preferência para a solução do conflito. Ou seja, se prefere fazer uma negociação, uma conciliação ou uma mediação. Isso certamente ocorrerá quando a parte interessada já tem conhecimento mais específico sobre essas espécies de métodos autocompositivos. Quando ela não tiver ciência das distinções técnicas dessas modalidades, o próprio Centro poderá auxiliar nessa escolha. O mais importante, no entanto, não é definir imediatamente a técnica utilizada e sim promover o diálogo e a autocomposição.

O procedimento no CEJUSC Empresarial deve ser concluído em até sessenta dias, contados da primeira sessão, salvo quando as partes, de comum acordo, requererem sua prorrogação. Chegando a um acordo, as partes poderão requerer sua homologação ao juiz competente.

3. Objetivos e desafios

Dito isso, o que poderia ser apontado como objetivos e desafios da Recomendação nº 71/2020 do CNJ?

Como grande objetivo está o incentivo ao desenvolvimento dos métodos consensuais de solução de conflitos, fundamentais para o necessário projeto de desjudicialização e para a promoção da Política Judiciária Nacional de tratamento adequado dos conflitos de interesses no âmbito do Poder Judiciário, instituída pela Resolução 125/2010 do CNJ.

Com um acervo de 80 milhões de processos aguardando julgamento no Poder Judiciário, fruto da nossa tradicional cultura de judicialização e com a atual pandemia da COVID-19, uma mudança comportamental se faz urgente. Por maior que seja a dedicação dos magistrados e dos servidores, e por mais que se invista em aparelhamento da máquina administrativa, precisamos mudar e compreender que a jurisdição prestada pelo Estado não é a única porta a ser aberta.

As partes devem ser incentivadas a tentar a autocomposição, diretamente ou com a ajuda de terceiros, como negociadores, conciliadores e mediadores, seja no curso de uma demanda judicial, seja previamente ao seu ajuizamento. A criação de um espaço dedicado aos devedores em crise e seus credores, como o CEJUSC Empresarial, será um divisor de águas no que se refere ao uso de métodos autocompositivos em matéria empresarial, especialmente no atual contexto de crise pandêmica.[6]

Como desafios, o primeiro deles será vencer a natural resistência ao que é novo. A tendência do ser humano é desconfiar, ser precavido, se proteger do que é desconhecido. A novidade, em geral, traz insegurança, pois abala o que é conhecido, mexe nas bases fundadas, nos tira da zona de conforto. O filósofo Michel de Montaigne dizia que qualquer que fosse a aparência da novidade, ele não mudava facilmente, com medo de perder com a troca.

O administrador judicial, por exemplo, não sabe se vai perder espaço com a entrada de mais um novo personagem no jogo. O devedor não sabe se os custos do mediador valerão a pena. Os advogados dos credores e devedores não sabem como o procedimento de mediação funciona. Os juízes tendem a achar que mediar funciona mais em outros tipos de demandas, como as ações de família e de consumidor. O desconhecimento do instituto precisa ser vencido. Não que mediar e conciliar seja novidade, mas é novo no sistema da insolvência, da recuperação empresarial.

Ainda que de forma velada ou discreta, várias pessoas que atuam no universo da insolvência não acreditam no uso da mediação nas recuperações de empresas, o que é no mínimo curioso, considerando que o processo de recuperação empresarial é um grande processo de nego-

[6] Como destacado pelo Conselheiro relator do CNJ Henrique Ávila em seu voto pela aprovação da Recomendação 71/2020: "A calamitosa situação em que a economia mundial se encontra, diretamente decorrente dos impactos causados pela pandemia da Covid-19, alertaram o Grupo de Trabalho a respeito de provável aumento da utilização do Judiciário para demandar empresas que, por conta da crise, perdem as condições de honrar com os compromissos anteriormente assumidos. O cenário ainda é de incerteza, tendo em vista que não há como estimar, de modo minimamente preciso, até quando persistirão os momentos de dificuldade. Para o enfrentamento dessa situação, exige-se o que convencionamos chamar de o "achatamento da curva de demandas", especialmente daquelas relacionadas a empresas em recuperação empresarial. Por tal motivo, reputou-se conveniente a instalação de um debate em torno de práticas de estímulo e incentivo à negociação prévia à recuperação empresarial, já em linha com alguns projetos de lei em tramitação no Congresso Nacional. Desse modo, propõe-se a edição de recomendação criando e delineando o Cejusc Empresarial, ferramenta que poderá ser implementada pelos Tribunais de Justiça na medida de suas necessidades e possibilidades. Este instrumento servirá com válvula de escape para o caso de incremento no número de demandas, aproveitando inclusive as câmaras de mediação já cadastradas.

ciação coletiva, que tem, portanto, como pilar a negociação entre devedor e credores.

A negociação, como se sabe, é uma forma de autocomposição de controvérsias, assim como a mediação e a conciliação. São todas espécies do mesmo gênero. Ou seja, faz todo o sentido que andem de mãos dadas. Então, se a negociação é a base da recuperação empresarial, porque a mediação, que é sua prima, irmã, ou algo do gênero, não teria espaço?

Esta resistência deve ser enfrentada com a constante apresentação do tema, divulgação e discussão da matéria. Mostrar o que são os métodos consensuais, quais são os casos exitosos, como o terceiro facilitador do diálogo pode somar forças, como cada personagem tem seu espaço próprio será fundamental para o sucesso do CEJUSC Empresarial e da mediação nas recuperações empresariais.

Ultrapassada essa barreira, outro relevante desafio será a qualificação dos profissionais. Compreender as regras do jogo, preparar-se para uma partida, isso é fundamental e básico em qualquer atividade. Ter mediadores especializados em direito empresarial e em recuperação empresarial é importante para que a porta aberta pela Recomendação 71/2020 e pela Lei 14.112/20, que alterou a Lei 11.101/05, prevendo expressamente o uso da mediação nas recuperações empresariais, seja bem explorada, com experiências bem sucedidas.

Se a mediação for conduzida por profissional despreparado, a impressão que se deixará ao devedor e credores não ajudará o desenvolvimento da ferramenta. Logo, cercar-se de bons profissionais é um passo importante. E bons profissionais devem ser bem remunerados.

Com isso não se está afirmando que o mediador precise ser um profundo conhecedor de direito empresarial ou da área de insolvência. Ele precisa ter as noções elementares, pois, sem dúvida, o que mais conta é dominar as técnicas de negociação e mediação, usando-as com competência e bom senso.

Conclusões

O Conselho Nacional de Justiça, desde 2010, quando instituiu a Política Judiciária Nacional de Tratamento Adequado dos Conflitos de Interesses, tem desempenhado um papel relevantíssimo no incentivo ao avanço dos métodos consensuais.

O Grupo de Trabalho formado para pensar e disseminar boas práticas para a recuperação empresarial tem seguido a mesma linha de estímulo ao consenso, como se vê das Recomendações 58/2019 e 71/2020.

O CEJUSC Empresarial, cuja criação foi recomendada a todos os Tribunais, poderá contribuir barbaramente para essa necessária mudança cultural. Menos adversidade e mais consenso, diálogo e negociações onde todos saiam satisfeitos.

Os maiores desafios são tornar as técnicas de mediação e negociação mais conhecidas dos *players* do mercado, de forma a que a novidade deixe de assustar, e qualificar mediadores para que as experiências sejam as melhores possíveis.

Ainda que experiências ruins aconteçam no início, cabe destacar que é sempre possível mudar de posicionamento, enxergar de outra forma com o decorrer do tempo, com a vivência de outras experiências. A primeira impressão realmente é a que fica, mas mudar de ideia é libertador. Como já ensinava o filósofo Kant, só o sábio muda de ideia.

A busca pelo consenso, o empoderamento do indivíduo no encontro da solução, a pacificação social e a desjudicialização estão em total sintonia com as relações empresariais, devedores em crise, credores com valores a serem recebidos, deságios, descontos, parcelamentos...

Ao contrário do que se afirma, o mundo empresarial, e em especial o da recuperação empresarial, não é um mundo frio, impessoal, com viés apenas econômico-financeiro. Os contratos, celebrados por pessoas jurídicas, são, em verdade, resultados de decisões de pessoas físicas, seres humanos que, no âmbito empresarial, contratam, se relacionam, vendem, compram, demitem e admitem funcionários.

As negociações quanto à forma e prazo de pagamento não são feitas por entes jurídicos; são pessoas que negociam, dialogam e decidem de uma maneira ou de outra. Quem decide se engajar ou não em um procedimento de mediação, conciliação ou negociação são as pessoas físicas, e não as jurídicas.

Com essa premissa em mente, é apenas uma questão de tempo. A mediação na recuperação empresarial e o uso do CEJUSC Empresarial será uma feliz obviedade. Basta seguir trilhando esse caminho.

Referências

ÁVILA, Henrique; WATANABE, Kazuo; NOLASCO, Rita Dias; CABRAL, Trícia Navarro Xavier (Coord.). **Desjudicialização, Justiça conciliativa e Poder Público.** São Paulo: Revista dos Tribunais, 2021.

FUX, Luis; ÁVILA, Henrique; CABRAL, Trícia Navarro Xavier (Coord.). **Tecnologia e Justiça Multiportas**. São Paulo: Foco, 2021. p. 493-504.

JAPUR, José Paulo; MARQUES, Rafael Brizola (Org.). **Recomendações do CNJ em Direito Recuperatório e Falimentar**. Porto Alegre: Ed. Buqui, 2021.

LAGRASTA, Valeria Ferioli; ÁVILA, Henrique de Almeida (Org.). **Política judiciária nacional de tratamento adequado dos conflitos de interesses: 10 anos da Resolução CNJ nº 125/2010**. São Paulo: Instituto Paulista de Magistrados, 2020.

LONGO, Samantha Mendes; SOUZA NETTO, Antonio Evangelista de. **A Recuperação Empresarial e os Métodos Adequados de Solução de Conflitos**. Paixão Editores. 2020.

SALOMÃO, Luis Felipe; TARTUCE, Flávio; CARNIO, Daniel (Coord.). **Recuperação de empresas e falências: Diálogos entre a Doutrina e a jurisprudência.** São Paulo: Gen/Atlas, 2021.

STIPANOWICH, Thomas J. **ADR and the "Vanishing Trial": The Growth and Impact of "Alternative Dispute Resolution", In Jornal of Empirical Legal Studies**, Vol. 1, Issue 3, 2004.

WALD, Arnoldo; Longo, Samantha (Coord.). **Desafios e soluções da recuperação empresarial: antes, durante e depois da Covid-19**. Porto Alegre: Paixão Editores, 2020.

3.
A MEDIAÇÃO COMO FERRAMENTA FACILITADORA NOS PROCESSOS DE INSOLVÊNCIA

Elias Mubarak Júnior
João Paulo Betarello Dalla Mulle

Introdução

O presente trabalho tem como principal objetivo discutir sobre como a mediação pode ser utilizada nos processos de insolvência empresarial em geral.

Aqui, não há a pretensão de se exaurir o tema que é dos mais apaixonantes e estimulantes, mas sim indicar que se trata de ferramenta muito útil para aproximação das partes envolvidas em questões relacionadas à insolvência empresarial, evidenciando que a alteração promovida na Lei nº 11.101/2005, pela Lei nº 14.112/2020, poderá sem dúvida nenhuma auxiliar, em última análise, na diminuição de questões a serem decididas pelo Poder Judiciário, reservando-se aos *stakeholders* a construção do melhor acordo negociado.

1. Da necessária utilização de meios não jurisdicionais para solução de conflitos

Com a promulgação do Código Civil de 2002, houve evidente avanço legislativo no sentido de criar um ambiente de confiança recíproca e segurança entre as partes.

No capítulo destinado aos contratos em geral (Título V, Capítulo I, Seção I), o legislador fez inserir o artigo 422 com a seguinte redação:

> *"Os contratantes são obrigados a guardar, assim na conclusão do contrato, como em sua execução, os princípios da **probidade e boa-fé**."*

Da redação do dispositivo legal, desaguam dois pilares contratuais com a normatização dos deveres de **cooperação e informação**.

Na esteira da mudança cultural que nosso país passou a sofrer com a alteração do código civil, o Conselho Nacional de Justiça, em 2010, fazendo uso de sua prerrogativa constitucional de zelar pela autonomia do Poder Judiciário, fez promulgar a Resolução nº 125 (de 29 de novembro de 2010), com o objetivo de dispor sobre a "Política Judiciária Nacional de tratamento adequado dos conflitos de interesses no âmbito do Poder Judiciário".

Referida Resolução reconheceu como uma das funções do Poder Judiciário a de estabelecer política pública de tratamento adequado dos problemas jurídicos e dos conflitos de interesses, que ocorrem em larga e crescente escala na sociedade, de forma a organizar, em âmbito nacional, não somente os serviços prestados nos processos judiciais, como também os que possam sê-lo mediante outros mecanismos de solução de conflitos, em especial os consensuais, como a mediação e a conciliação.

A partir de tal premissa, o Conselho Nacional de Justiça, dentre outras providências, determinou que os Tribunais pátrios criassem Núcleos Permanentes de Métodos Consensuais de Solução de Conflitos e também Centros Judiciários de Solução de Conflitos e Cidadania.

É importante registrar que a função primordial do Conselho Nacional de Justiça é justamente a de aperfeiçoar o trabalho do sistema jurídico brasileiro, principalmente no que diz respeito ao controle e à transparência administrativa e processual, indicando que a Resolução nº 125 representou verdadeiro marco no sentido de descentralizar a administração da justiça em território brasileiro.

Pois bem.

Demonstrando a tendência de se tentar "desjudicializar" conflitos, quando da alteração do Código de Processo Civil em 2015, que acabou por dar uma guinada importantíssima se comparada com a sistemática processual que estava em vigor desde 1973, nosso legislador em diversas oportunidades inseriu no novo *codex* mecanismos e técnicas destinadas à obtenção da resolução do conflito independentemente da prolação de sentenças impositivas por parte do Poder Judiciário.

A mudança foi salutar e mereceu aplausos por parte dos operadores do direito moderno.

Importante alteração legislativa que comprova a intenção do legislador pátrio é justamente no tocante ao primeiro ato a ser praticado após a distribuição de um pedido inicial perante o Judiciário.

Anteriormente, na vigência do Código de 1973, caberia ao réu apresentar a sua resposta à petição inicial. Com mudança implementada em 2015, passou-se a prever como primeiro ato[1] justamente a designação de uma audiência de conciliação ou mediação para que se tente buscar uma solução consensual para aquele conflito.

Não bastasse, o artigo 3º, §3º[2], do Código de Processo Civil também passou a estimular que sejam buscados meios alternativos para solução de conflitos.

Nas lições do professor Cassio Scarpinella Bueno:[3]

> "O tão comentado "sistema multiportas", desenvolvido a partir das concepções de Frank Sanders, é, por sua vez, suficientemente ilustrativo da preocupação com a busca das formas mais *adequadas* de solução de

[1] Artigo 334. Se a petição inicial preencher os requisitos essenciais e não for o caso de improcedência liminar do pedido, o juiz designará audiência de conciliação ou de mediação com antecedência mínima de 30 (trinta) dias, devendo ser citado o réu com pelo menos 20 (vinte) dias de antecedência.
§1º. O conciliador ou mediador, onde houver, atuará necessariamente na audiência de conciliação ou de mediação, observado o disposto neste Código, bem como com as disposições da lei de organização judiciária.
§2º. Poderá haver mais de uma sessão destinada à conciliação e à mediação, não podendo exceder a 2 (dois) meses da data de realização da primeira sessão, desde que necessárias à composição das partes.
(...).

[2] Artigo. 3º. Não se excluirá da apreciação jurisdicional ameaça ou lesão a direito.
(...).
§3º. A conciliação, a mediação e outros métodos de solução consensual de conflitos deverão ser estimulados por juízes, advogados, defensores públicos e membros do Ministério Público, inclusive no curso do processo judicial.

[3] Bueno, Cassio Scarpinella. Curso Sistematizado de direito processual civil — volume 1: teoria geral do direito processual civil — parte geral do Código de Processo Civil. 11. ed. São Paulo, Ed. Saraiva, p. 56.

> conflitos sempre a depender da natureza, da complexidade e de outros fatores que caracterizam o conflito apresentado para solução."

No mesmo ano de 2015, tivemos a promulgação da Lei nº 13.140, que dispõe sobre mediação entre particulares como meio de solução de controvérsias e sobre a autocomposição de conflitos no âmbito da administração pública.

Torna-se, evidente, portanto, que o Brasil está definitivamente inserido na tendência mundial de se buscar alternativas não judiciais para que as próprias partes construam uma solução para o conflito entre elas existentes.

Não obstante, mais especificamente no âmbito de conflitos empresariais e relacionados com empresas em processo de insolvência, em agosto de 2016, o Centro de Estudos Judiciários do Conselho da Justiça Federal (CEJ/CJF) realizou a "I Jornada Prevenção e Solução Extrajudicial de Litígios", tendo como Coordenador-Geral o Excelentíssimo Ministro Luís Felipe Salomão.

Na oportunidade, a Comissão de Trabalho de Mediação, sob a coordenadoria do Professor Kazuo Watanabe, editou o enunciado nº 45 com o seguinte teor: "A mediação e a conciliação são compatíveis com a recuperação judicial, a extrajudicial e a falência do empresário, bem como em casos de superendividamento, observadas as restrições legais."

De qualquer forma, no campo legislativo, as mudanças foram inseridas mais recentemente e serão objeto de estudo nos próximos itens deste artigo.

2. A mediação

Segundo o Conselho Nacional de Justiça,[4] a mediação é uma forma de solução de conflitos, onde terceiro neutro e imparcial, atua na facilitação e aproximação dos litigantes com o objetivo de que elas mesmas construam, com autonomia e solidariedade, a melhor solução para o conflito existente ou futuro.

Trata-se de ferramenta que é melhor utilizada em conflitos complexos e multidimensionais, tratando-se de procedimento estruturado,

[4] https://www.cnj.jus.br/programas-e-acoes/conciliacao-e-mediacao/ (acesso em 27/07/2021, às 16h07min).

onde as partes têm autonomia para buscar a melhor solução que entendam convenientes para a questão em discussão.

Pelo conceito acima exposto, de antemão podemos identificar nos processos de insolvência empresarial um campo propício para a sua utilização, uma vez que, em geral, envolvem diversos interessados (classes de credores concursais, credores extraconcursais privados, além das fazendas públicas) e, em muitos casos, questões de alta complexidade.

3. Da introdução da mediação em processos relacionados à insolvência empresarial.

Em agosto de 2016, o Centro de Estudos Judiciários do Conselho da Justiça Federal (CEJ/CJF) realizou a "I Jornada Prevenção e Solução Extrajudicial de Litígios", tendo como Coordenador-Geral o Excelentíssimo Ministro Luís Felipe Salomão.

Na oportunidade, a Comissão de Trabalho de Mediação, sob a coordenadoria do Professor Kazuo Watanabe, editou o enunciado nº 45 com o seguinte teor:

> "A mediação e a conciliação são compatíveis com a recuperação judicial, a extrajudicial e a falência do empresário, bem como em casos de superendividamento, observadas as restrições legais.".

Na esteira da modificação de pensamento que vinha sendo introduzida na comunidade jurídica e mais especificamente no microssistema de insolvência empresarial, tivemos a paradigmática recuperação judicial da Editora Saraiva.[5]

O processo, distribuído em novembro de 2018, visava a reestruturação de dívida milionária (mais de R$ 670 milhões de reais) contraída pelo grupo empresarial e, pela essência do negócio, envolvia milhares de credores, cada qual com seus interesses específicos.

Em uma condução pioneira, o Excelentíssimo Juiz de Direito, Dr. Paulo Furtado de Oliveira Filho, estimulou a realização de sessões de mediação conduzidas por mediadores profissionais contratados (e custeados) pelo Administrador Judicial.

[5] Recuperação Judicial nº 1119642-14.2018.8.26.0100, em trâmite perante à Segunda Vara de Falências e Recuperações Judiciais do Foro Central da Comarca de São Paulo-SP.

Ao que se tem conhecimento, trata-se do primeiro caso em que foi utilizado — de maneira exitosa — o instituto da mediação em complexo processo de insolvência empresarial.

Após a implementação na prática da mediação no sobredito processo de recuperação judicial, em outubro de 2019, o Conselho Nacional de Justiça editou a Recomendação nº 58, cujo objetivo primordial foi a de recomendar aos magistrados responsáveis pelo processamento e julgamento dos processos de recuperação empresarial e falências que promovam, sempre que possível, o uso da mediação em tais processos judiciais.

A recomendação também dispôs de forma exemplificativa os casos em que a mediação poderia ser utilizada e, expressamente, recomendou a vedação da utilização da mediação acerca da classificação dos créditos.

A vedação é justificável, já que a questão a respeito da classificação de créditos em processos de insolvência (recuperação judicial, extrajudicial e falência) é matéria de ordem pública e, portanto, incabível que as partes promovam alterações sobre essa questão.

Em resumo, a recomendação trouxe balizas para que magistrados, atuantes em varas especializadas ou não, atuassem em processos de insolvência e, sempre que possível, estimulassem a utilização da mediação.

Por sua vez, o Tribunal de Justiça do Estado de São Paulo disponibilizou em julho de 2020 o Provimento CG nº 19/20, oportunidade em que dispôs sobre a "criação do projeto-piloto de mediação pré-processual para apoio à renegociação de obrigações relacionadas aos empresários e sociedades empresárias, incluindo as individuais, de micro, pequeno e médio porte (MEI, ME e EPP), decorrentes dos efeitos da Covid-19".

O que se quer demonstrar é que, por sua própria natureza, os processos de insolvência empresarial carregam via de regra um alto grau de litigiosidade entre as partes, o que em muitos casos acaba se traduzindo em um sem número de discussões judiciais com a possibilidade de arrastar o processo por anos a fio nos Tribunais Superiores e, assim, são elogiáveis as medidas adotadas pelo Poder Judiciário com o objetivo de estimular aos atores envolvidos nos processos empresariais a utilização de meios adequados à resolução dos próprios conflitos.

O objetivo foi o de propiciar aos litigantes um ambiente seguro onde pudessem, com o auxílio de profissional capacitado e com experiência em processos de insolvência, construírem a própria resolução do conflito existente.

A mediação é, portanto, instrumento eficaz para facilitar que as partes retomem um diálogo que se perdeu em razão da disputa empresarial e, assim, restabeleçam uma relação duradoura e que ao final provavelmente trará novos benefícios econômicos para os envolvidos.

Importante registrar que antes mesmo da publicação da referida recomendação pelo Conselho Nacional de Justiça, juízes de varas especializadas já vinham utilizando a mediação como ferramenta facilitadora em seus processos de insolvência, no que a recomendação foi importante para que fossem criadas diretrizes determinadas para a utilização do instituto.

Não bastasse, seguindo a tendência mundial de se buscar soluções adequadas aos conflitos (empresariais ou não), o legislador brasileiro novamente atuou para inserir regras específicas sobre a utilização da mediação nos processos de recuperações judiciais, extrajudiciais e falência.

2.1. Das alterações implementadas pela Lei nº 14.112/2020 junto à Lei nº 11.101/2005.

Atendendo aos anseios da comunidade jurídica, mais especificamente dos profissionais com atuação focada no microssistema de insolvência empresarial, foram aprovadas profundas alterações na Lei nº 11.101/2005.

Dentre outras importantes modificações que foram introduzidas na Lei de Recuperação de Empresas e Falência, merece destaque a inclusão da Seção II-A ao Capítulo II da LREF (Das Conciliações e das Mediações Antecedentes ou Incidentais aos Processos de Recuperação Judicial), oportunidade em que o legislador disciplinou a utilização de conciliações e mediações nos processos de insolvência.

Logo de início, previu-se que os meios alternativos (ou adequados) de resolução de conflitos deverão ser incentivados, inclusive no âmbito recursal, tudo como forma de tornar mais célere e, de certa forma, mais leve o processo de insolvência.

Elencou rol exemplificativo onde os meios adequados de resolução de conflitos poderiam ser utilizados (artigo 20-B):

> (i) Disputas entre sócios e acionistas e também com credores que inicialmente não se sujeitariam aos efeitos do processo de recuperação judicial, tanto em fase pré-processual quanto na processual;

(ii) Conflitos envolvendo concessionárias ou permissionárias de serviços públicos e recuperação judicial e órgãos reguladores ou entes públicos de todas as esferas;
(iii) Hipótese de existir créditos extraconcursais contra empresas em recuperação judicial durante o período de vigência de estado de calamidade, a fim de permitir a continuidade da prestação de serviços essenciais;
(iv) Hipótese de negociação de dívidas e respectivas formas de pagamento entre a empresa em dificuldade e seus credores, em caráter antecedente ao ajuizamento de pedido de recuperação judicial.

Para além disso, uma das disposições mais festejadas constante da reforma foi a criação da denominada negociação antecedente.

Trata-se da possibilidade de que empresas em dificuldade, e que preencham os requisitos legais para requerer a recuperação judicial, obtenham tutela de urgência cautelar a fim de que sejam suspensas as execuções contra elas propostas pelo prazo de até 60 (sessenta) dias (§1º, do artigo 20-B).

Questão que se coloca é justamente no tocante à documentação que deve ser apresentada pela empresa.

Ora, o dispositivo legal dispõe que a utilização do instituto poderá ser pleiteada por empresas "em dificuldade que preencham os requisitos legais para requerer a recuperação judicial".

Deverá a empresa, então, apresentar a vasta documentação necessária para o deferimento do processamento de uma recuperação judicial?

Parece-nos que a jurisprudência terá de se debruçar sobre a questão e, no nosso entendimento, caberia à empresa demonstrar de forma sucinta o preenchimento dos requisitos legais, se mostrando desnecessária a juntada de toda a documentação obrigatória para um futuro (e incerto) deferimento de processamento de recuperação judicial.

Outra particularidade do dispositivo é a de que, para pleitear a suspensão das execuções, a empresa em crise deverá comprovar que instaurou procedimento de mediação perante o Centro Judiciário de Solução de Conflitos e Cidadania (CEJUSC) ou de câmara especializada.

Exemplo prático da utilização da negociação antecedente pode ser observado na Segunda Vara Regional de Competência Empresarial e de Conflitos Relacionados à Arbitragem da Primeira Região Administrativa Judicial da Comarca de São Paulo, que teve a oportunidade de apreciar (e deferir) pedido formulado por empresa com o requerimento de realização de mediação antecedente ao processo de recuperação judicial.[6]

Em interessante decisão, a doutora Andrea Galhardo Palma deferiu o pedido formulado pela empresa e excepcionou a utilização do CEJUSC para mediar o conflito, autorizando-se a realização por meio de mediador privado que posteriormente foi aceito pelas partes envolvidas.

No tocante à suspensão das execuções, em decisão proferida nos autos de tutela cautelar antecedente,[7] o juízo da Segunda Vara de Falências e Recuperações Judiciais do Foro Central da Comarca de São Paulo-SP, doutor Marcelo Barbosa Sacramone, ao apreciar pedido de tutela de urgência, entendeu que as execuções deveriam sim ser suspensas, até como decorrência legal da antecipação dos efeitos do denominado *stay period* (artigo 6º da LREF), no entanto indeferiu pedido no sentido de que fossem levantadas as constrições judiciais anteriormente proferidas nos juízos onde tramitavam as execuções.

Nesta mesma decisão, o magistrado entendeu que "o art.20-B, §1º, da LREF, fixou o **prazo mínimo** da cautelar em 60 (sessenta) dias para viabilizar a negociação".

De qualquer forma, importante registrar que, caso a negociação antecedente não surta os efeitos desejados — com a formalização de eventuais acordos entre devedores e credores —, e seja necessária a distribuição de pedido de recuperação judicial, o prazo de suspensão das execuções previsto na denominada negociação antecedente será deduzido do período de suspensão previsto no artigo 6º da LREF.

De qualquer forma, é possível notar que a intenção do legislador reformista foi de proporcionar meios para que as empresas em crise econômico-financeira possam ter tranquilidade para negociar com seus credores e, assim, evitar o ajuizamento de uma recuperação judicial, processo que, além de custoso financeiramente, acaba também por ocasionar diversos entraves operacionais para todos os envolvidos (credores e devedor).

[6] Processo nº 1000480-25.2021.8.26.0260, em trâmite perante à Segunda Vara Regional de Competência Empresarial e de Conflitos Relacionados à Arbitragem da Primeira Região Administrativa Judicial da Comarca de São Paulo-SP.

[7] Tutela Cautelar Antecedente nº 1053832-87.2021.8.26.0100, em trâmite perante à Segunda Vara de Falências e Recuperações Judiciais do Foro Central de São Paulo-SP.

Trata-se, portanto, da consagração da utilização de meios adequados para resolução de conflitos.

Nos ensinamentos do professor Marcelo Barbosa Sacramone:[8]

> "Na recuperação judicial, a conciliação e a mediação são importantes instrumentos para auxiliar devedor e credores na busca da melhor solução coletiva para a superação da crise econômica que acomete a atividade empresarial e como forma de obtenção da maior satisfação dos créditos pelos credores."

Por sua vez, na doutrina de Daniel Cárnio Costa e Alexandre Nasser de Melo,[9] em razão da multiplicidade de interesses envolvidos nos processos de insolvência empresarial, a mediação é importante instrumento de pacificação social:

> "Leva-se em conta que os processos de recuperação ou falência abrangem múltiplos interesses, considerando todas as partes neles envolvidas, mas o objetivo comum deve ser o de soerguimento da empresa viável (nos processos de recuperação judicial ou extrajudicial) ou de liquidação da empresa inviável com a maximização do valor dos ativos para a satisfação dos créditos. Ademais, a mediação e a conciliação podem trazer maior eficiência e celeridade processual aos processos de insolvência, que são costumeiramente morosos."

Fica evidente, portanto, que as alterações implementadas pela Lei nº 14.112/2020, junto à Lei nº 11.101/2005, vieram para consagrar os anseios da comunidade jurídica, no sentido de fornecer ferramentas adequadas para que as partes envolvidas em uma crise empresarial possam, em conjunto, encontrar a melhor solução para o litígio existente.

Conclusões

Tratando-se a mediação de uma ferramenta comprovadamente eficaz na solução de conflitos, a sua utilização deverá ser estimulada pelos

[8] Sacramone, Marcelo Barbosa. Comentários à Lei de recuperação de empresas e falência. 2ª Ed. — São Paulo, Ed. Saraiva, 2021, p. 149.

[9] Costa, Daniel Carnio. Comentários à Lei de recuperação de empresas e falência: Lei 11.101, de 09 de fevereiro de 2005 / Daniel Carnio Costa, Alexandre Nasser de Melo, Curitiba, Juruá, 2021, p. 94.

stakeholders do processo de insolvência como um esforço adicional para o bom desenvolvimento do processo, porém jamais como forma de postergação do procedimento recuperacional.

Como se sabe, a mediação consiste na atuação de um terceiro imparcial (mediador) junto aos envolvidos (mediandos) com o objetivo de estimular que eles próprios construam a melhor forma de resolver um litígio existente ou futuro, ficando claro que se trata de modalidade que em muito contribuirá para um melhor desenvolvimento dos processos de insolvência.

Mesmo em casos em que não seja possível a formalização de acordos, a mediação terá sido útil para aproximar as partes para esclarecimento dos conflitos existentes.

Isso, por si só, auxiliará a empresa em recuperação judicial a formatar um plano de recuperação factível para aprovação em uma futura Assembleia Geral de Credores, criando sem dúvida nenhuma um melhor ambiente de negociação entre os envolvidos.

Afinal, tratando-se a recuperação judicial (ou extrajudicial) de um grande acordo coletivo, a mediação pode sim facilitar e auxiliar o melhor desenvolvimento processual, tornando o processo mais célere e com um grau de disputas substancialmente menor, contribuindo assim para que menos demandas sejam ajuizadas perante o Poder Judiciário.

Referências

BEZERRA FILHO, Manoel Justino. Lei de Recuperação de Empresas e Falência: Lei 11.101;2005 7. ed. rev. atual. e ampl. São Paulo. Ed. Revista dos Tribunais, 2011.

BUENO, Cassio Scarpinella. Curso Sistematizado de direito processual civil — volume 1: teoria geral do direito processual civil — parte geral do Código de Processo Civil. 11. ed. São Paulo, Ed. Saraiva, 2021.

COELHO, Fábio Ulhoa. Comentários à Lei de Falências e Recuperação de Empresas. 14. ed. rev. atual. e ampl. São Paulo, Ed. Thomson Reuters, 2021.

COSTA, Daniel Carnio. Comentários à Lei de recuperação de empresas e falência: Lei 11.101, de 09 de fevereiro de 2005 / Daniel Carnio Costa, Alexandre Nasser de Melo, Curitiba, Juruá, 2021.

SACRAMONE, Marcelo Barbosa. Comentários à Lei de recuperação de empresas e falência. 2ª Ed. — São Paulo, Ed. Saraiva, 2021.

4. A MEDIAÇÃO E SUA INSERÇÃO EM NOVOS CONTEXTOS — CONTRIBUIÇÃO EM CENÁRIOS DE CRISE E DE REESTRUTURAÇÃO DE EMPRESAS E NA RECUPERAÇÃO JUDICIAL

ADOLFO BRAGA NETO
NATHALIA MAZZONETTO

Introdução

Desde o advento da Lei nº 13.140/2015, a mediação vem evoluindo em sua prática, ampliando horizontes de sua aplicação, em especial áreas até então não imaginadas pelos próprios autores do referido marco legal. Na verdade, a atividade deu continuidade no seu caminho no País, iniciado na década de 90 no século passado, quando foi vivenciada pela iniciativa privada, desenvolvida com esta vertente pelas instituições arbitrais, que passaram a incluí-la no seu cardápio de serviços. Este cenário passou a instigar o contexto judicial que a foi experimentando até sua inclusão no ordenamento jurídico com a Política de Tratamento Adequado de Conflitos, pelo Conselho Nacional de Justiça — CNJ em 2010 e cinco anos depois com a Lei citada ao início.

Exemplo claro da ampliação de horizontes mencionados acima é o da recuperação judicial. Hoje empresas em contextos de crise e insolventes e seus credores vêm se beneficiando da atividade, graças ao desprendimento de magistrados que ousaram propor a todos os polos e *players* integrantes deste cenário a mediação, com o objetivo de oferecer a retomada do diálogo eventualmente rompido com a crise — insolvência e posterior pedido judicial de recuperação.

Nesse sentido, o presente artigo tem por objetivo oferecer breves e pontuais reflexões sobre a experiência adquirida pelos autores com a mediação proposta pelo juízo a todos os envolvidos em um processo de recuperação judicial. Tais observações serão apresentadas a partir do enfoque, talvez ambicioso, do instituto, da proposta de resgate do diálogo seja entre pares/parceiros, seja em ambiente coletivo que, muito embora sejam enquadrados por classes, a atividade não minimiza sua individualidade. Pretende também apontar a importância da comediação no contexto da recuperação judicial e aspectos relevantes do seu conteúdo.

1. A mediação e os seus distintos contextos

A mediação "*propriamente dita não está na lei, mas na linguagem ordinária das pessoas, na transdisciplinaridade, nas expressões espontâneas*"[1] dos elementos daqueles que dela fazem parte, os mediandos, tendo como fundamentos a flexibilidade, a cooperação, a tentativa de reestabelecimento ou reformulação de laços e o respeito mútuo.

Na mesma linha, apontam Luciano Timm e Danilo Magalhães Junior no sentido de que os participantes do processo, caracterizado pela "*ausência de adversariedade, voluntariedade, imparcialidade e sigilo, possuem total controle sobre a situação*",[2] diferentemente de métodos adversariais e litigiosos. E, como qualquer mecanismo de resolução de disputas previsto em lei, está limitada a direitos disponíveis. Com base em aspectos materiais, a mediação efetivamente não encontra limitação, pois se pode fazer uso dela em todos os tipos de controvérsias. Há limitações, contudo, no que diz respeito às pessoas que dela fazem uso. Uma delas é a própria disposição em cooperar durante o processo, que se traduz na

[1] VASCONCELOS, Carlos Eduardo de. *Mediação de Conflitos e Práticas Restaurativas.* São Paulo: Forense, 2017, p. 206.

[2] TIMM, Luciano Benetti; MAGALHÃES JÚNIOR, Danilo Brum de. *A Mediação pela Perspectiva da Análise Econômica do Direito. In*: NASCIMBENI, Adrubal Franco; BERTASI, Maria Odete Duque; RANZOLIN, Ricardo Borges (Orgs.). *Temas de Mediação e Arbitragem.* São Paulo: Lex, 2017, p. 221.

voluntariedade também de estar e fazer acontecer o consenso. Outras limitações, como já apontado por Adolfo Braga Neto,[3] seriam:

> "aquelas ligadas às condições físicas pessoais de cada um dos participantes no processo, que deverão estar aptos a refletir sobre temas de interesse e livres de fatores emocionais que os impeçam de fazê-lo. Limitações decorrentes de fatores psicológicos impedem as pessoas de refletir adequadamente e, com isso, torna-se difícil para elas colaborar e se responsabilizar por tudo que for tratado na mediação".

Por isso, como método de transformação e resolução de conflitos, tem promovido excelentes resultados, por exemplo, em controvérsias que envolvam:

(i) Laços sócio-afetivos ou familiares entre as pessoas, divórcio, revisão de pensão, guarda de filhos, adoção, conflitos entre pais e filhos ou entre amigos etc.
(ii) Relações dentro de empresas ou entre empresas, bem como entre empresas e organizações, instituições ou mesmo corporações;
(iii) Conflitos na área cível, como locação, relações condominiais, dissolução de sociedades empresariais ou não, inventários e partilhas, discussões indenizatórias;
(iv) Divergências no âmbito comercial e empresarial, como contratos complexos e dos mais diversos gêneros, meios de pagamento, relações de fornecimento, transportes, seguros etc.;
(v) Relações trabalhistas, particularmente quanto aos seus aspectos jurídicos e legais, casos de dissídios coletivos e dissídios individuais;
(vi) Meio ambiente, incluindo conflitos com órgãos de fiscalização e monitoramento;
(vii) Relações na comunidade, desde problemas de vizinhança, passando por familiares e entre vizinhos, até conflitos coletivos;
(viii) Conflitos escolares, viabilizando a implementação de melhores trocas entre tutores — professores, alunos e pais e responsáveis;
(ix) Conflitos inclusive na área penal.

[3] Braga Neto, Adolfo. *Mediação — uma experiência brasileira.* 2 ª Ed. São Paulo: CLA, 2017, p. 97.

Inúmeros outros conflitos também poderiam fazer parte dessa lista. Beatriz Rosa e Ricardo Issa, ao cuidarem da contribuição da mediação inclusive no campo da técnica, salientam que "*a Mediação nos assuntos de engenharia é uma ferramenta que permite a compreensão de cada ocorrência de forma ampla e equânime, adicionando mais e mais informações aos atores envolvidos, para que possam formar suas conclusões*".[4] Essa contribuição é fundamental na tomada de decisões nos mais diversos e complexos projetos e obras, viabilizando que as partes engajadas se voltem à atividade fim, deixando de gastar energia com assuntos e demandas periféricas, o que prejudica sobremaneira do desenvolvimento de qualquer solução.

A mediação é inequivocamente uma maneira eficiente de transformação e busca de elucidação e deslinde para todos os conflitos. Por isso, Cláudia Elisabete Schwerz Cahali ressalta que "*na verdade, todas as demandas admitem a mediação, seja qual for o objeto ou o contexto*"[5].

Tal assertiva faz mais sentido ainda com a evolução de sua prática no País, pois experiências com a sugestão de juízes em recuperações judiciais passaram a oferecer resultados e contribuições de diversas ordens positivos.

O advento da Lei nº 14.112/21, que altera as Leis nºs 11.101/05, 10.522/02 e 8.929/94, que atualiza a legislação referente à recuperação judicial e falência, estimulando, sobremaneira, a recuperação extrajudicial das sociedades empresárias também trouxe mais um estímulo às iniciativas consensuais de solução de conflitos neste universo, já que previu expressamente a mediação como instrumento sugerido e à disposição de credores e recuperandos, notadamente sociedades empresárias em busca de reestruturação, não somente no contexto judicial, mas também extrajudicial, até como elemento preventivo à decretação da falência. Tal fato chama atenção no sentido incorporar o instituto como instrumental no contexto de recuperação empresarial.

2. Conflitos entre pares (bilaterais) e coletivos

Existem vários autores de diferentes áreas que oferecem conceitos relativos ao conflito, todos apresentam enfoques distintos e marcadamente

[4] Rosa, Beatriz; Issa, Ricardo. *Mediação Empresarial e Engenharia. In*: Braga Neto, Adolfo (Org.). *Mediação Empresarial — experiências brasileiras*. São Paulo: CLA, 2019, p. 74.

[5] Cahali, Cláudia Elisabete Schwerz. *O Gerenciamento de Processos Judiciais — em busca da efetividade da prestação jurisdicional*. Brasília: Gazeta Jurídica, 2013, p. 91.

influenciados pela sua área de atuação profissional. Em linhas gerais, o conflito pode ser definido como um conjunto de intenções ou condutas divergentes, que acabam por apresentar um choque de percepções (aparentemente, a um primeiro olhar) antagônicas, a partir de um fato ou de um conjunto deles entre pessoas. Não deixa de ser um momento de crise, em que elementos de desrespeito mútuos e, muito comumente vivências em cenários de extremo, levam a visões distintas e dificuldades na comunicação.[6]

Por falar em comunicação, ela reflete diretamente os mecanismos de pensamento envolvidos nos processos de emissão e recepção dos estímulos verbais, para verbais e não verbais. Encontram-se diretamente associados às construções mentais advindas da experiência, dos conceitos e das intenções dos envolvidos. Comunicação e emoção encontram-se intrinsecamente interligadas. A emoção delimita, restringe ou amplia a intenção do comunicador e a compreensão do receptor. Assim é que quando existe um conflito, o diálogo reflete a percepção de antagonismo. Estes elementos são fundamentais para o estudo do conflito, pois a comunicação entre as pessoas é um elemento a ser permanentemente trabalhado e entendido dentro de uma perspectiva histórica entre elas.

E quando o conflito passa a ser coletivo todos estes elementos se potencializam, pois, além de ser vivenciado entre os pares, reflete em toda a uma coletividade, que pode ser impactada, direta ou indiretamente, negativa ou positivamente. E estar na coletividade acaba por apontar caminhos em direção à sedimentação de pleitos conjuntos, que dão a aparência de uniformidade. Nesse sentido, o componente coletivo acaba por afastar a individualidade das relações, criando trincheiras que acabam por polarizar a comunicação, que já sofria ruídos no individual, passa a ter mais ainda no coletivo. O objetivo com estas observações é marcar a complexidade que envolve, não somente o conflito entre pares, mas também o grupo de pessoas do ecossistema de crise como um todo. E, ao se pensar no contexto da recuperação judicial, tais elementos estarão presentes e a mediação como instrumento à disposição de todos deverá estar atenta antes, durante e após seu processo de interação com todos os atores.

[6] Braga Neto, Adolfo. *Mediação de Conflitos no Contexto Empresarial.* In SOUSA, Luciane Moessa de (Coord.), Mediação de Conflitos — Novos Paradigmas de acesso à justiça. 2ª edição. Santa Cruz do Sul: Essere nel Mondo, 2015, p. 161.

Com efeito, ao se cogitar do uso da mediação no contexto da recuperação judicial, não deve sua utilidade ser considerada apenas de início e antes mesmo de uma primeira tentativa de negociação de interesses entre os envolvidos — antecipadamente à formação de qualquer proposta de plano de recuperação. O recurso à mediação neste contexto se mostra pertinente no curso de todo o processo, inclusive após, na etapa de implementação das soluções propostas, votadas e adotadas, assim como no seu monitoramento de efetividade e eventual revisitação. Nesse sentido, vale lembrar as palavras de Luciane Moessa de Souza[7]:

> "Em razão de seu potencial para gerar um diálogo que propicie o esclarecimento de interesses convergentes e divergentes, bem assim para permitir a exploração de soluções, a Mediação se afigura como o instrumento apropriado para a busca de uma solução que, além de preencher os requisitos jurídicos, seja efetivamente construída e aceita por todos os envolvidos, gerando seu comprometimento com a implementação".

3. Mediação na recuperação judicial

Ao se tratar da mediação na recuperação judicial, importante enfatizar que é introdução do instituto em sua integralidade no contexto de um processo judicial onde uma empresa, comumente referida no sistema como recuperanda, enfrenta dificuldades diversas, dentre elas econômico-financeiras e de outras naturezas. Com o processo, ela busca a possibilidade de suspender temporariamente eventuais débitos para seu reequilíbrio. Além disso, visa também outros objetivos como o de elaborar em conjunto com os seus credores um plano para viabilizar sua efetiva recuperação.

Nesse sentido, quando aceita por todos os envolvidos no processo de recuperação judicial, sugere-se iniciar com a pré-mediação, que consiste em um momento informativo de oferta da atividade, que prima pela voluntariedade, confidencialidade e sem qualquer determinação quanto a seu resultado, bem como desvinculada da autoridade que a indicou e do Administrador Judicial. É um importante momento em que os futuros

[7] Sousa, Luciane Moessa de. *Mediação de Conflitos Coletivos — A aplicação dos meios consensuais à solução de controvérsias que envolvem políticas públicas de concretização de direitos fundamentais.* Belo Horizonte: Fórum, 2012, p. 99.

participantes analisarão a oportunidade de integrá-la ou não, além de apontarem qual o melhor caminho a seguir com ela.

Em muitos casos, no passado, quando houve a integração da mediação, este mecanismo acabou sendo utilizado por iniciativa do Administrador Judicial, que fez recurso a profissionais do mercado privado para incorporar um *plus* a sua atividade. De fato, nos renomados casos da recuperação judicial da Saraiva e da Livraria Cultura, sabe-se do recurso à ferramenta dentro do contexto da Administração Judicial, que, inclusive, remunerou o trabalho de mediador e equipe com a reversão de parte de seus recebimentos.

Dentre os atrativos da mediação no contexto de crise de empresas, pode-se destacar em especial:

(i) a possibilidade de flexibilizar comandos e soluções num cenário em que nem sempre formalidades e rigores normativos e operacionais conseguem ser emplacados;

(ii) a resolução de questões e incidentes imprevisíveis e imprevistos em tempo real;

(iii) a busca de aplicação de soluções mais voltadas ao *business* em si do que deliberações "outorgadas" que nem sempre se coadunam com a realidade e necessidades dos envolvidos;

(iv) confidencialidade de tratativas e composições que não podem se apresentar como ameaça — como muitos chegaram a questionar quando do uso da mediação neste contexto —, isso porque os "pactos não divulgados" sempre foram uma realidade neste cenário e, muitas vezes, são para o bem da tentativa de sobrevivência ou busca de soluções possíveis e viáveis dados os variados obstáculos e dificuldades enfrentados;

(v) a atribuição de "voz" a quem não necessariamente terá ou nunca tivera num contexto concursal, caso, por exemplo, de credores da então qualificada Classe I — Trabalhistas;

(vi) a abertura de novos canais de escuta e trocas, permitindo que se forme um Plano de Recuperação o mais próximo e fidedigno à realidade dos credores, levando em consideração, também, é claro, as possibilidades de quem o apresenta;

(vii) contribuição para que temas e demandas de natureza técnico-jurídica sejam compreendidos por leigos no assunto, já que no mais das vezes credores não são representados e se apresentam pessoalmente para reclamar seu crédito;

(viii) acesso às informações e esclarecimentos por quem legitimado e desvinculado de interesses;

(ix) uniformização e tentativa de redução das assincronias na distribuição das informações.

Pois bem, muitas são as contribuições da mediação no cenário de crise, sendo aquelas acima arroladas apenas "parte do menu de possibilidades", que, inclusive, comporta e incentiva-se, seja desenhado para cada caso, levando em conta área de atuação do recuperando ou da recuperanda; momento político-socioeconômico e seus impactos na atividade empresarial; a cultura da empresa; a massa de credores e sua maior expressão.

4. Ferramentas pertinentes para o desenvolvimento de mediação em cenários de pluralidade de participantes

Diversas são as ferramentas a que o mediador e sua equipe podem fazer recurso para o desenvolvimento do processo de diálogo. Neste contexto, podemos especialmente listar:

(i) a formação de uma equipe multidisciplinar a permitir respostas plúrimas e em tempo real para cada demanda que possa se apresentar no cenário de crise;

(ii) ferramentas tecnológicas de facilidade de comunicação das providências; entre outras.

No caso especial de cenários multipartes e com pluralidade de relações pessoais, além da diversidade que marca tais vínculos, que podem ser de trato contínuo (particularidade, p. ex., das relações trabalhistas) ou não necessariamente, a criatividade do facilitador não se limita à capacitação e boa técnica, mas sim também na inovação no uso de possibilidades, porque, por mais que em muitos momentos o que se verifica de fato é mediação e diálogo facilitado, em outros, não necessariamente se trata da constituição e viabilização de uma mesa de conversa, mas sim de facilitar todos os fluxos deste cenário complexo em que se apresenta a tentativa de soerguimento de uma empresa.

Com base, então, em experiência prática vivenciada com o projeto piloto antes referido e incentivado pelo Judiciário Paulista, verificou-se que as seguintes técnicas são muito bem-vindas e podem ser customizadas para integrar soluções consensuais via mediação, senão veja pelo que se mostram úteis:[8]

4.1. DSD (*Dispute System Design*)

O DSD, no contexto de disputas complexas e com pluralidade de *players*, é essencial para bem se delinear e "montar" um verdadeiro *iter* de solução de conflitos feito sob medida e que conte com a legitimação de todos envolvidos, direta ou indiretamente.

Literalmente *alinhavar* o que se apresentam como limites legais e temporais do ecossistema, cogitando-se de possíveis gargalos e melhores momentos para o recurso à mediação e seus profissionais, é muito pertinente para que todas as trocas fluam e se desenvolvam adequadamente.

Nessa frente, impensável não contar com a contribuição do Juízo, no caso da recuperação judicial, assim como do Administrador Judicial e dos advogados e representantes legais daquele que figura como recuperando. Estes agentes são cruciais no partilhar de ideias e soluções diante do conhecimento que acumulam nesta frente de atuação, já antevendo cenários e possibilidades, o que é um prato cheio para o *brainstorming*, etapa típica desse processual consensual de que tratamos.

Neste sentido, ao cuidar do ambiente da Justiça Federal e de estratégias para o uso dos meios consensuais, assim ministra a doutrina de Daniela Gabbay e Bruno Takahashi:[9]

> "Os limites desse uso e da própria adaptação dos meios decorrem menos da legislação do que da mentalidade dos agentes envolvidos. Especialmente em relação ao Poder Judiciário, conforme Rodolfo de

[8] O leitor é aqui convidado a conhecer a experiência conduzida em um dos processos paradigmas para o desenvolvimento deste tipo de condução. Remete-o aos autos do Proc. nº 1050778-50.2020.8.26.0100, em curso na 2ª Vara de Falências e Recuperações Judiciais do Foro Central da Capital — São Paulo. Para maiores informações a respeito do trabalho da mediação, confira, ainda: www.mediacaorjenpavi.com.br, acesso em 01.ago.2021.

[9] Gabbay, Daniela Monteiro; Takahashi, Bruno. *Desenho de Sistemas e Mecanismos Consensuais de Solução de Conflitos na Justiça Federal: Uma Introdução.* Coord. Justiça Federal: inovações nos mecanismos consensuais de solução de conflitos, Brasília: Gazeta Jurídica, 2014, pp. 25-27.

> Camargo Mancuso ressalta, deve haver 'o necessário engajamento do juiz moderno no esforço comum pela composição justa dos conflitos, não necessariamente por meio da sentença de mérito (e, em alguns casos, preferencialmente sem ela), mas consentindo outros meios, auto e heterocompositivos'.
>
> Assume relevância também o Desenho de Sistema de Disputa (DSD) que é adotado. O DSD escolhido deve considerar as peculiaridades próprias do conflito que irá tratar. E, como observa Diego Faleck no artigo 'Desenho de Sistema de Disputas no Contexto da Justiça Federal: Uma introdução':
>
> > 'Muitos dos conflitos de competência da Justiça Federal comportam a possibilidade e a oportunidade de aplicação dos conceitos de DSD, para que estratégias mais eficientes possam ser implementadas. A utilização do processo de DSD é um tipo de intervenção que permite que se lide de forma sistemática com um córrego de disputas, ao invés de tratá-las como episódios únicos'.
>
> Além disso, segundo o mesmo autor, a participação e a supervisão do Judiciário de um sistema de resolução de disputas potencialmente lhe outorga legitimidade e, assim, as partes, sobretudo as hipossuficientes, sentem-se mais confortáveis e seguras em participar.
>
> Neste sentido, o juiz pode se valer de um *designer* na qualidade de auxiliar da Justiça, mas se destaca o papel legitimador e fiscalizador que se espera do Judiciário em relação aos desenhos extrajudiciais e práticas consensuais. De fato, experiências trazidas nesta obra como a desapropriação do aeroporto de Guarulhos, as pautas concentradas para conciliações em matéria de servidor público, as sessões de conciliação com Conselhos de Fiscalização Profissional, entre outras, indicam a possibilidade de o próprio juiz atuar como *designer*, ampliando-se o seu papel para além da função judicante."

Com efeito, o uso do mecanismo do DSD só tem a contribuir num cenário de recuperação judicial, onde há elevado número de demandas e incidentes judiciais, reuniões preparatórias e no curso de cenários de crise que se apresentem permitem aos envolvidos estratégicos definir aspectos como escopo de atuação, metodologia de trabalho, pautas e cronogramas, dentre outros aspectos.

4.2. Formação de time de trabalho e co-mediação

Primeiramente, é importante ter presente que o universo da Recuperação Judicial demanda uma verdadeira ginástica de composição e integração de pautas, agendas e demandas. De fato, há temas que se apresentam como prioritários, no confronto de outros que convocam uma rotina e regularidade; as agendas e necessidades são plúrimas e variadas, pedindo um esforço e especial dedicação dos agentes centrais que conduzem este tipo de processo, daí que formar um grupo de trabalho se apresenta como de grande valia, fazendo com que a "roda" gire não necessariamente atrelada à pessoa de uma figura única, que é sim fundamental como ponto nodal e estrategista, mas que há que ter liderança e adequada distribuição das tarefas a fim de viabilizar entregas e solução das diversas problemáticas que se apresentam, muitas vezes não restritas a uma única localidade.

Como decorrência direta da formação de um "time", a co-mediação sem dúvida nenhuma é um precioso ativo e permite que uma linha condutora seja seguida com mais de um olhar. Trata-se da designação técnica para a atividade realizada por mais de um mediador durante um procedimento completo. Nela existe a interação de, no mínimo, dois mediadores que construirão em conjunto com os participantes a possibilidade de soluções.

Segundo Lia Sampaio e Adolfo Braga Neto,[10] existem duas classificações para a co-mediação. A primeira centraliza-se na figura dos co-mediadores. Subdivide-se em interdisciplinar e a aquela exercida conforme o gênero. Profissionais capacitados em mediação de distintas áreas agregam maiores conhecimentos com olhares de diferentes. A possibilidade de mesclar profissionais de gêneros diferentes, por sua vez, promove a integração de visões e preocupações próprias a cada universo.

Para os mesmos autores, a segunda classificação é aquela em que o foco é maneira de atuação dos co-mediadores. Nela, ambos estabelecem regras de suas respectivas intervenções. A de complementariedade, em que um coordena e o outro complementa. Há também aquela por revezamento, em que a regra estabelecida por eles é que um deles coordene o procedimento e posteriormente o outro o faça na mesma reunião de

[10] Sampaio, Lia Regina Castaldi; Braga Neto, Adolfo. *O que é Mediação de Conflitos*. Coleção Primeiros Passos. São Paulo: Brasiliense, 2007, p. 61.

mediação ou ao longo do processo todo. E, por fim, a que os mediadores preferem não estabelecer nenhuma regra entre eles sendo suas intervenções realizadas indistintamente, quase que constituindo um verdadeiro jogral. Este modelo é conhecido como simples.

Cabe lembrar que, para alcançar eficácia importante, alguns aspectos são imperiosos de consideração, são eles:

(i) Alinhamento e preparação prévios fundamentais e necessários;
(ii) Constituir-se em equipe com empatia e entrosamento;
(iii) Organizar-se como equipe com estratégia flexível e a todo tempo revisitada, conforme o decorrer do processo;
(iv) Desenvolver-se compartilhando responsabilidades entre seus integrantes; e
(v) Consistir-se em oportunidade de complementação, colaboração e jamais de competição ou tentativa de sobreposição de um profissional sobre o outro. De fato, qualquer dissonância e falta de sintonia entre os facilitadores e condutores do processo de diálogo sem dúvida impactará e refletirá, direta ou indiretamente, no procedimento e se apresenta como espelho para os próprios participantes.

Os co-mediadores precisam se assegurar da manutenção de credibilidade e autoridade similar durante o processo dialógico. Como dito, é importante ressaltar que a condução em par e seus atores poderão servir de modelo de identificação para os participantes. A co-mediação importa uma relação de parceria, pressupõe confiança entre os membros da equipe, a partir do respeito, reciprocidade, compreensão, além de tempo e horários compartilhados. Nesse sentido, há que se considerar que:

(i) uma equipe efetiva de co-mediadores aumenta a capacidade de escuta de todo os participantes;
(ii) promove o ambiente de cooperação, cujo objetivo é refletir direta ou indiretamente nos participantes; e
(iii) incentiva habilidades pessoais para favorecimento de toda equipe.

A proposta da co-mediação indubitavelmente apresenta-se como melhor via de contribuição no contexto da recuperação judicial, notadamente pelo número de participantes do sistema, pelos mais variados tipos de controvérsias que podem eclodir, dentre outros.

4.3. Documentação necessária para firmar a "moldura de trabalho": termos de mediação e confidencialidade

Vale ter presente que em cenários de mediação *ad hoc*, como não deixa de ser na atual configuração da mediação judicial da maior parte dos Estados brasileiros, é fundamental que o mediador e seu time antes de iniciarem os trabalhos preparem um verdadeiro *tool kit* que integre os instrumentos jurídicos essenciais a orientar o trabalho em mediação, assim como a estabelecer os princípios e diretrizes que servirão de moldura ao processo.

É certo que sendo o trabalho em mediação, ainda mais num contexto coletivo, algo fundamentalmente oral, técnicas e mecanismos diversos de "adesão" e consentimento com os compromissos devem ser considerados, como, p. ex., a gravação em sessão introdutória conduzida virtualmente do "sim" dos participantes ao Termo de Confidencialidade, dentre outros.

Toda criatividade aqui é bem-vinda para dar a segurança e conforto necessário aos participantes da mediação, fazendo sempre prevalecer seus comandos basilares.

Há que se ter presente, porém, que cada caso será um e, muito embora muitas vezes se siga padrão para facilitar e viabilizar a condução em massa, por vezes customizações e desenvolvimento sob medida deverão ser considerados como forma de acomodar a situação em si.

Em sendo o caso em que a mediação siga o modelo institucional ou de administração por um centro, estes cuidados poderão ser dispensados, ante a precedência de um regulamento e demais atos padronizados.

Apenas como referência, de regra são documentos indispensáveis para qualquer trabalho em mediação, o Termo de Mediação, o Compromisso de Confidencialidade e o Termo de Independência e Imparcialidade do Mediador, acompanhado de formulário de revelação ou correspondente.

4.4. Tecnologia

Há algum tempo, a possibilidade de conduzir um processo inteiro por mecanismos digitais e eletrônicos era tema de alongadas discussões. Ocorre que, com o cenário da COVID-19, esta realidade amplamente se firmou e agora é um cenário sem qualquer tipo de retorno. É certo que encontros virtuais ou presenciais ainda deverão ser estrategicamente idealizados e pensados quando um ou outro se faz necessário ou adequado, mas a verdade é que se certo ou errado, bom ou mau, são pautas que deixaram de ser debatidas.

No contexto de massa (concurso de pessoas e demandas/interesses) em que se insere uma recuperação judicial como praxe o recurso a plataformas de realização de videochamadas como o Zoom® ou o Teams®, ou equivalentes, se tornou um grande alinhado. Dominar as configurações e ferramentas à disposição nestes "fóruns" virtuais é uma das necessárias capacitações do mediador a fim de que possa facilmente transitar em sessões de *caucus*, fazer as pausas necessárias ou viabilizar o diálogo com adequada escuta, firmando as diretrizes de "pedido da palavra", como, p. ex., o botão de "levantar a mão" ou, também, o registro no *chat*.

Ferramentas conhecidas como de "mala direta", que promovem o disparo eletrônico de comunicações (ex. Egoi®, *MailChimp*® ou qualquer plataforma correspondente), também são de grande utilidade, na medida em que muitas vezes este canal se mostra mais célere e eficaz do que as tradicionais comunicações por correio, que nem sempre comunicam a tempo de que credores exerçam seu voto ou, minimamente, mantenham-se atualizados dos desenvolvimentos de um processo que pode ser muito complexo e técnico para muitos, já que não devemos nos esquecer de que estamos num contexto muito normatizado, formal e repleto de "volumes" de processos.

Assim como a tecnologia vem a contribuir, também pode ser um limitador de acesso, a depender da classe de interessados — ex. de trabalhadores de campo ou congêneres —, de tal modo que o Mediador, na qualidade de um gestor **multiparcial** do processo consensual que conduz, deve sempre estar atento a usar seu papel de "*check*" e certificação de que a sua mensagem e a participação sejam de alcance o mais amplo possível.

Do mesmo modo, *guidelines* específicas voltadas ao uso de tecnologia e eventuais restrições aplicáveis devem ser consideradas, sobretudo quando o tema são gravações e seu uso, assunto sempre polêmico nesta frente e que não será objeto de maiores detalhamentos neste ensaio, mas que não pode passar como algo secundário.

4.5. Outros possíveis recursos

Acima, chamou-se a atenção para ferramentas que se mostram muito necessárias no contexto em que se desenvolve uma recuperação judicial, porém o universo de re-estruturação de empresas é tão amplo que as soluções técnicas e de natureza comercial não podem ser descartadas em qualquer medida. Assim, ao mediador e a equipe de mediadores contribuir com a sugestão de procura de técnicos e/ou especialistas é mais um relevante aporte que tem por propósito suprir a necessidade de os mediandos adquirirem ou ampliarem informações e conhecimentos sobre temas determinados, sempre auxiliando a melhor se instrumentalizarem para a tomada qualificada de decisões.

Criação de sistemas ou rotinas monitoramento em cada fase (ou cenário crítico — "gargalos do sistema") e avaliação de resultados com o recurso a outros possíveis mecanismos, como o próprio *dispute board* e a integração num ou outro contexto novamente do mediador. Cenários de mentorias especializadas também são um conceito inovador e que pode preparar individualmente os mediandos quando o espectro de crise demanda.

Por fim, não deve se deixar de dar especial atenção à questão da linguagem. De fato, o universo da recuperação judicial integra participantes com diversas formações e de distintas origens, nem sempre habituados ao ecossistema de "crise e quebra de empresas", o que é acentuado, também, pela moldura judicial em que se desenvolve o processo. Assim a mediação, como ferramenta comunicacional que é, não pode deixar de escanteio sua relevância na exploração da linguagem verbal e não verbal deste ecossistema, que já vem cheio de posições firmadas, como as próprias classificações de credores conforme o tipo de relação ou patrimônio que regem as trocas com o recuperando (Classes I, II, III e IV, para se referir a credores trabalhistas, com garantia real, quirografários ou pequenos/microempresários).

O mediador não pode se prender a tais noções que derivam de uma perspectiva e corte legal, quando sua contribuição é muito maior para a transformação do conflito e das próprias relações dos envolvidos e seus vínculos. Isto dito, estes recursos, notadamente a adequada e criativa utilização da linguagem, hão de ser bem operados.

Conclusões

De tudo o quanto explorado, não restam dúvidas a respeito da imensurável contribuição da mediação e de outros mecanismos vizinhos de construção de consenso, como o DSD, na resolução e transformação de cenários de crise, como é aquele em que se desenvolve a tentativa de reestruturação de agentes empresariais e sociedades empresárias.

Diversas foram as mais atuais iniciativas com vistas a fomentar sua utilização, sendo inequívoco que o Judiciário tem um grande peso nesta trajetória, dada a sua legitimação notadamente numa cultura como a nossa, que é marcada pela colonização. Prova disso, inclusive, é o advento do projeto piloto do TJSP antes referido e a própria alteração da legislação aplicável, que preveem expressamente o recurso à mediação no contexto da recuperação de empresas, judicial ou como ferramenta extrajudicial.

Isto dito, e muito claro que o papel do mediador e sua equipe em nada se confunde ou se assemelha às atribuições e tarefas desempenhadas pelo "juízo universal", pelo Ministério Público ou pelo próprio Administrador Judicial, conforme preceituam as leis e normativas aplicáveis, diversas e complementares se apresentam as contribuições que este agente multiparcial — atuando isolada ou em conjunto com o seu time de trabalho multidisplinar (e aqui não apenas quanto à área de formação, mas também sob a perspectiva etária, de experiência de vida e até mesmo gênero, para não dizer outros) — pode aportar a um cenário de senão resolução, transformação de crise e diálogo.

Para tanto, dadas a flexibilidade e oralidade que a caracterizam, a mediação pode explorar toda e qualquer ferramenta e possibilidade, como visto do estudo dos diversos aspectos exemplificativamente apontados neste ensaio, permitindo-se inovação e economia de recursos (humanos e financeiros) em tempos tão fluidos, líquidos, céleres e sobretudo incertos. Insegurança, contudo, não pode ser um caminho, já que toda e qualquer possibilidade será desenhada por e com seus protagonistas, os mediandos e não terceiros que desconhecem "as vestes que portam" e sua realidade.

Com tudo isso se confirma a inserção da mediação em novos contextos, até então inimagináveis. Com base em todos os aspectos e vantagens identificados anteriormente e mais o respeito à individualidade e à coletividade, bem demonstra que com sua proposta dialógica veio para ficar. E quanto maior for seu uso, maior será a oportunidade que poderá proporcionar a aqueles que dela fizerem uso em especial atendendo os ditames da Lei nº 14.112/20.

Referências

ALMEIDA, Tania. *Caixa de Ferramentas em Mediação — Aportes práticos e teóricos*. Rio de Janeiro: Dash Editora, 2014.

BRAGA NETO, Adolfo. *Mediação de Conflitos no Contexto Empresarial*. In SOUSA, Luciane Moessa de (Coord). Mediação de Conflitos — Novos Paradigmas de acesso à justiça. 2ª edição. Santa Cruz do Sul: Essere nel Mondo, 2015.

BRAGA NETO, Adolfo. *Mediação — uma experiência brasileira*. 2 ª Ed. São Paulo: CLA, 2017.

CAHALI, Cláudia Elisabete Schwerz. *O Gerenciamento de Processos Judiciais — em busca da efetividade da prestação jurisdicional*. Brasília: Gazeta Jurídica, 2013.

GABBAY, Daniela Monteiro; TAKAHASHI, Bruno. *Desenho de Sistemas e Mecanismos Consensuais de Solução de Conflitos na Justiça Federal: Uma Introdução*. Coord. Justiça Federal: inovações nos mecanismos consensuais de solução de conflitos, Brasília: Gazeta Jurídica, 2014.

ROSA, Beatriz; ISSA, Ricardo. *Mediação Empresarial e Engenharia*. *In*: BRAGA NETO, Adolfo (Org.). *Mediação Empresarial — experiências brasileiras*. São Paulo: CLA, 2019.

SAMPAIO, Lia Regina Castaldi; BRAGA NETO, Adolfo. *O que é Mediação de Conflitos*. Coleção Primeiros Passos. São Paulo: Brasiliense, 2007.

SOUSA, Luciane Moessa de. *Mediação de Conflitos Coletivos — A aplicação dos meios consensuais à solução de controvérsias que envolvem políticas públicas de concretização de direitos fundamentais*. Belo Horizonte: Fórum, 2012.

TIMM, Luciano Benetti; MAGALHÃES JÚNIOR, Danilo Brum de. *A Mediação pela Perspectiva da Análise Econômica do Direito*. *In*: NASCIMBENI, Adrubal Franco; BERTASI, Maria Odete Duque; RANZOLIN, Ricardo Borges (Orgs.). *Temas de Mediação e Arbitragem*. São Paulo: Lex, 2017.

VASCONCELOS, Carlos Eduardo de. *Mediação de Conflitos e Práticas Restaurativas*. 5ª ed., São Paulo: Forense, 2017.

5. PARA UMA REVOLUÇÃO DEMOCRÁTICA DO DIREITO DAS EMPRESAS EM CRISE

César Augusto Martins Carnaúba
Ronaldo Vasconcelos

Introdução

Já é sabido que o norte metodológico dos estudos mais recentes sobre direito processual civil e solução de conflitos, no Brasil, tem se direcionado ao estímulo e ao aprimoramento do acesso à justiça — ou, na expressão consagrada de Kazuo Watanabe, "acesso à ordem jurídica justa".[1] Esse viés pode ser identificado em diversas frentes, desde iniciativas legislativas,[2] até a reformulação de conceitos bastante sedimentados como a própria jurisdição.[3]

[1] Watanabe, Kazuo. Tutela antecipatória e tutela específica das obrigações de fazer e não fazer. *Revista de direito do consumidor*, São Paulo: Revista dos Tribunais, n. 19, p. 77-101, jul./set. 1996, p. 77.

[2] Cujo exemplo paradigmático é a criação dos Tribunais de Pequenas Causas (Lei n. 7.244/1984), que ulteriormente deu lugar aos Juizados Especiais (Lei n. 9.099/1995): "[...] em determinado momento sentiu-se a necessidade de uma verdadeira cruzada contra a *litigiosidade contida*, a que, em seu abnegado trabalho pela criação dos juizados de pequenas causas, desde o início aludia o jurista-pensador Kazuo Watanabe" (Dinamarco, Cândido Rangel. *Manual dos juizados cíveis*. 2. ed. São Paulo: Malheiros, 2001, p. 20, grifos do original).

[3] Por excelência, a posição de Ada Pellegrini Grinover: "[...] a *jurisdição* não pode ser mais definida como poder, função e atividade, pois na justiça conciliativa não há exercício do

Na maior parte das vezes, esses estudos partem dos trabalhos desenvolvidos por Mauro Cappelletti e Bryant Garth no Projeto Florença durante a década de 70, referenciando as três "ondas renovatórias de acesso à justiça": a primeira relacionada aos hipossuficientes e vulneráveis (e que ensejou medidas como a gratuidade da justiça); a segunda pertinente à proteção jurisdicional dos interesses transindividuais; a terceira voltada à busca por soluções pragmáticas de acesso à justiça.[4]

A proposta deste estudo é a de analisar a democratização do acesso à justiça tomando como pano de fundo o direito das empresas em crise. Bem se sabe que a Lei n. 14.112/2020 alterou diversas regras de direito material e processual referentes à crise da empresa, mas mesmo a Lei de Recuperação de Empresas e Falências (LREF, Lei n. 11.101/2005) é bastante jovem, e pode ser estudada sob a perspectiva metodológica apontada acima.

O objetivo, todavia, não é apenas fazer coro ao senso comum teórico[5] que louva as inovações legislativas, porquanto tragam mecanismos que ampliam o acesso à justiça.

poder. Ela passa a ser, em nossa visão, *garantia do acesso à justiça*, que se desenvolve pelo exercício de *função* e *atividade* respeitadas pelo corpo social para a solução de conflitos (conforme elementos do ordenamento jurídico) e legitimada pelo devido processo legal. Seu principal escopo social é a pacificação com justiça" (GRINOVER, Ada Pellegrini. *Ensaio sobre a processualidade:* fundamentos para uma nova teoria geral do processo. Brasília: Gazeta Jurídica, 2016, p. 4, grifos do original).

[4] CAPPELLETTI, Mauro; GARTH, Bryant. *Acesso à justiça*. Porto Alegre: Sergio Fabris, 1988. Trad. Ellen Gracie Northfleet.

[5] "Ao levantar esta problemática, os epistemólogos tentaram respondê-la instaurando critérios rigorosos de demarcação entre o que deve ser considerado ou não como ciência. Assim, procuraram opor o conhecimento científico às representações ideológicas e as representações metafísicas, distinguindo a verdade do erro, distanciando o sentido referencial de suas evocações conotativas, como também, diferenciando as opiniões comuns (a doxa) do conhecimento científico (a episteme). Esta última distinção abrange todas as anteriores, já que a doxa estaria constituída por um conglomerado de argumentos verossímeis, formados a partir das representações ideológicas, das configurações metafísicas e das evocações conotativas. O conhecimento científico seria o saldo, logicamente purificado, de todos esses fatores. Ora, quando observamos a forma em que esta concepção de racionalidade científica é apropriada na práxis do direito, verificamos como nenhum dos fatores, aparentemente rejeitados, deixa de manifestar-se. E o conhecimento científico do direito termina sendo um acúmulo de opiniões valorativas e teóricas, que se manifestam de modo latente no discurso, aparentemente controlado pela episteme" (WARAT, Luis Alberto. Saber crítico e senso comum teórico dos juristas. *Sequência*, Florianópolis, v. 3, n. 5, p. 48-57, 1982, p. 51-52).

De um lado, é preciso inserir e compreender essa evolução no contexto brasileiro (uma "jabuticaba" que difere em muito das conclusões apresentadas no próprio Projeto Florença),[6] a fim de analisar por que o acesso à justiça está sendo democratizado no âmbito das empresas em crise, bem como, em analogia a um jogo de soma zero,[7] descobrir o que se perde com essa iniciativa.

De outro lado, partindo da premissa de que há claros incentivos à desjudicialização e à consensualidade na solução de conflitos relacionados à crise da empresa, busca-se apresentar uma perspectiva crítica desse movimento. Arbitragem e mediação são úteis para democratizar o acesso à justiça, mas apenas se utilizadas com esse desiderato. A mera permissão à utilização de tais métodos não apenas não resolve os problemas nessa seara, como pode criar e intensificar desvantagens estruturais entre os diversos sujeitos do conflito multifacetado que é a crise da empresa.

1. Democratização do acesso à justiça: a experiência brasileira e o atual sistema multiportas

Na experiência internacional, é visível uma evolução bastante ordenada das preocupações do Poder Judiciário com o acesso à justiça (daí a nomenclatura de "ondas renovatórias").[8]

Em um primeiro momento, houve a preocupação com os vulneráveis, os que não tinham condições financeiras de arcar com um longo e

[6] Junqueira, Eliane Botelho. Acesso à justiça: um olhar retrospectivo. *Revista Estudos Históricos*, Rio de Janeiro, vol. 18, p. 389-402, 1996.

[7] "A questão é saber como a construção da justiça pode se beneficiar da discussão de prós e contras, custos e benefícios e incentivos postos pelo sistema jurídico. A análise dos incentivos postos pela legislação é onde pode começar a discussão do justo; não onde ela deve acabar. Grandes dilemas morais se prestam à determinação política e devem ser decididos por meio dos sistemas políticos adotados pela sociedade. Contudo, noções de justiça — e construções jurídicas — que não levem em conta as prováveis conseqüências de suas articulações práticas são incompletas" (Pugliese, Antonio Celso Fonseca; Salama, Bruno Meyerhof. A economia da arbitragem: escolha racional e geração de valor. *Revista Direito GV*, São Paulo, vol. 4, n. 1, p. 15-28, jan./jun. 2008, p. 18).

[8] Cappelletti, Mauro; Garth, Bryant. *Acesso à justiça*. Porto Alegre: Sergio Fabris, 1988. Trad. Ellen Gracie Northfleet, p. 9-13.

custoso combate judicial.[9] A gratuidade judiciária é uma conquista desse período, bem como a criação de juízos especializados em causas de menor complexidade.

Ato contínuo, vislumbrou-se a preocupação com interesses transindividuais, estes desdobrados em dois grandes grupos.

De um lado, aqueles cujo prejuízo econômico do atingido era tão irrisório que não ensejava a assunção dos gastos com um processo. Tem-se, como exemplo, a cobrança indevida de uma taxa bancária: para o correntista, a "perda" de um real por mês jamais justificará uma demanda em juízo; para o banco que possui milhões de correntistas, consequentemente, há um benefício econômico considerável.

De outro lado, os interesses cujos titulares eram de difícil discriminação. Por excelência, fala-se aqui no direito ao meio ambiente, que não apenas pertence à coletividade, como também apresenta um nítido caráter transgeracional (no direito brasileiro, consagrado no artigo 225 da Constituição Federal de 1988). A tutela jurisdicional de tais casos era obstada por entraves como a legitimidade do autor.[10]

A partir desse déficit de qualidade na prestação jurisdicional vieram criações como o processo coletivo e o aprimoramento de funções de órgãos e instituições como o Ministério Público, substituto processual e legitimado (no Brasil, *ope legis*) a defender os interesses transindividuais.[11]

[9] É celebre a frase do juiz irlandês Sir James Mathew, para quem "a justiça está aberta a todos, como o Hotel Ritz (no original: *"In England, justice is open to all — like the Ritz Hotel"*).

[10] "O problema da jurisdicionalização dos processos de massa teve que buscar soluções alternativas e reformular conceitos processuais tradicionais. Qualquer que fosse a saída eleita — e foram diversos os modelos desenvolvidos, como se verá abaixo —, teria ela que lidar com a idéia de representatividade. Em outros termos: como não é possível trazer à relação jurídica processual todos os membros da coletividade interessada, é necessário escolher um representante. Esse representante, que litigará em nome do grupo, tem que ser adequado. Eis, portanto, a necessidade de se desenvolver o conceito de *representatividade adequada*" (Costa, Susana Henriques da. O controle judicial da representatividade adequada: uma análise dos sistemas norte-americano e brasileiro. *In* Salles, Carlos Alberto de (coord.). *As grandes transformações do processo civil brasileiro*: homenagem ao Professor Kazuo Watanabe. São Paulo: Quartier Latin, 2009, p. 953-978, p. 956).

[11] "No Brasil o sistema jurídico contemplou uma alternativa fundamentalmente estatal, baseada no Ministério Público, organizado, no país, conforme o modelo europeu continental, gozando de garantias pessoais e institucionais simétricas àquelas da magistratura" (Salles,

O terceiro passo na evolução das preocupações do acesso à justiça se dá com a busca de soluções pragmáticas para tal acesso, e ocorre de forma concomitante com a difusão do conceito de sistema multiportas por Frank Sander no início dos anos setenta.[12] Data também desse período o Programa de Negociação de Harvard, que hoje é marco teórico dos estudos sobre meios consensuais de solução de conflitos.[13]

Em alguma medida, a evolução do acesso à justiça é paralela à evolução dos direitos fundamentais, que também são estudados a partir de diferentes gerações. A primeira, relativa aos direitos individuais e visando à limitação da imisção indevida do Estado na vida dos cidadãos (mormente, o direito à liberdade). Ulteriormente, a segunda geração de direitos fundamentais, voltada à solicitação de prestações positivas por parte do Estado. E, por fim, uma terceira geração, que tutela os interesses transindividuais (novamente, por excelência, o meio ambiente).[14]

Em que pese todos esses direitos e todas essas preocupações com acesso à justiça coexistam hoje, certo é que seu estudo apresenta uma evolução progressiva no tempo, e adota-se como premissa que uma surgiu após a outra. Contudo, a experiência brasileira apresenta uma evolução sensivelmente diversa.

Nos anos sessenta, poder-se-ia imaginar que o Brasil, na esteira do resto do mundo, teria forte preocupação com direitos individuais, relacionados à primeira geração de direitos fundamentais e também à primeira onda renovatória de acesso à justiça, como os direitos de minorias étnicas e sexuais, não raramente acompanhados de uma desigualdade em termos financeiros. Contudo, o que se observou foi a busca pela pro-

Carlos Alberto de. Políticas públicas e a legitimidade para defesa de interesses difusos e coletivos. *Revista de processo*, São Paulo: Revista dos Tribunais, vol. 121, p. 38-50, 2005, p. 47).

[12] SANDER, Frank. Varieties of Dispute Processing, *in* BURGER, Warren; LEVIN, Leo; WHEELER, Russell (coord.) *The Pound Conference, perspectives on justice in the future:* proceedings of the National Conference on the causes of popular dissatisfaction with the administration of Justice. St. Paul: West Publishing, 1979.

[13] Ver, por todos: FISHER, Roger; URY, William; PATTON, Bruce. *Como chegar ao sim:* como negociar acordos sem fazer concessões. Ed. rev. e atual. Rio de Janeiro: Sextante, 2018. Trad. Rachel Agavino.

[14] BONAVIDES, Paulo. *Curso de direito constitucional.* 25. ed. São Paulo: Malheiros, 2010, p. 563 et seq. Há quem também defenda a existência de direito fundamentos de quarta geração (BOBBIO, Norberto. *A era dos direitos.* Trad. Carlos Nelson Coutinho. Rio de Janeiro: Campus, 1992, p. 6) e de quinta geração (BONAVIDES, Paulo. Op. cit., p. 593).

teção mais adequada de direitos básicos da *população*, denotando uma preocupação, desde logo, com direitos sociais relacionados à segunda onda de acesso à justiça.[15] O leitor mais antigo (ou que se lembra das aulas de História do colégio) facilmente associará esse movimento às famosas greves de Osasco e de Minas Gerais no final dos anos sessenta.

Isto é: a discussão em solo brasileiro sobre direitos coletivos não decorre de um fracasso do modelo de Estado de bem-estar social (*welfare state*), mas sim de um alheamento da população (notadamente de baixa renda) de direitos sociais básicos ainda hoje não adequadamente garantidos, como moradia e educação.

Por sua vez, os conflitos individuais nem ao menos eram levados ao conhecimento do que, supunha-se, seriam os centros de decisão.[16] Essas disputas eram resolvidas em outras arenas que não o Judiciário, e até mesmo em delegacias de polícia.[17] Daí vem a preocupação da academia brasileira, à época, com o acesso à justiça, mas não com o acesso ao Judiciário — tendo como marco teórico, claramente, o pluralismo jurídico de Boaventura de Sousa Santos: "criação de espaços sociais, mais ou menos segregados, no seio dos quais se geram litígios ou disputas processados com base em recursos normativos e institucionais internos".[18]

[15] "No entanto, a análise das primeiras produções brasileiras revela que a principal questão naquele momento, diferentemente do que ocorria nos demais países, sobretudo nos países centrais, não era a expansão do weifare state e a necessidade de se tornarem efetivos os novos direitos conquistados principalmente a partir dos anos 60 pelas minorias" étnicas e sexuais, mas sim a própria necessidade de se expandirem para o conjunto da população direitos básicos aos quais a maioria não tinha acesso tanto em função da tradição liberal-individualista do ordenamento urídico brasileiro, como em razão da histórica marginalização sócio-econômica dos setores subalternizados e da exclusão político-jurídica provocada pelo regime pós-64" (JUNQUEIRA, Eliane Botelho. Acesso à justiça: um olhar retrospectivo. *Revista Estudos Históricos*, Rio de Janeiro, vol. 18, p. 389-402, 1996, p. 390).

[16] "This first transformation — saying to oneself that a particular experience has been injurious — we call *naming*. Though hard to study empirically, naming may be the critical transformation; the level and kind of disputing in a society may turn more on what is initially perceived as an injury than on any later decision" (FELSTINER, William L. F.; ABEL, Richard L.; SARAT, Austin. The emergence and transformation of disputes: naming, blaming, claiming... *Law & Society Review*, vol. 15, n. 3/4, p. 631-654, 1980-1981, p. 635).

[17] OLIVEIRA, Luciano. Polícia e classes populares. *Cadernos de estudos sociais*, Recife, v.1, n. 1, 1985, p. 85-96.

[18] SANTOS, Boaventura de Sousa. *Discurso e poder*. Porto Alegre: Sergio Antonio Fabris, 1988, p. 76.

O que ocorreu no Brasil na segunda metade do século XX, diferentemente do resto do mundo, foi que os direitos sociais foram objeto de preocupação em termos de acesso à justiça antes dos direitos civis, contrapondo a escalada tradicional de conquista de direitos proposta por Marshall.[19] A população brasileira se conscientizou dos direitos típicos do século XX (sociais) antes de sedimentar sua percepção em relação aos direitos tipicamente individuais.[20]

Apenas nos anos oitenta se avoluma a preocupação com acesso à justiça a nível individual. Daí surge o combate à "litigiosidade contida", com a criação dos Tribunais de Pequenas Causas (ulteriormente, Juizados Especiais), ou outros centros de decisão como os Juizados Informais de Conciliação.[21]

Dessa aparente dicotomia entre as preocupações com acesso à justiça surgem as duas causas de litigância observáveis no cenário brasileiro (ou em qualquer outro, guardadas as proporções) ainda hoje:

> O protagonismo dos tribunais emerge desta mudança política por duas vias: por um lado, o novo modelo de desenvolvimento assenta nas regras de mercado e nos contractos privados e, para que estes sejam cumpridos e os negócios tenham estabilidade, é necessário um judiciário eficaz, rápido e independente; por outro lado, a precarização dos direitos económicos e sociais passa a ser um motivo de procura do judiciário. Parte da litigação que hoje chega aos tribunais deve-se ao desmantelamento do Estado social (direito laboral, previdência social, educação, saúde, etc.).[22]

É nesse contexto, portanto, que o Judiciário abandona seu perfil coadjuvante e deixa de ser o *"least dangerous branch"* do Poder estatal.[23]

[19] Marshall, T. H. *Cidadania, classe social e status*. Trad. Meton Porto Gadelha. Rio de Janeiro: Zahar, 1967.

[20] Campilongo, Celso Fernandes. Acesso à justiça e formas alternativas de resolução de conflitos: serviços legais em São Bernardo do Campo. *Revista Forense*, Rio de Janeiro, vol. 315, p. 3-17, jul./set. 1991.

[21] Santos, Maria Cecília Mac Dowell dos. Juizados informais de conciliação em São Paulo: sugestões para a pesquisa sócio-jurídica. *Revista da Ordem dos Advogados do Brasil*, São Paulo, vol. 50, p. 104-126, 1988-1989.

[22] Santos, Boaventura de Sousa. *Para uma revolução democrática da justiça*. Coimbra: Almedina, 2015, p. 22.

[23] "The root difficulty is that judicial review is a counter-majoritarian force in our system. There are various ways of sliding over this ineluctable reality. [...] But the word 'people' so

Assume, portanto, um protagonismo, como uma verdadeira arena de solução de conflitos que, em outras circunstâncias, poderiam ser resolvidos por outra esfera do Poder Público (como o Executivo), ou mesmo pelo mercado, em um ambiente de competição e incentivos.[24] No Brasil, vale dizer, o protagonismo do Judiciário se intensifica também com os escândalos de corrupção.[25]

Contudo, *pari passu* ao aumento de seu protagonismo, o Judiciário também é colocado em evidência por sua ineficiência e pelo fracasso em franquear, a todos os jurisdicionados, o acesso à ordem jurídica justa. A morosidade é apenas o maior (e mais frequentemente lembrado) entrave para um Judiciário eficiente, mas a ela se somam a arbitrariedade dos juízes, as complexidades dos procedimentos, os custos ainda elevados da litigância, a falta de racionalidade e unidade nos posicionamentos jurisprudenciais, entre outros. Dessa forma, por mais que o Judiciário venha se tornando cada vez mais independente sob uma perspectiva corporativa, ele se torna menos importante tanto social como politicamente, pois o jurisdicionado torna a buscar outras arenas de solução de conflitos.[26]

A recente explosão do sistema multiportas no cenário brasileiro — observável na atividade legislativa,[27] na produção doutrinária[28] e mesmo nos números absolutos do cotidiano — deve, portanto, ser compreendida à luz desse cenário. Arbitragem e mediação não passaram a ser elo-

used is an abstraction. Not necessarily a meaningless or a pernicious one by any means; always charged with emotion, but nonrepresentational — an abstraction obscuring the reality that when the Supreme Court declares unconstitutional a legislative act of the action of an elected representative, it thwarts the will of representatives of the actual people of the here and now; it exercises control, not in behalf of the prevailing majority, but against it" (BICKEL, Alexander M. *The least dangerous branch:* The Supreme Court at the bar of politics. 2nd. ed. New Haven: Yale University Press, 1962, p. 16-17).

[24] KOMESAR, Neil. *Imperfect alternatives:* choosing institutions in law, economics and public policy. Chicago: University of Chicago Press, 1997, passim.

[25] SANTOS, Boaventura de Sousa. *Para uma revolução democrática da justiça*. Coimbra: Almedina, 2015, p. 30.

[26] Idem, p. 40.

[27] Principalmente a Resolução n. 125/2010 do Conselho Nacional de Justiça, a Lei n. 13.140/2015 (Lei de Mediação), e diversos dispositivos da Lei n. 13.105/2015 (Código de Processo Civil).

[28] Por todos: GRINOVER, Ada Pellegrini. *Ensaio sobre a processualidade:* fundamentos para uma nova teoria geral do processo. Brasília: Gazeta Jurídica, 2016, passim.

giadas (quiçá endeusadas) porque são meios adequados de solução de conflitos, mas sim porque se tornam uma alternativa[29] mais eficiente do que um Judiciário que é irrelevante, na medida em que não consegue fornecer soluções efetivas e justas em tempo razoável.

2. Direito das empresas em crise e a Lei n. 14.112/2020: perspectiva crítica do sistema multiportas no direito das empresas em crise

O direito das empresas em crise regula, antes de tudo, as relações jurídicas entre um agente econômico e terceiros nas situações em que o primeiro se encontra em crise econômico-financeira. Trata-se de um cenário de potencial conflitos entre diversos sujeitos e que gera uma controvérsia repleta de interesses multifacetados.

No direito brasileiro, já é sabido que esta área é regida pela Lei n. 11.101/2005, que regula a recuperação judicial, a recuperação extrajudicial e a falência de empresas. A lei, feita há poucos anos, revogou o vetusto Decreto-Lei n. 7.661/1945, dando cabo ao ineficiente procedimento da concordata e inaugurando a possibilidade de recuperação de empresas (e não apenas sua expedita liquidação).[30]

A Lei n.11.101/2005 foi reformada nos fins de 2020 pela Lei n. 14.112, que trouxe alterações sensíveis de direito material e de direito processual nos procedimentos ali previstos. A vedação à extensão dos efeitos da falência ao sócio da empresa falida,[31] as possibilidades de financiamento da modalidade *debtor-in-possesion*, a chance do *fresh start* do empresário falido, são apenas alguns exemplos das novidades da Lei n. 14.112/2020. Paralelamente a ela, há também outras discussões em voga, como a recuperação judicial de clubes de futebol e de produtores rurais individuais.[32] Ora, até mesmo a recente Lei n. 14.181/2021 (a "Lei

[29] Lee, Joel. The evolving "A" in ADR. *Kluwer Mediation Blog*, Mar. 14, 2012. Disponível em: <The Evolving "A" in ADR — Kluwer Mediation Blog (kluwerarbitration.com)>, acesso em 31 jul. 2021.

[30] Vasconcelos, Ronaldo. *Direito processual falimentar*. São Paulo: Quartier Latin, 2008, p. 47-71.

[31] Ver: Vasconcelos, Ronaldo; Oliveira Filho, Paulo Furtado de. Desconsideração da personalidade jurídica e extensão dos efeitos da falência: nova lei, velhos problemas, *in* Vasconcelos, Ronaldo *et al.* (coord.). *Reforma da lei de recuperação e falência (lei n. 14.112/20)*. São Paulo: IASP, 2021, p. 895-915.

[32] Ver: Silva, João Paulo Hecker da; Vasconcelos, Ronaldo; Carnaúba, César Augusto Martins; Hanesaka, Thais D'Angelo da Silva. Recuperação judicial do produtor rural indivi-

do Superendividamento", que alterou dispositivos do Código de Defesa do Consumidor) pode ser considerada uma espécie de "recuperação judicial de pessoas físicas".

A bem da verdade, o que se percebe é um ambiente muito criativo e propositivo no atual estágio do direito das empresas em crise (ao menos na experiência brasileira). Há uma busca incessante por eficiência, que passa pela inovação procedimental e pela experimentação do direito material, e cujos resultados só serão revelados no futuro, com a consolidação de entendimentos jurisprudenciais e os novos costumes que o mercado vier a adotar. E essa atividade inventiva, de modo geral, é benéfica na medida em que serve de instrumento de combate à fraude contra credores.[33]

Ocorre que, nesse contexto de experimentação do direito das empresas em crise, há também o incentivo a meios extrajudiciais de solução de conflitos, sejam eles adjudicatórios como a arbitragem, ou consensuais como a mediação.

No que se refere ao cabimento da arbitragem de forma incidental a processos de recuperação judicial e falência já nos pronunciamos em oportunidade anterior:

> No que tange à arbitrabilidade, não se vislumbram impeditivos à via arbitral. A capacidade das partes permanece inalterada com o advento do processo concursal. O que pode ocorrer, no mais crítico dos cenários (a falência), é o afastamento do devedor da gestão (e, consequentemente, da representação) da sociedade empresária, donde decorre sua impossibilidade de firmar novos compromissos ou fazer cumprir os anteriores; isso não impede, todavia, que a massa falida figure em procedimento arbitral, representada pelo administrador judicial. De outro lado, também os requisitos de arbitrabilidade objetiva são plenamente

dual: separando o joio do trigo, *in* HANSZMANN, Felipe (coord.). *Atualidades em direito societário e mercado de capitais*, vol. IV. Rio de Janeiro: Lumen Juris, 2019, p. 375-424.

[33] "[...] uma lei de falências gasta-se depressa no atrito permanente com a fraude" (VALVERDE, Trajano de Almeida. *Comentários à lei de falências*, vol. 2. 4. ed. Rio de Janeiro: Forense, 2001, p. 10). O autor prossegue: "[o]s princípios jurídicos podem ficar, resistir, porque a sua aplicação não os esgota nunca. As regras práticas, que procuram impedir o nascimento e o desenvolvimento da fraude, é que devem com esta evoluir. Contra a fraude à lei é preciso a lei contra a fraude. As brechas, que ardilosos conseguem com o tempo abrir na lei, por mais fechada que seja, necessitam de reparos" (idem, ibidem).

> atendidos, vez que os ativos da empresa recuperanda ou da massa falida preenchem os requisitos de patrimonialidade e disponibilidade exigidos pela Lei de Arbitragem. [...]
>
> Nessa senda, o procedimento arbitral deve se adequar aos sujeitos do processo concursal, observando a todo momento a isonomia entre as partes e o tratamento (em regra) igual entre os credores. Deve, igualmente, adequar-se ao objeto do processo, sem olvidar da heterogeneidade que lhe é peculiar: créditos de diversas naturezas, questões incidentais dos mais variados ramos do direito, tudo repleto de interpenetrações que demandam do julgador (juiz togado ou árbitro) uma visão multifacetada do fenômeno da insolvência. E, ao final, deve a arbitragem se adequar também aos fins do processo concursal, mediante exames de proporcionalidade entre a escolha pela via arbitral e as consequências para os objetivos da Lei nº 11.101/2005.[34]

Também sobre a utilização da mediação (e/ou da conciliação) já tratamos anteriormente:

> O paralelo entre o instituto da recuperação judicial e formas consensuais de solução de conflitos é cada vez mais necessário no cenário brasileiro. A crescente expansão da mediação, da conciliação e de outros métodos auxiliam enormemente o atingimento dos objetivos da recuperação — por excelência, a aprovação de um plano de recuperação benéfico a todas as partes do multifacetado conflito.
>
> A análise da evolução do assunto na realidade nacional pode muito bem se embasar no estudo de experiências estrangeiras — seja por um olhar retrospectivo para identificar erros e acertos cometidos, seja por uma visão prospectiva que procure trilhar exemplos de bons resultados em outros países. Nessa quadra, a análise da evolução norte-americana é âmbito repleto de dados pertinentes à matéria.
>
> Conforme visto, as bases teóricas fundamentais que justificam a inserção da mediação no contexto da recuperação judicial são as mesmas. Temas como *sistema multiportas* e *tutela jurisdicional adequada* não são próprios de um ou outro ordenamento jurídico, e mesmo os principais

[34] Carnaúba, César Augusto Martins; Vasconcelos, Ronaldo. Arbitragem e insolvência, *in* Vasconcelos, Ronaldo *et al.* (coord.). *Análise prática das câmaras arbitrais e da arbitragem no Brasil.* São Paulo: IASP, 2019, p. 501-522, p. 521.

> estudos sobre mediação (por excelência, de autores norte-americanos, do Projeto de Negociação de Harvard etc.) são os que também embasam a doutrina brasileira.
>
> Da mesma forma, a implementação dos meios consensuais enfrentou e ainda enfrenta desafios semelhantes nos dois países. A ausência de uma *cultura jurídica* voltada ao consenso — tanto no cotidiano forense quanto nos cursos jurídicos — torna a comunidade jurídica recalcitrante a acordos, a negociações baseadas em interesses e a concessões recíprocas. Por certo, o cenário vem mudando, mas ainda há um longo caminho a percorrer.
>
> Por fim, se os fundamentos teóricos são semelhantes, e os desafios ainda são parecidos, é razoável supor que os exemplos exitosos de mediação na recuperação judicial nos Estados Unidos da América podem servir de paradigmas para o direito brasileiro. E, como visto, a experiência norte-americana é repleta de casos emblemáticos em que a mediação teve papel essencial para a melhor solução da controvérsia.[35]

O estímulo do sistema multiportas no âmbito do direito das empresas em crise é parte inarredável de um contexto maior, exposto no capítulo precedente, que é a democratização do acesso à justiça no direito brasileiro. O que impende fazer no presente momento, portanto, é interpretar esse estímulo a partir da experiência brasileira, atentos aos motivos que levam a essa busca por meios alternativos de solução de conflitos.

Como dito, a diáspora do Poder Judiciário e o agigantamento da arbitragem, da mediação e de outros meios decorre da ineficiência do Poder Público em fornecer soluções adequadas às controvérsias que lhe são apresentadas. Destarte, o sistema multiportas surge não exatamente porque arbitragem e mediação são infalíveis, mas porque, ainda que fossem inadequadas, seriam melhores do que a opção até então presente.

No âmbito do direito das empresas em crise, que passa por um momento de grandes mudanças, o sistema multiportas se insere, a um só tempo, *(i)* na busca por soluções mais eficientes e adequadas do que o Poder Judiciário para resolver os conflitos, *(ii)* na preocupação sociojurí-

[35] Carnaúba, César Augusto Martins; Vasconcelos, Ronaldo; Hanesaka, Thais D'Angelo da Silva. Mediação na recuperação judicial: paralelos com a evolução estrangeira. *Revista de arbitragem e mediação*, São Paulo: Revista dos Tribunais, vol, 62, p. 45-81, jul./set. 2019.

dica com o acesso à justiça sob uma perspectiva individual, *(iii)* a busca por um meio rápido e independente de resolver conflitos relacionados a contratos privados e ao ambiente de mercado. O estudo do sistema multiportas nesse meio, contudo, deve se atentar a algumas premissas ou, ao menos, a alguns nortes metodológicos.

Em primeiro lugar, o estímulo do sistema multiportas decorrente da ineficiência do Poder Judiciário significa que o agente de mercado faz uma escolha racional dentre um universo de escolhas imperfeitas.[36] Dessa forma, é evidente que os meios extrajudiciais de solução de conflitos, sejam eles adequados ou não, certamente ainda têm grande margem para melhorar e se tornarem cada vez mais justos e eficientes. Idealmente, um ordenamento jurídico não pode se contentar com a solução "menos pior" para o conflito.

Em segundo lugar, em um contexto em que o Poder Judiciário assume posições de protagonismo na tomada de decisões que caberiam a outras instituições (ao Executivo, ao mercado etc.),[37] retirar dele a apreciação de conflitos potencialmente relevantes para a coletividade significa privar a sociedade de uma arena de soluções de conflitos que pode propor e fazer cumprir políticas públicas, conferir unidade e racionalidade ao ordenamento jurídico, granjear calculabilidade e cognoscibilidade acerca das normas jurídicas para todos os jurisdicionados, entre outras diversas benesses sob uma perspectiva molecular e não atomizada.[38] A solução extrajudicial resolve a controvérsia no plano sociológico (pacificação social),[39] mas representa uma perda em termos de "justiça social", precedentes judiciais, entre outras hipóteses que também têm sua importância para a evolução do direito. A escolha pelo meio extrajudicial, portanto, deve ser consciente desse déficit e, assim, deve trazer um benefício (ainda que atomizado) que suplante essa perda.

[36] Komesar, Neil. *Imperfect alternatives:* choosing institutions in law, economics and public policy. Chicago: University of Chicago Press, 1997.

[37] Bickel, Alexander M. *The least dangerous branch:* The Supreme Court at the bar of politics. 2nd. ed. New Haven: Yale University Press, 1962, passim.

[38] Fiss, Owen. Contra o acordo, *in* Fiss, Owen. *Um novo processo civil:* estudos norte-americanos sobre jurisdição, constituição e sociedade. Trad. Carlos Alberto de Salles. São Paulo: Revista dos Tribunais, 2004, p. 121-146, p. 139-142.

[39] Grinover, Ada Pellegrini. *Ensaio sobre a processualidade:* fundamentos para uma nova teoria geral do processo. Brasília: Gazeta Jurídica, 2016, p. 31-70.

Em terceiro lugar, a solução extrajudicial de conflitos motivada pela busca por soluções adequadas a "contratos privados" e ao "ambiente de mercado" é perigosa em situação de desigualdades estruturais entre as diversas partes em conflito.[40] A aparente neutralidade dos mediadores e dos árbitros pode significar a perpetuação dessas desigualdades, ou mesmo seu agravamento, pois o sujeito em situação vulnerável não poderá se socorrer ao Judiciário para fazer valer seus direitos, ou ao menos para lutar por eles em posição isonômica.[41] O terceiro nos meios consensuais, seja ele árbitro, mediador ou outrem, deve ser imparcial, mas não totalmente neutro, e não pode se cegar frente a essas possíveis desigualdades — que, no contexto de democratização do acesso à justiça, tendem a ser cada vez mais frequentes.[42]

Conclusões

O direito das empresas em crise tem experimentado, nos últimos anos, um grande avanço em termos de democratização no acesso à justiça. Os mecanismos de recuperação da empresa cresceram e se multiplicaram, e o mesmo ocorreu com os meios de solução das controvérsias havidas nesse âmbito.

Essa evolução, contudo, é de natureza bastante particular, e não trilhou o mesmo caminho no Brasil que no restante do globo. Temas como os motivos que levaram o Estado a tutelar certos direitos, quando e por que eles se tornaram preocupações a nível institucional, devem ser levados em conta ao se estudar a consequência desse processo: um estímulo ao aprimoramento do sistema multiportas e da solução extrajudicial de conflitos.

Contudo, o estímulo às soluções extrajudiciais deve ser feito de forma consciente. De um lado, porque arbitragem, mediação e tantos outros meios podem ser úteis e adequados, mas têm (e sempre terão)

[40] Ver: Galanter, Marc. Why the "haves" come out ahead: speculations on the limits of legal chance. *Law & Society Review*, [s.l.] vol. 9, p. 97-160, 1974.

[41] Fiss, Owen. Contra o acordo, *in* FISS, Owen. *Um novo processo civil:* estudos norte-americanos sobre jurisdição, constituição e sociedade. Trad. Carlos Alberto de Salles. São Paulo: Revista dos Tribunais, 2004, p. 121-146, p. 134-139.

[42] Takahashi, Bruno. Dilemas éticos de um conciliador. *Revista do advogado*, São Paulo: AASP, ano XXXIV, n. 123, p. 62-69, ago. 2014.

margem para melhora e aprimoramento. De outro, porque o Poder Judiciário permanecerá como arena de solução de controvérsias, com efeitos positivos principalmente sob uma perspectiva coletiva e molecular de conflitos sociais. Incentivar meios alternativos não pode significar a demonização automática da solução judicial, que em diversos casos seguirá sendo a mais adequada.

Referências

BICKEL, Alexander M. *The least dangerous branch:* The Supreme Court at the bar of politics. 2nd. ed. New Haven: Yale University Press, 1962.

BOBBIO, Norberto. *A era dos direitos.* Trad. Carlos Nelson Coutinho. Rio de Janeiro: Campus, 1992.

BONAVIDES, Paulo. *Curso de direito constitucional.* 25. ed. São Paulo: Malheiros, 2010.

CAMPILONGO, Celso Fernandes. Acesso à justiça e formas alternativas de resolução de conflitos: serviços legais em São Bernardo do Campo. *Revista Forense*, Rio de Janeiro, vol. 315, p. 3-17, jul./set. 1991.

CAPPELLETTI, Mauro; GARTH, Bryant. Acesso à justiça. Porto Alegre: Sergio Fabris, 1988. Trad. Ellen Gracie Northfleet.

CARNAÚBA, César Augusto Martins; VASCONCELOS, Ronaldo. Arbitragem e insolvência, *in* VASCONCELOS, Ronaldo *et al.* (coord.). *Análise prática das câmaras arbitrais e da arbitragem no Brasil.* São Paulo: IASP, 2019, p. 501-522.

______; ______; HANESAKA, Thais D'Angelo da Silva. Mediação na recuperação judicial: paralelos com a evolução estrangeira. *Revista de arbitragem e mediação,* São Paulo: Revista dos Tribunais, vol, 62, p. 45-81, jul./set. 2019.

COSTA, Susana Henriques da. O controle judicial da representatividade adequada: uma análise dos sistemas norte-americano e brasileiro. *In* SALLES, Carlos Alberto de (coord.). *As grandes transformações do processo civil brasileiro*: homenagem ao Professor Kazuo Watanabe. São Paulo: Quartier Latin, 2009, p. 953-978.

FELSTINER, William L. F.; ABEL, Richard L.; SARAT, Austin. The emergence and transformation of disputes: naming, blaming, claiming... *Law & Society Review*, vol. 15, n. 3/4, p. 631-654, 1980-1981.

FISS, Owen. Contra o acordo, *in* FISS, Owen. *Um novo processo civil:* estudos norte-americanos sobre jurisdição, constituição e sociedade. Trad. Carlos Alberto de Salles. São Paulo: Revista dos Tribunais, 2004, p. 121-146.

GALANTER, Marc. Why the "haves" come out ahead: speculations on the limits of legal chance. *Law & Society Review*, [s.l.] vol. 9, p. 97-160, 1974.

GRINOVER, Ada Pellegrini. *Ensaio sobre a processualidade:* fundamentos para uma nova teoria geral do processo. Brasília: Gazeta Jurídica, 2016.

JUNQUEIRA, Eliane Botelho. Acesso à justiça: um olhar retrospectivo. *Revista Estudos Históricos*, Rio de Janeiro, vol. 18, p. 389-402, 1996.

KOMESAR, Neil. *Imperfect alternatives:* choosing institutions in law, economics and public policy. Chicago: University of Chicago Press, 1997.

LEE, Joel. The evolving "A" in ADR. *Kluwer Mediation Blog*, Mar. 14, 2012. Disponível em: <The Evolving "A" in ADR — Kluwer Mediation Blog (kluwerarbi tration.com)>.

MARSHALL, T. H. *Cidadania, classe social e status*. Trad. Meton Porto Gadelha. Rio de Janeiro: Zahar, 1967.

OLIVEIRA, Luciano. Polícia e classes populares. *Cadernos de estudos sociais*, Recife, v.1, n. 1, 1985, p. 85-96.

PUGLIESE, Antonio Celso Fonseca; SALAMA, Bruno Meyerhof. A economia da arbitragem: escolha racional e geração de valor. *Revista Direito GV*, São Paulo, vol. 4, n. 1, p. 15-28, jan./jun. 2008.

SANDER, Frank. Varieties of Dispute Processing, *in* BURGER, Warren; LEVIN, Leo; WHEELER, Russell (coord.) *The Pound Conference, perspectives on justice in the future:* proceedings of the National Conference on the causes of popular dissatisfaction with the administration of Justice. St. Paul: West Publishing, 1979.

SANTOS, Boaventura de Sousa. *Discurso e poder*. Porto Alegre: Sergio Antonio Fabris, 1988.

______. *Para uma revolução democrática da justiça*. Coimbra: Almedina, 2015.

SANTOS, Maria Cecília Mac Dowell dos. Juizados informais de conciliação em São Paulo: sugestões para a pesquisa sócio-jurídica. *Revista da Ordem dos Advogados do Brasil*, São Paulo, vol. 50, p. 104-126, 1988-1989.

SILVA, João Paulo Hecker da; VASCONCELOS, Ronaldo; CARNAÚBA, César Augusto Martins; HANESAKA, Thais D'Angelo da Silva. Recuperação judicial do produtor rural individual: separando o joio do trigo, *in* HANSZMANN, Felipe (coord.). *Atualidades em direito societário e mercado de capitais*, vol. IV. Rio de Janeiro: Lumen Juris, 2019, p. 375-424.

TAKAHASHI, Bruno. Dilemas éticos de um conciliador. *Revista do advogado*, São Paulo: AASP, ano XXXIV, n. 123, p. 62-69, ago. 2014.

VALVERDE, Trajano de Almeida. *Comentários à lei de falências*, vol. 2. 4. ed. Rio de Janeiro: Forense, 2001.

VASCONCELOS, Ronaldo. *Direito processual falimentar*. São Paulo: Quartier Latin, 2008.

______; OLIVEIRA FILHO, Paulo Furtado de. Desconsideração da personalidade jurídica e extensão dos efeitos da falência: nova lei, velhos problemas, *in* VASCONCELOS, Ronaldo *et al.* (coord.). *Reforma da lei de recuperação e falência (lei n. 14.112/20)*. São Paulo: IASP, 2021, p. 895-915.

WARAT, Luis Alberto. Saber crítico e senso comum teórico dos juristas. *Sequência*, Florianópolis, v. 3, n. 5, p. 48-57, 1982.

WATANABE, Kazuo. Tutela antecipatória e tutela específica das obrigações de fazer e não fazer. *Revista de direito do consumidor*, São Paulo: Revista dos Tribunais, n. 19, p. 77-101, jul./set. 1996.

6.
MEDIAÇÃO DE DISPUTAS SOCIETÁRIAS NO CONTEXTO RECUPERACIONAL: BREVES COMENTÁRIOS SOBRE A AUTORIZAÇÃO SOCIETÁRIA AO PEDIDO DE RECUPERAÇÃO JUDICIAL

Domingos Fernando Refinetti
Ivo Bari Ferreira

Introdução

A Lei nº 11.101/2005 ("*Lei de Recuperação*"), por meio da aprovação e implementação da Lei nº 14.112/2020, passou por uma reforma de razoável monta. Foram incluídos diversos novos dispositivos dignos de nota, dentre eles, normas para a utilização de meios alternativos de resoluções de disputas dentro do contexto da recuperação judicial.

Especificamente em relação à mediação, ela vinha, gradativamente, tentando ganhar espaço no microssistema recuperatório, com a sua utilização voluntária pelos *stakeholders*, mesmo antes de se existir base legal específica para tanto (vide, por exemplo, a utilização do que se convencionou chamar de um processo de mediação entre os credores e a devedora, na recuperação judicial da Saraiva).

Em 22 de outubro de 2019, o Conselho Nacional de Justiça. ("CNJ") editou a Recomendação nº 58, "*recomenda[ndo] a todos os magistrados responsáveis pelo processamento e julgamento dos processos de recuperação empresarial e falências, de varas especializadas ou não, que promovam, sempre que possível, nos termos da Lei nº 13.105/2015 e da Lei nº 13.140/2015, o uso da mediação, de forma a auxiliar a resolução de todo e qualquer conflito entre o empresário/sociedade, em recuperação ou falido, e seus credores, fornecedores, sócios, acionistas e terceiros interessados no processo*".[1]

Em seguida, já no contexto da pandemia resultante da disseminação do coronavírus (COVID-19), o CNJ editou a Recomendação nº 71, por meio da qual recomendou a criação, pelos tribunais brasileiros, dos Centros Judiciários de Solução de Conflitos e Cidadania — Cejusc, "*para o tratamento adequado de conflitos envolvendo matérias empresariais de qualquer natureza e valor, inclusive aquelas decorrentes da crise da pandemia da Covid-19, na fase pré-processual ou em demandas já ajuizadas*".[2] O Cejusc Empresarial, segundo a Recomendação, possibilitaria "*a realização de negociação, conciliação, mediação, nas modalidades individuais ou coletivas*".[3]

Com essa evolução, era natural que houvesse a inclusão de um regramento legal na reforma da Lei de Recuperação, no sentido de embasar, concretamente, a aplicação de mediações aos procedimentos de recuperação judicial.

A Lei de Recuperação agora contém seção específica destinada às "*conciliações e mediações antecedentes ou incidentais aos processos de recuperação judicial*".[4] Em suma, a Lei de Recuperação passou a prever que "*a conciliação e a mediação deverão ser incentivadas em qualquer grau de jurisdição, inclusive no âmbito de recursos em segundo grau de jurisdição e nos Tribunais Superiores*".[5]

Tal incentivo à utilização desse método alternativo de solução de disputas é nobre e parece estabelecer os fundamentos legais necessários para a utilização eficiente da mediação em prol da construção de soluções que criem (ou, ao menos, preservem) valor para credores (concursais e extraconcursais) e devedores envolvidos em tais procedimentos.

[1] Conselho Nacional de Justiça, Recomendação nº 58, de 22 de outubro de 2019.

[2] Conselho Nacional de Justiça, Recomendação nº 71, de 05 de agosto de 2020.

[3] *Op cit.*

[4] Lei nº 11.101/2005, conforme alterada, Seção II-A, arts. 20-A a 20-D.

[5] Art. 20-A, Lei nº 11.101/2005.

Tal movimento legislativo, vale lembrar, vem na esteira de exemplos estrangeiros, como bem narrado por Fátima Cristina Bonassa e Silvia Rodrigues Pachikoski.[6]

É especialmente digno de nota — e objeto deste breve ensaio — a preocupação de incluir conflitos societários das recuperandas entre as matérias sujeitas à mediação no contexto do procedimento de recuperação judicial.

Como se vê do art. 20-B, I, da Lei de Recuperação, "*serão admitidas conciliações e mediações antecedentes ou incidentais aos processos de recuperação judicial [...] nas fases pré-processual e processual de disputas entre os sócios e acionistas de sociedade em dificuldade ou em recuperação judicial*".[7]

A sobreposição eventualmente conflituosa entre os microssistemas societário e recuperatório já é velha conhecida da advocacia empresarial e já foi, inclusive, tratada por nós em artigo anterior.[8] E os efeitos danosos que um conflito societário pode ter na eficácia de um procedimento de recuperação judicial, com o efetivo soerguimento da empresa em crise, porquanto ainda viável, e com a satisfação, na maior extensão possível, dos interesses dos credores, dispensa maiores comentários.

A preocupação legislativa de mediar conflitos societários demonstra um avanço para a resolução dessas controvérsias e tende à minimização do impacto negativo de tais disputas societárias no bojo de um procedimento que se pretende rápido e efetivo.

[6] Bonassa, Fátima Cristina; Pachikoski, Silvia Rodrigues. "Mediação em processos de recuperação judicial", *in Revista do Advogado: Recuperação de empresas e falência, alterações da Lei nº 14.112/2020*, ed. 150, Junho, 2021, pp. 61-71. "*Países como Estados Unidos, Canadá, Reino Unido e Austrália adotaram sistemas de mediação patrocinados pelo Poder Judiciário, com caráter obrigatório, como um mecanismo para promover e estimular o uso da mediação, sem, entretanto, afastar o cânone universal da garantia de acesso à justiça. Nos Estados Unidos, a partir do caso da falência do Lehman Brothers, em 2015, a mediação começou a ser utilizada em casos multiparte para reestruturação de dívida e reorganização empresarial [...] Na Espanha, o mediador de insolvência é responsável por verificar a existência e os valores dos créditos, por preparar a proposta de acordo e por convocar os credores para reuniões de apresentação dessas propostas, já com a concordância da empresa devedora [...] Em Portugal, há uma regulamentação específica para a profissão de mediador de insolvência, a Lei nº 6/2018, que institui o estatuto do mediador de recuperação de empresas [...]*".

[7] Lei 11.101/2005, conforme alterada.

[8] Ferreira, Ivo Bari. *O embate do direito societário com o recuperacional.* Portal Jota, 05 de setembro de 2017. Disponível em: https://www.jota.info/opiniao-e-analise/artigos/o-embate-do-direito-societario-com-o-recuperacional-05092017. Acessado em 23 de agosto de 2021.

Abaixo, trataremos de temas relativos aos impactos de eventuais disputas societárias em um procedimento recuperatório, quais sejam, a deliberação acerca do pedido de recuperação judicial e a construção de consenso entre os acionistas da recuperanda ao deliberar sobre tal pedido, sem embargo de existirem, por óbvio, diversas outras situações de igual relevância quanto a transbordos na área societária de dilemas inerentes ao procedimento recuperatório.[9]

1. Deliberações acerca do pedido de recuperação judicial formulado pela empresa em crise

O art. 51 da Lei de Recuperação, inserto na Seção II (Do Pedido e do Processamento da Recuperação Judicial), determina que a petição inicial do pedido de recuperação judicial deverá ser instruída com uma longa lista de exigências de informações e documentos.[10]

Entretanto, não há na Lei de Recuperação exigência para apresentação da deliberação societária que aprovou a formulação do pedido de recuperação, que, contudo, vem sendo exigida pelos Juízos falimentares, e corretamente, nos termos das Leis nº 6.404/1976 ("Lei das S/A") e 10.406/2002 ("Código Civil").

O art. 122, IX, da Lei das S/A determina que compete privativamente à assembleia geral a deliberação acerca da autorização para os administradores confessarem falência ou pedirem a recuperação judicial.[11]

O parágrafo único do art. 122 permite, em caso de urgência, a confissão de falência ou o pedido de recuperação judicial sem deliberação assemblear prévia, desde que haja concordância do acionista controlador; entretanto, mesmo nesse caso, a assembleia geral será convocada imediatamente para deliberar a aprovação do pedido de recuperação judicial (*a posteriori*).[12]

[9] Por exemplo, a elaboração do plano de recuperação judicial; o *debtor-in-possession* (DIP) *financing*; a venda de ativos / a venda integral da devedora / a venda de unidades produtivas isoladas na recuperação judicial; as conversões de dívida em capital (*debt-to-equity conversions*), entre outras.

[10] Art. 51, Lei nº 11.101/2005.

[11] Art. 122, IX, Lei nº 6.404/1976.

[12] Art. 122, Parágrafo Único, Lei nº 6.404/1976: "*Em caso de urgência, a confissão de falência ou o pedido de recuperação judicial poderá ser formulado pelos administradores, com a concordância do acionista controlador, se houver, hipótese em que a assembleia geral será convocada imediatamente para deliberar sobre a matéria*".

De maneira similar, o art. 1.071, VIII, do Código Civil determina que depende da deliberação dos sócios o pedido de *concordata* (terminologia e procedimento aplicável em 2002, quando do Código Civil, que não foi posteriormente atualizado após a entrada em vigor da Lei de Recuperação, que eliminou a concordata, inserindo a recuperação judicial) e o parágrafo 4º do art. 1.072 determina que os administradores, se houver urgência e com a autorização de titulares de mais da metade do capital social, podem requerer a *concordata preventiva* (idem).[13]

Vale notar que a sistemática dos arts. 122, IX, das Lei das S/A e 1.071 e 1.072 do Código Civil vincula o pedido de recuperação judicial à deliberação *prévia* dos detentores de participações societárias, sendo admitida deliberação *posterior* apenas em casos de justificada urgência.

Mesmo nos casos de urgência — em que, entende-se, há o ônus de comprovar que o pedido de recuperação judicial é tão premente que sequer seria possível aguardar a convocação e realização de assembleia (ou reunião) para tratar do assunto (na maioria dos casos, apenas oito dias) — é legítimo o pedido de recuperação *desde que haja concordância do controlador ou do detentor de mais da metade do capital social.*

A lógica de tais dispositivos legais pressupõe que o controlador (ou detentor da maioria do capital social) prevaleceria na deliberação assemblear em questão, de modo que sua anuência — formulada antes do pedido de recuperação judicial — seria suficiente para legitimar o pedido formulado pelos administradores, restando apenas a "ratificação" da autorização em assembleia (ou reunião) realizada após o pedido já realizado.

Ocorre, no entanto, que a realidade nem sempre é tão simples.

É bastante comum que acordos de sócios ou acionistas de sociedades empresárias contenham a seguinte previsão:

> Matérias sujeitas a quórum qualificado. Além de outras matérias previstas na Lei das S/A, no Estatuto Social da Companhia, e neste Acordo, as seguintes matérias dependerão do voto afirmativo da totalidade dos

[13] Art. 1.071, Lei nº 10.406/2002: "*Dependem da deliberação dos sócios, além de outras matérias indicadas na lei ou no contrato: [...] o pedido de concordata*". Art. 1.072, parágrafo 4º, Lei nº 10.406/2002: "*No caso do inciso VIII do artigo antecedente, os administradores, se houver urgência e com autorização de titulares de mais da metade do capital social, podem requerer a concordata preventiva*".

> Acionistas para serem aprovadas em Assembleia: [...] o pedido de falência, recuperação judicial ou extrajudicial, a dissolução e liquidação da Companhia, bem como a indicação da forma de liquidação e dos liquidantes.

Nesses casos, não se aplica a lógica de que o apoio do controlador (ou da maioria do capital social) ao pedido de recuperação judicial garantiria a aprovação *a posteriori* da deliberação assemblear sobre tal pedido.

Como se vê, sociedades que tenham acordos parassociais (ou mesmo cláusulas nesse sentido nos seus estatutos ou nos seus contratos sociais) que exijam quóruns qualificados de aprovação da matéria (ou direitos de bloqueio/veto outorgados a determinados minoritários estratégicos) podem se encontrar em uma situação em que o controlador — cuja influência, em tese, determina a tomada de decisão dos administradores — (i) anui com o pedido de recuperação judicial, (ii) justifica urgência que impede, naquele momento, a realização prévia do conclave de acionistas, (iii) requer a recuperação judicial, não consiga, na assembleia subsequente ao pedido, obter os votos adicionais necessários à aprovação da deliberação de acionistas (ou sócios).

Relembra-se outro dispositivo da Lei de Recuperação: o art. 52 determina que "*estando em termos a documentação exigida no art. 51 desta Lei, o juiz deferirá o processamento da recuperação judicial*".[14]

Como já salientado por Marcelo Barbosa Sacramone:[15]

> Desde que todos os documentos tenham sido formalmente apresentados e o devedor seja empresário legitimado ao pedido, o juiz determinará o processamento da recuperação judicial. [...] Para a decisão de processamento da recuperação judicial, não há apreciação sobre a viabilidade econômica da empresa ou sobre a veracidade das demonstrações financeiras. A análise do juízo ao deferir o processamento da recuperação judicial é meramente formal, à vista dos documentos requisitados pela Lei, e diante da legitimidade do requerente ao pedido de recuperação judicial.

[14] Art. 52, Lei nº 11.101/2005.

[15] Sacramone, Marcelo Barbosa. *Comentários à Lei de Recuperação de Empresas e Falência*, Saraiva, 2ª ed., 2021, p. 308.

E, após deferido o processamento da recuperação judicial, "*o devedor não poderá desistir do pedido de recuperação judicial [...] salvo se obtiver aprovação da desistência na assembleia geral de credores*".[16]

Pois bem e apenas para ilustrar possível conflito: nos termos do art. 124 da Lei das S/A, a antecedência mínima para convocação de assembleia de acionistas é de oito dias.[17] É sabido, entre os que atuam com procedimentos de recuperação judicial, que o deferimento do processamento da recuperação, em muitos casos, dá-se em menos de oito dias após o protocolo da petição inicial.

Estaria posto um grande problema, então, caso o pedido seja formulado sem deliberação assemblear prévia (apenas com o apoio do controlador), caso o processamento seja deferido antes da realização da assembleia de acionistas (ou reunião de sócios) — inviabilizando a desistência por conta própria do devedor — e, contudo, o quórum qualificado para aprovação da matéria não seja atingido na assembleia de acionistas (ou reunião de sócios) posterior.

Acentuar-se-ia ainda mais o problema caso os credores não concordem em eventualmente anuir com o pedido de desistência formulado *a posteriori* pela sociedade.

O que prevaleceria: (i) o procedimento recuperatório, até por conta da não autorização de desistência do devedor sem anuência dos credores em assembleia ou (ii) os direitos dos acionistas (ou sócios) de não conceder autorização assemblear para formulação do pedido (já formulado e cujo processamento já foi deferido)?

Poderia o juízo recuperatório afastar o poder societário do acionista minoritário que detém estatutariamente o direito de veto em relação à deliberação que trata do pedido de recuperação judicial?

16 Art. 52, parágrafo 4º, Lei nº 11.101/2005. "*O devedor não poderá desistir do pedido de recuperação judicial após o deferimento de seu processamento, salvo se obtiver aprovação da desistência na assembleia-geral de credores*". Do mesmo modo, o art. 35 da Lei nº 11.101/2005 determina que "*a assembleia-geral de credores terá por atribuições deliberar sobre: [...] o pedido de desistência do devedor, nos termos do §4º do art. 52 desta Lei*".

17 Art. 124, Lei nº 6.404/1976: "*A convocação far-se-á mediante anúncio publicado por 3 (três) vezes, no mínimo, contendo, além do local, data e hora da assembleia, a ordem do dia, e, no caso de reforma do estatuto, a indicação da matéria. §1º A primeira convocação da assembleia geral deverá ser feita [...] na companhia fechada, com 8 (oito) dias de antecedência, no mínimo, contado o prazo da publicação do primeiro anúncio*".

A saída via tutela jurisdicional — litigar para obter uma decisão de mérito que tutele a prioridade de um microssistema sobre o outro — além de ter desfecho e prazo incertos, traz inúmeros prejuízos a todos os envolvidos.

A um, o litígio (provavelmente trazido pelos minoritários dissidentes quanto à deliberação que visava aprovar o pedido de recuperação judicial) geraria custos financeiros (i) para a sociedade (ré da ação de invalidade da deliberação assemblear), (ii) para os minoritários (prováveis autores), (iii) para os controladores (prováveis litisconsortes passivos) e (iii) para os credores (que, ademais de talvez se arvorarem no direito de litigar pela regularidade do pedido de recuperação judicial, se assim lhes interessar, seguramente teriam que administrar uma sensação de insegurança muita grande em relação ao desfecho desse mesmo procedimento recuperatório).

A dois, o litígio traria inúmeros custos temporais, dado o seu largo prazo de resolução dessa disputa, tempo, este, que a sociedade muitas vezes não tem, dada situação de crise econômico-financeira com que se defronta e que, a cada dia com a recuperação judicial em suspenso, trará somente mais e maiores desafios para o seu soerguimento.

A três, a incerteza quanto ao resultado e, mesmo, quanto à sua eficácia em, definitivamente, resolver a disputa, situação que coloca em xeque a efetividade do procedimento de recuperação judicial como um todo, que seguiria em frente, talvez de maneira frágil e titubeante, podendo ser interrompido abruptamente a qualquer momento.

A saída mais eficiente parece ser a via do recém incorporado art. 20-B, I, da Lei de Recuperação: "*serão admitidas conciliações e mediações antecedentes ou incidentais aos processos de recuperação judicial [...] nas fases pré-processual e processual de disputas entre os sócios e acionistas de sociedade em dificuldade ou em recuperação judicial*".[18]

É por meio de uma bem articulada e tecnicamente primorosa mediação entre os sócios ou acionistas da sociedade que haverá maiores chances de uma resolução que construa consenso, a evitar o litígio societário e a favorecer a rápida definição pelo procedimento recuperatório, caminho adequado para que a sociedade venha a angariar o suporte neces-

[18] Art. 20-B, I, Lei nº 11.101/2005.

sário para superar a crise que a acomete e que colocava em risco a sua própria sobrevivência.

Nesse sentido, a mediação também é o melhor instrumento para que sócios, muitas vezes com um passado em comum e um futuro ainda a compartilhar — relações, portanto, que se quer estáveis e duradouras — possam, ademais, resolver outras questões subjacentes que, por certo, muitas vezes são o real motivo daquela discórdia.

O problema de conflitos entre controladores e minoritários não é novidade, sendo, inclusive, listado como um dos "problemas de agência" mais comuns no direito societário:[19]

> *The second agency problem involves the conflict between, on one hand, owners who possess the majority or controlling interest in the firm and, on the other hand, the minority or noncontrolling owners. Here the noncontrolling owners can be thought of as the principals and the controlling owners as the agents, and the difficulty lies in assuring that the former are not expropriated by the latter. While this problem is most conspicuous in tensions between majority and minority shareholders, it appears whenever some subset of a firm's owners can control decisions affecting the class of owners as a whole. Thus if minority shareholders enjoy veto rights in relation to particular decisions, it can give rise to a species of this second agency problem.*

Tampouco surpreende a existência de interesses conflitantes entre acionistas e credores de determinada companhia:[20]

> *Consider first the agency problems arising between firms and their creditors as contractual counterparties. Ex ante — before contracting — debtors may lie about their assets to obtain an agreement. Ex post — after contracting — they may alter risks in violation of the terms of the agreements with their creditors. Having a legal entity (such as a corporation) as debtor may exacerbate both of these risks. [Footnote: These agency problems also become applicable to individual debtors, especially if bankruptcy law facilitates a discharge of indebtedness ('fresh start') for them.]*

[19] Kraakman, Reinier; *et al. The Anatomy of Corporate Law, A comparative and functional approach.* 2nd Edition, Oxford University Press, 2009, p. 36.

[20] Kraakman, Reinier; *et al. The Anatomy of Corporate Law, A comparative and functional approach.* 2nd Edition, Oxford University Press, 2009, p. 116.

E, como parece correto (inclusive por isso, a conclamação pela resolução desses conflitos via mediação e, não, por meio de litígios que podem destruir valor para todos os *stakeholders*), "*shareholder-creditor conflicts have the potential to reduce the overall value of the firm's assets*".[21]

Assim sendo, nas palavras de Robert Mnookin, "*our general advice is to try to settle legal disputes early rather than late and to construct a bargaining process that permits exploring whether deal-like trades are possible*".[22]

Cai como uma luva tal sugestão.

Tão cedo quanto possível, utilizando-se da prerrogativa de que é admissível mediação "antecedente ao processo de recuperação judicial, assim como na fase pré-processual [...] de disputas entre os sócios e acionistas de sociedade em dificuldade ou em recuperação judicial"[23] recomenda-se, no que tange ao pedido de recuperação judicial, o debate mediado já na raiz das divergências entre acionistas ou sócios, a evitar, assim, tanto um litígio societário, como a criação de tumulto e incerteza processuais no procedimento recuperatório.

Muitas vezes, a solução da controvérsia entre acionistas (ou sócios) nesses casos pode envolver a transformação da disputa (relativa à aprovação, ou não, da deliberação sobre o ajuizamento de recuperação judicial) até mesmo em uma operação societária que seja a contento para todas as partes envolvidas:[24]

> *Search for ways to turn the dispute into a deal. In some disputes you can look for value-creating trades that are based on the parties' interests, resources and priorities. These trades may have little if anything to do with the parties' formal legal dispute. And the settlement may be of a sort that a court could never consider imposing.*

Com um viés transacional, bastante apropriado para esses casos envolvendo sociedades às voltas com crise econômico-financeira, a mediação,

[21] Kraakman, Reinier; *et al. The Anatomy of Corporate Law, A comparative and functional approach.* 2nd Edition, Oxford University Press, 2009, p. 118.

[22] Mnookin, Robert H. *et al. Beyond Winning, Negotiating to create value in deals and disputes.* 2nd printing, Harvard University Press, Cambridge, 2000, p. 225.

[23] Art. 20-B, I, Lei nº 11.101/2005.

[24] Mnookin, Robert H. *et al. Beyond Winning, Negotiating to create value in deals and disputes.* 2nd printing, Harvard University Press, Cambridge, 2000, p. 226.

em lugar de permanecer restrita ao mérito recuperatório (deliberação sobre aprovação da autorização aos administradores requererem recuperação judicial), pode acabar incentivando as partes e propiciando um ambiente em que venham a buscar, consensualmente, soluções em contextos bem mais amplos e antes não devidamente explorados.

O acionista minoritário, por exemplo, pode já há muito estar insatisfeito com a maneira com que o controlador está conduzindo os negócios sociais (inclusive, eventualmente culpando-o pelo estado de crise econômico-financeira da sociedade), de modo que a melhor resolução da questão — ao invés do convencimento pelo ajuizamento de uma recuperação judicial — seja mediar a alienação de sua participação minoritária, tanto pelo controlador, como por terceiros, anteriormente ao pedido de recuperação judicial, a possibilitar que o controlador seguisse com seus planos de soerguimento da empresa sem as amarras de uma sociedade conflituosa.

Quanto aos credores, ofereceria à sua coletividade a perspectiva de um procedimento recuperatório mais alinhado com seus anseios, sejam financeiros, sejam comerciais, gerando valor ou, ao menos, sem destruir valor para todos os interessados.

Conclusões

Existem diversas situações de potenciais conflitos entre os direitos e pretensões societários dos acionistas (e sócios) de sociedades em recuperação judicial (ou em situação que tenda, potencialmente, a tanto) e os interesses da própria sociedade e seus credores, sujeitos (ou não) ao procedimento recuperatório.

A sobreposição conflituosa entre esses dois microssistemas (societário e recuperatório) pode gerar dificuldades tanto decisórias para tais atores, como adjudicatórias para os juízes togados e árbitros chamados a dirimir tais controvérsias, com severos e negativos impactos para os acionistas (ou sócios) e para os credores, mesmo que, ao fim e ao cabo, prevalecessem argumentos de uns sobre os outros.

De todo o modo, a sociedade estará, com muita probabilidade, do lado "perdedor", pois o cenário de conflito societário, conjugado com o já existente ambiente de crise econômico-financeira, apenas conseguirá gerar ainda mais incertezas e dificuldades quanto ao seu eventual soerguimento.

Assim sendo, o advento do art. 20-B da Lei de Recuperação,[25] possibilitando a mediação para dirimir controvérsias entre sócios e acionistas dessas sociedades é muito bem recebido por aqueles que transitam entre o mundo societário e o mundo da insolvência empresarial, pois abre caminho para que a mediação seja utilizada em casos de conflitos entre microssistemas, de modo a acomodar e fazer conviver, no melhor interesse de todos os envolvidos, os interesses divergentes e sobrepostos.

Aplicação prática dessa afirmativa já se pode antever nas disputas societárias atinentes, justamente, à formulação judicial do pedido de recuperação.

Há muito ainda a se observar — inclusive se tal dispositivo recentemente incluído na Lei de Recuperação será efetivamente recepcionado com entusiasmo e sabedoria pelas sociedades, nas pessoas de seus acionistas e sócios, assim como de seus administradores, sem que se olvidem os advogados e os *advisors* que os assessoram — augurando que o prognóstico seja positivo, também em um esforço coletivo para que tenhamos uma sociedade, uma comunidade e um espírito nacional cada vez menos adversariais.

Referências

BONASSA, Fátima Cristina; Pachikoski, Silvia Rodrigues. "Mediação em processos de recuperação judicial", *in Revista do Advogado: Recuperação de empresas e falência, alterações da Lei nº 14.112/2020*, ed. 150, Junho, 2021.

BRASIL, República Federativa. Conselho Nacional de Justiça, Recomendação nº 58, de 22 de outubro de 2019.

BRASIL, República Federativa. Conselho Nacional de Justiça, Recomendação nº 71, de 05 de agosto de 2020.

BRASIL, República Federativa. Lei nº 11.101, de 09 de fevereiro de 2005.

BRASIL, República Federativa. Lei nº 10.406, de 10 de janeiro de 2002.

BRASIL, República Federativa. Lei nº 6.404, de 15 de dezembro de 1976.

FERREIRA, Ivo Bari. *O embate do direito societário com o recuperacional.* Portal Jota, 05 de setembro de 2017. Disponível em: https://www.jota.info/opiniao-e-analise/artigos/o-embate-do-direito-societario-com-o-recuperacional-05092017. Acessado em 23 de agosto de 2021.

KRAAKMAN, Reinier; *et al. The Anatomy of Corporate Law, A comparative and functional approach.* 2nd Edition, Oxford University Press, 2009.

[25] Art. 20-B, I, Lei nº 11.101/2005.

MNOOKIN, Robert H. *et al. Beyond Winning, Negotiating to create value in deals and disputes.* 2nd printing, Harvard University Press, Cambridge, 2000

SACRAMONE, Marcelo Barbosa. *Comentários à Lei de Recuperação de Empresas e Falência*, Saraiva, 2ª ed., 2021.

7.
A SUSPENSÃO DAS EXECUÇÕES NA NEGOCIAÇÃO ANTECEDENTE À RECUPERAÇÃO JUDICIAL: CONTORNOS E LIMITES

Gustavo Lacerda Franco

Introdução

Recentemente, a Lei nº 11.101/2005 ("Lei de Recuperação e Falência" ou "LRF") passou por ampla reforma, operada pela Lei nº 14.112/2020. Os institutos regrados pelo diploma concursal — a recuperação judicial, a recuperação extrajudicial e a falência — sofreram alteração em aspectos relevantes e o texto legal recebeu algumas inovações. Entre essas novidades, encontra-se a Seção II-A, incluída no Capítulo II da LRF, versando sobre conciliações e mediações antecedentes ou incidentais aos processos de recuperação judicial.

Em síntese, com o surgimento da Seção II-A, abarcando os arts. 20-A a 20-D da LRF, criou-se previsão legal expressa acerca do emprego de tais métodos consensuais de solução de conflitos no âmbito do direito das empresas em crise brasileiro. Essa iniciativa do legislador consolida um crescente movimento de estímulo à adoção de mecanismos como a mediação na esfera concursal do Brasil, refletindo o que já ocorre em ordenamentos jurídicos estrangeiros.[1]

[1] Sobre o notável desenvolvimento experimentado pelos métodos consensuais de solução de conflitos no Brasil, ao longo da última década, e a sua mais recente expansão ao direito das

Uma das possibilidades de uso da conciliação ou mediação antecedente ao processo de recuperação judicial, oferecida como exemplo pelo inciso IV do art. 20-B da LRF, está na "(...) hipótese de negociação de dívidas e respectivas formas de pagamento entre a empresa em dificuldade e seus credores". Assim, previamente ao ajuizamento do pedido de recuperação judicial pelo empresário ou sociedade empresária em crise econômico-financeira, busca-se viabilizar que o agente econômico e os seus credores equacionem o passivo fora do procedimento concursal, empregando-se a conciliação ou a mediação nesse esforço.

Mais do que isso: se o devedor atender aos requisitos legais para requerer recuperação judicial, permite-se que ele obtenha tutela de urgência cautelar a fim de suspender as execuções contra si propostas pelo prazo de até 60 (sessenta dias), período em que buscaria alcançar composição com os credores na conciliação ou mediação já instaurada (art. 20-B, § 1º, da LRF). Ao mesmo tempo, o § 3º do dispositivo elucida que, sobrevindo pedido de recuperação judicial ou extrajudicial, esse prazo de suspensão deverá ser deduzido do período de suspensão previsto no art. 6º da LRF.

Essa disciplina, tão lacônica quanto controversa, ocasiona o surgimento de diversas dúvidas ao intérprete. Pode-se perguntar, por exemplo, se todos os credores da "empresa em dificuldade" terão suas execuções suspensas, na forma do § 1º do art. 20-B, ou se o sobrestamento apenas atingirá as execuções movidas por titulares de créditos que se sujeitariam ao processo de recuperação judicial. Quem é a "empresa em dificuldade", aliás, tampouco fica claro. É de se indagar, ademais, por quanto tempo será aplicável a dedução estabelecida no § 3º do art. 20-B. Ou, ainda, qual será o juízo competente para apreciar o pleito cautelar e quais serão os parâmetros adotados em sua decisão. De forma mais geral, cabe questionar se a negociação antecedente à recuperação judicial, com suspensão de execuções, é instrumento adequado ao propósito perseguido em sua estruturação, bem como se poderia afetar futura tentativa judicial de reestruturação.

empresas em crise brasileiro, repetindo interface já verificada em outros países, vide Sheila C. Neder Cerezetti e Gustavo Lacerda Franco, *A recuperação extrajudicial e a mediação em tempos pós-Covid-19: a redescoberta da composição de conflitos relacionados à crise empresarial com menor intervenção judicial*, in *Revista do Advogado* 148 (2020), pp. 236-249.

Sabendo-se que os dispositivos mencionados já se encontram em vigor, é urgente compreender os contornos e os limites da suspensão das execuções na negociação antecedente à recuperação judicial. Espera-se que o presente artigo contribua, justamente, para essa tarefa. Em primeiro lugar, serão apresentados, em detalhes, o panorama geral em que o instituto se insere na LRF e a sua específica moldura legal. Posteriormente, serão abordados os principais desafios interpretativos suscitados por essa disciplina e debatidos os possíveis limites do mecanismo, com especial atenção às indagações acima adiantadas. Enfim, serão tecidas considerações conclusivas acerca do tema.

1. A negociação antecedente à recuperação judicial e a suspensão das execuções contra a "empresa em dificuldade": panorama geral e moldura legal

Os novos arts. 20-A a 20-D da LRF regulam as conciliações e mediações que podem ser empregadas antes ou durante o processo de recuperação judicial. Como evidencia o art. 20-A, estimula-se a adoção desses métodos consensuais de solução de conflitos em qualquer grau de jurisdição, abarcando até as instâncias recursais dos Tribunais Superiores. De maneira concomitante, deixa-se claro que sua utilização não acarreta suspensão dos prazos previstos na LRF, exceto na presença de consenso entre as partes ou ordem judicial. Com isso, busca-se evitar o uso oportunista dos institutos por uma das partes com a finalidade de manipular o calendário processual.

No art. 20-B, reitera-se serem admitidas conciliações e mediações antecedentes ou incidentais aos processos de recuperação judicial, elencando-se nos incisos do dispositivo, de forma exemplificativa, alguns cenários em que podem ser aplicadas. De início, mencionam-se disputas entre sócios/acionistas da sociedade em dificuldade ou já em recuperação judicial, bem como litígios envolvendo titulares de créditos não sujeitos ao processo recuperacional, conforme os §§ 3º e 4º do art. 49 da LRF, ou credores extraconcursais. Em seguida, remete-se a conflitos envolvendo concessionárias ou permissionárias de serviços públicos em recuperação judicial e órgãos reguladores ou entes públicos das esferas municipais, distritais, estaduais ou federais. Além disso, refere-se à hipótese de existirem créditos extraconcursais contra recuperandas durante período de vigência de estado de calamidade pública, visando-se a possibilitar que serviços essenciais continuem a ser prestados. Por fim, aborda-se a "(...) hipótese de negociação de dívidas e respectivas formas de pagamento entre a empresa em dificuldade e seus credores, em caráter antecedente ao ajuizamento de pedido de recuperação judicial", situação que mais interessa ao presente estudo.

Nota-se, no rol exemplificativo do art. 20-B, especial preocupação com conflitos paralelos aos esforços de superação da crise econômico-financeira enfrentada pela empresa, os quais podem tirar o foco da tentativa de soerguimento da sua atividade e retirar recursos que seriam fundamentais nessa iniciativa. Verifica-se, igualmente, que o legislador procurou tutelar o interesse público na norma,[2] cujos incisos II e III denotam receio acerca da prestação de serviços públicos e de serviços essenciais por sociedades em recuperação judicial. Especificamente, o inciso III foi inspirado pela pandemia de Covid-19 que assolava o mundo inteiro — e ainda assola, com particular severidade, o Brasil, devido ao descaso do governo federal com a doença — durante a elaboração da Lei nº 14.112/2020. Ao menos em parte, a disposição sobre a negociação de dívidas e formas de pagamento antecedente à recuperação judicial também representa herança da crise do novo coronavírus, sabendo-se que esta gerou o justificado temor de que o Poder Judiciário pudesse ficar ainda mais sobrecarregado com os processos decorrentes das dificuldades empresariais trazidas pela difusão global da enfermidade. A partir desse medo, naturalmente, buscaram-se alternativas para lidar com tais disputas relacionadas à crise que contassem com menor intervenção judicial.[3]

Autoriza-se, explicitamente, a realização das sessões de conciliação e mediação por meio virtual (art. 20-D da LRF), mais uma tendência previamente existente[4] que ganhou força na pandemia, diante da necessidade de distanciamento social. Ainda em caráter geral, sobre o regime

[2] O que está de acordo com a orientação do diploma concursal, cujo art. 47 coloca, expressamente, a promoção da função social da empresa entre os propósitos da recuperação judicial.

[3] A esse respeito, vide Sheila C. Neder Cerezetti e Gustavo Lacerda Franco, *A recuperação extrajudicial e a mediação em tempos pós-Covid-19* cit., pp. 236-249.

[4] Sabe-se, por exemplo, que ferramentas tecnológicas já haviam sido empregadas para realização de assembleia geral de credores simultânea em São Paulo e no Amapá, no âmbito da recuperação judicial da Zamin Amapá Mineração S.A. (TJSP, Processo nº 1088747-75.2015.8.26.0100, 2ª Vara de Falências e Recuperações Judiciais, Juiz Paulo Furtado de Oliveira Filho).

inaugurado pela Seção II-A, deve-se lembrar da vedação a conciliações e mediações versando sobre a natureza jurídica e a classificação de créditos ou sobre critérios de votação na assembleia geral de credores (art. 20-B, § 2º, da LRF). O acordo eventualmente alcançado mediante a conciliação ou mediação será submetido à homologação do juízo concursal, observada a regra de competência disposta no art. 3º da LRF (art. 20-C, *caput*, do diploma). E, se formulado pedido de recuperação judicial ou extrajudicial dentro de 360 (trezentos e sessenta) dias após o acordo firmado em sede de conciliação ou mediação pré-processual, estabelece o parágrafo único do art. 20-C que os direitos e garantias do credor serão reconstituídos, tendo em vista as condições originalmente contratadas, descontando-se as quantias eventualmente já pagas e ressalvando-se os atos validamente praticados na seara dos mecanismos consensuais. Almeja-se, com isso, evitar que o devedor atue de maneira desleal, alcançando novos termos com seus credores fora do concurso e, pouco tempo depois, procurando submeter os créditos já renegociados à reestruturação (e à novação que a acompanha).

Esse é o panorama geral em que se enquadra o objeto deste estudo. Mais precisamente, ele tem aplicação na hipótese do art. 20-B, IV, da LRF, ou seja, quando empregada a conciliação ou mediação antecedente à recuperação judicial para "negociação de dívidas e respectivas formas de pagamento entre a empresa em dificuldade e seus credores".

Nesse caso, conforme a redação atribuída ao § 1º do art. 20-B, "(...) será facultado às empresas em dificuldade que preencham os requisitos legais para requerer recuperação judicial obter tutela de urgência cautelar, nos termos do art. 305 e seguintes da Lei nº 13.105, de 16 de março de 2015 (Código de Processo Civil), a fim de que sejam suspensas as execuções contra elas propostas pelo prazo de até 60 (sessenta) dias, para tentativa de composição com seus credores, em procedimento de mediação ou conciliação já instaurado perante o Centro Judiciário de Solução de Conflitos e Cidadania (Cejusc) do tribunal competente ou da câmara especializada, observados, no que couber, os arts. 16 e 17 da Lei nº 13.140, de 26 de junho de 2015." Soma-se a essa disposição o § 3º do mesmo dispositivo, a estabelecer que "[s]e houver pedido de recuperação judicial ou extrajudicial, observados os critérios desta Lei, o período de suspensão previsto no § 1º deste artigo será deduzido do período de suspensão previsto no art. 6º desta Lei."

Em outras palavras, se já existir procedimento de mediação ou conciliação instaurado com a finalidade de renegociação de débitos da "empresa em dificuldade" e ela atender aos requisitos legais para ajuizar pedido de recuperação judicial, passa-se a permitir que ela obtenha, em sede de tutela de urgência cautelar, a suspensão das execuções movidas contra si por um período de até 60 (sessenta) dias, enquanto tentaria se compor com seus credores. Tal prazo de sobrestamento, contudo, será descontado do período de suspensão de futura recuperação judicial ou extrajudicial, caso seja pleiteada.

O § 1º do art. 20-B remete expressamente à disciplina do procedimento da tutela de urgência cautelar requerida em caráter antecedente do Código de Processo Civil ("CPC"). O dispositivo em comento se refere de modo expresso, ainda, aos arts. 16[5] e 17[6] da Lei nº 13.140/2015 ("Lei de Mediação"), que se aplicarão no que couber e dizem respeito à suspensão do processo em que incida a mediação, à irrecorribilidade da decisão que a determina a partir de pedido conjunto das partes, à possibilidade de que medidas de urgência sejam concedidas nesse ínterim, à instituição da mediação na data da primeira sessão e à suspensão do prazo prescricional ao longo do procedimento de mediação.

É essa a moldura legal da suspensão possivelmente operada na renegociação de dívida antecedente à recuperação judicial. Resta compreender, agora, as principais controvérsias acerca do instituto e as suas possíveis soluções. Destina-se o item seguinte a esse esforço.

2. A suspensão das execuções na negociação antecedente ao pedido de recuperação judicial: desafios e limites

Para a adequada aplicação da suspensão de execuções do § 1º do art. 20-B da LRF, é preciso superar alguns desafios trazidos pela lei (e

[5] "Art. 16. Ainda que haja processo arbitral ou judicial em curso, as partes poderão submeter-se à mediação, hipótese em que requererão ao juiz ou árbitro a suspensão do processo por prazo suficiente para a solução consensual do litígio. § 1º É irrecorrível a decisão que suspende o processo nos termos requeridos de comum acordo pelas partes. § 2º A suspensão do processo não obsta a concessão de medidas de urgência pelo juiz ou pelo árbitro."

[6] "Art. 17. Considera-se instituída a mediação na data para a qual for marcada a primeira reunião de mediação. Parágrafo único. Enquanto transcorrer o procedimento de mediação, ficará suspenso o prazo prescricional."

pelas omissões do texto legal), bem como entender os limites do instituto. Em ambos os casos, não são poucos.

Em primeiro lugar, deve-se compreender quais "empresas em dificuldade"[7] podem buscar a suspensão das suas execuções em meio à negociação de dívidas antecedente ao ajuizamento do pedido de recuperação judicial. Nesse tocante, o § 1º não deixa dúvidas: são os empresários e sociedades empresárias em crise econômico-financeira legitimados para formular pedido de recuperação judicial, conforme os arts. 1º, 2º e 48 da LRF. No contexto da crise generalizada decorrente da pandemia, a jurisprudência tem expandido o rol de legitimados ao requerimento da recuperação judicial de modo a abarcar relevantes agentes econômicos que, em princípio, não poderiam recorrer ao instituto, a exemplo de associações.[8] Essa medida, que denota boas intenções, mas obviamente afronta a legislação, pode acabar refletindo no uso do instrumento ora estudado, abrindo caminho para que também seja adotado por entes não empresários. Do ponto de vista da segurança jurídica, isso não seria positivo.

Outra importante questão suscitada pelo regime legal da suspensão na negociação antecedente é a sua abrangência: quais execuções propostas contra o devedor serão suspensas? O § 1º do art. 20-B da LRF fala somente em "as execuções contra elas [empresas em dificuldade] propostas", sem delimitar os processos a serem atingidos pela iniciativa, o que poderia gerar a impressão de que todas as execuções ajuizadas contra o devedor, independentemente do credor exequente, seriam afetadas pelo sobrestamento ordenado. Conclusão nesse sentido, todavia, seria precipitada.

Isso porque a suspensão debatida pode ser obtida pelo devedor no âmbito de pedido de tutela de urgência cautelar em caráter antecedente, nos termos dos arts. 305 e seguintes do CPC. Essa modalidade, também conhecida como "tutela cautelar preparatória", liga-se à tutela satisfativa pelo vínculo da referibilidade, cabendo ao seu requerente propor a ação com pedido principal em 30 (trinta) dias após a efetivação

[7] Conceito que, por si só, consiste em novidade na LRF, com sentido não propriamente elucidado pelo diploma concursal.

[8] Casos recentes, representativos desse movimento jurisprudencial, são os processos de recuperação judicial da mantenedora da Universidade Cândido Mendes e do Figueirense Futebol Clube, entre outros.

da tutela cautelar, nos mesmos autos desta, tudo conforme o art. 308 do CPC.[9] No caso da tutela cautelar visando à suspensão prevista no art. 20-B, § 1º, da LRF, o pleito de recuperação judicial é o pedido principal.

Dessa forma, entende-se que a tutela cautelar consistente na ordem de suspensão de execuções é referível à tutela almejada na recuperação judicial. E, como tutela cautelar, ela "(...) constitui instrumento de *tutela ao processo* e preservação dos meios sem os quais ele não poderia ser realizado de modo eficiente para o proveitoso exercício da jurisdição", possuindo missão conservativa.[10]

Isso significa, como indicam os arts. 301 e 305 do CPC, que a suspensão em exame deve servir para resguardar o direito da "empresa em dificuldade", tendo em vista o perigo de dano ou o risco ao resultado útil do processo de recuperação judicial. O que está em jogo é a viabilidade da superação da crise econômico-financeira do devedor, objetivo perseguido na recuperação judicial[11] que poderia ser fatalmente prejudicado, ainda durante as tratativas pré-processuais, pelo prosseguimento das execuções ajuizadas contra a futura recuperanda, diante do potencial desmantelamento do negócio, não restando atividade empresarial a reorganizar.[12]

[9] Luiz Guilherme Marinoni, Sérgio Cruz Arenhart e Daniel Mitidiero, *Novo Código de Processo Civil Comentado*, 3ª edição, São Paulo, RT, 2017, pp. 401-403.

[10] Cândido Rangel Dinamarco, *Instituições de Direito Processual Civil*, v. III, 7ª edição, São Paulo, Malheiros, 2017, pp. 870-872.

[11] Vide, nessa direção, o art. 47 do diploma concursal, a estabelecer que "[a] recuperação judicial tem por objetivo viabilizar a superação da situação de crise econômico-financeira do devedor, a fim de permitir a manutenção da fonte produtora, do emprego dos trabalhadores e dos interesses dos credores, promovendo, assim, a preservação da empresa, sua função social e o estímulo à atividade econômica".

[12] Não à toa, esclarece o *Legislative Guide on Insolvency Law* da UNCITRAL, publicado em 2004, que "[a]n insolvency law should preserve the estate and prevent premature dismemberment of the debtor's assets by individual creditor actions to collect individual debts. Such activity often reduces the total value of the pool of assets available to settle all claims against the debtor and may preclude reorganization or the sale of the business as a going concern. A stay of creditor action provides a breathing space for debtors, enabling a proper examination of its financial situation and facilitating both maximization of the value of the estate and equitable treatment of creditors. Some mechanism may be required to ensure that the stay does not affect the rights of secured creditors" (Disponível em: https://uncitral.un.org/sites/uncitral.un.org/files/media-documents/uncitral/en/05-80722_ebook.pdf. Acesso em: 28.08.2021. p. 12).

Nessa linha de raciocínio, adotada pelo legislador, suspender as execuções movidas contra o devedor asseguraria seu direito a, futuramente, buscar se reestruturar no âmbito de processo de recuperação judicial, enquanto tenta renegociar suas dívidas dentro de procedimento de conciliação ou mediação antecedente. Como apontado adiante, o resultado alcançado na prática provavelmente será oposto ao pretendido. De todo modo, a conclusão apresentada é importante porque mostra não ser possível, no bojo de tutela cautelar preparatória de recuperação judicial, ir além do que seria possível na própria demanda principal.

Segundo o art. 6º, II, da LRF, o deferimento do processamento da recuperação judicial implica a suspensão das execuções ajuizadas contra o devedor relativas a créditos ou obrigações sujeitos aos efeitos do processo. Os créditos que não se submetem aos efeitos da recuperação judicial, a exemplo daqueles mencionados no art. 49, §§ 3º e 4º, da LRF ou com natureza tributária, não são atingidos pela medida de suspensão, admitindo-se quanto a eles, respectivamente, apenas a suspensão de "atos de constrição que recaiam sobre bens de capital essenciais à manutenção da atividade empresarial" e a substituição de "atos de constrição que recaiam sobre bens de capital essenciais à manutenção da atividade empresarial" (arts. 6º, §§ 7º-A e 7º-B, e 49, § 3º, *in fine*, da LRF).

Portanto, para resguardar o direito da "empresa em dificuldade" a ser tutelado na recuperação judicial, é preciso prestar atenção nos limites estabelecidos pelo regime da suspensão ocasionada pelo deferimento do seu processamento. Não faria sentido, em sede de cautelar antecedente, lograr mais do que a própria demanda principal poderia oferecer.

A interpretação sistemática do § 1º do art. 20-B da LRF, dessarte, não autoriza que toda e qualquer execução proposta contra o devedor seja suspensa. Apenas poderão ser suspensas, em sede de tutela de urgência cautelar, as execuções que poderiam ser sobrestadas por força do art. 6º da LRF, ou seja, aquelas movidas pelos titulares de créditos sujeitos ao concurso. Tratando-se de execução ajuizada por detentor de crédito alheio ao processo, somente poderá ocorrer, conforme o caso, a suspensão ou a substituição do ato de constrição sobre bem de capital essencial à atividade empresarial desempenhada.[13]

[13] Em sentido similar, vide Marcelo Barbosa Sacramone, *Comentários à Lei de Recuperação de Empresas e Falência*, 2ª edição, São Paulo, Saraiva, 2021, p. 153.

Nos termos do art. 299 do CPC, "[a] tutela provisória será requerida ao juízo da causa e, quando antecedente, ao juízo competente para conhecer do pedido principal." Na lição de Dinamarco, chega-se a essa competência "(...) mediante um *juízo prospectivo* mediante o qual se antecipa a competência para tal causa, à qual a demanda de tutela urgente é instrumentalmente conexa. Essa operação é facilitada pelo disposto no art. 305 do CPC, que exige, na petição inicial da tutela cautelar antecedente ao processo principal, a indicação da "lide e seu fundamento", ou seja, a informação de qual será o pedido a ser feito no processo principal e qual será sua *causa petendi*".[14] O pedido de tutela cautelar para suspensão das execuções na negociação antecedente, assim, deve ser endereçado ao juízo competente para apreciar o pleito de recuperação judicial, obedecendo-se às regras do art. 3º da LRF — o que já era sugerido pelo art. 20-C, *caput*, do diploma.

Ainda com relação ao juízo competente para apreciar o pedido de suspensão examinado, é de se indagar a extensão dos seus poderes ao decidir se defere ou não a tutela cautelar em questão. Tendo o legislador vinculado a disciplina desse pedido ao procedimento da tutela cautelar requerida em caráter antecedente do CPC, compreende-se que o juízo responsável por sua aferição deverá observar os mesmos parâmetros que respeitaria ao avaliar qualquer outro pedido de similar natureza. A determinação da suspensão de execuções na forma do art. 20-B, § 1º, da LRF, então, não será automática, devendo o juízo competente se debruçar sobre o pedido formulado pela "empresa em dificuldade" e examinar se ela logrou êxito em demonstrar a presença de elementos evidenciando a probabilidade do direito e o perigo de dano ou risco ao resultado útil do processo (art. 300 do CPC).

O devedor, nesse sentido, além de indicar a lide, seu fundamento e a instauração do procedimento de mediação/conciliação aberto e comunicado a todos os seus credores, deverá (i) comprovar que teria direito a requerer recuperação judicial, ou seja, alegar fundamentadamente que se encontra em crise econômico-financeira e demonstrar que estaria legitimado a buscar a sua superação no bojo do procedimento recuperacional; e (ii) descrever como o prosseguimento das execuções enfrentadas – todas aquelas que seriam sobrestadas a partir do deferimento do

[14] Cândido Rangel Dinamarco, *Instituições de Direito Processual Civil* cit., p. 860.

processamento de recuperação judicial, sob pena de inadequada discriminação entre os credores,[15] e eventualmente outras versando sobre bens de capital essenciais –, ao longo da tentativa de negociação antecedente, poderia inviabilizar seu futuro processo de recuperação judicial ao tornar insuperáveis as dificuldades sofridas por sua atividade empresarial. O valor da causa, segundo Paulo Furtado de Oliveira Filho, "(...) deve corresponder ao benefício econômico da demanda. Como a negociação antecedente tem natureza coletiva, o valor da causa deve corresponder ao total dos créditos sujeitos à negociação. Trata-se de aplicação analógica do disposto no art. 51, § 5º".[16]

Convencendo-se o juízo sobre a presença dos elementos exigidos pela legislação, seria recomendável a concessão da tutela de urgência cautelar de suspensão, liminarmente, sem prévia oitiva dos credores, como permite o art. 300, § 2º, do CPC, a fim de evitar iniciativas oportunistas contra o patrimônio do devedor no período, o que concretizaria justamente o risco que se pretendeu minorar. Isso, claro, sem prejuízo de poderem se manifestar, posteriormente, quaisquer interessados na crise do devedor, como os credores citados na forma do art. 306 do CPC[17] ou mesmo outros agentes, facultado ao juízo reconsiderar sua determinação inicial na existência de causa suficiente para tanto. Deve-se ressaltar que, em sua análise, não compete ao juízo adentrar em aspectos econômicos da negociação almejada pelo devedor, o que tampouco seria cabível na demanda de recuperação judicial.

O prazo da suspensão deferida poderá abarcar, no máximo, 60 (sessenta) dias, contados em dias corridos, conforme o art. 189, § 1º, I, da LRF. Não se admite sua prorrogação. Sobrevindo pedido de recuperação judicial ou extrajudicial, esse período de sobrestamento deverá ser descontado do período de suspensão previsto no art. 6º da LRF (art. 20-B, § 3º, da LRF). Aqui, surge uma questão: por quanto tempo persistirá essa necessidade de dedução do prazo de suspensão do art. 20-B, § 1º, da LRF? Ao menos explicitamente, essa pergunta não é respondida

[15] Vide, nessa direção, Paulo Furtado de Oliveira Filho, *Mediação antecedente e mediação na recuperação judicial*, in *Revista do Advogado* 150 (2021), p. 212.

[16] *Mediação antecedente* cit., p. 212.

[17] Sendo razoável que se aceite, para tal finalidade, a publicação de edital, em harmonia com atos semelhantes previstos na LRF.

pelo texto legal. Seria absolutamente irrazoável, todavia, entender que a imposição do desconto de prazo se estende por tempo indeterminado.

O espírito da lei, nesse caso, parece ter sido evitar comportamento oportunista do devedor, que poderia não empreender tentativa séria de renegociar seu passivo no período de suspensão prévia se não fosse enfrentar qualquer consequência ao, no futuro, pleitear sua recuperação. Um caminho para atender a esse objetivo, mas sem restringir demasiadamente a iniciativa do devedor, é a incidência do desconto pelo prazo de 360 (trezentos e sessenta) dias. Como se extrai do art. 20-C, parágrafo único, da LRF, foi esse o período reputado suficiente pelo legislador para assegurar que o devedor não utilize a negociação antecedente, de forma deliberada, apenas para reduzir a dívida antes de, novamente, promover sua reestruturação, agora no âmbito do processo de recuperação judicial, evitando-se uma espécie de *bis in idem* ofensiva à boa-fé objetiva. Por analogia, pode-se aplicar o mesmo prazo a fim de impedir que o devedor obtenha a suspensão na negociação antecedente sem pretender renegociar efetivamente seu passivo e já pensando em conseguir mais 180 (cento e oitenta) dias de suspensão no processo recuperacional a ser iniciado. Assim, 360 (trezentos e sessenta) dias após o acordo homologado na forma do art. 20-C, *caput*, da LRF (ou após o término do prazo de suspensão concedido cautelarmente, se não obtido acordo), a dedução ordenada pelo § 3º do art. 20-B já não incidirá.

Por sua vez, a aplicação, no que couber, dos arts. 16 e 17 da Lei de Mediação também gera algumas dúvidas. O art. 16 estabelece que, havendo processo em curso, podem as partes se submeter à mediação, pedindo ao juízo ou Tribunal Arbitral a suspensão do feito por prazo suficiente para a solução consensual do litígio. Não se tratando no caso, contudo, da suspensão consensual de apenas uma ou outra execução, isoladamente, mas sim da determinação de sobrestamento de todas as execuções que seriam afetadas pelo deferimento do processamento da recuperação judicial, sob pena de violação à *par condicio creditorum*, a disposição não parece compatível, exceto se abranger somente ações que não sejam executivas. A irrecorribilidade da decisão (art. 16, § 1º, da Lei de Mediação), igualmente, só se aplicaria à ordem do juízo da ação não executiva suspendendo sua tramitação por pedido conjunto das partes. A decisão concedendo a suspensão do art. 20-B, § 1º, da LRF permaneceria recorrível, como indica o art. 189, § 1º, II, do mesmo diploma.

A possibilidade da concessão de medidas de urgência (art. 16, § 2º, da Lei de Mediação), outrossim, restringe-se à suspensão consensual da ação não executiva, caso não acarrete constrição patrimonial.

O art. 17 da Lei de Mediação afirma que a mediação se considera instituída na data para a qual for marcada a primeira reunião. Em princípio, então, o pleito cautelar de suspensão só poderia ser formulado após tal primeira sessão. O risco presente no caso concreto, entretanto, pode justificar sua apresentação e deferimento em momento anterior, mediante demonstração de que os trâmites para realização da mediação ou conciliação já foram efetivamente iniciados – possível acepção assumida pela expressão "procedimento de mediação ou conciliação já instaurado". Por fim, tem-se a definição de que, ao longo da mediação, o prazo prescricional também ficará suspenso (art. 17, parágrafo único, da Lei de Mediação).

A essa altura, detidamente exploradas as principais dificuldades que devem surgir no emprego do art. 20-B, IV e § 1º, da LRF e esboçadas possíveis alternativas para sua superação, é cabível tecer considerações críticas acerca do novo mecanismo legal.

Em primeiro lugar, deve-se apontar que o recurso ao regramento da tutela de urgência cautelar requerida em caráter antecedente nem sempre facilita a compreensão do instituto analisado. Pela disciplina dos arts. 308 e 309 do CPC, por exemplo, "[e]fetivada a tutela cautelar, o pedido principal terá de ser formulado pelo autor no prazo de 30 (trinta) dias (...)", cessando a eficácia da tutela concedida se o pedido principal não for deduzido no prazo legal. O art. 302, III, do CPC dispõe, ademais, que a parte responde pelo prejuízo causado à contraparte pela efetivação da tutela de urgência, se acontecer a cessação da eficácia da medida. Ocorre que (i) a suspensão concedida para a tentativa de composição do devedor com os credores pode atingir até 60 (sessenta) dias, de modo que o esforço não necessariamente terá se encerrado ao fim do prazo de 30 (trinta) dias; e (ii) nem sempre haverá o posterior ajuizamento do pedido de recuperação judicial pelo devedor, sendo esse, inclusive, o propósito do legislador em sua estruturação. Obviamente, caberá ao juízo competente amoldar essas regras do CPC à realidade da negociação antecedente à recuperação judicial.

Para além disso, chama atenção o fato de se ter criado tutela cautelar preparatória ao processo de recuperação judicial com a clara finalidade de que este se tornasse desnecessário por conta daquela. Trata-se de uma tutela cautelar com ares de tutela satisfativa.[18] É essa a raiz de algumas das incongruências apontadas no texto legal. A própria função da suspensão cautelar parece se dividir entre (i) assegurar o direito a ser tutelado em recuperação judicial futura, mantendo a utilidade do processo; e (ii) estimular que os credores participem da negociação antecedente.

Pior ainda: apesar de ter sido estruturada para colaborar ao saneamento da crise empresarial e evitar a necessidade de emprego da recuperação judicial (e da intervenção judicial em geral), ela não deve cumprir esse propósito e tem potencial para prejudicar sobremaneira a negociação estruturada que ocorrerá no futuro processo recuperacional. Veja-se.

A negociação de dívidas antecedente provavelmente não vai excluir a necessidade de uma futura recuperação judicial porque dificilmente permitirá uma solução global à crise econômico-financeira do devedor. Como afirmou Sheila C. Neder Cerezetti ainda durante a tramitação do projeto de lei que, ao final, converteu-se na Lei nº 14.112/2020, essa tentativa de composição "(...) já estaria de antemão prejudicada pela brevidade da medida e falta de incentivos ou estrutura adequados".[19]

A possibilidade de suspensão das execuções dirigidas pelos credores concursais — e, eventualmente, até por credores não submetidos aos efeitos do processo, conforme elucidado acima — ao patrimônio da "empresa em dificuldade" é uma ferramenta importante para trazer tais credores às tratativas com o devedor, estimulando-os a uma saída negociada. O prazo máximo de 60 (sessenta) dias, porém, é bastante limitado. E, sozinho, ele certamente será insuficiente para levar a uma resposta coletiva e mais abrangente para as dificuldades enfrentadas. Estando-se perante métodos consensuais de solução de conflitos e diante da falta de previsão acerca da imposição de deliberação da maioria dos

[18] Vale lembrar que, nos termos do art. 6º, § 12, da LRF, "[o]bservado o disposto no art. 300 da Lei nº 13.105, de 16 de março de 2015 (Código de Processo Civil), o juiz poderá antecipar total ou parcialmente os efeitos do deferimento do processamento da recuperação judicial." O diploma concursal, portanto, já conta com a possibilidade do deferimento de tutela de urgência satisfativa, em caráter antecedente, no âmbito da recuperação.

[19] *Mudanças na RJ: negociação em risco. Valor Econômico*, 2020. Disponível em: https://valor.globo.com/legislacao/noticia/2020/10/16/mudancas-na-rj-negociacao-em-risco.ghtml. Acesso em: 28.08.2021.

credores participantes aos dissidentes e ausentes,[20] é bastante improvável que resulte na mais completa reestruturação do passivo, exceto em hipóteses muito pontuais. A realização de certas operações, a exemplo da alienação de ativos pelo devedor, também se torna menos segura fora do processo concursal.[21]

Tudo indica, portanto, que muitas das negociações antecedentes serão malsucedidas, sendo seguidas pelo ajuizamento do pedido de recuperação judicial (ou extrajudicial). Todavia, de acordo com a leitura acima proposta, se isso acontecer em até 360 (trezentos e sessenta) dias, o período de sobrestamento cautelar deverá ser descontado do prazo de suspensão previsto no art. 6º da LRF. Desse modo, um prazo de 180 (cento e oitenta), dias que já não costuma ser suficiente na prática,[22] ainda sofrerá uma expressiva redução de até 60 (sessenta) dias. Essa medida poderia fazer sentido se a negociação antecedente fosse, propriamente, procedimento preparatório para a recuperação judicial. Sendo sua finalidade, no entanto, justamente tornar o processo recuperacional prescindível, nota-se sua inadequação.

Soma-se a isso a constatação de que a confiança dos credores na solução coletiva e negociada, algo fundamental para o êxito da recuperação judicial, poderá ser corroída pela desastrada negociação antecedente.[23] Como resultado, a sua provável indisposição a buscar desenvolver uma nova solução em conjunto com o devedor poderá ser fatal aos esforços de soerguimento da atividade deste.

Conclusões

A recente reforma promovida na Lei de Recuperação e Falência, pela Lei nº 14.112/2020, introduziu no diploma concursal uma seção inteiramente dedicada às conciliações e mediações relacionadas aos processos

[20] Também notada em Paulo Furtado de Oliveira Filho, *Mediação antecedente* cit., p. 213.

[21] Paulo Furtado de Oliveira Filho, *Mediação antecedente* cit., p. 213. No mesmo trecho, o autor também elenca, como falhas do regime da negociação antecedente, os riscos envolvidos no financiamento do devedor e, caso posteriormente decretada a quebra da empresa, a possibilidade da declaração de ineficácia do acordo com a concessão de garantia real a credor.

[22] Tanto que, na recente reforma concursal, ele passou de "improrrogável" a "prorrogável por igual período, uma única vez, em caráter excepcional, desde que o devedor não haja concorrido com a superação do lapso temporal" (art. 6º, § 4º, da LRF).

[23] Sheila C. Neder Cerezetti, *Mudanças na RJ: negociação em risco* cit.

de recuperação judicial, consolidando tendência que já se verificava em sedes regulamentar, jurisprudencial e doutrinária. Entre as disposições que versam sobre o emprego desses métodos consensuais de solução de conflitos no âmbito concursal, destaca-se a previsão de que eles podem ser adotados na hipótese de "(...) negociação de dívidas e respectivas formas de pagamento entre a empresa em dificuldade e seus credores, em caráter antecedente ao ajuizamento de pedido de recuperação judicial". Nesse caso, autoriza-se expressamente que o devedor apto a requerer recuperação judicial possa obter tutela de urgência cautelar, conforme a disciplina do Código de Processo Civil, para suspender as execuções que esteja sofrendo pelo prazo de até 60 (sessenta) dias.

O presente artigo se destinou a examinar, de maneira específica, o instituto da suspensão das execuções na negociação antecedente à recuperação judicial. Diante do parco regramento legal da matéria, surgem inúmeras dúvidas sobre como o mecanismo deve ser aplicado, quanto aos agentes econômicos que podem utilizá-lo, os processos executivos que podem ser atingidos por ele, os juízos competentes para determinar sua incidência, os parâmetros a serem adotados nessa decisão, os efeitos que sua utilização pode gerar no futuro processo de recuperação judicial, entre outras. Espera-se ter oferecido, ao longo do estudo, caminhos interpretativos adequados para solucionar tais indagações.

De uma forma geral, a possibilidade de negociação antecedente com suspensão de execuções criada pelo legislador causa preocupação. Para além das questões oriundas do texto legal e não respondidas por ele, entende-se que o instituto já nasceu com uma grave crise de identidade: se, por um lado, seu surgimento se deveu ao objetivo de evitar que o devedor e os seus credores tivessem que recorrer aos juízes e juízas para lidar com as dificuldades empresariais que estivessem enfrentando, de modo inclusive a aliviar a sobrecarga do Poder Judiciário, por outro lado, ocorreu a sua estruturação mediante confusa adoção do procedimento de tutela cautelar preparatória, que não apenas depende da atuação jurisdicional como pressupõe, em tese, o posterior ajuizamento do pedido de recuperação judicial.

Ainda que assim não fosse, a moldura legal do mecanismo é claramente insuficiente para propiciar a elaboração de resposta coletiva e abrangente à crise econômico-financeira vivenciada pela empresa, ou seja, ele provavelmente já não conseguiria tornar desnecessário ulterior pleito de recuperação judicial na maioria das vezes. Para piorar, o fracasso da negociação antecedente, com aplicação da suspensão de execuções, deve reduzir o tempo hábil para as tratativas no âmbito do processo recuperacional e minar a confiança das partes na solução negociada, prejudicando sobremaneira as chances de soerguimento da atividade empresarial em dificuldades na recuperação judicial.

Em situações pontuais, envolvendo credores em menor número e com intensa experiência negocial, pode ser que a negociação antecedente à recuperação judicial gere bons resultados, contribuindo para tanto a suspensão das execuções na forma do art. 20-B, § 1º, da LRF. É de questionar, contudo, se a recuperação extrajudicial já não seria remédio apropriado para casos com esse perfil — e sem efeitos colaterais nocivos à recuperação judicial. Como se nota em outros aspectos da Lei nº 14.112/2020, que apressadamente tentou resolver problemas complexos com respostas por vezes tacanhas, também nesse ponto "a emenda saiu pior que o soneto".

Referências

ARENHART, Sérgio Cruz; MARINONI, Luiz Guilherme; e MITIDIERO, Daniel, *Novo Código de Processo Civil Comentado,* 3ª edição, São Paulo, RT, 2017.

DINAMARCO, Cândido Rangel, *Instituições de Direito Processual Civil,* v. III, 7ª edição, São Paulo, Malheiros, 2017.

LACERDA FRANCO, Gustavo e NEDER CEREZETTI, Sheila C., *A recuperação extrajudicial e a mediação em tempos pós-Covid-19: a redescoberta da composição de conflitos relacionados à crise empresarial com menor intervenção judicial,* in *Revista do Advogado* 148 (2020), pp. 236-249.

MARINONI, Luiz Guilherme; ARENHART, Sérgio Cruz; e MITIDIERO, Daniel, *Novo Código de Processo Civil Comentado,* 3ª edição, São Paulo, RT, 2017.

MITIDIERO, Daniel; MARINONI, Luiz Guilherme; e ARENHART, Sérgio Cruz, *Novo Código de Processo Civil Comentado,* 3ª edição, São Paulo, RT, 2017.

NEDER CEREZETTI, Sheila C., *Mudanças na RJ: negociação em risco. Valor Econômico,* 2020. Disponível em: https://valor.globo.com/legislacao/noticia/2020/10/16/mudancas-na-rj-negociacao-em-risco.ghtml. Acesso em: 28.08.2021.

________, e LACERDA FRANCO, Gustavo, *A recuperação extrajudicial e a mediação em tempos pós-Covid-19: a redescoberta da composição de conflitos relacionados à crise empresarial com menor intervenção judicial,* in *Revista do Advogado* 148 (2020), pp. 236-249.

Oliveira Filho, Paulo Furtado de, *Mediação antecedente e mediação na recuperação judicial*, in *Revista do Advogado* 150 (2021), pp. 207-214.

Sacramone, Marcelo Barbosa, *Comentários à Lei de Recuperação de Empresas e Falência*, 2ª edição, São Paulo, Saraiva, 2021.

UNCITRAL, *Legislative Guide on Insolvency Law*, 2004. Disponível em: https://uncitral.un.org/sites/uncitral.un.org/files/media-documents/uncitral/en/05-80722_ebook.pdf. Acesso em: 28.08.2021.

8.
A MEDIAÇÃO INCIDENTAL NA RECUPERAÇÃO JUDICIAL: VISÃO PRÁTICA

Andréa Galhardo Palma
Marcelo Barbosa Sacramone

Introdução

O Brasil já dispõe de uma sólida base normativa dos métodos alternativos consensuais[1] e extrajudiciais iniciada com a Lei de Arbitragem (Lei 9.307/96). No âmbito judicial, as alterações no CPC/2015 incentivaram ao menos a tentativa de conciliação e da mediação, as quais, com o advento da Resolução 125/10 do Conselho Nacional de Justiça, da Lei de Mediação (13.140/2015) e das subsequentes recomendações 58 e 71, também do Conselho Nacional de Justiça (CNJ), passaram a ter um ambiente institucional mais regulado e que permitia sua proliferação.

A despeito da crescente regulação do instituto, persistem controvérsias sobre os limites de sua imposição no ambiente recuperacional e em que medida os incentivos judiciais para a mediação encontrariam limites na autonomia privada das partes. Se há controvérsias quanto aos incen-

[1] Grinover, Ada Pellegrini. Os métodos Consensuais de Solução de Conflito no novo CPC. In:VVAA. O Novo Código de Processo Civil: questões controvertidas. São Paulo, Atlas, 2015, p.1-11.

tivos para sua instalação, persistem dúvidas sobre os próprios limites do instituto da mediação e sobre a sua extensão no tratamento das diversas matérias que poderiam ser suscitadas no procedimento recuperacional.

Decerto que a própria natureza dinâmica da atividade empresarial e suas constantes mudanças no cenário econômico demandam soluções peculiares, dotadas de especificidade.[2] É nesse contexto que a mediação empresarial incidental se insere como instrumento flexível a auxiliar o juízo recuperacional a tornar menos moroso o processo de recuperação principais.

1. Os entraves culturais e estruturais

Atribui-se a dificuldade da implantação mais efetiva dos métodos alternativos ou adequados de soluções de conflitos ao aspecto cultural brasileiro, à natureza do sistema jurídico brasileiro, de *Civil Law*, baseado num sistema legal de codificações dispostos de forma hierárquica, com natureza adversarial em contraposição aos sistemas do *Common Law*, fundado na predominância dos precedentes, mais voltados para cultura da negociação e mediação extrajudicial dos conflitos.

Outro fator de grande influência seria a formação acadêmica dos advogados, treinados nas faculdades de direito para atuar contenciosamente nos litígios, e não promover a autocomposição pela via da negociação, ou outros métodos consensuais como a mediação. O professor Kazuo Watanabe usa a expressão a "cultura da sentença" em detrimento à cultura da pacificação[3] para demonstrar o quanto a cultura do litígio está arraigada no Brasil.

Mas não é por isso que a cultura da pacificação ou da utilização dos meios adequados de solução de conflito não será estimulada. Muito pelo contrário, há um grande movimento nesse sentido, tendo como marcos regulatórios a Resolução 125 do CNJ/2010, com as alterações promovidas no Código de Processo Civil (arts.165-175), determinando a criação dos Centros Judiciários de Soluções Consensuais de Conflitos e Cidada-

[2] Braga Neto, Adolfo. A mediação empresarial na prática. In: Braga Neto, Adolfo; Bertasi, Maria Odete Duque; Ranzolin, Ricardo Borges (Coords.).Temas de Mediação e Arbitragem II, São Paulo: Lex, 2018, p.255/256.

[3] Watanabe, Kazuo. Cultura da Sentença e da Pacificação. In: Estudos em homenagem à professora Ada Pellegrini Grinover. São Paulo:DPJ, 2005, p.485.

nia (CEJUCS), a utilização da conciliação e mediação extra e judicialmente e a edição da Lei 13.140/2015, denominação Lei de Mediação.[4]

A necessidade de capacitação dos advogados e, também dos mediadores, especialmente nas lides empresariais — mais complexas, exigindo formação e específicas — é um dos principais fatores para o sucesso dos métodos alternativos de resolução de disputas.[5]

Outro aspecto, de natureza estrutural, seria a dificuldade de acesso à informação da maioria das pessoas à utilização dos métodos consensuais de solução dos conflitos, a qualidade dos mediadores cadastrados nos CEJUSCs, muitas vezes sem o conhecimento necessário para compreender a dinâmica de uma disputa empresarial complexa.

Por outro lado, a remuneração dos mediadores desses centros judiciais atrelados a tabelas de valores impostas pelo CNJ e Tribunais, não atualizadas, seria mais um fator para não tornar atraente o cadastramento dos mediadores experientes e altamente capacitados que atuam na área privada, nas diversas Câmaras de Mediação e Arbitragem existentes espalhadas pelo País.

Felizmente, desde a Resolução n.125 do CNJ/2010, a preocupação com a formação e capacitação dos mediadores e a participação do Judiciário como fomentador da utilização desses métodos extrajudiciais de solução de conflito têm mudado o cenário dessas disputas, especialmente para as lides empresariais complexas.

A par da superação dos entraves culturais e estruturais acima abordados, imprescindível a participação do Poder Judiciário como fomentador de uma política nacional de solução adequada dos conflitos empresariais, já que demandas de pequena, média e grande complexidade, também na área recuperacional e societária, intensificaram-se fortemente por ocasião da pandemia da Covid-19.

Nesse sentido, de suma importância foi a edição da Recomendação n.71 do CNJ, em 05.08.2020, para criação dos CEJUSCs (Centros Judiciários de Solução de Conflito e Cidadania) Empresariais, estabele-

[4] Grinover, Ada Pellegrini. Os métodos consensuais de solução de conflito no novo CPC. *In: O Novo Código de Processo Civil: questões controvertidas*. SP: Atlas, 2015, p.1-11.

[5] Lima, Flávio Pereira.O Advogado é o pior Inimigo da Mediação? In: Braga Neto, Adolfo; Bertasi, Maria Odete Duque; Ranzolin, Ricardo Borges (Coords.).*Temas de Mediação e Arbitragem II*, São Paulo: Lex, 2018, p.315.

cendo inclusive a possibilidade de cadastramento de mediadores e Câmaras de Mediação Especializadas para atuarem em conjunto.

Em São Paulo, o projeto-piloto de mediação pré-processual para apoio à renegociação de obrigações relacionadas aos empresários e sociedades empresárias, incluindo empresários individuais, micro e pequenas empresas decorrentes dos efeitos da Covid-19, criado pela E. Corregedoria Geral de Justiça, em andamento, constitui um grande avanço e estímulo a utilização dos métodos alternativos de solução de disputas.

Nesse caso, um diferencial importante foi apresentado. A participação do Poder Judiciário como legitimador e intermediador do processo, ao oportunizar a aproximação das partes e o mediador, por elas escolhido ou nomeado pelo juiz, na falta de consenso, por simples peticionamento eletrônico, numa via fácil e acessível.[6]

2. As peculiaridades do procedimento da recuperação judicial e sua compatibilidade com o instituto da mediação

A peculiaridade do processo de recuperação judicial não impede a adoção desses métodos alternativos. Pelo contrário.

A recuperação judicial, tal como prevista no art. 47 da Lei nº 11.105/ 2005[7], tem por escopo possibilitar o soerguimento e preservação da empresa em crise-econômico-financeira na condução pelo devedor.[8]

[6] Ver Provimentos da E. CGJ/SP n.11 e 19, ambos de 2020.
No Paraná, Rio Grande do Sul, Espírito Santo e Rio de Janeiro também houve iniciativas semelhantes e de destaque.

[7] Lei 11.101/2005: Art.47: A recuperação judicial tem por objetivo viabilizar a superação da empresa em crise econômico-financeira do devedor, a fim de permitir a manutenção da fonte produtora, do emprego dos trabalhadores e dos interesses dos credores, promovendo, assim, a preservação da empresa e sua função social e o estímulo à atividade econômica.

[8] Nesse sentido, v. Sacramone. Marcelo Barbosa. Comentários à Lei de Recuperação de Empresas e Falências. SP: Saraiva, 2018, p.224: "A preservação da empresa, erigida como objetivo do instituto da recuperação judicial pela Lei n. 11.101/2005, procura romper com esse movimento pendular. A empresa, conceito econômico e que poderia ser transplantado para o sistema jurídico com diferentes perfis 227 , é preponderantemente caracterizada em seu perfil funcional no direito brasileiro como atividade. Sua preservação é pretendida pela LREF como um modo de se conciliar os diversos interesses afetados com o seu desenvolvimento. Como fonte geradora de bem-estar, a função social da atividade empresarial é justamente se desenvolver e circular riquezas, de modo a permitir a distribuição de dividendos a sócios, mas também de promover a oferta de bens e serviços aos consumidores, aumentar a

Para a obtenção desse objetivo e como forma de se beneficiar toda a coletividade afetada pela atividade empresarial, foi atribuído ao principal interessado econômico o poder de deliberar sobre a viabilidade econômica de sua condução pelo devedor.[9]

Caso economicamente viável, a manutenção da atividade econômica na condução do devedor será realizada mediante a aprovação do plano de recuperação judicial proposto.

Como instituto para a superação da crise econômico-financeira e que afeta a atividade do devedor e a satisfação dos créditos, a recuperação judicial revela-se como um exercício de autonomia privada das partes.[10] Com a eventual aprovação do plano de recuperação, devedor e credores convencionam nova relação negociação que novará os créditos e obrigações.

Se economicamente inviável, entretanto, o devedor comprometeria os recursos escassos, deteriorando-os. A falta de aceitação do plano de recuperação judicial apresentado pelo devedor e a não propositura e concordância com um plano alternativo apresentado pelos próprios credores imporá a falência do devedor.

concorrência entre os agentes econômicos, gerar a oferta de postos de trabalho e o desenvolvimento econômico nacional. A LREF, nesse ponto, rompe com a dinâmica das legislações anteriores para considerar a superação da crise econômico-financeira como um modo de satisfação não apenas de interesses de credores e devedores, o que uma solução simplesmente liquidatória já poderia assegurar. Reconhece-se que a preservação da empresa e sua função social assegura também o atendimento dos interesses de terceiros, dos empregados, dos consumidores e de toda a nação. Mais do que um simples objetivo do instituto, a preservação da empresa reflete os valores sobre os quais toda a Lei Falimentar é erigida. Por sua imposição, orientam-se o intérprete e aplicador diante de eventuais conflitos ou omissões legislativas como fundamento norteador para a superação das lacunas ou aparentes contradições.

Ainda sobre o princípio da preservação da empresa e sua abordagem de direito comparado ver: Cerezetii. Sheila Christina Neder. A Recuperação judicial de Sociedades por Ações — O princípio da Preservação da Empresa na Lei de Recuperação e Falência. SP: Malheiros, 2012, p.88-151

9 Nesse ponto, o Relatório apresentado pelo Senador Ramez Tebet sobre o PLC 71/2013 e que se converteu na Lei 11.101/05, ressaltou esse papel ativo dos credores para a proteção dos interesses de todos os envolvidos. Segundo o senador, "é desejável que os credores participem ativamente dos processos de falência e de recuperação, a fim de que, diligenciando para a defesa de seus interesses, em especial o recebimento de seu crédito, otimizem os resultados obtidos com o processo, com redução da possibilidade de fraude ou malversação dos recursos da empresa ou da massa falida".

10 STJ, REsp 1.359.311/SP, Rel. Min. Luis Felipe Salomão, 4ª t., DJ 30/09/2014.

A falência, nesse cenário, imporá a liquidação imediata e forçada dos bens. Trata-se de forma para maximizar a satisfação dos créditos e o melhor interesses de todos os demais envolvidos, com a possibilidade de aquisição por empresário mais eficiente que conduzirá de forma mais adequada a atividade empresarial e gerará a melhor alocação dos recursos produtivos.

A análise dessa viabilidade econômica no processo de recuperação judicial pressupõe que os credores tenham informação sobre a atividade do devedor e sobre a crise econômica que a acomete. Pressupõe, também, que se crie um ambiente negociação em que ambos possam chegar a uma solução comum para o melhor equacionamento da dívida e a superação da crise.

Para permitir esse ambiente institucional de verificação e negociação, na recuperação judicial, desde seu processamento, o empresário devedor tem as execuções contra si suspensas, os pagamentos dos créditos sujeitos à recuperação judicial são obstados e a atuação passa a ser fiscalizada pelos credores, por meio dos balancetes mensais e dos relatórios apresentados pelo administrador judicial. Por seu turno, em relação aos credores, demanda-se atuação atenciosa na verificação e habilitação dos créditos, negociação do plano de recuperação judicial e cumprimento do plano até o encerramento da recuperação.

Esse difícil equilíbrio entre os interesses do devedor e dos credores exige incentivos para a cooperação e mútua entrega de informações. Estrutura-se um ambiente de negociação, cuja finalidade se compatibiliza e se beneficia com o instituto da mediação. Nessa, por meio de diferentes técnicas (facilitativa, avaliativa, transformativa ou adaptativa[11]), o

[11] Na mediação facilitativa é o método mais tradicional, surgida nos EUA em meados de 1960. Nela o mediador não sugere solução, apenas aproxima as partes, que buscaram por si o consenso. Na mediação avaliativa, originária dos *settlements conferences* (audiências conciliatórias realizadas por terceiros nos processos judiciais americanos), o mediador além de aproximar, propõe sugestões sobre o mérito da discussão, avaliando os dados objetivos, apresentando opções. Na mediação adaptativa o mediador alterna a técnica de acordo com a necessidade do caso. Por fim, na mediação narrativa, mais utilizada nas disputas familiares, a postura do mediador é de ouvir e interpretar subjetivamente a fala das partes, a fim de conduzir a aproximação para o consenso. Longo. Samantha Mendes. Souza Netto. Antonio Evangelista. A recuperação Empresarial e os Métodos Alternativos de Solução de Conflitos. Porto Alegre: Paixão Editores, p.63-65.

mediador, terceiro isento, *expert* na área, auxiliará os agentes (devedor, dos credores e terceiros) na composição desses interesses, de forma a encurtar o procedimento, tornando-o mais célere e eficaz.

A figura do mediador não pode se confundir com a do administrador judicial. Auxiliar nomeado sob confiança do juízo, o administrador judicial possui funções específicas, previstas no art.22, inciso I e II, §§1 a 4º, da Lei 11.101/2005 (LREF) e intrinsecamente relacionadas à elaboração da lista dos credores, exame dos livros contábeis da empresa ou empresário devedor formação do quadro geral dos credores fiscalização do devedor, verificação de erros, fraudes ou inconsistências, fiscalizar o plano de recuperação, apresentar relatórios mensais ao juiz, inclusive sobre a execução do plano, e requerer a falência em caso de descumprimento.

Nem poderia ser diferente. A atuação do administrador judicial (AJ) é incompatível com o princípio da confidencialidade da mediação. O administrador judicial, como auxiliar direto do Juiz, atua governado pelo princípio da publicidade, transparência e isonomia, como forma de se assegurar a regularidade do procedimento de negociação.

3. A faculdade da adoção pelas partes e o incentivo da mediação como dever do juízo

A mediação, seja antecedente ou incidental, é uma faculdade da parte (art.2º, inc.V e §2º, da Lei 13.140/2015), mas um dever legal do juízo de incentivá-la, promovendo sua aplicação e adesão, nos termos do art.20-A da Lei 14.112/2020, que alterou a Lei 11.101/2005.[12]

A conciliação, na prática, entre esse dever legal do judiciário de incentivá-la e a faculdade da parte de aceitar a mediação pode ser realizada por meio da nomeação precária e sujeita à confirmação das partes de um mediador para uma sessão de pré-mediação.

Essa prática, difundida nas varas empresariais de São Paulo, pretende facultar a mediação desde o deferimento inicial da recuperação judicial. A mediação no início do procedimento permite a atuação em conjunto com o administrador judicial.

[12] Art.20-A. A conciliação e a mediação deverão ser incentivadas em qualquer grau de jurisdição, inclusive no âmbito de recursos em segundo grau de jurisdição e nos Tribunais Superiores, e não implicarão a suspensão dos prazos previstos nesta Lei, salvo se houver consenso entre as partes em sentido contrário ou determinação judicial.

O diagnóstico da empresa realizado pelo administrador judicial assegura maiores informações para o trabalho do mediador desde o início. Permite-se maior aproximação do devedor com os credores e terceiros interessados para uma futura elaboração de um plano viável economicamente e que atenda aos melhores interesses de todos os envolvidos.

Como método adequado de resolução de conflitos, altamente flexível, a mediação permite também a resolução das diversas disputas satélites, que muitas vezes configuram verdadeiros obstáculos a um bem sucedido processo recuperacional, como por exemplo, disputas entre sócios, com credores extraconcursais, que poderão ser chamados a negociarem, paralelamente ao processo recuperacional, mas dentro da mediação incidental.

Para que isso seja possível desde o deferimento do processamento da recuperação, convocam-se as partes para uma sessão de pré-mediação, considerando o disposto nos arts. 20-A da Lei 11.101/20005 e 25 da Lei 13.140/2015. Para que ela se torne viável, desde o início, o próprio juiz nomeia um mediador da confiança do juízo, devidamente cadastrado no TJSP.

A autonomia das partes e a faculdade de adesão ao procedimento são conferidas às partes nessa própria sessão conduzida pelo juiz. Em audiência, confere-se às partes a possibilidade de aderir ou não à mediação e à escolha do mediador anteriormente nomeado. Ainda que sejam aceitos, ademais, a parte poderá também desistir da mediação durante o processo, já que ninguém é obrigado a permanecer no procedimento de mediação, nos termos do art. 2º, da Lei 13.140/2015.

A providência permite, assim, que a mediação seja estimulada já no início do processo, mas não impõe à parte maior ônus, garantindo-lhe a autonomia. Em audiência, poderá recusar a submeter-se ao procedimento, escolher outro mediador, de sua conveniência, ou convencionar procedimento alternativo ao seu critério.

4. Remuneração do mediador

O mediador apto a atuar na área recuperacional, além das exigências legais básicas previstas nos arts. 9º, 11º e 12º, da Lei 13.140/2015, precisa ter conhecimento específico e experiência na área, bem como conhecer o procedimento legal. A simples formação, com certificado de 40 horas em curso básico, não garante essa *expertise*. A compreensão das diversas fases do procedimento, dos diversos interesses em jogo, facilita o diálogo e a propositura de soluções por parte do mediador, fomentando um maior ambiente de negociação entre as partes.

De modo a regular a escolha desses profissionais, a Lei 13.140/15 prevê, em seu art. 12, que os Tribunais criarão e manterão cadastros atualizados de mediadores habilitados e autorizados a atuar em mediação judicial. Para seu cadastramento, a exigência mínima é a de obter capacitação, com certificação advinda de curso de formação e aperfeiçoamento realizados nos Tribunais ou na Escola de Formação de Magistrados.

A escolha dos mediadores, quando feita pelo próprio juiz para estimular a prática nos processos de recuperação, é realizada de forma a atender o cadastro, sem intervenção do CEJUSCs, normalmente destinados à mediação/conciliação na fase pré-processual.

Embora existam poucos mediadores especializados na área insolvência, nada impede também que o juízo indique uma Câmara Especializada em Mediação para atuar incidentalmente, dependendo da complexidade da causa e número de credores.

Essa exigência do cadastro prévio impedia que os principais mediadores atuantes no mercado privado, com *expertise* na área empresarial e recuperacional, fossem atraídos para atuarem na área judicial. Felizmente, o Tribunal de Justiça de São Paulo, por meio do NUPEMEC (Núcleo Permanente de Métodos Consensuais de Solução de Conflitos, cujas funções estão elencadas na Resolução 125/10 do CNJ) e convênio com as Câmaras de Mediação como a da AASP, passou a flexibilizar o rigor do art.12, possibilitando o cadastramento provisório desses profissionais e adequação futura do certificado básico da instituição, podendo eles serem nomeados pelos juízo ou indicados pelas partes, para adequação futura dos certificados.

A remuneração desses mediadores, agora cadastrados de acordo com a *expertise*, segue o patamar avançado ou extraordinário, em virtude das exigências peculiares e da complexidade da causa.

Na omissão das partes em convencionarem com esse a remuneração, cabe ao magistrado do feito fazer o juízo de proporcionalidade, compatibilizando a complexidade da causa, o conhecimento do mediador, o número de sessões de mediação a realizar, fixando-se desde o início um valor provisório, para ao final sopesar, de acordo com o resultado da mediação, o valor em definitivo, existente ou não o acordo.

A remuneração desses profissionais será realizada, quando fixada pelo magistrado, conforme uma tabela fixada pelos Tribunais e custeados pelas partes (art.13, da Lei 13.140/2015). Em São Paulo, o Tribunal de Justiça editou a Resolução n. 809/2019, em 20.03.2019,[13] que estabeleceu uma tabela de valores para mediadores judiciais, de acordo com patamares remuneratórios (básico, intermediário, avançado e extraordinário) relativos às faixas de auto atribuição (art.2º, §1º), indicadas pelos próprios mediadores quando do cadastramento.

5. Escopo da mediação incidental no processo de recuperação judicial

A utilização da mediação incidental pode ser ampla no processo de recuperação judicial, embora seus limites devam ser compreendidos.

Nos termos do art. 20-B da Lei 11.101/2005, bem como da recomendação 58 do CNJ, pode a mediação ser utilizada nos incidentes de verificação de créditos, com a permissão de que o devedor e credores cheguem a um acordo quanto ao valor do créditos e escolham um dos critérios legalmente aceitos para atribuição de valores aos bens gravados com direito real de garantia, otimizando o trabalho do Poder Judiciário, e conferindo celeridade à elaboração do Quadro Geral dos Credores; para auxiliar na negociação de um plano de recuperação judicial, com a tentativa de obtenção da melhor solução para a crise do devedor; para solucionar disputas entre sócios/acionistas do devedor; em casos de concessionárias/permissionárias de serviços públicos e órgãos reguladores, para pactuar acerca da participação dos entes reguladores no processo; e nas diversas situações que envolvam credores não sujeitos à recuperação, nos termos do §3º, do art.49, da Lei 11.101/2005, ou demais credores extraconcursais. Pelo dispositivo legal, vedou-se expressamente a mediação acerca de classificação dos créditos.

A mediação pode ser utilizada e deve ser incentivada para a resolução de todos os conflitos patrimoniais e disponíveis, decerto.

Nesse aspecto, sua função é primordial no auxílio para elaboração do plano de recuperação, com a atuação facilitadora e avaliativa por

[13] Resolução 809, de 27.03.2019 — DJE, 21.03.2019, p.1. Acesso também pelo site: tjsp.jus.br/Download/Conciliacao/resolucao809-2019-pdf

meio de negociações entre devedor e credores, num ambiente neutro e confidencial.

Também se mostra relevante nas disputas satélites envolvendo sócios ou mesmo adquirentes[14] de unidades imobiliárias no regime de afetação para compor esses interesses e não afetar o soerguimento da atividade empresarial. Assim como nas demais matérias que envolvam credores não sujeitos à recuperação, nos termos do §3º, do art.49, da Lei n.11.101/2005, ou demais credores não sujeitos.

Na recuperação judicial, contudo, há interesses de diversos outros agentes e que serão afetados pela composição eventualmente obtida pelas partes. Por conta desses efeitos, vedou a lei sua utilização na classificação de crédito, ou seja, na apreciação de qual a natureza do crédito reconhecido, embora não haja proibição para sua utilização no procedimento de verificação de crédito para análise de sua existência ou montante.

A disposição legal, entretanto, merece interpretação. Não há qualquer impedimento a que as partes cheguem a uma composição no procedimento de verificação de crédito, nem quanto ao valor, nem quanto à natureza, nem quanto à existência do crédito. Relacionado à questão disponível, pecuniária, o crédito pode ser regularmente transacionado.

Como pode ser submetido à composição, não há qualquer impedimento para que essa negociação seja acompanhada e até fomentada por um mediador, o qual poderá compreender as principais aflições de cada parte e fomentar o procedimento de autocomposição.

Diferente da possibilidade de composição é a exigência de homologação da referida composição. Isso porque, a despeito de versar sobre questões pecuniárias que poderão ser pelas partes transacionadas, essa composição não pode onerar mais o patrimônio do devedor mais do que o devido, de forma a comprometer os interesses de todos os terceiros.

A composição entre as partes, como já destacado em outra oportunidade, "não poderá prejudicar os interesses dos credores. O acordo deverá ser refutado pelo administrador judicial e não ser homologado pelo Juízo para fins de inscrição no Quadro Geral de Credores se não for acompanhado das provas que demonstrem efetivamente o seu mon-

[14] Sobre o regime de afetação dos contratos de incorporação imobiliária e sua implicação da recuperação judicial v. CHALHUB. Melhim Namem. Incorporação Imobiliária. RJ: Forense, 5ª ed., 2019, p.133-138.

tante, sua natureza de concursal ou extraconcursal e sua classificação de crédito".[15]

Interessante notar que a Lei Portuguesa nº 6/2018 de 22 de Fevereiro[16] criou um Estatuto do mediador de recuperação de empresas — chamada por eles de revitalização — onde disciplina desde a a habilitação, formação, direito e deveres do mediador, bem como o escopo da mediação ao dispor no art.18º que : "cabe ao mediador analisar a situação econômico-financeira do devedor, aferir conjuntamente com o devedor as suas perspectivas de recuperação, auxiliar o devedor na elaboração de uma proposta de acordo de restruturação e nas negociações a estabelecer com seus credores relativas à mesma". Restringe nitidamente o escopo da abordagem.

Nesse aspecto, é preciso notar que não há um modelo único para mediação na recuperação judicial, pois cada caso concreto exige um desenho de disputa a ele adequado. O mais importante é a capacitação não só do mediador, mas dos advogados, juízes e auxiliares da justiça, daí a importância das Varas Especializadas Empresariais, de Falências e Recuperação Judicial, bem como dos Centros Judiciários de Solução de Conflitos e Cidadania Empresariais, para tratamento adequado dos conflitos envolvendo matérias de qualquer natureza e valor, inclusive aquelas decorrentes da crise da pandemia da Covid-19, na fase pré-processual, conforme Recomendação n.71, do CNJ, de 05.08.2020.[17]

Ressalte-se que, considerando a natureza peculiar e específica das matérias objeto das disputas na área recuperacional e nas lides societárias satélites, envolvendo desde disputas entre sócios, dissolução do vínculo societário ante quebra da *affectio societatis*, violação de acordo de acionistas, alteração do controle acionário, etc, a utilização da escolha do método adequado para resolver o litígio é cada vez mais refletida pelos envolvidos. Os critérios — como custo, tempo de duração da disputa, confidencialidade, finalidade da decisão — são os que mais pesam na escolha do método adequado, segundo Aymoré.[18]

[15] Sacramone, Marcelo. *Comentários à Le de Recuperação de Empresas e Falência*, 2ª ed., São Paulo, Saraiva, pp. 152-153.

[16] Assembleia da República, Lei n.6/2018, aprovada em 15.12.2017, promulgada em 06.02.2018. Fonte: Diário da República, 1ª série — Nº 38- 22.02.2018, p.1028.

[17] Recomendação n.71, do CNJ, de 05.08.2020, *in* atos.cnj.jus.br

[18] Aymoré, Matheus Carreteiro.Métodos de Resolução de Conflitos nos Contratos Empresariais: uma visão prática, p.34. In: Métodos Extrajudiciais de Solução de Conflitos empresa-

Dentre esses diversos métodos para a resolução de disputas, a mediação é compatível com a recuperação judicial, eficaz para a construção consensual de um plano de soerguimento factível, viável e consensual, e para as disputas empresárias satélites. Só assim parece que a cultura da sentença pode ser suplantada pela cultura da pacificação, partindo da atuação de todos os agentes (partes, advogados, mediadores) nesse processo, incluindo o Poder Judiciário, como estimulador e legitimador.

Conclusões

Apesar dos entraves culturais e estruturais, a utilização da mediação nos processos recuperacionais, disputas societárias e empresariais em geral, tem sido um movimento de curva crescente, posto que o Brasil já dispõe de uma sólida base normativa desses métodos alternativos consensuais ou extrajudiciais, iniciada com a Lei de Arbitragem (Lei 9.307/96), as alterações no CPC/2015, e fortalecida com o advento da Resolução 125/10 do CNJ e Lei de Mediação (13.140/2015).

A existência de inúmeras Câmaras de Mediação e Arbitragem espalhadas pelo país, com alto grau de conhecimento, estrutura e tecnicidade para solução dessas disputas, demonstra que a escolha está no caminho certo, embora necessite de fomento.

A pandemia da Covid-19 despertou a urgência na promoção desses meios alternativos, com um olhar especial para as empresas em crise e de forma a não se restringir apenas a disputas societárias e empresariais complexas, mas também àquelas mais simples e que permitirão o soerguimento do pequeno e médio empresário.

É nesse cenário atual que a mediação terá o terreno hábil para florescer com força, já que menos custosa e demorada que a arbitragem e o processo judicial, contando agora com uma política nacional direcionada ao fortalecimento dos meios consensuais, alternativos à via adversarial.

Referências

Abbud, André de A. C; Levy Daniel; Alves, Rafael F. Lei de Arbitragem Anotada. São Paulo: RT, 2019.

Aymoré, Matheus Carreteiro. Métodos de Resolução de Conflitos nos Contratos Empresariais: uma visão prática. In: *Métodos Extrajudiciais de Solução de Conflitos*

riais-Adjudicação, Dispute Boards, mediação e Arbitragem. São Paulo: IOB Sage, 2017.

Empresariais-Adjudicação, Dispute Boards, mediação e Arbitragem. São Paulo: IOB Sage, 2017.

Borba, José Edvaldo Tavares. Direito Societário 16ª ed.. SP. Atlas, 2018.

Bordone, Robert C; Sander, Frank E. A.; Mcewen, Craig A.; Rogers, Nancy H. Designing Systems and Processes for Managing Disputes. EUA. Wolters Kluwer Law & Business, 2013.

Bunazar, Maurício; Leão, Leandro; Júnior, Suhel Sarhan; Rosio, Roberto; Vido, Elisabete. *Vade Mecum* Conjugado Civil e Empresarial, 2ª ed., São Paulo, Saraiva, 2019-2020.

Braga Neto, Adolfo. A mediação empresarial na prática. In: Braga Neto, Adolfo; Bertasi, Maria Odete Duque; Ranzolin, Ricardo Borges (Coords.). Temas de Mediação e Arbitragem II, São Paulo: Lex, 2018.

CNJ — Conselho Nacional de Justiça. Justiça em Números-2020. Disponível em: https://www.cnj.jus.br/pesquisas-judicarias/justica-em-numeros/

Cerezetii. Sheila Christina Neder. A Recuperação judicial de Sociedades por Ações — O princípio da Preservação da Empresa na Lei de Recuperação e Falência. SP: Malheiros, 2012.

Chalhub. Melhim Namem. Incorporação Imobiliária. RJ: Forense, 5ª ed., 2019.

Comparato, Fábio Konder. Aspectos Jurídicos da Macroempresa, São Paulo: RT, 1970.

Cunha, Leonardo Carneiro da. A mediação no contexto de solução multiportas de solução de disputas.*In: Lei de Mediação Comentada artigo por artigo.* Cabral, Trícia Navarro Xavier; Cury, Cesar Felipe (Coords), São Paulo: Foco, 2018.

Fisher, Roger; Ury, William; Patton, Bruce. Como chegar ao sim: a negociação de acordo de concessões. Tradução de Vera Ribeira e Ana Luiza Borges. Rio de Janeiro: Imago, 2005.

Grinover, Ada Pellegrini. Os métodos consensuais de solução de conflito no novo CPC. *In: O Novo Código de Processo Civil: questões controvertidas.* SP: Atlas, 2015.

Lima, Flávio Pereira. O Advogado é o pior Inimigo da Mediação? In: Braga Neto, Adolfo; Bertasi, Maria Odete Duque; Ranzolin, Ricardo Borges (Coords.).*Temas de Mediação e Arbitragem II,* São Paulo: Lex, 2018.

Longo. Samantha Mendes. Souza Netto. Antonio Evangelista. A recuperação Empresarial e os Métodos Alternativos de Solução de Conflitos. Porto Alegre: Paixão Editores

Sacramone. Marcelo Barbosa. Comentários à Lei de Recuperação de Empresas e Falências. 2ª ed., SP: Saraiva, 2021.

Sander, Frank E. A. Varietis of Dispute Processing. In.: Levin, A Leo; Wheller, Russell R.*The Pound Conference: Perspectives on Justice in the Future.* Saint Paul: West Publishing, 1979.

SIOUF FILHO, Alfred Habib. Negociação para resolução de Controvérsias. In: Salles, Carlos Alberto de; LORENCINI, Marco Antonio Garcia Lopes; SILVA, Paulo Eduardo Alves da (Coords). Negociação, mediação e arbitragem: curso básico para programas de graduação em Direito. São Paulo: Método, 2012.

TELLECHEA. Rodrigo. SPINELLI, Luis Felipe. SCALZILLI, João Pedro. Recuperação de Empresas e Falências. Teoria e Prática na Lei n.11.101/2005. São Paulo: Almedina, 2018.

WATANABE, Kazuo. Cultura da Sentença e da Pacificação. In: Estudos em homenagem à professora Ada Pellegrini Grinover. São Paulo: DPJ, 2005.

9.
OS MEIOS PARA A CONSTRUÇÃO DE CONSENSO E A REFORMA DA LEI DE RECUPERAÇÃO DE EMPRESAS: UMA ANÁLISE DO ART. 20-B DA LEI 11.101/2005

Frederico Antonio Oliveira de Rezende
Luiz Gustavo Bacelar

Introdução

Desde a promulgação da Lei 11.101/2005, o instituto da recuperação judicial vem se mostrando fundamental para a salvaguarda e o soerguimento da atividade empresarial brasileira, gerando uma série de benefícios sociais e econômicos, a exemplo da preservação de postos de trabalho, dos interesses dos credores, circulação de riquezas e estímulo à economia nacional.

Dentre os fundamentos da recuperação judicial, a negociação transparente entre a empresa devedora e os seus credores é um de seus principais, visto que os credores podem aprovar, modificar ou rejeitar a proposta de reestruturação apresentada pelo devedor, que pode ocorrer de forma tácita, ou seja, sem a apresentação de objeção ao plano proposto ou através do conclave assemblear, pelo qual se discutirá e negociará o plano de recuperação judicial, de forma a conciliar e atender aos interesses de todas as partes envolvidas.

Torna-se claro que a negociação entre credores e devedores é um dos pilares essenciais para a efetividade do processo recuperacional e deve ser prestigiada para que se encontre uma solução de consenso que prestigie e harmonize o interesse dos *stakeholders*, viabilizando a superação da episódica crise da empresa devedora.

Nesse sentido já se manifestou Paulo Furtado de Oliveira Filho:

> Portanto, é preciso salientar qual a vocação dos processos de reorganização empresarial, a fim de que os novos dispositivos legais relativos à utilização da mediação e conciliação não sejam aplicados em colidência com os aspectos essenciais do modelo de superação de crise empresarial em vigor desde 2005, quando o direito brasileiro passou por grande transformação quanto à disciplina das empresas em crise, substituindo a concordata pela recuperação judicial e extrajudicial como meio de superação de crises econômico-financeiras experimentadas pelos empresários. Segundo autorizadas fontes doutrinárias estrangeiras e nacionais, o processo de recuperação judicial nada mais é do que uma ferramenta para a melhor solução coletiva para os credores como um grupo, diante de uma situação de crise econômica do devedor comum.[1]

Destarte, constata-se que um dos pontos culminantes do processo de recuperação judicial, que se dá com a aprovação do plano recuperacional, representa, inegavelmente, um ato negocial, no qual credores e o devedor discutem para procurar a melhor saída a ser tomada, com a inclusão de cláusulas e medidas que sejam positivas e harmônicas para ambas as partes, de modo a viabilizar a continuidade e conclusão do plano acordado e, em última análise, o soerguimento da devedora e o adimplemento, ainda que parcial, das obrigações devidas.

Ainda, para que haja a aprovação do plano de recuperação judicial e, consequentemente, a implementação da efetiva reestruturação do devedor, é possível que ocorra a discordância entre os interesses de um credor e a vontade coletiva. Nesse aspecto, a democracia representativa da maioria e a cultura de pacificação de conflitos, adotadas em nosso país,

[1] Oliveira Filho, Paulo Furtado. Das Conciliações e das Mediações Antecedentes ou Incidentais aos Processos de Recuperação Judicial *in* Lei de recuperação e falência: pontos relevantes e controversos da reforma / Arthur Cassemiro Moura de Almeida [et al]; coordenado por Paulo Furtado de Oliveira Filho. Indaiatuba, SP: Editora Foco, 2021.

exigem que essa dissonância se reduza ao limite, sendo nesse ponto que a mediação se torna um poderoso instrumento para que se encontre a concordância e equilíbrio de todos os participantes em prol da efetiva recuperação do devedor.

1. Delineamentos sobre a mediação na recuperação judicial

Define-se mediação como um meio consensual de abordagem de controvérsias, em que um terceiro imparcial atua para facilitar a comunicação entre os envolvidos, permitindo que eles possam, a partir da percepção de suas respectivas situações, vislumbrar saídas produtivas como solução de seu conflito.

O Conselho Nacional de Justiça conceitua o instituto da mediação como:

> [...] uma negociação facilitada ou catalisada por um terceiro. Alguns autores preferem definições mais completas sugerindo que a mediação um processo autocompositivo segundo o qual as partes em disputa são auxiliadas por uma terceira parte neutra ao conflito ou por um painel de pessoas sem interesse na causa, para se chegar a uma composição.[2]

Sinteticamente, a recuperação judicial é o processo pelo qual o devedor, propõe a renegociação de suas dívidas por meio de um plano de recuperação, pelo qual irá propor diversos meios de reorganização de seu negócio e a reestruturação de seu passivo, sendo que referido plano deverá ser aprovado pela maioria qualificada de seus credores.

A recuperação judicial se propõe a equilibrar os interesses do devedor, dos credores e, até mesmo, de terceiros, possibilitando e exigindo a cooperação entre todos, de modo a deliberar os meios de recuperação negocialmente, de forma prévia, ou em Assembleia Geral de Credores, resultando em um plano aprovado. É evidente que se trata de um verdadeiro ambiente de negociação, compatibilizando, pois, a natureza do procedimento recuperacional com o instituto da mediação.

Adicionalmente, a mediação emerge como um importante mecanismo para a promoção do interesse de todos os envolvidos na recuperação de empresas, o que torna clara a sinergia entre os institutos da recuperação

[2] BRASIL, Conselho nacional de Justiça, 2016, p. 21.

de empresas e o da mediação. Não é outro o escólio de Marcelo Barbosa Sacramone:

> Na recuperação judicial, a conciliação e a mediação são importantes para auxiliar devedor e credores na busca da melhor solução coletiva para a superação da crise econômica que acomete a atividade empresariais e como forma de obtenção da maior satisfação dos créditos pelos credores.[3]

Na legislação brasileira, importante que seja ressaltado que o Código de Processo Civil, aplicado subsidiariamente ao Microssistema do Direito Insolvencial (art. 189 da Lei 11.101/2005), prevê em seu art. 3º, § 3º, que "*a conciliação, a mediação e outros métodos de solução consensual de conflitos deverão ser estimulados por juízes, advogados, defensores públicos e membros do Ministério Público, inclusive no curso do processo judicial*".

Entretanto, não podemos olvidar que, diferentemente dos processos regidos pelo Código de Processo Civil, usualmente de natureza bilateral, no ambiente recuperacional, a solução da crise empresarial do devedor implica a solução de conflitos de múltiplas partes e interesses.

A Seção II-A introduzida na Lei de Recuperação de Empresas pela Lei 14.112 de 2020, positivou a utilização da mediação e conciliação nos processos recuperacionais, embora desde o advento do Código de Processo Civil de 2015, tais métodos alternativos de solução de conflitos já fossem incentivados por inúmeros magistrados, notadamente atuando em varas especializadas de falências e recuperações judiciais.

Reforçamos que, antes mesmo da promulgação Lei 14.112/2020, o Enunciado 45, aprovado na I Jornada de Prevenção e Solução Extrajudicial de Litígios do Conselho da Justiça Federal, já estabelecia que "*a mediação e conciliação são compatíveis com a recuperação judicial, a extrajudicial e a falência do empresário e da sociedade empresária, bem como em casos de superendividamento, observadas as restrições legais*".

Da mesma forma, o Conselho Nacional de Justiça, através de sua Recomendação nº 58, propôs "*o uso da mediação, de forma a auxiliar a resolução de todo e qualquer conflito entre o empresário/sociedade, em recuperação ou falidos, e seus credores, fornecedores, sócios, acionistas e terceiros interessados no processo*".

[3] SACRAMONE, Marcelo Barbosa. *Comentários à Lei de Recuperação de Empresas e Falência*. 2. Ed. São Paulo: Saraiva Educação, 2021. p. 218.

Demonstra-se, assim, que a finalidade da recuperação judicial é garantir a superação da crise econômico-financeira do devedor, criando um ambiente favorável para que devedores, credores e demais partes interessadas possam conciliar seus respectivos interesses, alinhando os rumos do negócio, dos seus respectivos ativos e do pagamento dos débitos, através de um plano de restruturação a ser analisado, debatido e aprovado de forma democrática por meio de deliberação dos credores, satisfazendo, em última análise, o interesse de todos os envolvidos, como bem ilustrado por Joice Ruiz Bernier:[4]

> Ao se permitir que o devedor se recupere dos problemas econômico-financeiros ainda mantendo a empresa em atividade, é possível garantir a satisfação dos interesses de credores, fornecedores, trabalhadores, dentre outros mais interessados na permanência da relação econômica e/ou social com a empresa, do que com a imediata satisfação do seu rédito. Isto porque a manutenção da empresa em atividade pode aumentar as chances de recebimento integral de seus créditos — o valor da empresa em atividade, medido, entre outros meios, pelo fluxo de caixa descontado, pode vir a ser substancialmente maior que o valor da empresa para liquidação forçada, o que aumentaria as chances de recebimento integral do seu crédito. Em outras palavras, os bens organizados para o exercício da atividade empresarial adquirem um sobrevalor que, em geral, é perdido em caso de simples liquidação; e a restauração da empresa em crise econômico-financeira somente será possível com a ponderação dos interesses da empresa, dos trabalhadores e demais credores, em prol do benefício da coletividade.

Nesse contexto, temas como a conciliação, a mediação e a arbitragem merecem estudos aprofundados não apenas no âmbito do direito processual civil brasileiro, mas em outras áreas como do direito insolvencial. Como bem salientado por Cassio Scarpinella:

> [...] os especialistas desses meios 'alternativos' buscam identificar meios mais ou menos apropriados para solução dos diversos conflitos, variando

[4] Bernier, Joice Ruiz. *Administrador Judicial na Recuperação Judicial e na Falência*. São Paulo: Quartier Latin, 2016, p. 29.

> as técnicas consoante a vicissitude do conflito ou, até mesmo combinando-as, parece ser mais correto tratar deles como meios adequados para solução de conflitos.[5]

Igualmente, a problemática do acesso à Justiça "*não pode ser estudada nos acanhados limites do acesso aos órgãos judiciais já existentes. Não se trata de apenas possibilitar o acesso à Justiça enquanto instituição estatal e sim de viabilizar o acesso à ordem jurídica justa*".[6]

Saliente-se que, a partir do deferimento do processamento da recuperação judicial, os credores passam a ter pleno protagonismo, na medida em que podem fiscalizar amplamente o processo por meio da solicitação de informações ao Administrador Judicial ou ao próprio devedor, principalmente, através da análise dos documentos constantes nos autos e das informações contábeis mensais apresentadas obrigatoriamente.

O protagonismo dos credores também reside, principalmente, na sua capacidade de aprovar ou rejeitar a proposta de reestruturação apresentada pelo devedor, que pode ocorrer de forma tácita, ou seja, sem a apresentação de objeção ao plano proposto; por deliberação no conclave assemblear ou termo de adesão, todas são situações em que se discutirá e negociará o plano de recuperação judicial proposto, de forma a lapidá-lo para atender e compor o interesse de todos os envolvidos.

A negociação entre credores e devedores é verdadeiramente o pilar central no processo de recuperação judicial. E deve ser prestigiada a solução encontrada pelos agentes de mercado para a superação da crise da devedora. Bem por isso é que se afirma a existência do princípio da Soberania da Decisão dos Credores em Assembleia Geral de Credores.

Os credores deverão decidir de forma soberana em relação à viabilidade econômica do plano de recuperação judicial, aprovando, modificando ou rejeitando a proposta e os meios de soerguimento apresentados pela devedora.

Portanto, repisa-se a constatação de que a solução do processo de recuperação judicial, com a aprovação do plano em assembleia geral de credores, acaba por representar, inegavelmente, um ato negocial de harmonização de múltiplos interesses, no qual credores e devedor se

[5] Bueno, Cássio Scarpinella. *Direito processual civil*, 4ª ed. São Paulo: Saraiva. 2018, p. 45.

[6] Watanabe. Kazuo. Acesso à justiça e sociedade moderna. in Grinover. Ada Pellegrini et. al. (coord.). *Participação e processo*. São Paulo: Revista dos Tribunais, 1988, p. 128-135.

ajustam para procurar a melhor saída a ser tomada, com a inclusão de cláusulas e medidas que sejam positivas para ambas as partes, de modo a viabilizar e possibilitar a continuidade e conclusão do plano acordado, e o soerguimento da empresa Recuperanda, com o adimplemento, ainda que parcial, das obrigações devidas.

Fábio Ulhoa Coelho[7] discorre acerca do caráter negocial dado ao plano de recuperação judicial:

> O procedimento da recuperação judicial, no direito brasileiro, visa criar um ambiente favorável à negociação entre o devedor em crise e seus credores. O ato do procedimento judicial em que privilegiadamente se percebe o objetivo da ambientação favorável ao acordo é, sem dúvida, a assembleia dos credores.

Todavia, até que haja a aprovação do plano recuperacional e, consequentemente, a implementação efetiva do soerguimento do devedor, é natural que ocorra a discordância entre os interesses de um credor ou mais credores e a vontade coletiva. Usualmente, não apenas a democracia representativa da maioria é suficiente para reduzir essa dissonância e harmonizar os interesses em conflito, sendo nesse ponto que a mediação se torna um poderoso instrumento para que se encontre uma solução alternativa de consenso capaz de possibilitar o entendimento dos próprios credores, ensejando a recuperação do devedor.

O uso da mediação, enquanto ferramenta no bojo de um processo judicial de qualquer espécie, encontra-se diretamente alinhado com a doutrina norte-americana do *case management*, caracterizada pela forma de gestão do processo voltada à tutela mais adequada possível do litígio.

Inclusive, Juliana Loss Andrade e Fernanda Bragança[8] pontuam que a mediação no âmbito dos processos de insolvência permite:

> [...] uma compreensão mais detalhada da condição da empresa pelos seus credores e a construção de soluções realmente factíveis e adapta-

[7] Coelho, Fábio Ulhoa. Comentários à Lei de Falências e de Recuperação de Empresas. 8. Ed. São Paulo: Saraiva, 2011, p. 246-247.

[8] Andrade, Juliana Loss; Bragança, Fernanda; Dyma, Maria Fernanda. Mediação online: evolução, tecnologia e desafios de acessibilidade. In: Vieira, Amanda de Lima et al (Coords.). Coletânea Estudos sobre Mediação no Brasil e no exterior, v. 3. Santa Cruz do Sul: Essere nel Mondo, 2020, pp. 163-174.

das a cada grupo de credor, situação do processo ou valor do crédito, por exemplo. Em não raras vezes, a mediação é um excelente instrumento para a promoção do entendimento de aspectos relacionados a uma área muito especializada do Direito, tal qual a insolvência empresarial. Os encontros tendem a ter um impacto importante na qualidade da tomada de decisão e no conhecimento das questões envolvidas (e de suas possíveis soluções). Além disso, as reuniões também têm o importante papel de alinhar as expectativas dos credores e seus patronos em relação ao deslinde e tempo dos processos.

A negociação entre credores e devedores, com o auxílio de um terceiro, no caso o mediador, que atuará sob a égide dos princípios da imparcialidade; isonomia entre as partes; oralidade; informalidade; autonomia da vontade das partes; busca do consenso; confidencialidade; e boa-fé, certamente trará resultados substanciais para todos os envolvidos no processo, dando mais transparência e rapidez e diminuição de custos no procedimento de insolvência. Nesse sentido é o escólio de Paulo Furtado, em inovadora decisão de deferimento de processamento de recuperação judicial:[9]

> [...] A Lei 11.101/2005 confere aos diretamente afetados pela crise o papel de decidir acerca da melhor forma de superá-la, após uma negociação, que poderá resultar na aprovação ou rejeição do plano de recuperação. Deve o Poder Judiciário, que supervisiona este processo de negociação, criar incentivos para que ele seja mais rápido, barato e eficiente do que a experiência tem demonstrado. Não se pode mais conviver com processos com sucessivas revisões de plano, inúmeras convocações de AGCs, prorrogações de "stay period" e litigiosidade excessiva, além dos planos de empresas inviáveis. Diante de tal quadro, a utilização da mediação deve ser estimulada como método adequado à facilitação da negociação (art. 3º., par. 3º., do CPC) e à consecução dos objetivos de um processo recuperação judicial. Esse método já foi adotado nas recuperações da Saraiva e EBD, e foi positivo ao facilitar a comunicação do devedor com os credores, reduzindo assimetrias de informação e aumentando a transparência no processo, de modo a permitir a desco-

[9] Brasil. Tribunal de Justiça do Estado de São Paulo. 2ª Vara de Falências e Recuperações Judiciais. Processo nº 1092381-06.2020.8.26.0100.

> berta de pontos de convergência. Assim, como a mediação pode contribuir para a obtenção de uma solução mais adequada a todos os interessados no processo, com rapidez e economia de custos [...].

A metodologia acima adotada vai ao encontro do *case management*, procedimento estabelecido pelo direito norte-americano, que também é multifacetário e objetiva a convergência de interesses complexos para a reorganização de empresa em crise.[10] O pesquisador americano Larry Crump nos traz algumas noções sobre a utilização do *case management*:

> O resultado da negociação multipartidária pode ser assegurado muito antes que as partes se reúnam para conversar. A ação proposital em estágios preliminares determinará se a negociação é mesmo necessária ou se os objetivos podem ser alcançados por meio de outros processos ou fóruns sociais. A ação preliminar também pode determinar quem está dentro e quem está fora quando os problemas são enquadrados, e as regras de decisão são estabelecidas vantajosas para os objetivos de alguém e outros fatores macro ou estruturais que normalmente estabelecem o caminho que os negociadores usarão na aplicação de sua micro estratégia (solução de problemas ou competitiva)[11] (tradução livre).

Dessa maneira, percebe-se também a identificação da legislação brasileira em torno da mediação e conciliação, nos casos de insolvência empresarial, com a doutrina norte-americana referenciada, sendo tais meios de solução de conflitos fortemente incentivados, por serem eficientes mecanismos para evitar os nefastos impactos dos efeitos colaterais da judicialização de demandas.

[10] Crump, Larry. Multiparty negotiation: what is it? *ADR Bulletin*, v. 8, n. 7, 2006, p. 8.

[11] "Multiparty negotiation outcome can be assured long before parties ever come together to talk. Purposeful action in preliminary stages will determine if negotiation is even necessary or if goals can be achieved via other social processes or forums. Preliminary action can also determine who is in and who is out if issues are framed and decision rules are established that are advantageous to one's goals, and other macro or structural factors that typically establish the path that negotiators will use in applying their micro (problem solving or competitive) strategy." Crump, Larry. Multiparty negotiation: what is it? *ADR Bulletin*, v. 8, n. 7, 2006, p. 130.

2. Os meios para a construção de consenso e a lei de recuperação de empresas

A sistemática introduzida na reforma da Lei de Falências e Recuperação de Empresas — Lei 14.112/2020 — estabelece, em seu art. 20-B, que a mediação poderá ser proposta em caráter antecedente, ou seja, antes do pedido de recuperação judicial, ou incidentalmente nos processos já em andamento, sendo admitida em casos de disputas entre os sócios e acionistas da devedora, bem como nos litígios que envolvam credores não sujeitos aos efeitos da recuperação judicial.

O rol estabelecido pelo aludido art. 20-B pontua as seguintes possibilidades de realização de tais métodos não adversariais, que, frise-se, não necessitam da existência de processo judicial em andamento para a sua instauração:

> (i) nos litígios que envolverem credores que não são aptos a se sujeitar à recuperação judicial e nas fases pré-processual e processual de disputas entre os sócios e acionistas de sociedade em dificuldade ou em processo de recuperação judicial;
> (ii) em conflitos que envolverem entes públicos municipais, distritais, estaduais ou federais, e/ou ainda concessionárias ou permissionárias de serviços públicos em recuperação judicial e órgãos reguladores;
> (iii) na hipótese de haver créditos extraconcursais contra empresas em recuperação judicial em vigor de estado de calamidade pública, a fim de permitir a continuidade da prestação de serviços essenciais;
> (vi) em caráter antecedente ao ajuizamento, para a negociação de dívidas e formas de pagamento entre a empresa em dificuldade e seus credores. Nessa última hipótese, é facultada às empresas que preenchem os requisitos para a recuperação judicial, a obtenção de tutela de urgência cautelar.

Resta claro que, apesar do art. 20-B da Lei 11.101/2005 especificar algumas situações em que a mediação poderá ser utilizada nos processos de recuperação de empresas, deve-se esclarecer que estas são apenas exemplificativas, dado que não há qualquer impedimento para a utilização de outras "*hipóteses em que as questões sejam disponíveis às partes e não afetem direitos de terceiros*".[12]

[12] Sacramone, Marcelo Barbosa. Op cit. p. 152.

Torna-se perceptível que, mesmo com enunciação de normas de diretrizes mandamentais, como bem afirmam Antonio Evangelista de Souza Netto e Samantha Mendes Longo, não há regras específicas e detalhadas sobre a utilização da mediação ou de outros métodos adequados de solução de conflitos, e o processo de recuperação judicial "*possui natureza essencialmente negocial, uma vez que credores e devedor devem negociar e ajustar as novas formas de pagamento das dívidas*".[13] Referidos autores, ainda, se debruçaram no estudo de processos de recuperação e falências via mediação, como os casos da Oi e da Livraria Saraiva. Com efeito, os autores pontuam em relação à Livraria Saraiva que:

> Essa mediação possibilitou o ajuste do plano de recuperação judicial antes da sua deliberação em assembleia, de modo a atender às necessidades dos credores, conforme os interesses de cada uma das classes, sem deixar de considerar a realidade financeira da empresa.[14]

Ou seja, conforme já aduzido, o instituto em estudo é um importante mecanismo para auxiliar a negociação do plano de recuperação judicial, aumentando suas chances de aprovação tácita (sem oposição de objeções); pela Assembleia Geral de Credores, sem a necessidade de sucessivas suspensões da assembleia, ou por meio de termo de adesão, uma vez que possibilita ao devedor e seus credores uma negociação mais efetiva e transparente.

Tal hipótese, foi já foi implementada de forma inovadora pela 2ª Vara de Falências e Recuperações Judicial, na mencionada recuperação judicial da Livraria Saraiva,[15] que mediante o uso de audiências de mediação, propiciou aos credores se manifestarem antes do plano recuperacional ser colocado em votação pelo Conclave Assemblear.

A mediação também pode ser um importante instrumento para negociação de um plano de recuperação extrajudicial, a fim de que o quórum para a sua homologação seja atingido.

[13] NETTO, Antonio Evangelista de Souza; LONGO, Samantha Mendes. *O uso da mediação em processos de recuperação judicial e falências*. Porto Alegre: Paixão Editores, 2020, p. 145.

[14] NETTO, Antonio Evangelista de Souza; LONGO, Samantha Mendes. Op cit.

[15] Brasil. Tribunal de Justiça do Estado de São Paulo. 2ª Vara de Falências e Recuperações Judiciais. Processo nº 1119642-14.2018.8.26.0100.

Da mesma forma, o procedimento de mediação é eficaz para solucionar conflitos advindos nas hipóteses de se estabelecer a consolidação de empresas devedoras de forma processual ou substancial.

Não podemos olvidar que a mediação pode ser utilizada para a resolução de conflitos que surjam na fase executória do processo de recuperação judicial, isto é, durante o cumprimento do plano de recuperação judicial, que em seu bojo pode conter cláusula expressa que permita a solução de controvérsias através deste meio de solução de conflitos.

Aliás, importante destacar que o Diploma Insolvencial pátrio proíbe a utilização da conciliação e da mediação acerca da [...] "natureza jurídica e a classificação de créditos, bem como sobre critérios de votação em assembleia-geral de credores", conforme disposto no §2º, do artigo 20-B.

Todavia, como bem pontuado "*ainda que verse sobre verificação de créditos, o devedor e o credor podem concordar com a existência, com a determinada natureza jurídica do crédito em discussão, como sendo concursal ou extraconcursal, seu valor, ou sua classificação. Nada impede referida concordância, haja vista trata-se de direito pecuniário e disponível*",[16] o que inclusive, otimizará o feito recuperacional conferindo celeridade à elaboração do Quadro Geral de Credores.

A mediação é possível também em casos de concessionárias ou permissionárias de serviços públicos e órgãos reguladores, para pactuar acerca da participação dos entes reguladores no processo e, nas diversas situações que envolvam credores não sujeitos à recuperação ou demais credores extraconcursais.

Vale dizer ainda que, dentre os dispositivos que foram incluídos pela reforma da Lei 14.112/2020, no art. 20-D, há previsão expressa de que as sessões de conciliação e de mediação poderão ser realizadas por meio virtual, desde que o Centros Judiciários de Solução de Conflitos e Cidadania — *Cejusc* do Tribunal competente ou a câmara especializada responsável disponham de meios para a sua realização.

Nesse sentido, a Recomendação nº 58/2019 do CNJ, recomenda aos magistrados que atuam em processo de recuperação empresarial e falência que se utilizem da mediação, inclusive *online*, em diversas situações exemplificadas no ato.

Inclusive, sem prejuízo da mediação extrajudicial, a qualquer tempo do processo o magistrado poderá nomear mediador, a requerimento do

[16] SACRAMONE, Marcelo Barbosa. Op cit. p. 152-153.

devedor, do administrador judicial ou de credores que detenham porcentual relevante dos créditos, para quaisquer questões atinentes à coletividade de credores e hipóteses que possam evitar discussões que atrapalhem o curso do processo recuperacional.

Conclusões

Como apresentado, indiscutível a relevância da mediação para o os processos de recuperação de empresas, tanto previamente ao seu ajuizamento, quanto durante referido processo, almejando-se, assim, uma solução mais pacífica e comprometida do conflito, notadamente diante da dupla necessidade de garantir aos credores o direito do recebimento de seus créditos e ao devedor a manutenção do desenvolvimento de suas atividades empresariais, com a geração dos benefícios econômicos e sociais dela decorrentes.

Em que pese a Lei 11.101/2005, com a reforma da Lei 14.112/2020, exemplificar algumas hipóteses práticas para a utilização da mediação, não há qualquer impedimento para que este instituto de solução alternativa de conflitos seja utilizado amplamente, de forma a se evitar custos, imprimir celeridade e eficiência aos processos de insolvência, sempre objetivando-se atingir uma solução mais adequada a todos os interessados, tornando estes processos mais democráticos e eficientes.

Referências

ANDRADE, Juliana Loss; BRAGANÇA, Fernanda; DYMA, Maria Fernanda. Mediação online: evolução, tecnologia e desafios de acessibilidade. In: VIEIRA, Amanda de Lima et al (Coords.). Coletânea Estudos sobre Mediação no Brasil e no exterior, v. 3. Santa Cruz do Sul: Essere nel Mondo, 2020, pp. 163-174.

BERNIER, Joice Ruiz. *Administrador Judicial na Recuperação Judicial e na Falência*. São Paulo: Quartier Latin, 2016.

BRASIL, Conselho Nacional de Justiça, 2016.

BRASIL. Tribunal de Justiça do Estado de São Paulo. 2ª Vara de Falências e Recuperações Judiciais. Processo nº 1092381-06.2020.8.26.0100.

BRASIL. Tribunal de Justiça do Estado de São Paulo. 2ª Vara de Falências e Recuperações Judiciais. Processo nº 1119642-14.2018.8.26.0100

BUENO, Cássio Scarpinella. *Direito Processual Civil*, 4ª ed. São Paulo: Saraiva. 2018.

COELHO, Fábio Ulhoa. *Comentários à Lei de Falências e de Recuperação de Empresas*. 8. Ed. São Paulo: Saraiva, 2011.

CRUMP, Larry. Multiparty negotiation: what is it? *ADR Bulletin*, v. 8, n. 7, 2006.

NETTO, Antonio Evangelista de Souza; LONGO, Samantha Mendes. *O uso da mediação em processos de recuperação judicial e falências*. Porto Alegre: Paixão Editores, 2020.

OLIVEIRA FILHO, Paulo Furtado de. Das Conciliações e das Mediações Antecedentes ou Incidentais aos Processos de Recuperação Judicial in Lei de recuperação e falência: pontos relevantes e controversos da reforma / Arthur Cassemiro Moura de Almeida [et al]; coordenado por Paulo Furtado de Oliveira Filho. Indaiatuba, SP: Editora Foco, 2021.

SACRAMONE, Marcelo Barbosa. *Comentários à Lei de Recuperação de Empresas e Falência*. 2. Ed. São Paulo: Saraiva Educação, 2021.

WATANABE. Kazuo. Acesso à justiça e sociedade moderna. in Grinover. Ada Pellegrini et. al. (coord.). *Participação e processo*. São Paulo: Revista dos Tribunais, 1988.

10.
REPUTAÇÃO, *STAKEHOLDERS* E RECUPERAÇÃO EXTRAJUDICIAL: PARA UMA ABORDAGEM COLABORATIVA DA PRESERVAÇÃO EMPRESARIAL

Juliana Della Valle Biolchi

Introdução

Empresas possuem ciclo de vida próprio: nascem, desenvolvem-se, entram em declínio e morrem. Ao longo desse caminho, afetam e se deixam afetar por atores externos e internos, desenvolvendo dinâmicas baseadas em sua individualidade, formada pela identidade, imagem, reputação e marca. Estabelecem relacionamentos e se comunicam, criando uma rede de partes interessadas (*stakeholders*), gerando engajamento.

Quando sua continuidade está sob ameaça, em cenários de declínio ou de crise, reinventar-se é condição de sobrevivência. Desafiadas, precisam passar a limpo a teia de relações que irradiam e abrir caminho para sua manutenção no mercado. Muitas vezes, fazem-no à custa de rompimento e, dessa forma, pagam um preço alto: a perda de valor.[1]

[1] No sentido de se identificar a situação em que há desgaste não só econômico e financeiro, mas também com desvalorização de ativos, pagamento de custas judiciais, administração judicial, além de corrosão na imagem, marca, reputação, perda de oportunidade, entre

O objetivo do presente trabalho é refletir sobre a adequação, para a preservação da empresa, de métodos que não dissolvam — ou pelo menos que comprometam da menor forma possível — o relacionamento entre a empresa e seus *stakeholders*, e sobre a possibilidade de harmonizar interesses gerando colaboração, coordenando o veículo da recuperação extrajudicial com meios adequados de solução de conflitos.

Para tanto, o estudo trata de compreender o conceito de *stakeholders* e o seu papel estratégico no contexto da reestruturação (*turnaround*); e de discutir a recuperação extrajudicial como procedimento adequação para preservação da atividade viável, ainda mais quando potencializada pelos múltiplos meios para se chegar ao acordo.

1. Realidade relacional: *stakeholders* e a continuidade empresarial

O desaparecimento de uma empresa pode resultar de crises econômico-financeiras, originadas em causas internas e externas, que se prenunciam como declínio,[2] o qual pode (não-raro) evoluir para quadros mais graves, levando à crise.[3] Para sobrepujar esse estado (que se pode genericamente qualificar como cenário de adversidade), seja na versão menos grave, seja na mais aguda, quando ainda há viabilidade,[4] o caminho é o *turnaround*, ou seja, a reorganização, que

outros impactos relacionados a escolhas que feitas em reestruturação empresarial, principalmente por meio de remédios inadequados de superação de crise.

[2] O declínio organizacional é um desafio constante e vívido que leva ao comprometimento da capacidade de gerar valor, que *"ocorre quando a organização deixa de antecipar, reconhecer, neutralizar ou se adaptar às pressões internas ou externas, que ameaçam sua sobrevivência no longo prazo"* (Weitzel, William; Jonsson, Ellen. Decline in Organizations: a literature integration and extension. **Administrative Science Quarterly,** 34 (1989). p. 91-109. Disponível em: <https://www.jstor.org/stable/2392987>. Acesso em 07 de julho de 2021). Resulta da própria atuação e da relação com o mercado.

[3] No mesmo sentido, ensina Milanese: *"Assim, com o aprofundamento da fase de declínio chega-se à fase de crise, ou seja, à falta de fluxo de caixa suficiente para cumprir com as obrigações contratadas, como bancos, fornecedores, fisco e, às vezes, até mesmo com os trabalhadores. A crise é a manifestação externa e visível do declínio, sua conclamação e externalização, com consequências rápidas e nefasta à credibilidade do empresário e/ou de sua administração."* (Milanese, Salvatore (org.). **Reestruturação de Empresas:** como recuperar e reerguer negócios. São Paulo: Matriz, 2016, p. 14).

[4] Para casos de inviabilidade sempre há a opção buscar a liquidação, por meio de uma autofalência (Milanese, **Reestruturação...**, p. 14).

> [...] não se limita às empresas passando por crise de liquidez e, portanto, é mais abrangente. Uma empresa com dificuldade de caixa certamente demanda ações de recuperação[5], mas [...] é possível para uma empresa precisar de uma abordagem de *turnaround management* sem necessariamente estar em crise de caixa.[6]

Desta forma, quando a continuidade do negócio é desafiada, o *turnaround* se desenha a partir do momento em que é empreendido: *early turnaround*, nos primeiros passos; *late turnaround*, quando já há contaminação pela falta de liquidez.[7]

Trata-se, portanto, da implementação de um plano que identifica problemas fundamentais, ataca causas e prioriza as necessidades críticas, conjugando sete áreas básicas, que envolvem algumas estratégias, a saber: (1) estabilização da crise: retomada do controle com gestão de caixa, redução de ativos, financiamento de curto prazo e redução de custos; (2) liderança: mudança do interlocutor, que pode se dar pela substituição do executivo chefe e/ou de outros diretores; (3) apoio das partes interessadas: comunicação para retomada da reputação; (3) foco estratégico: redefinição do negócio principal; controle de estoques, terceirização, investimento e redimensionamento; (4) mudança organizacional: alterações estruturais e de pessoas-chave, clareza de comunicação, comprometimento e novas condições de emprego; (5) melhoria do processo crítico: aprimoramento das vendas e marketing, diminuição de custos, aumento de qualidade, interatividade e sistemas de informação e controle; e (5) reestruturação financeira:[8] refinanciamento (renegociação do passivo) e redução de ativos.[9]

[5] Observe-se que o vocábulo recuperação, aqui, não está sendo utilizado para designar uma das formas processuais previstas na Lei 11.101/2005. Trata-se de sinônimo para reorganização.

[6] LOVETT, David; SLATTER, Stuart. **Como Recuperar um Empresa:** a gestão da recuperação do valor e da performance. São Paulo: Atlas, 2009, p. 11.

[7] MILANESE, **Reestruturação...**, p. 14.

[8] A expressão reestruturação financeira é empregada no sentido de designar a mudança na estrutura de capital, ou seja, a revisão dos investimentos e dos financiamentos da empresa que passa pelo *turnaround*, abrangendo ativo (*"[...] que [...] reflete ou representa as decisões, ou as estratégias de investimento tomadas no passado (recente ou não) pelos gestores, que ainda influenciam a performance da empresa e demandam capital"*) e passivo (*"[...] representa as fontes e os volumes de recursos utilizados pelos gestores no financiamento dos investimentos"*). (MALAGA, Flávio. **Análise de Demonstrativos Financeiros e da Performance Empresarial: para empresas não financeiras**. 3. ed., São Paulo: Saint Paul Editora, 2017, p. 25-31).

[9] LOVETT, SLATTER; **Como recuperar...**, p. 75.

Esse estudo não se propõe a discutir cada uma dessas áreas, mas a destacar duas delas, que se interseccionam no momento que antecede ao acordo: o apoio dos *stakeholders* e a reestruturação financeira. Esse entrecorte é, muitas vezes, negligenciado, dando lugar a rompimentos, onde poderia existir a aliança e, com ela, a cooperação.

Uma empresa é um fenômeno complexo, de múltiplas dimensões, interdependentes e indissociáveis. Não é um átomo; episódio isolado ou ator autossuficiente. É envolvimento, transformação e dinâmica. Na interação, cria e recria em sua individualidade — imagem (percepção que se tem da organização), identidade (missão, visão e valores), marca (nome, sinal, *design*, termo ou conjunto desses, que a diferencia das demais) e reputação[10] (nível de confiança conquistada)[11] — que expressa sua dimensão relacional:

A reputação é o somatório dos valores, códigos, história, memória, cultura e políticas corporativas. Um patrimônio que aporta uma medida de confiança para o negócio da empresa. E, como todo ativo, deve ser protegido por um lado e dar retorno do outro.[12]

A organização estabelece conexões e o faz com partes interessadas (*stakeholders*[13]), ou seja, *"[...] públicos de interesse, grupos ou indivíduos que afetam e são significativamente afetados pelas atividades da organização"*,[14] cuja multiplicidade pode ser esquematizada:

[10] *"Reputação é um vínculo emocional que promove uma predisposição favorável em relação à empresa"* (Prado, Elisa. **Gestão de reputação**. Aberje Editorial: Edição do Kindle, 2021, p. 37).

[11] Scheiner, André; Menezes, José Dario. **Gestão de marca e reputação corporativa.** Rio de Janeiro: FGV Editora, 2019, p. 18.

[12] Prado, **Gestão...**, p. 19.

[13] Destaca-se que: *"The concept of stakeholders implies a two-way relationship, at a minimum. It is actually even more complex, because in reality stakeholders interact with each other, and the firm sits at the center of an interconnected value-creating network"* (Freeman, R. Edward; Harrison, Jeffery S.; Zyglidopoulos, Stelios. **Stakeholder Theory:** Concepts and Strategies (Elements in Organization Theory) (p. 15). Cambridge University Press. Edição do Kindle, 2021).

[14] Rocha, Thelma; Goldschmidt, Andrea (coords). **Gestão dos Stakeholders: como gerenciar o relacionamento e a comunicação entre a empresa e seus públicos de interesse.** São Paulo: Saraiva, 2010. p. 6.

FIGURA 1: OS PRINCIPAIS *STAKEHOLDERS* DA ORGANIZAÇÃO

Fonte: elaborado pela autora, a partir da Rocha e Goldschmidt.[15]

As partes interessadas não se ligam à empresa da mesma maneira e em igual intensidade, tampouco o fazem de forma síncrona. A cada momento, etapa, ou circunstância, a dialética muda: há uma mecânica da troca, que permite a criação de resultados mútuos, o que toma na forma de engajamento,[16] *"[...] processo social e humano, [que] envolve energia e participação consciente tanto na organização quanto nas suas relações com a sociedade."*[17] Esse pode ser positivo ou negativo: trazer vantagens competitivas[18] ou desvantagens à empresa. Logo, não é aleatório, envolve a gestão e gerenciamento[19] pela própria organização, disseminando-se nos estratos estratégico, tático e operacional.

[15] ROCHA, GOLDSCHMIDT; **Gestão...**, p. 6.

[16] É o que explica o AccountAbility, organização internacional que constrói padrões de relacionamento com partes interessadas, em sua norma AA1000, quando define: *"Stakeholder engagement is the process used by an organization to engage stakeholders for a clear purpose to achieve agreed outcomes. It is now also recognized as a fundamental accountability mechanism, since it obliges an organization to involve stakeholders in identifying, understanding and responding to sustainability issues and concerns, and to report, explain and answer to stakedholders for decision, actions and performance."* (ACCOUNTABILITY, **AA1000 Stakeholder Engagement Standard (AA100SES).** Nova York: AccountAbility, 2015. Disponível em: <https://www.accountability.org/standards/aa1000-stakeholder-engagement-standard> Acesso em: 30 Agosto, 2021, p. 5).

[17] PRADO, **Gestão...**, p. 147.

[18] Ou seja *"[...] o conjunto de características ou atributos detidos por uma empresa que lhe conferem certa superioridade sobre os concorrentes imediatos"* (ROCHA; GOLDSCHMIDT, **Gestão...**, p. 8).

[19] Para uma distinção entre gestão e gerenciamento, vide abaixo.

Quando é de qualidade e gera valor à companhia[20] cria oportunidades de aprender, qualificar e inovar; ajuda a melhorar as decisões e as ações porque educa, informa e influencia os *stakeholders*; fomenta a equidade e a sustentabilidade, consentindo que se ouça os impactados no processo de decisão; ajuda a determinar questões relacionadas à sustentabilidade; melhora o cálculo de risco e de reputação; permite resolver problemas e atingir objetivos pela coordenação de recursos (conhecimento, pessoas, dinheiro e tecnologia); leva à compreensão de ambientes complexos de atuação, incluindo cultura e mercado; e contribui para desenvolver relacionamentos transparentes e baseados na confiança.[21]

O engajamento resulta de um processo de comunicação que pode ser estruturado em diferentes níveis, segundo dinâmicas e métodos específicos, cuja cadência é controlada pela companhia, como se pode abreviar:

TABELA 1 — NÍVEIS, DINÂMICAS E MÉTODOS DE ENGAJAMENTO

Nível	Dinâmica estabelecida	Métodos de interação
Passividade	Sem comunicação ativa	Protestos, cartas, meios de comunicação, sites, etc.
Monitoramento	Comunicação unilateral: *stakeholder* para organização	Rastreamento de mídia e internet, relatórios de outros *stakeholders* com entrevistas direcionadas.
Defensa	Comunicação unilateral: da organização para o *stakeholder*	Pressão sobre os órgãos reguladores, outros esforços de defesa por meio da mídia social, esforços de *lobby*
Informação	Comunicação unilateral: da organização para o *stakeholder*, sem convite à resposta	Boletins e cartas; folhetos, relatórios e sites, discursos, conferências e apresentações públicas.
Transação	Engajamento bidirecional limitado: configuração e monitorar o desempenho de acordo com os termos de contrato	Parcerias Público-Privadas, financiamento privado, doações, marketing de causas relacionadas.
Consulta	Engajamento bidirecional limitado: a organização faz perguntas e os *stakeholders* respondem	Pesquisas, grupos focais, encontros com *stakeholders* selecionados, audiências públicas, *workshops*

[20] Isso porque: "*In addition to the various tangible resources that stakeholders control and are needed by the firm, stakeholders also have valuable information, expertise, and insights that can help a firm design better value creation strategies, in addition to understanding where the major sources of value are going to come from in the future*" (FREEMAN, HARRISON, ZYGLIDOPOULOS; **Stakeholder**..., p. 10).

[21] ACCOUNTABILITY, **AA1000 Stakeholder...**, p. 6).

Negociação[22]	Engajamento bidirecional limitado: discute-se questão(ões) específica(s), com o objetivo de alcançar consenso	Negociações com entidades associativas.
Envolvimento	Engajamento bidirecional ou multidirecional: aprendizado recíproco, mas *stakeholders* e organização agem de forma independente	Fóruns multi-*stakeholders*; processos de construção de consenso ou participativos, grupos focais, ferramentas de engajamento on-line
Colaboração	Engajamento bidirecional ou multidirecional: aprendizagem, tomada de decisão e ações, em conjunto	Projetos conjuntos, parcerias, iniciativas multi-*stakeholders*, plataformas colaborativas on-line
Empoderamento	Novas formas de *accountability*[23]: decisões são delegadas aos *stakeholders*, que tem papel na agenda organizacional	Integração dos *stakeholders* nos níveis estratégico, tático e operação.

Fonte: elaborado pela autora a partir da AA1000SES[24]

Quanto mais madura estiver a organização,[25] em termos de relacionamento com *stakeholders*, maior será o nível de engajamento que buscará criar com cada parte interessada, ampliando sua competência relacional[26], com reflexos diretos em sua sustentabilidade e permanência no mercado. Por isso, quando sua existência está em jogo, em panoramas

[22] O conceito de negociação aqui difere do adotado mais adiante, como se exporá. A forma descrita nesta tabela corresponde à negociação unilateral, sem um compromisso em construir um cenário de ganhos mútuos. Acessar a colaboração implica em dinâmicas diferentes, que promovem a atuação em conjunto, caminho que se considera o adequado para a construção de um plano de recuperação extrajudicial.

[23] O termo costuma ser traduzido para o português como prestação de contas. Mas, vai muito além, envolvendo "[...] the state of acknowl*edging, assuming responsibility for and being transparent about the impacts of an organization's policies, decisions, actions, products, services and associated performance", ou, em tradução livre: "[...] o estado de reconhecer, assumir responsabilidade e ser transparente sobre os impactos das políticas, decisões, ações, produtos, serviços e desempenho associados a uma organização" (ACCOUNTABILITY, AA1000 Accountability Principles. Nova York: AccountAbility, 2018. Disponível em: <https://www.accountability.org/static/6b3863943105f2a5c4d5fc96affb750d/aa1000_accountability_principles_2018.pdf>* **Acesso em: 30 Agosto, 2021, p. 12).**

[24] ACCOUNTABILITY, **AA1000 Stakeholder**..., p. 22).

[25] Fala-se em três gerações de empresas, no que tange ao engajamento: reativa (pressionada pela sociedade); gerenciadora de riscos e reputação (há proatividade, mas o foco segue sendo em impactos e aspectos negativos) e inovadora (o fim é a colaboração), conforme sintetizam Rocha e Goldschmidt, citando a consultoria *Sustentability* (ROCHA; GOLDSCHMIDT, **Gestão...** p. 31).

[26] SCHEINER; MENEZES, **Gestão...**, p. 88.

adversos, o engajamento das partes é aspecto essencial, porque ele fomenta peça fundamental na negociação, a reputação, visto que essa:

> [...] se constrói na experiência de cada um dos grupos de relacionamento da organização, ao longo do tempo. É um processo que vai se consolidando na medida em que a empresa consegue entender e agir para buscar um maior alinhamento entre sua realidade, as expectativas sociais e as percepções.[27]

Nessa complexidade, a degeneração da empresa é um fluxo contínuo e permanente em sua biografia, que dialoga e impulsiona a regeneração.[28] Nos momentos de dificuldade ou crise, *"[...] a sobrevivência da empresa depende do suporte de suas partes relacionadas [stakeholders, como sócios ou acionistas, empregados, clientes, fornecedores, e instituições financeiras entre outros]."*[29]

Nunca é demais lembrar que a Lei 11.101/2005, Lei de Recuperação de Empresas e Falência (LREF), foi atenta a essa necessidade, ao trabalhar com a premissa de que os procedimentos recuperacionais levariam à colaboração entre os credores e o devedor, exatamente por conta do interesse comum de salvar a atividade viável. É o que captura seu art. 47, que enumera os principais interessados pela crise empresarial: trabalhadores, credores, sociedade e mercado — rol que em muito coincide com o apontado acima.

Por ser estrutura relacional, os esforços para superar a crise não se esgotam exclusivamente na empresa. É condição de sucesso de uma reestruturação (*turnaround*) a identificação das partes interessadas (credores, investidores, clientes e funcionários) e o entendimento das dinâmicas possíveis entre elas e a empresa, principalmente em relação ao grau de influência de determinados credores, a serem considerados estratégicos, o que também toca na classificação de seus créditos,[30] entre outros aspectos. Isto porque:

[27] Prado, **Gestão...**, p. 37.

[28] Morin, Edgar. **A complexidade e a empresa.** Disponível em: <http://comitepaz.org.br/Morin5.htm>. Acesso em 07 de julho de 2021.

[29] Lovett, Slatter; **Como recuperar...**, p. 21.

[30] Milanese, **Reestruturação...**, p. 86.

> O relacionamento com os credores deve ser nutrido durante todo o processo, não devendo se limitar à renegociação de dívidas de curto prazo durante a gestão da crise. O ponto crucial na relação e gestão com os credores é a credibilidade. Para isso, são essenciais a transparência, a assertividade do plano a ser implantado e seu subsequente acompanhamento gerencial. Mesmo diante de fatos ou notícias adversas e inesperadas, é de vital importância que sejam comunicados e explicados rapidamente aos credores, juntamente com as ações de correção propostas e impactos esperados.[31]

O cenário tormentoso (declínio ou crise), pode ser encarado com prevenção (gestão) ou tratamento (gerenciamento).[32] O inadimplemento ou a insolvabilidade[33] provocam impactos econômico-financeiros, que podem crescer para uma crise reputacional, afetando relacionamentos e minando a confiança dos credores, ferindo, muitas vezes de morte, a individualidade da organização.

Quando há a necessidade de reestruturação financeira, o momento é de gerenciar a repercussão da renegociação de dívidas e da necessidade de redução de ativos na reputação e, portanto, no relacionamento com os *stakeholders*, em especial credores, para fazer: *"[...] prevalecer o diálogo, o espírito de colaboração e o engajamento, com troca, aprendizado. Nesse sentido, [...] "relationship builds trust" (relacionamento constrói confiança)".*[34]

A empresa que precisa partir para o *turnaround* e o faz com disposição para, na escala trazida acima, ir além do nível da negociação unilateral, acessando a colaboração, precisa avançar nos métodos: superar o

[31] COMITÊ DE GESTÃO E FINANÇA *TURNAROUND MANAGEMENT ASSOCIATION* DO BRASIL — TMA BRASIL. **O turnaround...,** p. 4.

[32] Interesse distinguir os dois conceitos, como fazem Scheiner e Menezes: *"[...] gestão de crise compreende todo o processo de planejamento prévio e elaboração de um plano de ações de caráter preventivo. Já o gerenciamento da crise representa o conjunto de ações desenvolvidas no momento em que a crise de marca já se instalou."* (SCHEINER, MENEZES, **Gestão...,** p. 151).

[33] O primeiro é a mera possibilidade de não cumprir com as obrigações; a segunda, a ausência de ativos suficientes para a quitação de dívidas, no sentido de insolvência econômica (SACRAMONE, Marcelo Barbosa. **Comentários à Lei de Recuperação de Empresas e Falência.** 2. Ed. São Paulo: Saraiva, 2021).

[34] PRADO, **Gestão...** p. 205.

conflito por meios adequados de resolução,[35] como a negociação colaborativa, a mediação e as práticas colaborativas. Essa jornada tem como objetivo não só gerar o acordo, mas também evitar a perda de valor e, se possível, trazer proveitos recíprocos.

> Os objetivos da reestruturação financeira são restaurar o negócio e a sua solvência tanto de caixa como patrimonial, para alinhar a estrutura de capital ao nível do fluxo de caixa operacional projetado para assegurar que financiamento suficiente, na forma de caixa operacional gerado e de dinheiro novo injetado, seja disponibilizado para sustentar a implementação do plano de recuperação.[36]

As ações recuperacionais da LREF são veículos para tal fim. Na seção que segue, o que se propõe é uma discussão sobre a sua utilização para gerenciamento do engajamento e proteção reputacional, em combinação com os meios processuais adequados de resolução de conflitos, criando um arranjo capaz de fomentar a aplicação da recuperação extrajudicial, preservando relacionamentos e valor, gerando o ganha-ganha.

2. Recuperação Extrajudicial e reputação: negociação ganha-ganha, mediação e práticas colaborativas como meios processuais para chegar ao acordo

Já foi dito, supra, que modificar a estrutura de capital, atuando sobre ativos e passivos, passa, invariavelmente, por renegociar dívidas, vencidas ou não. Esse é o ponto com maior potencial para gerar conflito: a repactuação de obrigações previstas em contratos ou títulos de créditos.

> De uma maneira geral, um ponto recorrente em todos os *turnarounds* é a necessidade de renegociação da dívida existente e o reequacionamento do compasso financeiro de curto prazo na cadeia de fornecimento, produção e entrega ao cliente (ajustamento dos prazos de capital de giro).[37]

[35] Os meios adequados de solução de conflitos se encontram no escopo da visão de que o acesso à justiça é possível através de um sistema de múltiplas portas, segundo o qual para cada situação haverá a melhor opção possível para a superação da circunstância que afeta as partes envolvidas.

[36] Lovett, Slatter; **Como...**, p. 89.

[37] COMITÊ DE GESTÃO E FINANÇA *TURNAROUND MANAGEMENT ASSOCIATION* DO BRASIL — TMA BRASIL. **O turnaround...**, p. 6.

Com todas as consequências que possa trazer, essa iniciativa recebe forma jurídica previamente estabelecida na legislação brasileira. O direito empresarial, como sistema de normas pensadas e estruturadas em torno da atividade econômica, oferece, para tal fim, negócios jurídicos transacionais, que poderão ter natureza individual (*workout agreement*)[38] ou complexa (*workout agreement* coletivo ou recuperações), com ou sem intervenção judicial, sendo possível resumir:

FIGURA 2: NEGÓCIOS JURÍDICOS TRANSACIONAIS NA LEGISLAÇÃO BRASILEIRA

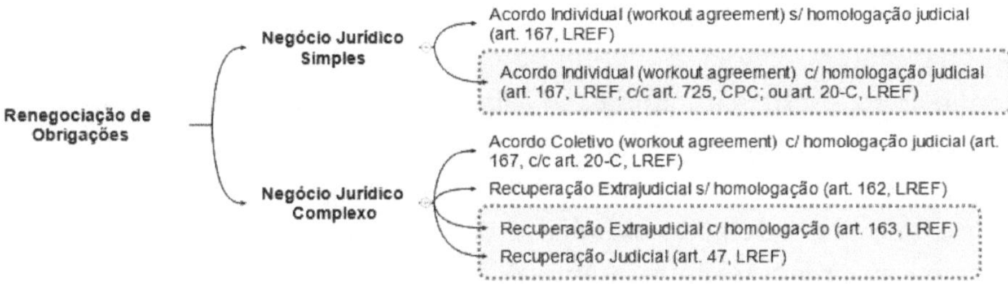

Fonte: elaborado pela autora, a partir da legislação brasileira

Considera-se negócio jurídico simples o ato celebrado por credor e devedor; e complexo o que envolve pluralidade de credores. A homologação judicial poderá acontecer em qualquer uma das espécies, com efeitos distintos: formação de título executivo judicial (sempre); imposição da vontade da maioria (nas formas coletivas em que não há consenso, como recuperação extrajudicial e judicial); presunção de insolvência, na hipótese de descumprimento, no prazo de supervisão (recuperação judicial), entre outros.

Esse conjunto de ferramentas conforma um conjunto vocacionado à superação das ameaças à continuidade, estabelecido para agentes legitimados[39] na Lei 11.101/2005, que buscou inspiração em sistemas avan-

[38] Os *workouts* são previstos no art. 167, da LREF, como ensina Martins: *"Uma terceira resposta da Lei 11.101/2005 à insolvência empresarial é a ampla liberdade de negociação concedida aos devedores para que, mediante acordos privados pontuais ou coletivos, obtenham composição junto um, alguns ou todos os seus credores que lhe permitam superar a situação de crise [...] encontra-se expressamente consignada no artigo 167."* (MARTINS, Glauco. **A Recuperação Extrajudicial.** São Paulo: Quartier Latin, 2012, p. 46).

[39] Assim entendidos aqueles definidos no art. 1º, da Lei 11.101/2005, e que preenchem os requisitos do art. 48, da mesma lei.

çados para criar eficiência em reestruturação financeira, oferecendo instrumentos comprometidos com a manutenção da atividade economicamente viável, seja pela via da renegociação (recuperações), seja pela via da liquidação (falência).

Entretanto, em sentido diferente do que o objetivado, o Brasil tem se desconectado daqueles modelos legais que o inspiraram, principalmente no distanciamento da razão liquidação/resolução, criando, como qualificam Coelho e Nunes,[40] um desmonte de empresas, que não entrega os resultados esperados.

O cenário é de abominação da falência e de recuperações judiciais que não geram negociação genuína entre devedor e seus credores, tardando para serem concluídas. A dinâmica de baixa possibilidade de recebimento de crédito na falência, assimetria informacional entre devedor e seus credores, suspensão da exigibilidade por tempo indefinido e falta de clareza do que é abuso do direito de voto, cuja premissa é a má-compreensão do princípio da preservação de empresas, acabam comprometendo o aparelho.

Não obstante críticas,[41] a reforma da Lei 11.101/2005, levada a cabo pela Lei 14.112/2020, pretende modificar esse quadro. Ela trouxe incentivos à negociação entre devedor e seus credores fora do ambiente judicial, a uma, revigorando a recuperação extrajudicial; a duas, criando a negociação antecedente;[42] e, a três, firmando que, na tecitura legal reno-

[40] Coelho, Fabio Ulhoa; Nunes, Marcelo Guedes. **Alterações da Lei de Falências**: uma avaliação da Reforma de 2020. Associação Brasileira de Jurimetria, Aug. 17, 2021, disponível em: <https://lab.abj.org.br/posts/2021-08-17-alteracao-falencias/> Acesso em 29 de agosto de 2021.

[41] Os mesmos autores enumeram aspectos que consideram negativos: a obrigatoriedade de conciliação e mediação, porque não representaria ganho efetivo de negociação; a positivação da constatação prévia, que incentivaria o aumento dos deferimentos movidos pelo interesse na condução da administração judicial; a maior dificuldade na venda de ativos não circulantes, com a necessidade de participação dos credores na tomada da decisão; o aumento da interferência dos credores na contratação de financiamento ao devedor, pela disciplina do *DIP financing*; e o aumento da complexidade e duração do processo com a criação do plano alternativo dos credores (Coelho, Nunes, **Alterações...**).

[42] Aqui vale trazer a crítica de Coelho e Nunes, quando expõem: "*Referimo-nos ao art. 20-B, § 1º, que possibilita ao devedor que atende aos requisitos para a obtenção da recuperação judicial o pedido de uma tutela de urgência cautelar para suspender as execuções por até 60 dias, sob a alegação de que irá tentar se compor com os credores por meio de conciliação ou mediação judicial. Há o risco de esse dispo-*

vada, ambas devem ser utilizadas como alternativas para evitar (ou anteceder) o procedimento de recuperação judicial.

A escolha, dentre os múltiplos veículos (meios legais), será determinada pelo conhecimento da situação (diagnóstico) e definição de um plano de ação (plano de reestruturação). Evidentemente, questões bastante objetivas e relacionadas à estrutura de capital devem ser tomadas no momento da definição de qual dos negócios jurídicos transacionais será adequado ao caso concreto. Entretanto, o que se propõe aqui é avaliar também o relacionamento, para buscar na reputação e no engajamento dos *stakeholders* espaço para construir uma estratégia que torne a jornada menos onerosa.

Na prática, em pouco mais de 16 anos de vigência, o que se teve até agora foi a predominância da recuperação judicial, manejada de forma criticável, levando a uma inversão segundo a qual não se liquidam companhias deficitárias, mantendo em operação empresas que, há muito, perderam sua capacidade de geração de valor.[43] E é por isso que, aos olhos do mercado, muitas vezes um pedido de recuperação judicial é negativo, tendente a fissurar relacionamentos.

Nesse contexto, o rompimento com os *stakeholders*, principalmente os credores, acaba contribuindo para inocorrência de renegociações efetivas, nas quais o foco seja a superação da dificuldade causada pelo declínio ou da crise, impactando diretamente na reputação:

> Em sentido oposto, a má reputação traz consequências que acabam por, muitas vezes, impedir a empresa de implementar as suas estratégias: financiadores evitam dar acesso a crédito, legisladores e reguladores incrementam novos padrões e aplicam multas e sanções, os custos de transação aumentam; clientes que precisam atender suas exigências de compliance podem quebrar contratos e os funcionários perdem o orgulho e a identificação com a empresa.[44]

sitivo se tornar a regra: toda recuperação judicial passaria a contar com essa fase cautelar apenas para fins de alongamento do stay period, porque a regra do desconto tende a não ter efetividade. Neste cenário, ver-se-á um aumento de complexidade (e, portanto, da duração) do processo de recuperação judicial sem nenhuma justificativa ou proveito." (Coelho, Nunes, **Alterações...**).

43 (Coelho, Nunes, **Alterações...**).

44 Prado, **Gestão...**, p. 37.

É evidente que, em situações de dificuldade/crise, o conflito é inerente ao rompimento com as condições originais dos negócios contratados pelo devedor:

> Um conflito tem início quando uma pessoa (ou entidade) apresenta uma reivindicação ou exigência a outra que a rejeita. A reivindicação pode ter origem num acto sentido como uma ofensa/prejuízo, numa necessidade ou numa aspiração.[45]

Porém, o que se advoga é que, além da viabilidade econômico-financeira, existe a viabilidade reputacional: a capacidade da empresa em *turnaround* de, através do engajamento de seus *stakeholders*, construir acordos para além da própria negociação unilateral, e possam chegar à colaboração: ou seja, a criação de *agreements* que consolidem, entre as partes interessadas, o engajamento bidirecional ou multidirecional, com aprendizagem, tomada de decisão e ações em conjunto. Isso porque: *"A resolução de um conflito significa transformar posições contrárias — a reivindicação e a sua recusa — numa solução única"*.[46]

Sustenta-se que, nesse panorama, devedor e credores são capazes de chegar à construção coletiva de saídas para a dificuldade ou a crise, de forma autônoma, madura, direta e autocompositiva, acessando o Poder Judiciário tão somente para concluir e consolidar o que foi convencionado (e, eventualmente, sujeitar dissidentes às cláusulas do acordo), por meio de recuperação extrajudicial, entendida como o:

> [...] procedimento de jurisdição voluntária que tem por finalidade a homologação de acordo privado anteriormente celebrado entre o devedor e certo(s) grupo(s) de credores. Observadas certas formalidades legais, a homologação tem o condão de alçar o acordo privado à condição de plano de recuperação extrajudicial [... que] tem, portanto, natureza contratual.[47]

[45] Ury, William; Brett, Jeanne; Goldber, Setephen. **Resolução de Conflitos.** Lisboa: Actual, 2009. p. 36.

[46] Ury, Brett, Goldber, **Resolução**..., p. 36.

[47] Bontempo, Joana; Paiva, Luiz Fernando Valente de. **A Reforma da Lei 11.101/2005 e a Nova Perspectiva da Recuperação Extrajudicial.** São Paulo, 2021. No prelo. Na mesma linha: *"A recuperação extrajudicial é negócio jurídico consensual entre devedor e uma ou algumas classes [sic] de credores, um negócio de cooperação, de repactuação na divisão dos riscos, que, em alguma medida,*

Trata-se de estrutura jurídica para solidificação de consenso (modalidade de homologação facultativa, art. 162, LREF) ou imposição da vontade da maioria (quando impositiva, art. 163, LREF), obtida na negociação (direta ou assistida[48]), que alcança:

> [...] um meio formal de acordo especial com certos credores, que pode eventualmente ser imposto a uma minoria resistente. [...] em razão da sua causa. [...] a priorização do interesse social sobre os individuais do devedor e de cada credor que justifica a imposição do plano [...].[49]

Ambos os procedimentos recuperacionais são veículos de negociação supervisionada. Na recuperação judicial, a transação é perante os olhos do Poder Judiciário, que controla o seu desenrolar, muitas vezes protegendo a atividade de medidas que sejam incoerentes com sua preservação, aferindo a legalidade procedimental e material do plano, e, ao final, chancelando o ajuste feito pela maioria. Na extrajudicial, se e quando chamado, ao Judiciário cabe apenas o controle posterior de legalidade e a homologação. Aqui, o espaço para gerenciar o engajamento, que cabe ao devedor, é muito maior. Ele pode partir da individualidade da empresa, atuar para preservar sua reputação e fortalecer o relacionamento com *stakeholders*, materializando essa realidade no plano.

O primeiro passo é a negociação direta do devedor com os credores que pretende abranger.[50] Um impulso comum seria trabalhar com a perspectiva de uma negociação unilateral, que gera o engajamento bidirecional limitado, em que algumas questões são trazidas à mesa e discutidas

se assemelha aos negócios plurilaterais. (Sztajn, Raquel, In: Toledo, Paulo; Abrão, Carlos Henrique. **Comentários à Lei de Recuperação de Empresas e Falência.** São Paulo: Saraiva, 2012, p. 569)".

[48] A negociação direta é aquela feita pelo devedor e seus credores. A assistida conta com o auxílio de um terceiro, que facilita a negociação, como um mediador, conforme preveem o art. 20-A, da Lei 11.101/2005 e seguintes.

[49] Souza Jr., Francisco Satiro. In: Souza Jr., Francisco Satiro; Pitombo, Antonio Sérgio A. de Moraes. **Comentários à Lei de Recuperação de Empresas e Falência.** São Paulo: Revista dos Tribunais, 2005, p. 465.

[50] Diferentemente da recuperação judicial, que sujeita todos os créditos existentes na data do pedido, na forma do art. 49, LREF, com as exceções que esse mesmo preceito fixa, na recuperação extrajudicial, conforme o art. 161 e ss., da LREF, a abrangência do plano, desde que respeitadas as exceções, é decisão da devedora.

com o fim de alcançar consensos. Esse é o sentido do termo empregado na tabela 1. Tal abordagem não leva, necessariamente, à cooperação.

Para cooperar, é preciso construção coletiva, com bi ou multidirecionalidade, agindo em conjunto e de forma cooperativa, sempre ressalvadas as limitações legais.[51] Tal prisma está em alinho com uma outra forma de negociação, conhecida com colaborativa:

> Dessa forma, conseguir ter ambos os lados satisfeitos e com suas necessidades básicas supridas passou a ser fundamental em uma negociação. São negociações conhecidas pelo seu resultado que atribui ganho aos dois lados da negociação, a conhecida negociação "ganha-ganha".[52]

A negociação focada em reputação e baseada em proteger relacionamentos, com o fim de cooperar, é feita a partir de interesses — (e não posições), porque considera o quanto as partes se afetam mutuamente, colocando luz na sua interdependência — e em princípios — construindo-se desde argumentos e dados da realidade –, e

> [...] produz acordos sensatos de forma amistosa e eficiente. Quando mais critérios de imparcialidade, eficiência ou mérito científico [...] aplicar ao problema, maior a probabilidade de produzir uma solução sensata e justa.[53]

No gerenciamento de relacionamentos há lugar para se considerar o grau de influência de uma determinada parte interessada ou grupo. Já foi dito que a relação dos *stakeholders* com a empresa não é uniforme: desenvolve-se conforme a situação em que a organização se encontra. Por isso, em cenários adversos, em que alianças precisam ser formadas ou refor-

[51] Não pode haver previsão de pagamento antecipado de dívidas, tratamento favorável ou benéfico a credores, alienação ou supressão de garantias sem a adesão do credor impactado e o afastamento da variação cambial sem concordância com o credor (Sacramone, **Comentários...**, p. 609).

[52] Martinelli, Dante P.; Almeida, Ana Paula de; Bandos, Melissa Franchini Cavalcanti. **Negociação e Solução de Conflitos** — Do Impasse ao Ganha-ganhaCom o Melhor Estilo. Atlas. Edição do Kindle.

[53] Fisher, Roger; Ury, Willianm; Patton, Bruce. **Como chegar ao sim: como negociar acordos sem fazer concessões.** ed. rev. e atual. Rio de Janeiro, 2018, p. 107.

madas, é coerente pensar em identificar credores estratégicos e com eles estabelecer, dentro dos limites legais, laços mais estreitos de colaboração.

Sob esta perspectiva, determinados *stakeholders* podem ser escolhidos como aliados, qualificados como estratégicos, para passarem por negociação de tipo colaborativa, havendo, ainda, aqueles casos em que poderão ser aplicados meios adequados de solução de conflitos. Tudo isso para acessar as partes interessadas que têm alto potencial de engajamento, identificando-as, classificando-as e gerenciando-as, até que se tenha condições de colaborar com aqueles que serão determinantes para aprovação do acordo coletivo.[54]

Em termos de adesão a um plano de recuperação extrajudicial, é importante avaliar duas circunstâncias: concentração e classificação de crédito. Por isso, quanto maior a concentração e melhor a classificação, maior o grau de influência na aprovação do plano. Nesse sentido, é recomendável que os credores posicionados com mais poder sejam aqueles com prioridade para passar a um nível de interação colaborativo.

Não se pode perder de vista que a natureza complexa das negociações em torno de planos de recuperação extrajudicial (envolvem pluralidade de credores) deixa pouco espaço para ceder quanto a aspectos que impactam diretamente no pagamento de dívidas, limitado pela capacidade de geração de caixa. Por isso, quando a relação direta do devedor com o credor não entrega o resultado esperado, que é a adesão do *stakeholder* estratégico, é plausível aplicar outros meios processuais.

Pode-se recrutar a mediação, entendida como o meio processual que consiste em *"[...] atividade técnica exercida por terceiro imparcial sem poder decisório, que, escolhido ou aceito pelas partes, as auxilia e estimula a identificar ou desenvolver soluções consensuais para a controvérsia."* (art. 1º, § único, da Lei 13.140/2015). Sua utilização no escopo de um procedimento de recuperação extrajudicial tem como fim potencializar a composição de esforços e gerar o acordo, sendo recomendada, em todo âmbito da insolvência, pelo Conselho Nacional de Justiça (Recomendação n. 58/2019).

[54] É o que sugere Freeman: *"By analyzing cooperative potential and competitive threat of each stakeholder we have a surrogate for the potential of a stakeholder to affect any strategic program that is developed. Obviously, we want to treat those stakeholders who have high cooperative potential and low competitive threat differently from those groups who have low cooperative potential and high competitive threat. Thus, we might first want to rank stakeholders in terms of their relative cooperative potential."* (Freeman, Harrison, Zyglidopoulos; **Stakeholder**..., p. 141).

É viável antes[55] ou durante[56] o processo de recuperação extrajudicial, realizável extra ou judicialmente. Nesse sentido, de método coadjuvante e complementar à negociação (ainda que essa possa ser unilateral), não há se falar em sobreposição. Ao contrário: passa a ser uma ferramenta a mais no repertório do enfrentando à desventura.[57]

Outra possibilidade que pode ser explorada no âmbito da recuperação extrajudicial são as práticas colaborativas, que se constituem como não-adversarial de solução de conflitos, estabelecido a partir do tripé: (1) transparência; (2) retirada da equipe e (3) a assinatura do termo de não-litigância.[58] As práticas colaborativas também seriam aplicadas aos

[55] Como ensina Longo: *"Convém, por fim, ressaltar que a mediação tem amplo espaço ainda numa fase anterior ao pedido de recuperação judicial, quando a empresa, em crise, começa a pensar em alternativas. No momento da reestruturação da dívida, o domínio da técnica da negociação pode ser muito útil"* (LONGO, Samantha. A Mediação na Recuperação Empresarial. In: WALD, Arnoldo; LONGO, Samantha. **Desafios e Soluções da Recuperação Empresarial**: antes, durante e depois da COVID-19. Porto Alegre, Paixão Editores, 2020, p. 425).

[56] Principalmente no caso de ser ajuizada sem o atingimento do quórum exigido para aprovação do plano, na forma do art. 163, § 7º, da LREF: *"O pedido previsto no caput deste artigo poderá ser apresentado com comprovação da anuência de credores que representem pelo menos 1/3 (um terço) de todos os créditos de cada espécie por ele abrangidos e com o compromisso de, no prazo improrrogável de 90 (noventa) dias, contado da data do pedido, atingir o quórum previsto no caput deste artigo, por meio de adesão expressa, facultada a conversão do procedimento em recuperação judicial a pedido do devedor"*.

[57] Novamente, convém destacar a crítica de Coelho e Nunes, quando expõem: *"Conciliação e mediação. Não se justifica a sobreposição de medidas destinadas à criação de ambientes de negociação racionais. A recuperação judicial nada mais é do que uma medida desta natureza; conciliação e mediação, também. Outras questões de difícil compreensão na inovação legislativa também podem ser levantadas, no questionamento da pertinência da reforma: empresários naturalmente desenvolvem habilidades como negociadores, não precisando de ninguém que lhes informe da importância e dos meios de negociação; o verdadeiro papel que cabe ao mediador está indefinido, já que cabe ao próprio devedor negociar e, para isso, ele conta com o assessoramento dos especialistas que contrata; um agente nomeado pelo juiz, mesmo como conciliador ou mediador, será sempre um agente nomeado pelo juiz, na presença de quem as partes tendem a adotar as cautelas recomendadas pela estratégia do caso; a mediação obrigatória é um contrassenso; a confidencialidade é incompatível com a transparência da recuperação judicial; negociações em separado obtidas pelo conciliador ou pelo mediador são incompatíveis com o princípio do tratamento igualitário dos credores."* (COELHO, NUNES, **Alterações...**).

[58] Segundo esse desenho: *"[...] negociações acontecem por meio das práticas colaborativas, significa dizer que as partes assinaram um termo de participação, cujas regras elementares são a não litigância no curso do processo colaborativo, a transparência na negociação e a retirada da equipe, caso não seja possível chegar a um acordo."* (BIOLCHI, Juliana Della Valle; ZUARDI, Felicia. A aplicação das práticas colaborativas nas recuperações extrajudiciais. **Revista Consultor Jurídico,** 18 de junho de

stakeholders estratégicos, como técnica para construção do plano. Nesse sentido, uma vez acertadas as cláusulas e condições do negócio jurídico complexo, pode-se passar à modalidade de homologação facultativa, na qual a chancela do Poder Judiciário tem o fim de apenas solidificar o combinado, como já dito; ou, mesmo, encaminhar o pedido de homologação na modalidade impositiva, desde que aceito por mais da metade dos abrangidos, sujeitando credores dissidentes e que não participaram da rodada de negociações feita segundo essa metodologia.

Esses meios processuais são técnicas para a colaboração, o engajamento bidirecional e se prestam à construção de um desenho que atenda ao fim de alinhar esforços para os interesses interseccionados dos envolvidos, inclusive por meio de cláusula escalonada.[59] A criatividade, quando há capacidade de diálogo, não tem limites. O papel dos envolvidos na busca por alternativas que construam o futuro depende de um olhar sob o prisma da interdependência: não há empresa sem partes interessadas; não há recuperação sem negociação; não há porvir sem alianças.

Conclusões

Transparência, *accountability*, responsabilidade social e equidade, princípios da governança corporativa, estão na base dessa transformação, e pavimentam a jornada de empresas e negócios para a sustentabilidade e a permanência no mercado. Em um mundo em profunda transformação, é provável que aqueles que não tiverem a habilidade de entender a dimensão da interdependência; a importância dos novos conceitos; e a gama de sutilizas, para além do jurídico, que se apresentam; não estejam aptos à sobrevivência.

As recuperações não foram construídas para a litigiosidade. São procedimentos de jurisdição voluntária nos quais o produto almejado é um

2021. Disponível em: <https://www.conjur.com.br/2021-jun-18/opiniao-aplicacao-praticas--colaborativas-recuperacoes-extrajudiciais> Acesso em 30 de agosto de 2021).

[59] Como ensinam Scalzilli, Spinelli e Tellechea: *"Em resumo, a inclusão de uma cláusula compromissória escalonada no plano de recuperação extrajudicial representa solução híbrida entre a mediação, a conciliação e a arbitragem e, em tese, possui flexibilidade necessária para se ajustar às particularidades da negociação entabulada entre as partes ao longo do procedimento e no cumprimento das condições estipuladas no plano, além de comportar caráter cooperativo que se espera na recuperação extrajudicial."* (Spinelli, Luis Felipe; Tellechea, Rodrigo; Scalzilli, João Pedro. **Recuperação Extrajudicial de Empresas.** São Paulo: Quartier Latin, 2013, p. 172).

acordo que permita a transformação da estrutura de capital da empresa, trazendo condições para que a melhoria de *performance* aconteça e o processo de declínio ou a crise sejam revertidos, acarretando a perenidade aos negócios.

A cultura do litígio e da exacerbação do conflito, que também está impregnada no cenário de crise, tem custado caro a todos os envolvidos. Não só pelas perdas diretas, mas, além disso, pela incapacidade de aplicação de uma ferramenta tão relevante e potente como a recuperação extrajudicial. Na mesma linha, a incompreensão sobre as oportunidades possíveis com a utilização da mediação e de outros métodos não-adversariais, como as práticas colaborativas, é outra vulnerabilidade com a qual é necessário lidar.

Na esteira das mudanças legais, que colocaram a recuperação extrajudicial e os meios adequados de solução de conflitos no centro da arena, materializa-se a oportunidade de mudar o paradigma da dependência jurisdicional. Para tanto, é imperioso que o conflito não seja mais o motor das reestruturações e que as partes estejam dispostas a uma nova realidade, na qual o aprendizado é recíproco, as decisões são tomadas em conjunto, as ações são coordenadas e a reputação e os relacionamentos são preservados. O futuro próximo reserva o derradeiro destino para aqueles que não captarem a profundidade da virada.

Referências

ACCOUNTABILITY, **AA1000 Accountability Principles.** Nova York: AccountAbility, 2018. Disponível em: <https://www.accountability.org/static/6b38639431 05f2a5c4d5fc96affb750d/aa1000_accountability_principles_2018.pdf> Acesso em: 30 Agosto, 2021

ACCOUNTABILITY, **AA1000 Stakeholder Engagement Standard (AA100SES).** Nova York: AccountAbility, 2015. Disponível em: <https://www.accountability.org/standards/aa1000-stakeholder-engagement-standard> Acesso em: 30 Agosto, 2021

BIOLCHI, Juliana Della Valle; ZUARDI, Felicia. A aplicação das práticas colaborativas nas recuperações extrajudiciais. **Revista Consultor Jurídico,** 18 de junho de 2021. Disponível em: <https://www.conjur.com.br/2021-jun-18/opiniao-aplicacao-praticas-colaborativas-recuperacoes-extrajudiciais> Acesso em 30 de agosto de 2021

BONTEMPO, Joana; PAIVA, Luiz Fernando Valente de. **A Reforma da Lei 11.101/2005 e a Nova Perspectiva da Recuperação Extrajudicial.** São Paulo, 2021. No prelo.

COELHO, Fabio Ulhoa; NUNES, Marcelo Guedes. **Alterações da Lei de Falências**: uma avaliação da Reforma de 2020. Associação Brasileira de Jurimetria, Aug. 17, 2021, disponível em: <https://lab.abj.org.br/posts/2021-08-17-alteracao-falencias/> Acesso em 29 de agosto de 2021

COMITÊ DE GESTÃO E FINANÇA *TURNAROUND MANAGEMENT ASSOCIATION* DO BRASIL — TMA BRASIL. **O turnaround management no Brasil:** *early turnaround.* Antevendo os sinais e antecipando à crise. Abril, 2011. Disponível em: <https://www.tmabrasil.org/sites/default/files/public/2019-07/paper-early-turnaround-antevendo-os-sinais-e-antecipando-a-crise-final.pdf> Acesso em 29 de agosto de 2021.

FISHER, Roger; URY, William; PATTON, Bruce. **Como chegar ao sim: como negociar acordos sem fazer concessões.** ed. rev. e atual. Rio de Janeiro: Sextante, 2018

FREEMAN, R. Edward; HARRISON, Jeffery S.; ZYGLIDOPOULOS, Stelios. **Stakeholder Theory:** Concepts and Strategies (Elements in Organization Theory) (p. 15). Cambridge University Press. Edição do Kindle

LONGO, Samantha. A Mediação na Recuperação Empresarial. In: WALD, Arnoldo; LONGO, Samantha. **Desafios e Soluções da Recuperação Empresarial**: antes, durante e depois da COVID-19. Porto Alegre, Paixão Editores, 2020.

LOVETT, David; SLATTER, Stuart. **Como Recuperar um Empresa:** a gestão da recuperação do valor e da performance. São Paulo: Atlas, 2009.

MALAGA, Flávio. **Análise de Demonstrativos Financeiros e da Performance Empresarial: para empresas não financeiras**. 3. ed., São Paulo: Saint Paul Editora, 2017.

MARTINELLI, Dante P.; ALMEIDA, Ana Paula de; BANDOS, Melissa Franchini Cavalcanti. **Negociação e Solução de Conflitos** — Do Impasse ao Ganha-ganha Com o Melhor Estilo. Atlas. Edição do Kindle

MARTINS, Glauco. **A Recuperação Extrajudicial.** São Paulo: Quartier Latin, 2012,

MILANESE, Salvatore (org.). **Reestruturação de Empresas:** como recuperar e reerguer negócios. São Paulo: Matriz, 2016.

MORIN, Edgar. **A complexidade e a empresa.** Disponível em: <http://comitepaz.org.br/Morin5.htm>. Acesso em 07 de julho de 2021.

PRADO, Elisa. **Gestão de reputação**. Aberje Editorial: Edição do Kindle, 2021.

ROCHA, Thelma; GOLDSCHMIDT, Andrea (coords). **Gestão dos Stakeholders: como gerenciar o relacionamento e a comunicação entre a empresa e seus públicos de interesse.** São Paulo: Saraiva, 2010.

SACRAMONE, Marcelo Barbosa. **Comentários à Lei de Recuperação de Empresas e Falência.** 2. Ed. São Paulo: Saraiva, 2021

SCHEINER, André; MENEZES, José Dario. **Gestão de marca e reputação corporativa.** Rio de Janeiro: FGV Editora, 2019.

SOUZA JR., Francisco Satiro. In: SOUZA JR., Francisco Satiro; PITOMBO, Antonio Sérgio A. de Moraes. **Comentários à Lei de Recuperação de Empresas e Falência.** São Paulo: Revista dos Tribunais, 2005.

SPINELLI, Luis Felipe; TELLECHEA, Rodrigo; SCALZILLI, João Pedro. **Recuperação Extrajudicial de Empresas.** São Paulo: Quartier Latin, 2013,

SZTAJN, Raquel, In: TOLEDO, Paulo; ABRÃO, Carlos Henrique. **Comentários à Lei de Recuperação de Empresas e Falência.** São Paulo: Saraiva, 2012

URY, William; BRETT, Jeanne; GOLDBERG, Stephen. **Resolução de Conflitos.** Lisboa: Actual, 2009.

WEITZEL, William; JONSSON, Ellen. Decline in Organizations: a literature integration and extension. **Administrative Science Quarterly,** 34 (1989). p. 91-109. Disponível em: < https://www.jstor.org/stable/2392987>. Acesso em 07 de julho de 2021.

11. MEDIAÇÃO ANTECEDENTE E TUTELA DE URGÊNCIA CAUTELAR: ASPECTOS PRÁTICOS E PONTOS CONTROVERTIDOS

Luiz Fernando Valente de Paiva
Joana Gomes Baptista Bontempo

Introdução

A "cultura do litígio" está enraizada na sociedade brasileira, a despeito de o ordenamento jurídico prever, desde os idos da Independência da República,[1] normas que permitem a autocomposição entre as partes. No âmbito empresarial, o fenômeno pode ser explicado, em parte e de um lado, pela ausência de incentivos para que as empresas adotassem métodos adequados de resolução de conflitos (*e.g.*, arbitragem, negociação, conciliação, mediação) e desenvolvessem desenhos de sistemas

[1] Constituição Federal, de 25.03.1824: "Art. 161. Sem se fazer constar, que se tem intentado o meio da reconciliação, não se começará Processo algum" (BRASIL. *Constituição Política do Império do Brasil, de 25 de março de 1824*. Manda observar a Constituição Politica do Imperio, offerecida e jurada por Sua Magestade o Imperador. Rio de Janeiro: Coleção de Leis do Império do Brasil, 1824. v. 1, p. 7. Disponível em: http://www.planalto.gov.br/ccivil_03/constituicao/constituicao24.htm. Acesso em: 24 jun. 2021).

de prevenção e resolução de disputas ("DSD") customizados para seus respectivos negócios, e, de outro lado, pelas garantias de amplo acesso ao Judiciário previstas na Constituição de 1988.

A superação da "cultura do litígio" no campo empresarial depende, além de previsão legal e regulamentação dos métodos adequados de resolução de conflitos, do convencimento por parte do empreendedor de que a adoção de tais métodos e a implementação de DSDs são medidas úteis e até mesmo necessárias para o sucesso de seu negócio. Trata-se de verdadeira mudança cultural, por meio da qual o litígio passa a dar espaço à pacificação social. Para tanto, é preciso que o empreendedor reconheça o benefício econômico de evitar disputas[2] ou resolvê-las de forma rápida, eficiente e com o menor custo possível, preservando-se o relacionamento preexistente com a contraparte.

No campo da insolvência, em que múltiplos interesses estão em jogo e a cooperação é fundamental para o sucesso da negociação coletiva, a utilização de métodos adequados de solução de conflitos parece ser ainda mais pertinente.

Entretanto, o Decreto-lei nº 7.661, de 21.06.1945 ("Decreto-lei nº 7.661/1945"), estabelecia que o devedor, ao propor um acordo coletivo com seus credores, praticava um ato de falência que era causa de pedir para a decretação de sua quebra. Por mais de 60 anos, o devedor no Brasil foi proibido de fazer negociações coletivas com seus credores como forma de sanar sua insolvência.[3] É certo que, nos últimos anos, em que o Decreto-lei nº 7.661/1945 esteve em vigor, como clara demonstração da ineficiência dos meios de superação da crise econômica pre-

[2] "Inicialmente, cumpre esclarecer que a negociação em uma recuperação de empresa tem natureza peculiar, uma vez que — em um processo tradicional — as partes pretendem obter algum tipo de ganho e, como vimos exaustivamente, satisfazer seus interesses em maior ou menor grau. Por outro lado, as partes envolvidas em um processo de recuperação de empresas têm — em um primeiro momento — o objetivo de evitar, ou reduzir, perdas" (Motonaga, Alexandre. A negociação e a nova legislação falimentar: a construção de um novo paradigma. *In*: Paiva, Luiz Fernando Valente de (coord.). *Direito falimentar e a nova Lei de Falências e Recuperação de Empresas*. São Paulo: Quartier Latin, 2005. p. 712).

[3] Em sentido contrário: "A verdade é que jamais houve qualquer vedação a essas ferramentas que visem o consenso entre as partes, contanto que respeitados os princípios que regem os processos falimentares" (Bragança, Gabriel José de Orleans e; Guerrero, Luís Fernando. O novo instituto da negociação prévia. *In:* Vasconcelos, Ronaldo *et al.* (coord.). *Reforma de Lei de Recuperação e Falência* (Lei n. 14.112/20). São Paulo: Ed. IASP, 2021. p. 349).

vistas em lei e do estado de anomia em matéria falimentar que vivemos naquele período, vários foram os casos de concordata branca, com negociações coletivas fartamente negociadas pelos jornais.

A par dessa então incipiente mudança, o fato é que não havia entre nós a cultura da negociação coletiva em situações de crise econômico-financeira por ocasião da entrada em vigor da Lei nº 11.101, de 9.2.2005 ("Lei de Recuperação de Empresas e Falência" ou "LREF").[4] E, dado o silêncio da LREF, havia muitas dúvidas acerca do cabimento da utilização dos meios alternativos de solução de conflitos em processos de recuperação e falências.

Nesse contexto, foi oportuna e relevante a aprovação, em 23.8.2016, pelo Conselho da Justiça Federal, do Enunciado nº 45 na I Jornada de Prevenção e Solução Extrajudicial de Litígios, reconhecendo que "[a] mediação e conciliação são compatíveis com a recuperação judicial, a extrajudicial e a falência do empresário e da sociedade empresária, bem como em casos de superendividamento, observadas as restrições legais".[5-6]

A partir daí, a mediação, já consagrada pela Lei nº 13.105/2015 ("CPC"), Lei nº 13.140/2015 ("Lei da Mediação") e Resolução nº 125, de 29.11.2010 ("Resolução CNJ nº 125/2010"), do Conselho Nacional de Justiça ("CNJ"), e amplamente utilizada em outros ramos do Direito,

[4] "A nova legislação falimentar introduz importantes modificações no ambiente econômico, permitindo a recuperação de empresas (unidades produtivas) e inserindo, definitivamente, o tema da negociação nesse contexto. As partes são estimuladas a assumir papel ativo na busca, e satisfação, de seus interesses, o que vai demandar — conforme explicitado ao longo do trabalho — preparação prévia e completa, obter o maior número de informações, detectar quais os reais interesses em jogo e, finalmente, não confundir posições com questões pessoais, em suma, não permitir que elementos emocionais interfiram no processo de negociação" (MOTONAGA, Alexandre. A negociação e a nova legislação falimentar: a construção de um novo paradigma. *In*: PAIVA, Luiz Fernando Valente de (coord.). *Direito falimentar e a nova Lei de Falências e Recuperação de Empresas*. São Paulo: Quartier Latin, 2005. p. 720).

[5] CONSELHO DA JUSTIÇA FEDERAL. Enunciado nº 45. I Jornada de Prevenção e Solução Extrajudicial de Litígios. Brasília, 2016. Disponível em: https://www.cjf.jus.br/enunciados/enunciado/900. Acesso em: 2 set. 2021.

[6] Andréa Galhardo Palma reconhece que o procedimento de mediação antecedente introduzido pela Lei nº 14.112/2020 também é compatível com a recuperação (Mediação na recuperação judicial e sua inclusão na Lei de Falência (com redação determinada pela Lei n. 14.112 de 25/12/2020). *In:* VASCONCELOS, Ronaldo *et al.* (coord.). *Reforma de Lei de Recuperação e Falência* (Lei n. 14.112/20). São Paulo: Ed. IASP, 2021. p. 293).

passou a ser formalmente incentivada como mecanismo de prevenção e solução de disputas relacionadas ao Direito Falimentar.[7]

Nesse sentido, por meio da Recomendação nº 58, de 22.10.2019 ("Recomendação CNJ nº 58/2019"), o CNJ recomendou "aos magistrados responsáveis pelo processamento e julgamento dos processos de recuperação empresarial e falências, de varas especializadas ou não, que promovam, sempre que possível, o uso da mediação".

Como reflexo dessa evolução, a LREF passou a contar, após a reforma promovida pela Lei nº 14.112, de 24.12.2020 ("Lei nº 14.112/2020"), com uma seção, embora sucinta, inteiramente dedicada às conciliações e mediações antecedentes ou incidentais aos processos de recuperação judicial ("Recuperação Judicial").[8-9-10] A par de a Seção II-A estar inserida no Capítulo II, das disposições comuns à recuperação judicial e falência, e de ter como título "Das Conciliações e das Mediações Antecedentes ou Incidentais aos Processos de Recuperação Judicial", não há dúvida de que se aplica tanto aos processos de Recuperação Judicial quanto aos de

[7] A mediação já havia sido experimentada com êxito em processos de insolvência isolados, sobretudo de grande porte, como no caso Varig, tendo sido inclusive ministrada como matéria de cursos oferecidos nos anos de 2005 e 2006 pelo Ministério da Justiça, em convênio com a Fundação Getulio Vargas, para treinamento de magistrados e promotores de justiça para aplicação da LREF.

[8] Seção II-A, arts. 20-A a 20-D, da LREF.

[9] "O reconhecimento legislativo da mediação pré-processual e a mediação como uma alternativa para os processo de recuperação judicial e falência consagra os esforços dos especialistas integrantes do Grupo de Trabalho do CNJ e de magistrados pioneiros que foram precursores nesse caminho e abre uma via larga para que a insolvência, como um todo, possa experimentar novas técnicas e se aperfeiçoar na prestação de serviços para a comunidade empresarial" (Campos, Marcelo Vieira de; Mendes, Luiz Cláudio Montoro. CEJUSCS empresariais. *In:* Salomão, Luis Felipe et al. (coord.). *Recuperação de empresas e falência*: diálogos entre a doutrina e a jurisprudência. São Paulo: Atlas, 2021. p. 246).

[10] "Observa-se, desde logo, que o alcance da mediação na Recomendação CNJ nº 58/2019 é maior do que o disposto na Lei nº 14.112/2020, embora os dispositivos que cuidam das hipóteses de aplicação do instituto sejam meramente exemplificativos. A lei parece enfatizar a mediação judicial, embora faça também menção a 'câmara especializada'" (Cueva, Ricardo Villa Boas. Sistemas de pré-insolvência empresarial — mediação e conciliação antecedentes na Lei nº 14.11/2020. *In:* Salomão, Luis Felipe et al. (coord.). *Recuperação de empresas e falência*: diálogos entre a doutrina e a jurisprudência. São Paulo: Atlas, 2021. p. 202).

falência e recuperação extrajudicial ("Recuperação Extrajudicial"), que, aliás, é mencionada expressamente no § 3º do inciso IV do art. 20-B.[11]

É nesse contexto que se inserem a mediação antecedente ao pedido de recuperação ("Mediação Antecedente"), prevista no art. 20-B, IV, da LREF, bem como a tutela de urgência cautelar ("Tutela Cautelar") facultada ao devedor para suspensão das execuções por até 60 dias ("*Stay Period* Cautelar"), a teor do art. 20-B, § 1º, da LREF.

Este artigo tem como objetivo analisar, sob uma perspectiva prática, a disciplina legal da Mediação Antecedente, da Tutela Cautelar e do respectivo *Stay Period* Cautelar, bem como trazer reflexões acerca de potenciais controvérsias decorrentes da interpretação dos dispositivos legais que tratam desses temas.

1. Mediação antecedente à recuperação

A mediação é um procedimento de autocomposição flexível, eficiente, célere e potencialmente econômico, pautado pela confidencialidade, por meio do qual as partes restabelecem a comunicação, identificam os conflitos e buscam soluções consensuais que atendam aos diversos interesses envolvidos, com o auxílio de profissional independente, imparcial e sem poder decisório, que atua como mediador entre as partes.[12]

[11] A esse respeito, várias são as disposições previstas no Capítulo II da LREF que se aplicam às Recuperações Extrajudiciais. A má técnica legislativa nesses dispositivos se explica pela dinâmica do processo legislativo e da introdução de diversos aprimoramentos somente na fase final do processo legislativo, em que alterações mais extensas no texto do projeto poderiam inviabilizar a incorporação dos aprimoramentos. Entre optar por ficar restrito ao rigor técnico ou por introduzir os aprimoramentos, felizmente o legislador optou pelo segundo, cabendo à doutrina e jurisprudência a tarefa de interpretar e compatibilizar os dispositivos respeitando a vontade do legislador.

[12] Fátima Cristina Bonassa e Sílvia Rodrigues Pachikoski esclarecem que a mediação é "um método autocompositivo, estruturado, auxiliado por um terceiro equidistante, livremente escolhido ou aceito, permitindo o endereçamento das preocupações e objetivos dos envolvidos, em caráter confidencial" (Bonassa, Fátima Cristina; Pachikoski, Sílvia Rodrigues. Mediação em processos de recuperação judicial. *Revista do Advogado*, São Paulo, n. 150, p. 63, jun. 2021). Alessandra Fachada Bonilha complementa no sentido de que "a mediação nada mais é do que um processo de negociação assistida, realizada por um terceiro imparcial, isto é, que não possui conflito de interesses com as partes e, em termos de resultado, traz eficiência, sobretudo no que tange à satisfação das partes" (Bonilha, Alessandra Fachada. A mediação como ferramenta de gestão e otimização de resultado da recuperação judicial. *Revista de Arbitragem e Mediação*, São Paulo, ano 15, v. 57, p. 395, abr./jun. 2018).

Em negociações envolvendo múltiplas partes, em especial em processos de recuperação e falência, não há como exigir que o mediador não tenha tido nenhum vínculo e não venha a tê-lo com nenhuma das partes envolvidas na mediação pelo prazo de um ano, como previsto no art. 6º da Lei de Mediação, sob pena de restringir a escolha de profissionais com a *expertise* necessária para os casos mais complexos. Não obstante, o mediador tem o dever de revelar relações pretéritas com as partes e está impedido de receber vantagens indevidas, venha ou não a assessorar, representar ou patrocinar qualquer das partes.[13]

A Mediação Antecedente, prevista no art. 20-B, IV, da LREF, é procedimento de mediação pré-processual, admitido na hipótese de negociação de dívidas e respectivas formas de pagamento entre a empresa em dificuldades e seus credores, antes do ajuizamento do pedido de recuperação.

1.1. Escopo da Mediação Antecedente

O escopo primordial da Mediação Antecedente é a renegociação das dívidas pelo devedor com seus credores para prevenir o ajuizamento de um processo de recuperação.[14] Nada impede, contudo, que tal escopo seja ampliado para contemplar medidas mais abrangentes, que viabilizem a recuperação da situação de dificuldade financeira do devedor, inclusive um plano compreensivo que contenha outros meios de recuperação, como a alienação de ativos, a substituição de garantias, a obtenção de novos financiamentos, entre outros.

A rigor, como a mediação é procedimento de autocomposição, desde que as partes estejam acordes, não nos parece haver óbices para que

[13] Quanto a esse aspecto, a aplicação do art. 6º e outros dispositivos da Lei de Mediação e do CPC deve ser realizada de forma harmônica com a LREF a fim de não constituir obstáculo injustificado à aplicação dos meios alternativos de solução de conflitos nos processos de recuperação e falência.

[14] "A expressão 'antecedente', utilizada pelo legislador, pode passar a errônea impressão de que o ato seria preparatório à apresentação do pedido de recuperação judicial. A intenção objetiva de lei, todavia, é a de que, sendo frutífera a mediação pré-processual (antecedente), o processo recuperacional seja descartado, ante o sucesso na reestruturação das dívidas da empresa, desafogando-se o Judiciário de mais um processo desnecessário" (SCHMIDT, Gustavo da Rocha; BUMACHAR, Juliana. Sistema de pré-insolvência empresarial — mediação e conciliação antecedentes. *In:* SALOMÃO, Luis Felipe et al. (coord.). *Recuperação de empresas e falência*: diálogos entre a doutrina e a jurisprudência. São Paulo: Atlas, 2021. p. 219).

qualquer assunto de seu interesse e/ou bens e direitos disponíveis sejam objeto de negociação e de eventual transação no âmbito da Mediação Antecedente, sobretudo se tal expediente tiver o potencial de contribuir para o sucesso da mediação.

Na prática, porém, parece-nos improvável que eventuais procedimentos de Mediação Antecedente tenham os respectivos escopos ampliados,[15] pois não há segurança jurídica para a realização de operações — em alguns casos essenciais — de alienação de ativos, substituição de garantias e financiamento do devedor em crise financeira.[16]

1.2. Credores envolvidos na Mediação Antecedente

A LREF não restringe a participação de credores na Mediação Antecedente, não fazendo qualquer distinção entre credores sujeitos ou não sujeitos à recuperação. A nosso ver, considerando que a LREF visa a prestigiar a autocomposição e promover a efetiva recuperação da empresa, qualquer credor poderia, de forma voluntária, participar da Mediação Antecedente, ainda que não fosse sujeito a eventual recuperação do devedor.

Embora a LREF seja silente a esse respeito, em princípio, o devedor deve indicar os credores com os quais pretende negociar, não sendo necessária a inclusão na Mediação Antecedente de todos os credores potencialmente sujeitos a eventual recuperação. A rigor, o devedor não é obrigado a negociar com todos os seus credores, podendo decidir qual

[15] Em casos específicos, para viabilizar operações mais complexas e essenciais à superação da crise do devedor, é possível que o escopo da Mediação Antecedente seja ampliado e as partes concordem desde logo, inclusive por meio de termo próprio, em aderir ou aprovar a eventual Plano de Recuperação Judicial ou Extrajudicial, nas mesmas condições do acordo firmado na Mediação Antecedente, caso esse acordo não sobreviva ao ajuizamento da Recuperação Judicial ou Extrajudicial, em razão do disposto no parágrafo único do art. 20-C da LREF.

[16] A LREF não prevê que operações de alienação de ativos efetuadas no âmbito de Mediações Antecedentes estarão protegidas contra sucessão das obrigações do devedor e serão consideradas válidas em caso de posterior falência do devedor. Da mesma forma, não há a segurança jurídica quanto à eficácia de operações de substituição de garantias realizadas por meio de acordos firmados em Mediações Antecedentes em caso de posterior falência do devedor. Eventuais financiamentos concedidos em decorrência de acordos firmados em Mediações Antecedentes também poderão não ter os benefícios e privilégios previstos na LREF reconhecidos em caso de posterior recuperação e falência.

a melhor estratégia para buscar o acordo que lhe permitirá a superação do estado de crise.

Cumpre indagar se, depois de instaurada a Mediação Antecedente, o devedor poderia requerer a inclusão de outros credores no procedimento ou, ainda, se credores não inseridos inicialmente pelo devedor poderiam pleitear sua própria inclusão. Dada a natureza voluntária da mediação, parece-nos que tais hipóteses seriam possíveis, desde que haja concordância das partes já incluídas na Mediação Antecedente com tais medidas, observado, em qualquer caso, o direito dos dissidentes de se desvincularem do procedimento a qualquer momento.

1.3. Procedimento da Mediação Antecedente

O § 1º do art. 20-B da LREF prevê que a Mediação Antecedente deve ser realizada perante o Centro Judiciário de Solução de Conflitos e Cidadania ("CEJUSC") do tribunal competente ou "da"[17] câmara especializada ("Câmara Especializada")[18-19] apenas nos casos em que o devedor pretenda pleitear a Tutela Cautelar.[20]

[17] A redação do § 1º do art. 20-B da LREF foi infeliz ao mencionar que a Mediação Antecedente que autoriza a concessão da Tutela Cautelar é aquela em curso perante o CEJUSC do tribunal competente ou "da" Câmara Especializada. Tal previsão comporta a interpretação de que a Câmara Especializada estaria vinculada ao CEJUSC ou, ao menos, a competência do CEJUSC deveria ser atribuída ou compartilhada com a Câmara Especializada cadastrada no tribunal competente. Entendemos que teria sido mais adequado se o legislador tivesse optado por autorizar a realização da Mediação Antecedente perante o CEJUSC do tribunal competente ou perante "a" Câmara Especializada, de forma a deixar clara a competência da Câmara Especializada, independentemente do CEJUSC, para a realização de Mediação Antecedente.

[18] A LREF não define o que vem a ser câmara especializada. Paulo Furtado de Oliveira Filho entende que a câmara deve ser especializada na matéria empresarial, de recuperação judicial e falência, devendo ter capacidade de atuação na resolução de conflitos multilaterais e estar inscrita em cadastro nacional e em cadastro do tribunal de justiça (Oliveira Filho, Paulo Furtado. Mediação antecedente e mediação na recuperação judicial. *Revista do Advogado*, São Paulo, n. 150, p. 211, jun. 2021).

[19] Nos termos do art. 167 do CPC, as câmaras de mediação deverão ser inscritas em cadastro nacional e em cadastro do Tribunal de Justiça ou Tribunal Regional Federal competente. Em contrapartida ao credenciamento nos tribunais, a câmara deverá realizar audiências não remuneradas no âmbito de processos em que deferida a gratuidade da justiça, conforme percentual a ser definido pelo tribunal competente, a teor do art. 169, § 2º, do CPC.

[20] "Nesse particular, entendeu o legislador que, eventualmente, pode ser mais conveniente para os interessados que a mediação ocorra no ambiente estritamente privado, por insti-

Não sendo o caso de requerimento de Tutela Cautelar, sobretudo na hipótese em que o devedor obtiver *stand-still* com os credores diretamente, não há forma prescrita na LREF, podendo as partes optar por conduzir a Mediação Antecedente perante o CEJUSC do tribunal competente, a Câmara Especializada ou qualquer câmara privada ou, até mesmo, diante de mediador da confiança das partes ("Mediador *Ad Hoc*").

Em qualquer caso, instaurada a Mediação Antecedente na data da primeira sessão de mediação, fica suspenso o prazo prescricional enquanto transcorrer o procedimento, conforme o disposto no art. 17 da Lei de Mediação.

a) Mediação Antecedente Judicial

A Mediação Antecedente realizada sob a modalidade judicial ("Mediação Antecedente Judicial") é promovida perante o CEJUSC do tribunal competente.[21]

Formulado o pedido de Mediação Antecedente Judicial pelo devedor e pagas ou diferidas as custas (ou concedido o benefício da justiça gratuita), o juízo responsável pelo CEJUSC do tribunal competente designará a primeira sessão de mediação.

As regras de nomeação do mediador previstas no CPC e na Lei de Mediação são confusas e têm o potencial de gerar controvérsias na prática.[22] Ademais, não são adequadas para procedimentos de negociação coletiva, como a Mediação Antecedente Judicial. Logo, parece-nos que a regra constante da Recomendação CNJ nº 58/2019[23] é a que melhor

tuição renomada na área de soluções extrajudiciais de litígios" (Schmidt, Gustavo da Rocha; Bumachar, Juliana. Sistema de pré-insolvência empresarial — mediação e conciliação antecedentes. *In:* Salomão, Luis Felipe et al. (coord.). *Recuperação de empresas e falência*: diálogos entre a doutrina e a jurisprudência. São Paulo: Atlas, 2021. p. 224).

[21] Embora a Mediação Antecedente seja um procedimento de prevenção e resolução de conflitos pré-processual, a LREF confere ao devedor a faculdade de promovê-la perante o CEJUSC do tribunal competente, ou seja, sob a modalidade judicial, o que é um contrassenso e motivo de acirrada crítica pela doutrina, por implicar a movimentação do Poder Judiciário sem necessidade ou fundamento plausível.

[22] Enquanto o art. 168 do CPC estabelece que as partes poderão escolher conjuntamente o mediador judicial, o art. 25 da Lei de Mediação prevê que o mediador não está sujeito à prévia aceitação das partes em casos de mediação judicial.

[23] A Recomendação CNJ nº 58/2019 foi originalmente concebida e é aplicável a mediações incidentais à Recuperação Judicial. Cumpre registrar que, à época, ainda não estava positi-

se aplica aos casos de Mediação Antecedente Judicial, por prever uma dinâmica entre múltiplas partes para a escolha do mediador, que contempla hipóteses sucessivas em caso de ausência de acordo.[24]

Nos termos do art. 28 da Lei de Mediação, o procedimento deve ser concluído em 60 dias, exceto na hipótese de prorrogação requerida conjuntamente pelas partes.

b) Mediação Antecedente Extrajudicial

A Mediação Antecedente realizada de forma extrajudicial ("Mediação Antecedente Extrajudicial") pode ser promovida perante Câmara Especializada, câmara privada ou Mediador *Ad Hoc*.[25] Nos termos do art. 21 da Lei de Mediação, a parte interessada em instaurar a Mediação Antecedente Extrajudicial (*i.e.*, devedor) deverá enviar um convite às partes contrárias (*i.e.*, credores), por qualquer meio de comunicação, estipulando o escopo proposto da negociação, a data e horário da primeira reunião de mediação. As partes contrárias terão 30 dias para responder ao convite, sendo o silêncio entendido como recusa. O prazo legal não é compatível com a realidade do direito das empresas em crise, de forma que é recomendável o estabelecimento de prazo mais enxuto no convite aos credores.

Aceita a participação na Mediação Antecedente Extrajudicial, as partes comparecem à primeira reunião de mediação para nomear o mediador e estabelecer a data da próxima sessão.

Os critérios para a realização da mediação extrajudicial podem ser contratualmente estabelecidos, a teor do disposto no art. 22 da Lei de Mediação. Contudo, considerando que eventual Mediação Antecedente Extrajudicial envolverá múltiplas partes, é improvável que todos os contratos contenham previsão contratual de mediação e, ainda que a te-

vada a hipótese de ajuizamento de Recuperação Extrajudicial sem que o quórum necessário para homologação do Plano tivesse sido atingido, bem como não havia em nosso Direito o instituto da Mediação Antecedente.

[24] Contudo, há casos em andamento nos quais o devedor apresentou requerimento para instauração de Mediação Antecedente Judicial e, na audiência realizada perante o CEJUSC, o juiz oficiou a uma Câmara Especializada para que esta fizesse a nomeação de mediador.

[25] Na prática, parece-nos que a Mediação Antecedente Extrajudicial tenderá a ser conduzida apenas perante Câmaras Especializadas, na medida em que os procedimentos conduzidos perante câmaras privadas ou Mediadores *Ad Hoc* poderão não conferir ao devedor a segurança de que, caso necessário, será possível obter a Tutela Cautelar.

nham, é igualmente improvável que os mesmos critérios se apliquem a todos os contratos, de modo que deverão ser observados os critérios mínimos constantes do § 2º do art. 22 da Lei de Mediação e, em qualquer caso, as orientações consignadas na Recomendação CNJ nº 58/2019, sobretudo no que se refere à forma de nomeação do mediador.

c) Homologação judicial do acordo firmado no âmbito da Mediação Antecedente

Eventual acordo obtido entre as partes constitui título executivo extrajudicial e, quando homologado judicialmente, título executivo judicial, nos termos do art. 20, parágrafo único, da Lei de Mediação.

Note-se que, pela leitura do disposto no art. 20-C da LREF, a homologação judicial do acordo eventualmente firmado entre as partes parece ser mandatória.[26] Entretanto, entendemos que o dispositivo deveria ser interpretado como uma faculdade das partes.[27] Do contrário, as partes seriam obrigadas a movimentar a máquina judiciária desnecessariamente para homologação judicial de acordo já firmado e que possui força executiva.

A esse respeito, lembre-se que a LREF não confere à decisão de homologação judicial do acordo eventualmente firmado em sede de Mediação Antecedente a mesma força vinculante que possui a decisão concessiva da Recuperação Judicial ou homologatória da Recuperação

[26] Paulo Furtado de Oliveira Filho lembra que "[s]omente devem ser homologados acordos que não violem normas de ordem pública e que não beneficiem determinados credores em detrimento dos demais" (Mediação antecedente e mediação na recuperação judicial. *Revista do Advogado*, São Paulo, n. 150, p. 213, jun. 2021). A esse respeito, lembramos que a LREF não exige que o acordo observe a paridade entre os credores, como ocorre nos processos de insolvência.

[27] Ricardo Villas Boas Cueva, sem expandir a discussão, parece sustentar ser a homologação judicial uma exigência legal (Sistemas de pré-insolvência empresarial — mediação e conciliação antecedentes na Lei nº 14.11/2020. *In:* SALOMÃO, Luis Felipe et al. (coord.). *Recuperação de empresas e falência*: diálogos entre a doutrina e a jurisprudência. São Paulo: Atlas, 2021. p. 204). No mesmo sentido: "Desta forma, a mediação empresarial ora prevista nos artigos 20-A e 20-D da Lei 11.101/05 poderá ser utilizada como ferramenta de solução de conflitos em fase pré-processual, porém, com a necessidade de que seja homologado perante o Juízo competente o acordo obtido por meio da mediação (e da conciliação)" (CASTRO, Camila Crespi. De conciliação e mediação empresarial e sua aplicabilidade no novo regime concursal. *In:* VASCONCELOS, Ronaldo *et al.* (coord.). *Reforma de Lei de Recuperação e Falência* (Lei n. 14.112/20). São Paulo: Ed. IASP, 2021. p. 286).

Extrajudicial. De fato, a eventual decisão homologatória do acordo não poderá ser imposta a credores dissidentes ou ausentes, não havendo sequer quórum estabelecido para que certa maioria imponha o acordo à minoria, como ocorre com a homologação do plano de recuperação ("Plano").

De toda forma, havendo Recuperação Judicial ou Extrajudicial em até 360 dias após o acordo firmado no âmbito da Mediação Antecedente, os credores terão reconstituídos seus direitos e garantias nas condições originalmente contratadas, deduzidos eventuais valores pagos pelo devedor e ressalvados os atos validamente praticados no âmbito (ou em decorrência) da Mediação Antecedente, nos termos do parágrafo único do art. 20-C da LREF.[28]

2. Tutela de urgência cautelar em sede de Mediação Antecedente

O art. 20-B, § 1º, da LREF estabelece que o devedor em dificuldades, que preencha os requisitos legais para ajuizar recuperação judicial, poderá obter Tutela Cautelar para suspensão das execuções contra ele propostas, pelo prazo de até 60 dias, a fim de permitir tentativa de composição com seus credores, no âmbito de Mediação Antecedente, já instaurada perante o CEJUSC[29] do tribunal competente ou perante Câmara Especializada.

[28] O legislador se preocupou aqui em limitar a exposição dos credores, evitando que aqueles que porventura tenham celebrado acordo na Mediação Antecedente sejam submetidos a novos descontos ou alongamentos em caso de Recuperação Judicial ou Extrajudicial, em especial em tratamento desfavorável a outros credores que não tenham participado do acordo na Mediação. A intenção, claramente, é incentivar os credores a participar da Mediação Antecedente e, se possível, firmar acordo com o devedor. Não obstante, é possível que as partes concordem em manter as mesmas condições acordadas na Mediação Antecedente em caso de eventual Recuperação Judicial ou Extrajudicial, ainda que tais procedimentos sejam ajuizados dentro de 360 dias. Portanto, para evitar quaisquer discussões acerca das limitações constantes do parágrafo único do art. 20-C da LREF, as partes podem, no âmbito da Mediação Antecedente, firmar termo próprio de adesão a eventual Plano de Recuperação Judicial ou Extrajudicial que contenha as mesmas condições previstas no acordo da Mediação Antecedente. Dessa forma, ainda que o devedor se veja obrigado a ajuizar uma recuperação e o acordo da Mediação Antecedente não sobreviva por força do disposto no parágrafo único do art. 20-C da LREF, o devedor terá a segurança, em razão dos termos de adesão já firmados, de que seus credores aderirão ao Plano naquelas mesmas condições e que a negociação não terá que ser reiniciada do zero.

[29] O art. 165 do CPC prevê que os CEJUSCs deverão ser criados pelo tribunal competente, observadas as normas do CNJ. A Resolução nº 71 do CNJ, de 05.8.2020 ("Resolução CNJ

A existência de dispositivo legal que evite o ajuizamento de inúmeras execuções contra o devedor e/ou determine sua respectiva suspensão parece ser necessária para se chegar a uma solução coletiva,[30] em prestígio à negociação extrajudicial entre o devedor e seus credores. Não obstante, a norma tem sido duramente criticada pela doutrina, pois exige a intervenção jurisdicional para concessão da Tutela Cautelar e consequente aplicação do *Stay Period* Cautelar, que poderia decorrer da mera instauração da Mediação Antecedente.[31] Em outras palavras, a lei poderia conter previsão de que a simples instauração da Mediação Antecedente já implicaria a suspensão das execuções.

2.1. Requisitos para concessão da Tutela Cautelar

Ao requerer a concessão da Tutela Cautelar, o devedor deve demonstrar (i) sua legitimidade para requerer Recuperação Judicial; (ii) a instauração de Mediação Antecedente perante o CEJUSC do tribunal competente ou perante a Câmara Especializada para tentativa de composição com seus credores; e (iii) a existência de perigo de dano ou risco ao resultado útil da Mediação Antecedente. A não comprovação de quaisquer desses requisitos pelo devedor deve ensejar o indeferimento da Tutela Cautelar pelo juízo competente.[32-33]

nº 71/2020") dispõe sobre a criação dos CEJUSCs empresariais e fomenta o uso de métodos adequados de tratamento de conflitos de natureza empresarial.

[30] "Com isso o devedor fica protegido por uma ordem judicial de *stay period* antes mesmo de ajuizar o pedido de recuperação judicial. Tal mecanismo de pré-insolvência previne também o ajuizamento de centenas de outras ações relacionadas ao inadimplemento da devedora em razão da ordem de *stay* e da coletivização da solução desses conflitos" (Costa, Daniel Carnio; Melo, Alexandre Nasser. *Comentários à Lei de Recuperação de Empresas e Falência*. Curitiba: Juruá, 2021. p. 96).

[31] Oliveira Filho, Paulo Furtado. Mediação antecedente e mediação na recuperação judicial. *Revista do Advogado*, São Paulo, n. 150, p. 207-214, jun. 2021.

[32] "Claro, portanto, que o Juiz pode negar a tutela de urgência se o devedor não puder requerer recuperação judicial ou se ausente o risco de prejuízo e irreparável ou de difícil reparação ao devedor. Por exemplo, o Juiz poderá negar a tutela de urgência se: a) constatar que o devedor não é empresário ou não exerce há mais de dois anos a atividade empresarial regular; b) as ações de execução em andamento contra o devedor não colocarem em grave risco a sua atividade; c) se, realizada uma constatação prévia, concluir o juiz que a atividade empresarial já foi encerrada.

Também poderá o juiz conceder a tutela de urgência apenas em parte, em relação a credores das classes II, III, IV, do art. 41 da Lei 11.101/2005, caso constate que o passivo trabalhista do

a) Legitimidade para requerer Recuperação Judicial

Com relação ao primeiro requisito, não é suficiente que o devedor esteja em dificuldade financeira.[34] É preciso que tenha legitimidade para requerer Recuperação Judicial, nos termos dos arts. 1º e 48 da LREF e art. 25 da Lei nº 14.193/2021 ("Lei do Clube Empresa"). Parte da doutrina entende que a comprovação da legitimidade ativa do devedor pode ser realizada por meio da apresentação de todos os documentos exigidos pelo art. 51 da LREF,[35] o que nos parece adequado, inclusive para que os credores tenham acesso a informações relevantes para fins de negociação com o devedor no âmbito da Mediação Antecedente.[36]

Nos casos em que o devedor declarar que a Mediação Antecedente tem por finalidade obter o acordo necessário para o ajuizamento de uma Recuperação Extrajudicial, a fim de evitar o ajuizamento de uma Recuperação Judicial, em princípio, os documentos a serem apresentados para a concessão da Tutela Cautelar deveriam ser aqueles exigidos para o ajuizamento de um processo de Recuperação Extrajudicial. No entanto, também nessa hipótese, poderia surgir alguma controvérsia, pois a relação de documentos exigidos para a distribuição de uma Recuperação Extrajudicial meramente homologatória diverge daquela necessária para a modalidade impositiva, tudo a demonstrar que a concisão adotada pelo legislador deixou lacunas relevantes que terão que ser sanadas pela jurisprudência.

devedor é insignificante e por isso o devedor poderá superar a crise sem sacrificar os credores da classe I" (Oliveira Filho, Paulo Furtado. Das conciliações e das mediações antecedentes ou incidentais aos processos de recuperação judicial. *In:* Oliveira Filho, Paulo Furtado. *Lei de Recuperação e Falência*: pontos relevantes e controversos da reforma. Indaiatuba: Foco Jurídico, 2021. p. 20).

[33] Demonstrando preocupação com comportamentos oportunistas, Gabriel José de Orleans Bragança e Luís Fernando Guerreiro ressaltam a importância de rigorosa análise quanto ao cumprimento dos requisitos autorizadores da Tutela Cautelar (O novo instituto da negociação prévia. *In:* Vasconcelos, Ronaldo *et al.* (coord.). *Reforma de Lei de Recuperação e Falência* (Lei n. 14.112/20). São Paulo: Ed. IASP, 2021. p. 355).

[34] Aliás, a LREF nem sequer define o que é dificuldade financeira e como deve ser comprovada.

[35] Oliveira Filho, Paulo Furtado. Mediação antecedente e mediação na recuperação judicial. *Revista do Advogado*, São Paulo, n. 150, p. 212, jun. 2021.

[36] Não se ignora, contudo, que Tutelas Cautelares podem ser deferidas sem a apresentação de tais documentos, ante a ausência de previsão legal expressa nesse sentido.

b) Instauração da Mediação Antecedente perante o CEJUSC do tribunal competente ou perante a Câmara Especializada para tentativa de composição com credores

No que se refere ao segundo requisito, acerca da comprovação da instauração da Mediação Antecedente perante o CEJUSC do tribunal competente ou perante as Câmaras Especializadas para tentativa de composição com credores, é preciso compreender (i) o momento em que se considera instaurada a Mediação Antecedente; e (ii) quais credores devem participar da Mediação Antecedente, para que o requisito legal da "tentativa de composição com credores" seja considerado preenchido.

O art. 17 da Lei de Mediação estabelece que a mediação é instituída (e não instaurada) na data para a qual tiver sido marcada a primeira reunião de mediação, ocasião em que as partes devem confirmar sua intenção de participar da mediação. De fato, não há que falar em mediação antes que as partes tenham voluntariamente concordado em participar do procedimento.[37]

No entanto, na prática, é comum que haja um intervalo entre o requerimento de instauração da mediação formulado pela parte e sua efetiva instituição, com a nomeação do mediador. Nesse ínterim, há o risco de que o devedor fique exposto a possíveis ataques por parte de seus credores, o que tem o potencial de comprometer o próprio objetivo da mediação cuja instauração se requer. Logo, melhor teria sido se a LREF tivesse estabelecido como requisito para a concessão da Tutela Cautelar a comprovação do mero requerimento de instauração de Mediação Antecedente, em vez da efetiva instauração do procedimento.[38]

Dada a ausência de definição acerca do marco inicial a partir do qual se considera instaurada a Mediação Antecedente, parece mais condizente adotar como critério de comprovação da instauração da Mediação Antecedente o envio aos credores de notícia a respeito da apresentação

[37] No capítulo da autocomposição de conflitos em que for parte pessoa jurídica de direito público da Lei de Mediação, o § 1º do art. 34 define como considerado instaurado o procedimento de mediação quando o órgão ou entidade pública emitir juízo de admissibilidade.

[38] Diante da insegurança jurídica acerca do momento de instauração da Mediação Antecedente Judicial e Extrajudicial, parece-nos que os devedores tenderão a ajuizar o procedimento perante os CEJUSCs competentes (sob a modalidade judicial), em vez de Câmaras Especializadas (sob a modalidade extrajudicial), requerendo que os mediadores sejam designados pelo Juízo competente para início imediato da mediação.

do requerimento de Mediação Antecedente perante o CEJUSC ou a Câmara Especializada ou, ainda, de convite para participar da Mediação Antecedente, caso aplicável a depender das regras da respectiva Câmara Especializada.

A exigência de atos estranhos ao controle do devedor poderia frustrar o espírito de lei, retirando do devedor a proteção pretendida pelo legislador. Em qualquer circunstância, caso o CEJUSC ou a Câmara Especializada entendam pela ausência dos requisitos de admissibilidade do procedimento ou a Mediação Antecedente não venha a ser instalada, a Tutela Cautelar eventualmente concedida deverá ser revogada.

A Mediação Antecedente deve ter a finalidade de tentativa de composição com os credores do devedor. Não nos parece haver dúvidas de que qualquer credor pode participar da Mediação Antecedente, ainda que não seja sujeito a eventual recuperação do devedor. É necessário, todavia, que o devedor indique quais credores devem participar da Mediação Antecedente para que o requisito legal seja considerado preenchido e a Tutela Cautelar possa ser concedida.

A LREF é obscura nesse particular, na medida em que exige apenas a participação de "credores", sem indicação de percentual mínimo de adesão de credores à Mediação Antecedente e sem qualquer distinção entre os credores participantes, seja pela natureza de seus créditos (*i.e.*, sujeitos ou não sujeitos a eventual recuperação), seja por sua relevância no contexto de potencial votação do Plano.

c) Existência de perigo de dano ou risco ao resultado útil da Mediação Antecedente

A existência de perigo de dano ou risco ao resultado útil da Mediação Antecedente deve ser comprovada para a concessão da Tutela Cautelar, não bastando a mera alegação por parte do devedor de forma genérica. Vale lembrar que o *Stay Period* Cautelar pretendido pode ser obtido no âmbito da própria Mediação Antecedente mediante acordo entre as partes. Portanto, é necessário que o devedor evidencie que os esforços efetivamente empreendidos no âmbito da Mediação Antecedente estão em perigo ou o próprio resultado útil alcançado na Mediação Antecedente poderá ser prejudicado caso não seja concedido desde logo o *Stay Period* Cautelar.

2.2. Credores impactados pela concessão da Tutela Cautelar

Comprovados os requisitos para a concessão da Tutela Cautelar, cumpre indagar seu alcance, ou seja, quais credores deverão ser citados[39] e poderão ser impactados pelo *Stay Period* Cautelar deferido. Novamente, a LREF não traz resposta para tal indagação, ficando a cargo da doutrina e jurisprudência apresentar soluções para as questões postas.

A nosso ver, a redação do art. 20-B, §§ 1º e 3º, da LREF deveria ter sido expressa para restringir a aplicação do *Stay Period* Cautelar apenas às execuções que envolvam créditos objeto de negociação na Mediação Antecedente e que possam vir a se sujeitar a eventual processo de Recuperação Judicial ou Extrajudicial.

Aa despeito da omissão constante da LREF, considerando que a Tutela Cautelar tem por finalidade viabilizar a composição entre o devedor e seus credores no âmbito da Mediação Antecedente, não nos parece haver motivos para admitir que o *Stay Period* Cautelar se estenda para execuções que envolvam créditos que não sejam objeto de negociação na Mediação Antecedente já instaurada. Em outras palavras, o *Stay Period* Cautelar somente deve ser aplicável às execuções[40] que envolvam créditos objeto de negociação na Mediação Antecedente.[41]

[39] A citação dos credores é um desafio em si, sobretudo caso a Mediação Antecedente envolva número elevado de credores, inclusive internacionais. Vale lembrar, ainda, que o procedimento da Tutela Cautelar previsto no CPC confere à parte contrária a oportunidade de apresentar contestação, o que pode tornar litigiosa a demanda.

[40] Cumpre destacar que o art. 20-B, § 1º, da LREF se refere à suspensão de execuções ajuizadas contra o devedor, nada dispondo acerca da proibição de qualquer forma de retenção, arresto, penhora, sequestro, busca e apreensão e constrição judicial ou extrajudicial sobre os bens do devedor, diferentemente do que acontece com o *Stay Period* decorrente do deferimento do processamento da Recuperação Judicial, a teor do art. 6º, II, da LREF.

[41] É bem verdade que os credores que tenham aderido à Mediação Antecedente possivelmente terão concordado com um *stand still*, ainda que informal, para suspensão das execuções ajuizadas contra o devedor. No entanto, o *stand still* nessas circunstâncias não é obrigatório e sempre haverá o risco de algum credor pretender exercer seu legítimo direito de cobrança ao mesmo tempo que participa da Mediação Antecedente, o que pode, em tese, comprometer os esforços coletivos de autocomposição. A esse respeito, Andréa Galhardo Palma entende que "a questão do *stay* de 60 dias, via tutela de urgência, só para a hipótese do inciso IV, limitou um pouco a possibilidade de deferimento nas demais hipóteses, melhor seria que a Lei autorizasse de forma automática o *stay*, desde que as partes aderissem à mediação, sem necessidade de judicializar previamente a questão" (Mediação na recuperação judicial e sua inclusão na Lei de Falência (com redação determinada pela Lei n. 14.112 de

Como não há óbice para a inclusão de novos credores no curso da Mediação Antecedente, inclusive após a concessão da Tutela Cautelar, entendemos que o prazo remanescente do *Stay Period* Cautelar originalmente concedido deveria ser aplicável para os novos credores aderentes, evitando-se a necessidade de obtenção de nova Tutela Cautelar com relação a tais credores.[42]

Outrossim, também não nos parece apropriado que credores não sujeitos a eventual e futura Recuperação Judicial sejam afetados pela concessão da Tutela Cautelar e respectivo *Stay Period* Cautelar, salvo no que se refere à venda ou retirada do estabelecimento do devedor de bens de capital essenciais a sua atividade empresarial, nos termos do art. 49, § 3º, da LREF.[43] Com efeito, ainda que a redação da LREF pareça ampla o suficiente para abranger a suspensão de execuções que envolvam créditos de qualquer natureza, a nosso ver, não há sentido lógico em admitir que o credor não sujeito à Recuperação Judicial possa exercer seus direitos contra o devedor durante o procedimento, mas fique impedido de exercer esses mesmos direitos antes do respectivo ajuizamento, em razão de mera Mediação Antecedente, a qual, repita-se, é método voluntário de autocomposição entre as partes.

Finalmente, a falta de clareza e a concisão do texto legal permitem questionar o impacto da Tutela Cautelar sobre os credores convidados a participar da Mediação Antecedente, mas que a ela se recusaram a aderir. Quanto a esse aspecto, é preciso compreender o sentido da norma. Pretendeu o legislador conceder ao devedor um período de até 60 dias

25/12/2020). *In:* Vasconcelos, Ronaldo *et al.* (coord.). *Reforma de Lei de Recuperação e Falência* (Lei n. 14.112/20). São Paulo: Ed. IASP, 2021. p. 305).

[42] Paulo Furtado de Oliveira Filho preocupa-se com as possíveis "pedaladas" por parte dos devedores, com a apresentação de sucessivos pedidos de Tutela Cautelar para abranger novas execuções, iniciadas após a concessão do *Stay Period* Cautelar, defendendo, portanto, a necessidade de que todos os credores sejam sujeitos desde logo a um único pedido de Tutela Cautelar e uma única ordem de *Stay Period* Cautelar (Mediação antecedente e mediação na recuperação judicial. *Revista do Advogado,* São Paulo, n. 150, p. 212, jun. 2021). A preocupação é válida e deve ser ponderada no caso concreto, evitando-se a concessão de sucessivas Tutelas Cautelares ao mesmo devedor, em detrimento do mesmo grupo de credores ou de grupos distintos de credores.

[43] Nesse mesmo sentido: Bragança, Gabriel José de Orleans e; Guerreiro, Luís Fernando. O novo instituto da negociação prévia. *In:* Vasconcelos, Ronaldo *et al.* (coord.). *Reforma de Lei de Recuperação e Falência* (Lei n. 14.112/20). São Paulo: Ed. IASP, 2021. p. 352.

para que este negocie com os credores o acordo necessário para evitar o ajuizamento de uma recuperação. Para atender a essa finalidade, é imperativo conceder ao devedor um período de proteção durante o qual o devedor não seja atingido por medidas judiciais ajuizadas por seus credores, ainda que legitimamente, mas que possam vir a comprometer o resultado dessa negociação coletiva.

Assim, se o devedor convidou para participar da Mediação Antecedente um credor que poderá estar sujeito à recuperação futura, esse credor deverá necessariamente se submeter aos efeitos de eventual Tutela Cautelar e *Stay Period* Cautelar, ainda que não tenha aderido ou aceitado participar da Mediação Antecedente. Em outras palavras, o devedor tem o direito de impedir que esse credor que se recusa a participar da Mediação Antecedente, e que poderá estar sujeito a futura recuperação, tome medidas que ponham em risco o sucesso da Mediação Antecedente.

2.3. Prazo do *Stay Period* Cautelar

O § 1º do art. 20-B da LREF estabelece que o *Stay Period* Cautelar será de até 60 dias.[44] A primeira observação que deve ser feita é que o prazo é máximo e não fixo, ao contrário de outros prazos estabelecidos na LREF, como o próprio prazo de suspensão das ações e execuções ajuizadas contra o devedor, previsto no art. 6º, § 4º da LREF ("*Stay Period*"). Dessa forma, o devedor não faz jus, *a priori*, à integralidade do prazo, devendo justificar na petição inicial da Tutela Cautelar o tempo necessário para a conclusão das tratativas com os credores no âmbito da Mediação Antecedente.[45]

[44] "Um *stay period* curto e bem definido, que pode se revelar útil para garantir efetividade às negociações pré-concursais. Mas há condições rigorosas para esse benefício" (Cueva, Ricardo Villa Boas. Sistemas de pré-insolvência empresarial — mediação e conciliação antecedentes na Lei nº 14.11/2020. *In:* Salomão, Luis Felipe et al. (coord.). *Recuperação de empresas e falência*: diálogos entre a doutrina e a jurisprudência. São Paulo: Atlas, 2021. p. 204).

[45] O prazo do *Stay Period* Cautelar poderá variar dependendo de quão avançadas estiverem as tratativas na Mediação Antecedente. Caso a Tutela Cautelar seja ajuizada logo no início da Mediação Antecedente, é provável que o devedor necessite dos 60 dias. No entanto, caso as negociações estejam quase concluídas, tendo a ação individual de algum credor dissidente colocado em risco todos os esforços até então empreendidos, não seria necessária, em princípio, a concessão da integralidade do prazo legal, podendo o Juízo competente fixar prazo inferior para o *Stay Period* Cautelar.

Ademais, a LREF não é expressa quanto ao marco inicial da contagem do prazo do *Stay Period* Cautelar, podendo-se indagar se a suspensão deveria ser contada a partir da concessão da Tutela Cautelar ou de sua comunicação às partes. Como a finalidade da Tutela Cautelar é justamente evitar que ataques por credores individuais tornem inócua a Mediação Antecedente, assim como o *Stay Period* tem a mesma finalidade com relação aos processos de Recuperação Judicial e Extrajudicial, a suspensão deve ser aplicada de imediato, independentemente de comunicação às partes, tornando anuláveis os atos praticados depois da data em que concedido o *Stay Period* Cautelar, decorrentes de eventuais execuções em curso ou que venham a ser ajuizadas durante a suspensão.

Além disso, cumpre destacar que o prazo do *Stay Period* Cautelar não é prorrogável, devendo ser observado o limite de 60 dias previsto na LREF.[46] Em que pese possa parecer enxuto, sobretudo para negociações multilaterais, tal prazo está em linha com o disposto no art. 28 da Lei de Mediação, que estabelece que as mediações devem ser concluídas em até 60 dias, contados da primeira sessão de mediação, salvo acordo entre as partes.[47]

2.4. Segredo de justiça

A Mediação Antecedente é orientada, entre outros, pelo princípio da confidencialidade, a teor do art. 2º, VII, da Lei de Mediação. Embora não esteja contemplada nas hipóteses de segredo de justiça previstas no art. 189 do CPC, discutem-se a possibilidade e a conveniência de o devedor requerer e ter deferido o segredo de justiça, para que a notícia do ajuizamento da Tutela Cautelar e do eventual deferimento do *Stay Period* Cautelar não interfira no regular desenvolvimento de suas ativi-

[46] Nada impede, contudo, que as partes concordem com novas suspensões das execuções, uma vez decorrido o prazo do *Stay Period* Cautelar. Nesse sentido, Gustavo da Rocha Schmidt e Juliana Bumachar ressaltam que as partes podem, no curso da Mediação Antecedente, acordar acerca da prorrogação do prazo de suspensão das execuções (Sistema de pré-insolvência empresarial — mediação e conciliação antecedentes. *In:* SALOMÃO, Luis Felipe et al. (coord.). *Recuperação de empresas e falência*: diálogos entre a doutrina e a jurisprudência. São Paulo: Atlas, 2021. p. 222).

[47] Ainda que haja acordo para a prorrogação da Mediação Antecedente, em princípio, não deveria haver prorrogação da Tutela Cautelar e do *Stay Period* Cautelar para além dos 60 dias previstos na LREF, notadamente porque não há previsão legal de abatimento desse período adicional do *Stay Period* em caso de superveniente recuperação judicial ou extrajudicial.

dades, especialmente no que se refere a potenciais restrições de crédito, interrupções no fornecimento de bens e serviços ou cancelamentos de pedidos por parte de clientes.

2.5. Dedução do pedido principal

Conforme o disposto no art. 20-B, § 1º, da LREF, a Tutela Cautelar deverá observar os termos do art. 305 e seguintes do CPC. O art. 308 do CPC estabelece que, depois de efetivada a Tutela Cautelar, o autor deverá deduzir o pedido principal no prazo de 30 dias. Por sua vez, o art. 309, I, do CPC prevê que a ausência de dedução do pedido principal no prazo legal faz cessar a eficácia da Tutela Cautelar concedida.

A LREF é silente a esse respeito e parece permitir a interpretação de que, ainda que o *Stay Period* Cautelar tenha sido deferido pelo prazo máximo de 60 dias, deveria o devedor deduzir o pedido principal no prazo de 30 dias, sob pena de perda da eficácia da Tutela Cautelar. A nosso ver, tal interpretação é incompatível com os princípios que informam a LREF, em especial os princípios da desjudicialização e do incentivo à autocomposição, de forma que a aplicação do CPC deve ser modulada nesse particular, principalmente nos casos em que o prazo do *Stay Period* Cautelar for superior a 30 dias.

Ademais, é de indagar acerca da efetiva necessidade de dedução de pedido principal de Recuperação Judicial.[48] A rigor, se a Mediação Antecedente for bem-sucedida, a recuperação poderá não ser mais necessária. Além disso, caso o devedor tenha que ajuizar a recuperação, a suspensão das execuções decorre da lei, independentemente de pedido específico do devedor.

2.6. Abatimento do prazo do *Stay Period* Cautelar

Requerida a Recuperação Judicial, o § 3º do art. 20-B da LREF estabelece que o prazo do *Stay Period* Cautelar concedido no âmbito da Tutela

[48] Embora não haja previsão legal, não nos parece haver impedimento legal para que o pedido principal, caso necessário, seja a Recuperação Extrajudicial, em vez da Recuperação Judicial, seja porque é procedimento mais célere, menos custoso e que pressupõe prévio acordo com credores representando parte significativa dos créditos, seja porque pode eventualmente ser convertida em Recuperação Judicial. A esse respeito, e conforme mencionado anteriormente, o § 3º do inciso IV do art. 20-B indica o efeito do *Stay Period* Cautelar na hipótese de ajuizamento de Recuperação Extrajudicial, o que indica que o legislador já admitia a hipótese de o processo principal ser uma Recuperação Extrajudicial.

Cautelar deverá ser abatido do prazo de 180 dias de *Stay Period* previsto no art. 6º, § 4º, da LREF. A regra também deve ser aplicável na hipótese de ajuizamento de Recuperação Extrajudicial.

Paulo Furtado de Oliveira Filho explica que a dedução do prazo do *Stay Period* Cautelar "é uma medida destinada a evitar o uso da negociação coletiva extrajudicial apenas para o devedor evitar a suspensão de constrições patrimoniais em curso, pelo prazo de 60 dias, sem qualquer propósito negocial".[49]

A nosso ver, a dedução do prazo do *Stay Period* Cautelar deve ser aplicável ainda que o ajuizamento da recuperação (judicial ou extrajudicial) ocorra após a perda da eficácia da Tutela Cautelar (*i.e.*, após o término do *Stay Period* Cautelar), pois a premissa é a de que se trata de nova etapa de uma mesma renegociação. A esse respeito, vale destacar que o § 3º do art. 20-B da LREF não restringe a possibilidade de abatimento do prazo do *Stay Period* Cautelar ao ajuizamento da Recuperação Judicial em determinado período.

2.7. Revogação do *Stay Period* Cautelar

A LREF não endereça expressamente a possibilidade de revogação do *Stay Period* Cautelar. Naturalmente, qualquer credor afetado tem o direito de recorrer da decisão concessiva da Tutela Cautelar e obter a revogação imediata do *Stay Period* Cautelar na instância superior, por ausência de preenchimento dos requisitos legais para sua concessão, sendo desnecessária previsão nesse sentido. Da mesma forma, nada obsta que o credor busque a imediata reversão da decisão, inclusive em primeiro grau, sobretudo caso constatada a má-fé do devedor no curso da Mediação Antecedente ou na hipótese de ser frustrada a tentativa de Mediação Antecedente.[50]

[49] Oliveira Filho, Paulo Furtado. Das conciliações e das mediações antecedentes ou incidentais aos processos de recuperação judicial. *In:* Oliveira Filho, Paulo Furtado. *Lei de Recuperação e Falência*: pontos relevantes e controversos da reforma. Indaiatuba: Foco Jurídico, 2021. p. 24.

[50] A Tutela Cautelar pode ser revogada quando, por exemplo, demonstrada a ausência de interesse do devedor em obter um acordo com seus credores no âmbito da Mediação Antecipada, ao deixar de apresentar qualquer proposta. Em caso de revogação da Tutela Cautelar, o devedor não fará jus ao prazo remanescente do *Stay Period* Cautelar.

Ademais, o *Stay Period* Cautelar poderá ser revogado parcialmente, com relação a credores específicos que não deveriam *ab initio* ter se submetido à suspensão, por não terem sido convidados a participar da Mediação Antecedente ou por serem detentores de crédito não sujeito à recuperação.

Interessante refletir, ademais, sobre a situação do credor que, após a concessão da Tutela Cautelar e o deferimento do *Stay Period* Cautelar, decide não mais participar das negociações em sede de Mediação Antecedente. Nesse caso, a doutrina e a jurisprudência precisarão se debruçar sobre a questão para enfrentar a controvérsia acerca da possibilidade ou não de tal credor pleitear e obter a revogação do *Stay Period* Cautelar com relação a si. Em que pese a discussão seja ainda teórica e incipiente (ou talvez inédita), sendo necessárias maiores reflexões sobre o tema, entendemos que o credor inicial e legalmente sujeito ao *Stay Period* Cautelar não teria o direito de dele se desvincular por puro e livre-arbítrio.

2.8. Distinção entre Tutela Cautelar e antecipação dos efeitos da Tutela

A concessão da Tutela Cautelar, que enseja o deferimento do *Stay Period* Cautelar, não se confunde com a antecipação dos efeitos da tutela ("Antecipação da Tutela"), prevista no § 12 do art. 6º da LREF, introduzido pela Lei nº 14.112/2020. Nos termos do dispositivo legal, a Antecipação da Tutela tem por objetivo antecipar total ou parcialmente os efeitos do deferimento do processamento da Recuperação Judicial, notadamente o *Stay Period*. A medida já vinha sendo amplamente admitida pela doutrina e jurisprudência muito antes da recente reforma legislativa que a positivou, ao contrário da Tutela Cautelar em sede de Mediação Antecedente, para obtenção do *Stay Period* Cautelar, que é efetiva inovação no direito falimentar brasileiro.

Conclusões

A redação sintética, hermética e lacunosa da Seção II-A da LREF, introduzida pela Lei nº 14.112/2020, gera uma série de incertezas e dúvidas quanto à Mediação Antecedente e à Tutela Cautelar, que deverão ser esclarecidas pela doutrina e sanadas pela jurisprudência, para dar segurança jurídica aos envolvidos em tais procedimentos.

Embora nossas preferências e propostas fossem no sentido de privilegiar e incentivar a utilização da Recuperação Extrajudicial, com procedimento já amplamente conhecido, acrescido das alterações trazidas pela Lei 14.112/2020, e houvesse certo ceticismo quanto à efetividade da Mediação Antecedente, dados o curto prazo para negociação de eventual acordo coletivo e a necessidade de ajuizamento de Tutela Cautelar para a obtenção do *Stay Period* Cautelar, é preciso reconhecer os primeiros efeitos positivos da Mediação Antecedente no contexto de um princípio de evolução cultural.[51]

De um lado, a mera existência de previsão legal acerca da Mediação Antecedente e, de outro lado, o fato de o devedor dar início à Mediação Antecedente e, portanto, indicar formal e concretamente que ajuizará recuperação, caso não tenha êxito em celebrar acordo com os credores no âmbito da Mediação Antecedente, já vêm produzindo efeitos positivos.

Há notícias de casos nos quais o devedor deu início à Mediação Antecedente, porém não viu necessidade de ajuizar a Tutela Cautelar, pois os credores, já em uma indicação de mudança de postura, suspenderam a tomada de medidas mais drásticas e/ou ajuizamento de execuções, para negociar com o devedor e/ou aguardar o desfecho das negociações.

Resta, agora, torcer para que a doutrina e a jurisprudência venham a sanar as lacunas da lei, de forma a permitir que tenhamos Mediações Antecedentes bem conduzidas e exitosas, para que o instituto se consolide, seja mais difundido e utilizado e possa contribuir efetivamente com a evolução cultural necessária para superação da "cultura do litígio".

Referências

BONASSA, Fátima Cristina; PACHIKOSKI, Sílvia Rodrigues. Mediação em processos de recuperação judicial. *Revista do Advogado*, São Paulo, n. 150, jun. 2021.

[51] "A nova disciplina das conciliações e das mediações antecedentes ou incidentais aos processos de recuperação judicial (arts. 20-A e 20-D da Lei 11.101/2005, com a redação dada pela Lei nº 14.112/2020), embora aquém das boas práticas internacionais e das propostas incialmente apresentadas ao Congresso Nacional, não deixa de ser um passo significativo para a ampla disseminação de soluções consensuais nas fases pré-processual e processual" (Cueva, Ricardo Villa Boas. Sistemas de pré-insolvência empresarial — mediação e conciliação antecedentes na Lei nº 14.11/2020. *In:* SALOMÃO, Luis Felipe et al. (coord.). *Recuperação de empresas e falência*: diálogos entre a doutrina e a jurisprudência. São Paulo: Atlas, 2021. p. 206).

BONILHA, Alessandra Fachada. A mediação como ferramenta de gestão e otimização de resultado da recuperação judicial. *Revista de Arbitragem e Mediação*, São Paulo, ano 15, v. 57, p. 395, abr./jun. 2018.

BRAGANÇA, Gabriel José de Orleans e; GUERRERO, Luís Fernando. O novo instituto da negociação prévia. *In:* VASCONCELOS, Ronaldo *et al.* (coord.). *Reforma de Lei de Recuperação e Falência* (Lei n. 14.112/20). São Paulo: Ed. IASP, 2021.

BRASIL. *Constituição Política do Império do Brasil, de 25 de março de 1824*. Manda observar a Constituição Politica do Imperio, offerecida e jurada por Sua Magestade o Imperador. Rio de Janeiro: Coleção de Leis do Império do Brasil, 1824. v. 1. Disponível em: http://www.planalto.gov.br/ccivil_03/constituicao/constituicao24.htm. Acesso em: 24 jun. 2021.

CAMPOS, Marcelo Vieira de; MENDES, Luiz Cláudio Montoro. CEJUSCS empresariais. *In:* SALOMÃO, Luis Felipe et al. (coord.). *Recuperação de empresas e falência*: diálogos entre a doutrina e a jurisprudência. São Paulo: Atlas, 2021.

CASTRO, Camila Crespi. De conciliação e mediação empresarial e sua aplicabilidade no novo regime concursal. *In:* VASCONCELOS, Ronaldo *et al.* (coord.). *Reforma de Lei de Recuperação e Falência* (Lei n. 14.112/20). São Paulo: Ed. IASP, 2021.

CONSELHO DA JUSTIÇA FEDERAL. Enunciado nº 45. I Jornada de Prevenção e Solução Extrajudicial de Litígios. Brasília, 2016. Disponível em: https://www.cjf.jus.br/enunciados/enunciado/900. Acesso em: 2 set. 2021.

COSTA, Daniel Carnio; MELO, Alexandre Nasser. *Comentários à Lei de Recuperação de Empresas e Falência*. Curitiba: Juruá, 2021.

CUEVA, Ricardo Villa Boas. Sistemas de pré-insolvência empresarial — mediação e conciliação antecedentes na Lei nº 14.11/2020. *In:* SALOMÃO, Luis Felipe et al. (coord.). *Recuperação de empresas e falência*: diálogos entre a doutrina e a jurisprudência. São Paulo: Atlas, 2021.

MOTONAGA, Alexandre. A negociação e a nova legislação falimentar: a construção de um novo paradigma. *In*: PAIVA, Luiz Fernando Valente de (coord.). *Direito falimentar e a nova Lei de Falências e Recuperação de Empresas.* São Paulo: Quartier Latin, 2005.

OLIVEIRA FILHO, Paulo Furtado. Das conciliações e das mediações antecedentes ou incidentais aos processos de recuperação judicial. *In:* OLIVEIRA FILHO, Paulo Furtado. *Lei de Recuperação e Falência*: pontos relevantes e controversos da reforma. Indaiatuba: Foco Jurídico, 2021.

OLIVEIRA FILHO, Paulo Furtado. Mediação antecedente e mediação na recuperação judicial. *Revista do Advogado*, São Paulo, n. 150, p. 211, jun. 2021.

PALMA, Andréa Galhardo. Mediação na recuperação judicial e sua inclusão na Lei de Falência (com redação determinada pela Lei n. 14.112 de 25/12/2020). *In:* VASCONCELOS, Ronaldo *et al.* (coord.). *Reforma de Lei de Recuperação e Falência* (Lei n. 14.112/20). São Paulo: Ed. IASP, 2021.

SCHMIDT, Gustavo da Rocha; BUMACHAR, Juliana. Sistema de pré-insolvência empresarial — mediação e conciliação antecedentes. *In:* SALOMÃO, Luis Felipe et al. (coord.). *Recuperação de empresas e falência*: diálogos entre a doutrina e a jurisprudência. São Paulo: Atlas, 2021.

12.
REFLEXÕES SOBRE UM CAMINHAR DA MEDIAÇÃO NOS PROCESSOS DE RECUPERAÇÃO JUDICIAL

Rodrigo D'Orio Dantas

Introdução

O presente artigo tem como objeto tecer algumas reflexões sobre a aplicação da mediação nos processos de recuperação judicial.

A intenção deste ensaio visa nao apenas a esboçar algumas características singulares da prática da mediação nos processos de recuperação judicial, como ainda demonstrar a adequação — e eficiência — de tal método de resolução de conflitos nesses processos.

Nessa linha de verificação, pretende-se também uma reflexão sobre a mediação à luz do princípio da cooperação processual, e quais os efeitos que a sua não observância pode gerar ao processo de recuperação judicial.

Passa-se, abaixo, ao desenvolvimento do tema proposto.

1. Aspectos gerais da mediação nos processos de recuperação judicial

Como é sabido, a mediação é um método de resolução de conflitos praticado há muito tempo.

Se fosse possível definir a mediação em poucas palavras, poder-se-ia afirmar que se trata de um método cujo principal escopo consiste na reconstituição dos laços rompidos entre as partes em conflito por meio de uma terceira pessoa, denominado mediador. É a partir do restabelecimento da comunicação entre as partes que se maneja a constituição de um ambiente saudável em que elas possam, conjuntamente, construir uma solução pacificadora de tal conflito.

Assim, a composição amigável pode ser pensada como um produto, uma consequência de um *modus operandi* denominado mediação, cuja finalidade seria o reenlace — ou, como é mais comumente metaforizado, consistiria no "reconstruir pontes entre as partes".[1]

E essa preponderância em sua finalidade é possível ser melhor compreendia no próprio processo de recuperação judicial. Muitas vezes são feitas várias sessões de mediação, onde há o reenlace entre as partes, sem que, necessariamente, naquele momento (durante as sessões), haja a concretização da composição amigável. Ainda que as partes restabeleçam uma relação mínima saudável, verificada pela própria comunicação retomada por meio do manejo nas sessões de mediação, algumas vezes falta algo em que o acordo não se "encaixa", não se concretiza. E a negativa pode ser contínua, não chegando as partes em uma composição em momento futuro.

Inobstante isso, por mais que cessadas as sessões de mediação, com certa frequência a comunicação entre as partes não é interrompida[2]. E com a continuidade da comunicação que foi restabelecida, por vezes, ainda que não por meio de um termo de composição amigável formalmente constituído, as partes, que continuaram em negociação, chegam a uma composição, materializada pelo voto de aprovação dos meios de restruturação apresentados no plano.

[1] Um bom conceito sobre a aproximação, por meio da construção de pontes, de partes que foram distanciadas, ocupando lugares desconectados devido a ocorrências traumáticas em suas histórias de vidas, pode ser citado o do Professor Márcio Seligmann-Silva, quando de seus estudos sobre as catástrofes e as consequências do *lager* (SELIGMANN-SILVA, Márcio. **Narrar o trauma: a questão dos testemunhos de catástofres históricas**. Psicol. clin. [online]. 2008, vol.20, n.1, pp.65-82. ISSN 0103-5665. Disponível em <http://dx.doi.org/10.1590/S0103-56652008000100005> Acesso em 11 out. 2015).

[2] Vale destacar que, nessa hipótese, a mediação teria até mesmo já cumprido sua função, ainda que não tenha entregue o produto almejado, consistente no acordo.

Essa hipótese, de verdadeira composição após o término das sessões de mediação, por mais que também possa ocorrer nos processos de conflitos individuais, é mais recorrente nos processos de recuperação judicial, uma vez que, como será brevemente abordado no tópico infra, a negociação entre as partes consistiria em um verdadeiro dever, o que implicaria a expectativa de uma constante negociação entre elas.[3]

Nesse cenário, pode-se afirmar que existem algumas peculiaridades da prática da mediação nos processos de recuperação judicial que se diferenciam dos conflitos bilaterais, como na hipótese aqui narrada.

É importante fazer um destaque, para que o contexto dessas peculiaridades seja de melhor compreensão ao leitor: a prática da mediação nos processos de recuperação judicial não é algo que pode ser chamado de costumeiro, uma vez que sua ocorrência é constatável apenas mais recentemente.

Entretanto, há poucos anos, ela começou a ser adotada por alguns específicos magistrados, e os bons resultados não demoraram a aparecer.

Em verdade, os resultados foram tão eficientes que foi iniciado até mesmo um movimento normativo na intenção não apenas de regular, mas de até mesmo incentivar sua prática nos processos de recuperação judicial, haja vista que é quase notória ter existido uma certa resistência na utilização da mediação de forma geral.[4]

[3] "A recuperação judicial é processo de negociação coletiva entre o devedor e os credores para que ambos, juntos, encontrem a melhor solução para superar a crise econômica-financeira que acomete a atividade do devedor e que impede a satisfação integral dos créditos. Como auxiliar do juízo, o administrador judicial deve se manter equidistante das partes, de modo que não poderá intervir nas negociações." (Sacramone, Marcelo Barbosa. *Comentários à Lei de Recuperação de Empresas e falência.* São Paulo: Saraiva, 2021, p. 167/168).

[4] "As campanhas não devem se limitar apenas aos cidadãos e às empresas, mas alcançar os profissionais do Direito, especialmente, a Magistratura e o Ministério Público, que podem atuar proativamente para o estímulo à solução consensual, que, aliás, é dever legal já estabelecido no §3º do art. 3º da Lei 13.105/2015 — Novo CPC, mas que não dispensa a necessidade de busca do crescimento dessa consciência, inclusive nos cursos de formação, aperfeiçoamento e atualização dos quais participem, sobre as virtudes de uma solução consensual." (Lima Junior, Asdrubal Nascimento. Os desafios da mediação no Brasil. *In* Nascimbeni, Asdrubal Franco; Bertasi, Maria Odete Duque; Ranzolini, Ricardo Borges (Coord.). *Temas de mediação e arbitragem*, São Paulo: Lex Editora, 2017, p. 56/57).

Um dos percussores desse movimento foi o provimento nº 19/2020[5] do Tribunal de Justiça de São Paulo, em que foi prevista a "mediação pré-processual" para conflitos empresariais, dentre os quais estavam contidos os processos de recuperação judicial. Dentre outros atos normativos que também podem ser citados a posteriori, destaca-se a própria Lei nº 14.112/2020, que reformou a Lei de recuperação de empresas e falência (Lei nº 11.101/2005).

Por mais que a análise das hipóteses trazidas pela reforma da Lei necessitasse de um ensaio apartado, pode-se destacar a regulação de medição antecedente e a incidente, além da possibilidade de ser deferida tutela provisória, em verdadeira antecipação dos efeitos do *stay period*, para conflitos empresariais que estejam em mediação/conciliação.

Assim, ainda que antiga a prática da mediação, é nova sua aplicação nos processos de recuperação judicial, o que implica em situações complexas e desafiadoras.

Uma dessas situações desafiadoras, que envolve diretamente a prática da mediação, consiste na existência de "*conflitos multipartes*" — empresa em recuperação com conflitos com as diversas "classes" de credores (controvérsia quanto à existência do crédito, quanto à sujeição ou não do crédito, quanto aos valores, à classificação, etc.), com os credores não sujeitos (créditos com garantia fiduciária, Fisco), e até mesmo com conflitos internos a própria empresa em recuperação (conflitos societários quanto ao plano que deverá ser apresentado para votação pelos credores).

Ou seja, diferente dos conflitos bilaterais, que são a grande maioria em termos de volume e aplicação da mediação, há uma grande dificuldade na constatação — e até mesmo na configuração — de um interesse comum nos processos de recuperação judicial.

Sobre o tema, assim leciona Paulo Furtado de Oliveira Filho:[6]

[5] Dispõe sobre a criação de projeto-piloto de mediação pré-processual para apoio à renegociação de obrigações relacionadas aos empresários e sociedades empresárias, incluindo as individuais, de micro, pequeno e médio porte (MEI, ME e EPP) decorrentes dos efeitos da Covid-19.

[6] Oliveira Filho, Paulo Furtado. Das conciliações e das mediações antecedentes ou incidentais aos processos de recuperação judicial. *In* **Lei de recuperação judicial e falência: pontos relevantes e controversos da reforma pela Lei 14.112/20** (Oliveira Filho, Paulo Furtado Coord.). Indaiatuba: Ed. Foco, 2021, p. 11.

> Porém, enquanto nos processos regidos pelo CPC os conflitos geralmente são de natureza bilateral — em que há interesses contrapostos, como o do vendedor e o do comprador, do locador e do locatário, e do marido e da mulher —, nos processos de recuperação judicial há uma situação de crise econômica e financeira de um devedor com impacto em múltiplos interesses, como o dos acionistas, dos empregados, das instituições financeiras, dos fornecedores e do Fisco. Portanto, é preciso salientar qual a vocação dos processos de reorganização empresarial, a fim de que os novos dispositivos legais relativos à utilização da mediação e da conciliação não sejam aplicados em colidência com os aspectos essenciais do modelo de superação de crise empresarial em vigor desde 2005.

Além disso, para quem milita na área, é possível afirmar que a pluralidade de sujeitos que estão contidos nesse tipo de processo talvez seja a mais diversa dentre os demais processos existentes no ordenamento pátrio.

Tomando como base os credores, há desde os mais estruturados, com a capacidade de contratar as mais renomadas bancas do país, até aqueles que não têm capacidade de contratar um patrono — ou até tiveram, mais despenderam tudo o que possuía no processo de formação do título executivo em face da empresa em recuperação e, por isso, no processo de recuperação não podem constituir ninguém para o patrocínio de seus direitos.

Nessa toada, é complexa a delimitação de um interesse comum dos credores, complexidade esta que implica outros sintomas do processo, como, a não recorrente constituição do comitê de credores.

Uma outra peculiaridade que pode ser constatada nos processos de recuperação judicial é a de que as mediações ocorrem ao longo do processo, e parte delas, como se espera, são frutíferas, implicando na formalização de um termo de composição amigável.

Além disso, há considerável número de mediações que tem como objeto a forma de pagamento dos créditos, onde os credores aceitam, ainda que de forma individual, certas "doses" de deságio, carência, dentre outros meios de restruturação que são propostos.

Só que, como se sabe, a realização da Assembleia Geral de Credores é quase elemento unânime dentro dos processos de recuperação. E, da mesma forma quase unânime, até a finalização da referida assembleia, as condições de pagamentos dos credores são comumente alteradas — geralmente, ocorrem por aditivos apresentados pelas empresas em recuperação nas próprias assembleias.

Nesse ponto, uma certa dificuldade que surgiu para os operadores do direito consistiu em eventual prejuízo — ou ainda algum outro tipo de incompatibilidade e/ou ilegalidade — que eventual composição antecipada pudesse ter pela alteração das condições de pagamento por meio dos citados aditivos ao plano que viessem a ser apresentados.

Por exemplo: um credor que tivesse aceitado, em uma mediação havida no bojo do processo de recuperação, 50% de deságio do valor de seu crédito, para o recebimento em 10 anos, só que, no momento da assembleia (momento futuro ao da citada mediação), a empresa recuperanda tivesse apresentado aditivo com o mesmo deságio, só que reduzido o prazo de pagamento para 5 anos para os credores de mesma classe que o citado.

Ora, não poderia um credor ser prejudicado por conceder maior prazo ao pagamento de seu crédito do que os demais, como no exemplo acima descrito.

Da mesma forma, não poderia ser privilegiado um credor por algum benefício, concedido na mediação havida no bojo do processo de recuperação, caso tal benefício não viesse a ser estendido aos de mesma classe,[7] sob pena de violação ao princípio do *par conditio creditorum*.

Nesse sentido, uma alternativa legitima e adequada encontrada para esse tipo de situação implica na condição de eficácia da referida composição ser ratificada pelo plano aprovado na Assembleia Geral de Credores.[8]

Não haveria prejuízos e, nem mesmo nulidades, se eventual alteração do plano, quando da realização da Assembleia, pudesse ser aproveitado pelo credor que se compôs de forma antecipada por meio da mediação.

Ou seja, tomando como base aquele credor que se compõe com a empresa em recuperação — aceitando uma porcentagem de deságio, e um prazo de carência —, na hipótese de condições melhores serem apresentadas pela própria empresa em eventual aditivo, estas deverão

[7] Salvo nos casos já aceito pela doutrina e jurisprudência de subclasses.

[8] Ou por adesão, nos termos da Lei 14.112/2020, art. 56-A.

ser estendidas automaticamente a tal credor, mantendo-se a composição nos demais termos firmados.

Na hipótese das condições serem piores, a composição perderia seu objeto, devendo ser assegurado ao referido credor, que fora mediado de forma antecipada, novo exercício volitivo diante das novas condições apresentadas, por meio de seu direito de voto — entende-se que ele deverá ser intimado previamente quanto a tal alteração, a fim de que possa exercer o seu direito de voto na Assembleia.[9]

Na hipótese de não alteração, a mediação passaria a ter plena eficácia, uma vez que, a aprovação do plano na assembleia serviria como ratificação das referidas condições.

Por fim, não se poderia deixar de tecer algumas considerações sobre a figura do mediador nesse tipo de processo.

Da mesma forma como o magistrado e o administrador judicial, o mediador é envolto no predicado da imparcialidade e da independência, devendo assim se manter durante todo o processo.

Mas, diferentemente dos dois outros citados sujeitos imparciais, o mediador deve observar outro atributo, decorrente da própria Lei, que o individualiza, qual seja, o da confidencialidade.

Diferente do dever de informação que recai sobre a figura do administrador judicial, o mediador não tem o dever de relatar o conteúdo das sessões de mediação.

Na verdade, ele não pode, nem deve. No máximo, deveria atualizar o processo das sessões já realizadas e, quando houver uma composição amigável, tomá-la a termo e, ato sequente, informar o juízo.

Quanto aos demais acontecimentos, há o dever de confidencialidade.

Por mais que seja uma opção legislativa a confidencialidade, seria correto afirmar que ela é atributo que permite, muitas vezes, o reestabelecimento da própria confiança entre as partes cujos laços foram rompidos pelo conflito.

A mediação consistiria, nessa ótica, em um espaço, em um momento em que se pode dizer "tudo", sabendo-se que quase nada integrará os autos.

E muitas vezes, dentro de um conflito, para que haja a possibilidade de uma composição amigável, com o reenlace das partes em conflito,

9 Nada impede que possa ocorrer nova mediação a partir das novas condições propostas.

algumas coisas precisam ser ditas por uns, e ouvidas por outros — e manejada por um terceiro.[10]

Não necessariamente que tal conteúdo das sessões seja da ordem do ilegal ou ilegítimo, o que estaria em descompasso com o art. 30 da Lei nº 13.140/15. Mas possibilitar um campo em que as partes, que já possuíam um relacionamento, possam restabelecer a comunicação, é imprescindível.

Como a recuperação envolve verdadeiro processo de luto — luto como perda, a partir de princípios psicanalíticos —, muitas vezes se faz necessário o reconhecimento da "dor"[11] do outro — reconhecimento este que pode ter, ao menos para a estrutura psíquica do sujeito, um efeito de reparação singular —, e ainda a compreensão de que, na verdade, não houve apenas uma perda individual, mas sim coletiva, e que afeta, direta e indiretamente, a própria empresa em recuperação (que também teria suas perdas).

Feitos esses breves apontamentos sobre os aspectos gerais da mediação nos processos de recuperação judicial, passa-se, abaixo, a análise da relação do princípio da cooperação processual e da mediação em tais processos de restruturação.

2. A mediação e a aplicação do princípio da cooperação processual nas recuperações judiciais

"*Cooperai-vos, uns com os outros*"...

Por mais que não exista um mandamento bíblico *ipsis litteris* como esse, observa-se pela redação do art. 6º do CPC, a determinação expressa de

[10] "(...) na mediação, além de dar atenção aos vínculos entre as pessoas e à qualidade desses liames, o mediador deve ser sensível às necessidades emocionais, reconhecendo a importância do respeito mútuo e dos interesses imateriais que podem estar presentes" (Tartuce, Fernanda. Mediação em conflitos contratuais e indenizatórios. *In* Nascimbeni, Asdrubal Franco; Bertasi, Maria Odete Duque; Ranzolini, Ricardo Borges (Coord.). *Temas de mediação e arbitragem*, São Paulo, Lex Editora, 2017, p. 146).

[11] Duncker, retomando Freud, afirma que há no luto um processo que convoca o conceito de dor psíquica e, por psíquica, compreende não ser um sofrimento ou um mal-estar, nem tampouco a ausência do objeto, mas que, ao sentir dor, a sensação é realmente de dor, de dor psíquica, afirmando que dor é dor e que, dor dói (Dunker, Christian Ingo Lenz. Teoria do Luto em Psicanálise. Revista PsicoFAE: Pluralidades em Saúde Mental, [S.l.], v. 8, n. 2, p. 28-42, dez. 2019. ISSN 2447-1798). Disponível em: <https://revistapsicofae.fae.edu/psico/article/view/226>. Acesso em: 12 set. 2021.

que *todos os sujeitos do processo devem cooperar entre si para que se obtenha, em tempo razoável, decisão de mérito justa e efetiva*.

E, em que consistiria essa cooperação? Quais seriam esses sujeitos?

Leonardo José Carneiro da Cunha[12] e Eduardo Talamini[13] compartilham a ideia de que a cooperação adviria do direito material, especialmente por influência das cláusulas gerais como boa-fé e abuso do direito (movimento de eticização do processo).

Vale destacar que a cooperação — ou colaboração — processual é tão antiga quanto o próprio processo, e tem sua gênese intimamente ligada ao princípio do contraditório.

Como consta na literatura de Ovídio Batista e Fábio Luiz Gomes,[14] desde o direito romano primitivo, a presença do demandado no processo era questão imposta, que ensejava, até mesmo, sanção pelo pretor romano — havia uma disposição que "obrigava" a presença do demandado no litígio, mesmo que este, por rebeldia, não quisesse nele atuar.

Essa "obrigação" decorria da necessidade da formação bilateral da relação processual, a fim de que o julgador, na presença do demandado dito "rebelde", pudesse obter as informações e elementos necessários para a resolução do conflito, dada a característica da dialeticidade do processo.

O juiz, na sua função de julgar, deveria sempre buscar os fatos e, a partir deles, proferir seu julgamento. A busca dos fatos tornava-se necessária porque o juiz não os viveu.

Quem os viveu foram as partes e, pela ausência da qualidade de onisciência do julgador, os fatos necessitam a ele ser entregues. Natural, portanto, que fossem elas as fornecedoras diretas deles, em uma estreita colaboração/cooperação com o juiz — o que era/é imprescindível para a própria função do julgador.

[12] Carneiro da Cunha, Leonardo. O princípio contraditório e a cooperação no processo. 2013. Disponível em <http://www.leonardocarneirodacunha.com.br/artigos/o-principio-contraditorio-e-a-cooperacao-no-processo/>. Acesso em 05 out. 2019.

[13] Talamini, Eduardo. Cooperação no novo CPC (primeira parte) os deveres do juiz, 2015. Disponível em <http://www.migalhas.com.br/dePeso/16,MI226236,41046-Cooperacao+no+novo+CPC+primeira+parte+os+deveres+do+juiz>. Acesso em 05 out. 2019.

[14] Silva, Ovídio Batista da; Gomes, Fábio Luiz. *Princípios Fundamentais do Processo Civil*. São Paulo: RT, 4ª ed., p. 56.

Dessa forma, a necessidade de cooperação para com o julgador, desde o direito romano primitivo, é uma característica vinculada aos processos embasados no contraditório — cooperação para com o julgador, a fim de permitir a ele o exercício da função jurisdicional.[15]

Nesse ponto, residiria o denominado princípio da cooperação no processo, princípio natural a todo processo litigioso — como, por exemplo, o processo de recuperação judicial —, como aduz Francesco Carnelutti.[16]

Pensando dentro da antiga sistemática do CPC/73, é possível afirmar que, com base no modelo constitucional do processo (Estado Democrático de Direito), o princípio do contraditório era pensado a partir da cooperação e do diálogo entre as partes, a fim de que o Estado-juiz decidisse somente após terem sido disponibilizadas as mais amplas possibilidades de participação no processo.[17] E o que mudou, então, a partir da sistemática do novo CPC?

Aparenta ser consenso dentre os juristas de que houve um verdadeiro **reforço** desse modelo constitucional do processo, tendo como diretriz a cooperação no sentido das partes para com o julgador — e vice-versa, como uma verdadeira "via de mão-dupla" —, aumentando (e melhorando, por assim dizer), o campo do diálogo entre tais,[18] a fim de que haja a plena prestação jurisdicional, com a realização do direito material.

Ao analisar o instituto, muitos citam as lições do jurista e professor português Miguel Teixeira de Sousa, que explicita a cooperação como uma soma de deveres — principalmente destinados aos magistrados —

[15] "A função jurisdicional somente poderá ser desempenhada satisfatoriamente pelo magistrado, se este contar com a colaboração das partes (autor e réu) através da formulação de suas razões, o fornecimento de informações e a produção de provas. O contraditório presta-se justamente, de início, para a manutenção do processo como fenômeno dialético, necessário para que ambos os litigantes tenham no decorrer da atividade processual as mesmas condições para a defesa de seus interesses, já que sujeitos parciais da relação jurídica processual." MESQUITA, Gil Ferreira de. *Princípios do Contraditório e da Ampla Defesa no Processo Civil Brasileiro*. São Paulo: Juarez de Oliveira, 2003, p. 156/157.

[16] CARNELUTTI, Francesco. *Como se faz um processo*. São Paulo: JGEditor, 2003, p. 69.

[17] BUENO, Cassio Scarpinella. *Curso Sistematizado de Direito Processual Civil. Teoria do direito processual civil*. São Paulo: Saraiva, 2007, vol. I, p. 108.

[18] MAZZOLA, Marcelo. *Dever de cooperação no novo CPC: uma mudança de paradigma*, 2015. Disponível em <http://justificando.com/2015/06/08/dever-de-cooperacao-no-novo-cpc-uma-mudanca-de-paradigma/>. Acesso em 05 out. 2019.

que envolve desde prestar esclarecimentos,[19] como também de consultar[20] a parte quando necessário, prevenindo-a[21] e auxiliando-a.[22] Nessa linha, esclarecedoras sãos as lições de Daniel Mitidiero.[23]

Assim, como dito, aparenta ter havido um verdadeiro reforço do modelo constitucional de processo, em que a cooperação se daria entre as partes e o juiz.

Mas, e as partes "*entre si*"? Haveria, também, o dever (ou ainda a possibilidade) da aplicação da cooperação processual entre elas? E como se daria a aplicação do princípio da cooperação no processo de recuperação judicial?

Pois bem. Inicialmente, sabe-se que o processo de recuperação judicial é bem diverso dos demais.

Nele, dentre inúmeros atributos específicos, pode-se afirmar que a negociação das partes é mais do que um dever: ela está diretamente ligada ao escopo principal do processo que é o da preservação — ou não — das atividades empresariais.

Resumidamente, quem define se a empresa em recuperação tem ou não condições de se recuperar — e assim ter a concessão da tutela jurisdicional da recuperação judicial, com a novação das obrigações sujeitas, com os meios de recuperação aprovados — são os credores.

São os credores que aprovam, ou não, o plano de recuperação judicial proposto pela empresa em recuperação. A alocação de poder, para a concessão da tutela prevista na Lei, não está nas mãos do magistrado como na grande maioria dos processos previstos em nosso ordenamento.

[19] Nas causas em que se tratar de matéria complexa, o juiz poderá designar audiência para que as partes integrem/esclareçam as suas alegações (CPC, art. 357, § 3º).

[20] A proibição de proferir decisões surpresas (CPC, art. 10).

[21] A oportunização obrigatória à parte para que corrija vício sanável antes de ser proferida decisão sem julgamento de mérito (CPC, art. 317).

[22] A possibilidade se ampliar o prazo quando se tornar complexo o seu cumprimento (CPC, art. 139, IV e 437, § 2º).

[23] "O princípio da colaboração estrutura-se a partir da previsão de regras que devem ser seguidas pelo juiz na condução do processo. O juiz tem deveres de conhecimento, de diálogo, de prevenção e de auxílio para com os litigantes. Esses deveres consubstanciam as regras que estão sendo enunciadas quando se fala em colaboração no processo" (MARINONI, Luiz Guilherme; ARENHART, Sérgio Cruz; MITIDIERO, Daniel. *Novo Código de processo Civil comentado*. São Paulo: RT, 2015, p. 102).

O legislador entendeu que seriam os credores os agentes mais adequados para analisar e aprovar ou rejeitar os meios de recuperação propostos, em uma verdadeira formulação de juízo volitivo, que se materializa por meio do voto nas assembleias.

Obviamente, que tal juízo deveria ser precedido de uma esperada "dose" de negociação entre as partes.

Essa negociação, considerada por muitos também como um dever, foi reforçada pela alteração legislativa recém promulgada Lei nº 14.112/2020, onde tais "doses" de negociação deveriam ser até mesmo pelo Administrador Judicial supervisionadas (LFRE, art. 22, II, alínea "g").[24]

Nessa linha de entendimento, o dever de negociar aparenta estar diretamente ligado à aplicação do próprio princípio da cooperação processual. As partes de um processo de recuperação judicial cooperando naturalmente entre si seria então, por meio da negociação, uma expectativa da Lei.

Contudo, por mais que a estrutura normativa tenha sido constituída a partir dessa lógica, a quase totalidade das vozes da doutrina se dá no sentido da impossibilidade natural da cooperação das partes entre si, seja em um processo individual, ou ainda coletivo.

Essa impossibilidade é tão antiga como a própria cooperação processual: a situação assumida pelas partes, dentro de um conflito materializado pelo processo, principalmente no que se refere ao estado psicológico delas, não condiz com uma postura normalmente altruística, na qual uma parte visaria a cooperar com a outra, de forma honesta, sincera e fidedigna. Muito menos ter que se sentar à mesa para negociar.

A tendência das partes, em razão dos ânimos acirrados por uma disputa,[25] muitas vezes, visa apenas ao resultado do processo — resultado positivo para si —, sem que haja uma preocupação maior, de ordem moral, com meios realizáveis para que tal fim seja alcançado.

[24] "Deve, entretanto, fiscalizá-las para assegurar que os devedores ou os credores não adotem expedientes que dificultem referida negociação, assim como deve assegurar que todas as informações imprescindíveis para a negociação e o conhecimento do negócio seja efetivamente fornecidas, sob pena de destituição dos administradores ou do próprio devedor, com a nomeação de um gestor judicial (arts. 64e 65)" SACRAMONE, *op. cit.*, p. 168.

[25] Francesco Carnelutti afirma que o processo poderia ser comparado a uma disputa. CARNELUTTI, Francesco. Gioco e Processo. In: *Rivista di Diritto Processuale*, Pádua, Parte II, p. 302-306, 1959.

Como se, por ser um jogo, ou, ainda, uma batalha travada entre as partes.[26] a regra seria "não ter regras", valendo tudo para a obtenção da vitória.

E de onde viria essa impossibilidade de uma cooperação plena dentro do processo?

Aqui, pegando emprestado um dos conceitos basilares da psicanálise para responder à questão, pode-se citar como fundante para a impossibilidade dessa cooperação plena a figura das pulsões, mais precisamente a **pulsão de morte**.

Antes que o leitor tenha uma resistência aceitável à terminologia, comecemos pela pulsão: o que seria uma pulsão?

Em brevíssima síntese, Freud ensina que há no ser vivente uma força vital que faz com que o ser se mova.[27] Faz com que ele queira respirar, escrever livros e artigos, alimentar-se. É uma força que poderia ser denominada como força vivente:[28] "... *carga energética que se encontra na origem da atividade motora do organismo e do funcionamento psíquico inconsciente* ..."[29]

Assim, no texto "além do princípio do prazer" (1920),[30] aliado a figura das pulsões de vida[31] — já trabalhada por ele em textos anteriores —, Freud introduz a ideia da pulsão de morte:

[26] "O processo é, de certo modo, um campo aonde se trava batalha, no sentido figurado. A lide exprime uma luta, em que as partes, cada uma de seu lado, tudo fazem para tirar vantagens, para ver triunfante a sua pretensão, o seu direito. Pela própria existência do conflito de interesses nela contido, o processo é campo propício para desenvolvimento da astúcia, vizinha próxima da fraude, da má-fé. Não é de admirar que cada um dos contendores procure sacar do processo o máximo de proveito pessoal." Milhomens, Jônatas. Da presunção de boa-fé no processo civil. RJ:Forense, 1961, p. 42.

[27] Para Freud, as pulsões são forças internas portadoras de excitação, das quais o organismo não pode escapar, sendo mobilizadoras do funcionamento do aparelho psíquico. Para essa proposta teórica, a pulsão de vida é de caráter construtivo e tende a autoconservação — age em função de manter o prazer e evitar o desprazer.

[28] As pulsões sexuais, juntamente com as pulsões sublimadas e as pulsões de autoconservação, foram reunidas sob o nome de Eros, e, dessa forma, foram colocados a serviço da vida e do amor. Rocha, Zeferino. Os Destinos da Angústia na Psicanálise Freudiana. SP: Editora Escuta, 2000, p. 99.

[29] Roudinesco, Elisabeth; Lapon, Michel. *Dicionário de Psicanálise*. Rio de Janeiro: Zahar, 1998. p. 628.

[30] Freud, Sigmund. *Além do princípio do prazer*. Rio de Janeiro: Imago, 1996, p. 11/75.

[31] Englobaria as Pulsões de autoconservação e as Pulsões sexuais.

> O quadro da última teoria freudiana das pulsões, designa uma categoria fundamental de pulsões que se contrapõem às pulsões de vida e que tendem para a redução completa das tensões, isto é, tendem a reconduzir o ser vivo ao estado anorgânico.[32]

Essa pulsão, quando dirigida para o "exterior da psique", manifestaria sob a subespécie da pulsão de agressão,[33] cuja finalidade seria a da destruição do objeto externo — como se decorresse dessa pulsão todo o dinamismo de atos de um sujeito pensado a partir da vasta dimensão de sentimentos destrutivos possíveis do ser humano (raiva, ira, ódio etc.).

Para Freud, ambas as pulsões (de vida e morte) estariam não apenas interligadas, mas sim *amalgamadas*, acompanhando o sujeito por toda a sua vida — em toda e qualquer manifestação consciente deste sujeito, haveria uma certa dose de ambas as pulsões: "*Aquilo com que deparamos nunca são, por assim dizer, moções pulsionais puras, mas misturas de duas pulsões em proporções variadas*".[34]

Nesse sentido, tem-se como natural do ser humano, classificado como sujeito do inconsciente, ter suas porções ou doses de manifestação conscientes decorrentes da pulsão de morte. Essas "doses" seriam aguçadas quando presentes ambientes de rivalidade ou conflituosos, como, por exemplo, o processo judicial.

É claro que não se justificaria, apenas por ser da substância do sujeito do inconsciente a existência dessa pulsão perpétua, a exteriorização de toda e qualquer manifestação destrutiva.

Todavia, a cooperação "plena", imposta ao sujeito em um ambiente conflituoso, mesmo que em algum momento possa ser legalizado no nosso sistema, estaria contrária a essa substância própria do sujeito, haja vista a impossibilidade de ser "erradicada" a atuação desse tipo de pulsão.

Nesse cenário, o que poderia ser praticável seria a atuação do princípio da cooperação entre as partes, mesmo que longe de uma plenitude, mas dentro de uma expectativa mínima, expectativa esta que possibilitaria a ocorrência, da forma mais saudável possível, das negociações. É necessário "sentar-se à mesa".

[32] Laplanche e Pontalis. *Vocabulário de psicanálise*. São Paulo: Martins Fontes, 2001, p. 407.

[33] "Designa para Freud as pulsões de morte enquanto voltadas para o exterior. A meta da pulsão de agressão é a destruição do objeto". Laplanche Pontalis. Op. cit., p. 397.

[34] Laplanche e Pontalis. Op. cit., p. 410.

Dentro desse arcabouço lógico constituído, poder-se-ia, então, tentar elaborar uma resposta quanto a qual seria o efeito prático do princípio da cooperação processual no processo de recuperação judicial, ou ainda, se a mediação seria um reflexo de tal princípio.

Ainda que possam ter vozes contrárias a reconhecer que a aplicação da mediação seria um reflexo da aplicação do princípio da cooperação processual, na hipótese de ser negada a realização da mediação por uma das partes, sem que seja proposta uma forma de solução do conflito — conciliação, ou até mesmo, a negociação assistida —, fica da mesma forma difícil de se negar a ocorrência de uma violação ao princípio da cooperação processual.

E mais: note-se que, até mesmo nos processos individuais, em que a negociação não é um dever, a determinação da realização de audiências de mediação ou conciliação é automática,[35] e a ausência injustificada de uma das partes implica na sanção de ato atentatório à dignidade da justiça (CPC, art. 334, § 8º).

Além disso, há outras consequências — por tal postura processual de não cooperação —, que já são conhecidas pelo operador do direito, principalmente daquele que é atuante nesse ramo do direito empresarial.

Quando a cooperação não é constatada na figura da empresa em recuperação, não havendo a realização de negociação — seja por meio da mediação, por outro método de solução de conflito —, além de se poder ter efeitos muito negativos em momento posterior — como, por exemplo, a rejeição do plano e a convolação em falência —, não lhe será permitida a prorrogação do *stay period,* uma vez que já é pacífico o entendimento dos tribunais pátrios de não se prorrogar o *stay* para as empresas em recuperação que dão causa à demora do processo de recuperação.

Ora, se ao final do *stay period* a empresa ainda necessita de prazo para negociar, mas, por outro lado, ela negou participar da mediação e não apresentou nem justificativa, nem mesmo outro meio de resolução do conflito, é medida que se impõe a não prorrogação do *stay period* como forma saudável de sanção processual.

[35] Só não ocorrerá quando ambas as partes se manifestarem expressamente pelo desinteresse na tentativa de composição amigável, ou ainda quando a matéria objeto do conflito não comportar composição (CPC, art. 334, § 4º).

Por outro lado, o credor que se negar a participar da mediação, e, da mesma forma, não possibilitar nenhum outro meio que permita uma negociação com a empresa em recuperação, dentre outras sanções, ele poderá se deparar com a declaração da abusividade de seu voto no momento da Assembleia Geral de Credores.[36]

Dessa forma, pode-se afirmar que a negativa da parte em participar da mediação no processo de recuperação judicial, sem a possibilidade de se permitir outra forma de negociar o solucionamento do conflito, implicaria a violação do princípio da cooperação processual, ocasionando a aplicação de sanções das mais diversas, como a não prorrogação do *stay period*, ou ainda, a declaração de abusividade do voto, dentre outras, como acima demonstrado.

Referências

BUENO, Cassio Scarpinella. *Curso Sistematizado de Direito Processual Civil: Teoria do Direito Processual Civil.* São Paulo: Saraiva, 2007, vol. I.

CARNEIRO DA CUNHA, Leonardo. *O princípio contraditório e a cooperação no processo.* 2013. Disponível em <http://www.leonardocarneirodacunha.com.br/artigos/o-principio-contraditorio-e-a-cooperacao-no-processo/>. Acesso em 05 out. 2019.

CARNELUTTI, Francesco. Gioco e Processo. *In:* Rivista di Diritto Processuale, Pádua, Parte II, 1959.

CARNELUTTI, Francesco. *Como se faz um processo.* SP: JG Editor, 2003.

DUNKER, Christian Ingo Lenz. *Teoria do Luto em Psicanálise.* Revista PsicoFAE: Pluralidades em Saúde Mental, [S.l.], v. 8, n. 2, p. 28-42, dez. 2019. ISSN 2447-1798). Disponível em: <https://revistapsicofae.fae.edu/psico/article/view/226>. Acesso em: 12 set. 2021.

FREUD, Sigmund. *Além do princípio do prazer.* ESB, Obras Completas, vol. XVIII. Rio de Janeiro: Imago, 1996.

LAPLANCHE, J. PONTAILS. *Vocabulário de psicanálise.* São Paulo: Martins Fontes, 2001.

LIMA JUNIOR, Asdrubal Nascimento. Os desafios da mediação no Brasil. *In:* NASCIMBENI, Asdrubal Franco; BERTASI, Maria Odete Duque; RANZOLINI, Ricardo Borges (Coord.). Temas de mediação e arbitragem, São Paulo, Lex Editora, 2017.

MARINONI, Luiz Guilherme; ARENHART, Sérgio Cruz; MITIDIERO, Daniel. *Novo Código de processo Civil comentado.* São Paulo: RT, 2015.

[36] Ele estará sujeito ao princípio da soberania sem ter tido o direito de influenciar na formação dessa soberania.

MAZZOLA, Marcelo. *Dever de cooperação no novo CPC: uma mudança de paradigma*, 2015. Disponível em <http://justificando.com/2015/06/08/dever-de-cooperacao-no-novo-cpc-uma-mudanca-de-paradigma/>. Acesso em 05 out. 2019.

MESQUITA, Gil Ferreira de. *Princípios do Contraditório e da Ampla Defesa no Processo Civil Brasileiro*. São Paulo: Juarez de Oliveira, 2003.

MILHOMENS, Jônatas. *Da presunção de boa-fé no processo civil*. Rio de Janeiro: Forense, 1961.

OLIVEIRA FILHO, Paulo Furtado. Das conciliações e das mediações antecedentes ou incidentais aos processos de recuperação judicial. *In:* Lei de recuperação judicial e falência: pontos relevantes e controversos da reforma pela Lei 14.112/20. Indaiatuba: Ed. Foco, 2021.

ROCHA, Zeferino. Os *Destinos da Angústia na Psicanálise Freudiana*. São Paulo: Editora Escuta, 2000.

ROUDINESCO, Elisabeth; LAPON, Michel. *Dicionário de Psicanálise*. Rio de Janeiro: Zahar, 1998.

SACRAMONE, Marcelo Barbosa. *Comentários à Lei de Recuperação de Empresas e Falência*. São Paulo: Saraiva, 2021

SELIGMANN-SILVA, Márcio. Narrar o trauma: a questão dos testemunhos de catástrofes históricas. Psicol. clin. [online]. 2008, vol.20, n.1, pp.65-82. ISSN 0103-5665. Disponível em <http://dx.doi.org/10.1590/S0103-56652008000100005> Acesso em 11 out. 2015.

SILVA, Ovídio Batista da; GOMES, Fábio Luiz. *Princípios Fundamentais do Processo Civil*. São Paulo: RT, 4ª ed.

TALAMINI, Eduardo. *Cooperação no novo CPC (primeira parte) os deveres do juiz*, 2015. Disponível em <http://www.migalhas.com.br/dePeso/16,MI226236,41046-Cooperacao+no+novo+CPC+primeira+parte+os+deveres+do+juiz>. Acesso em 05 out. 2019.

TARTUCE, Fernanda. Mediação em conflitos contratuais e indenizatórios. *In:* NASCIMBENI, Asdrubal Franco; BERTASI, Maria Odete Duque; RANZOLINI, Ricardo Borges (Coord.). Temas de mediação e arbitragem, São Paulo, Lex Editora, 2017.

13.
INSTRUMENTOS DE NEGOCIAÇÃO DO PASSIVO FISCAL DAS EMPRESAS EM RECUPERAÇAO JUDICIAL

Gabriel Augusto Luís Teixeira Gonçalves
Rita Dias Nolasco

Introdução

Em um contexto marcado pelo sério agravamento da crise econômico-financeira decorrente da pandemia da Covid-19, a Lei nº 14.112/20 trouxe importantes alterações na Lei de Falências e Recuperações Judiciais e Extrajudiciais, especialmente para atender à exigência de regularidade fiscal (art. 57 da LREF), ampliando as possibilidades para que as empresas em dificuldades equacionem o passivo tributário adequadamente.

Até esta recente reforma da LREF a jurisprudência majoritária do STJ dispensava a apresentação das certidões negativas de tributos como condição para homologação do plano de recuperação judicial, em razão da inexistência do parcelamento específico previsto no art. 68 da Lei.

O primeiro parcelamento específico para as empresas em recuperação judicial em âmbito federal, criado pela Lei nº 13.043/14, não teve qualquer impacto na jurisprudência dos Tribunais de Justiça, que continuaram a aplicar a decisão da Corte Especial do STJ no REsp 1.187.404/MT, dispensando a apresentação de Certidão Negativa de Débitos (CND)[1] para homologação do plano de recuperação judicial, pois entendiam que referido parcelamento era insuficiente para atender às necessidades das recuperandas.[2]

A edição da Lei de Transação Tributária no âmbito federal (Lei nº 13.988/20) inaugurou uma nova via para as empresas recuperandas sanearem seu passivo fiscal, e representa mais um avanço na abertura do diálogo entre Fisco e contribuinte. A transação veio complementar um sistema multiportas de negociação, que já trazia instrumentos como o Pedido de Revisão de Dívida Inscrita (PRDI — Portaria PGFN nº 33/18) e o Negócio Jurídico Processual (Portaria PGFN nº 742/18).

Essa abertura ao diálogo tem um papel crucial no equacionamento da dívida tributária, e contribui diretamente para a efetiva recuperação da atividade econômica, a qual não se verifica sem que as questões fiscais sejam endereçadas.

No presente estudo iremos abordar esses novos mecanismos disponíveis às empresas em recuperação judicial para sanearem seu passivo fiscal.

1. Os instrumentos de negociação de débitos inscritos em Dívida Ativa da União e do FGTS para empresas em recuperação

A Portaria PGFN nº 2.382/21 é o ato normativo que "*Disciplina os instrumentos de negociação de débitos inscritos em dívida ativa da União e do FGTS de responsabilidade de contribuintes em processo de recuperação judicial.*"

A Procuradoria-Geral da Fazenda Nacional (PGFN) consolidou as regras a respeito dos instrumentos disponíveis para saneamento do passivo fiscal inscrito em dívida ativa das recuperandas, quais sejam: (i) parcelamento; (ii) transação na cobrança da dívida ativa da União e do FGTS; (iii) transação do contencioso tributário de pequeno valor; e (iv) negócio jurídico processual.

[1] Ressalte-se que também se aceita a apresentação de Certidão Positiva com Efeitos de Negativa (CPEN), visto que ambas (CND e CPEN) têm os mesmos efeitos, conforme previsto no art. 206 da Lei nº 5.172/66 (Código Tributário Nacional — CTN).

[2] Vide: Toledo, Paulo Fernando Campos Salles de. A apresentação de CND e o parcelamento de débitos fiscais *in* Dez anos da Lei nº 11.101/2005: Estudos sobre a lei de Recuperação e Falência. Coordenadores Sheila C. Neder Cerezetti, Emanuelle Urbano Maffioletti. Almedina, 2015.

É interessante notar que estão expressamente previstos os princípios (art. 2º) da preservação da atividade empresarial, o estímulo à autorregularização e conformidade fiscal, e a adequação dos meios de cobrança à capacidade de pagamento dos contribuintes em processo de recuperação judicial, que aproximam de maneira franca a recuperação fiscal da empresa com sua recuperação judicial.

Nesse mesmo sentido, a Portaria PGFN nº 2.382/21 estabelece entre os seus objetivos:

> *I — viabilizar a superação da situação transitória de crise econômico-financeira do sujeito passivo, a fim de permitir a manutenção da fonte produtora e do emprego dos trabalhadores, promovendo, assim, a preservação da empresa, sua função social e o estímulo à atividade econômica;*
> *II — assegurar que a cobrança dos créditos inscritos em dívida ativa seja realizada de forma a equilibrar os interesses da União e dos contribuintes em processo de recuperação judicial;*
> *III — assegurar que a cobrança de créditos inscritos em dívida ativa seja realizada de forma menos gravosa para União e para os contribuintes em processo de recuperação judicial;*
> *IV — assegurar aos contribuintes em processo de recuperação judicial nova chance para retomada do cumprimento voluntário das obrigações tributárias correntes.*

Portanto, fica claro que não se trata de satisfazer os interesses meramente arrecadatórios. Assim como o próprio processo de recuperação judicial, os fins visados pelo Fisco são orientados pela ideia central de promover a preservação daquela atividade viável e que traz benefícios à comunidade em que atua, atendendo à função social da empresa.

Tomando o princípio da preservação da empresa em seu sentido instrumental, que ressalta seu objetivo de resguardar os diversos interesses abrangidos na manutenção da atividade empresarial através de um procedimento que garanta o respeito e a tutela de todos os atores envolvidos,[3] há uma aproximação entre os interesses do Fisco e os da recuperação judicial.

[3] Nesse sentido: Cerezetti, Sheila Christina Neder. A recuperação Judicial de Sociedade por Ações: O princípio da preservação da empresa na lei de recuperação e falência. São Paulo: Malheiros, 2012. Pág. 215.

2. Parcelamento previsto na Lei nº 10.522/02 (com as alterações introduzidas pela Lei nº 14.112/20)

Com a reforma da LREF pela Lei nº 14.112/20 e o foco em prover soluções que atendessem aos diferentes tipos de passivos das empresas em recuperação judicial, foi revogado o parcelamento anterior e foram inseridos os artigos 10-A e 10-B na Lei nº 10.522/02. O primeiro trata das regras para parcelamento dos débitos fiscais em geral, enquanto o segundo traz a possibilidade excepcional de se parcelar tributos passíveis de retenção na fonte e o IOF retido e não recolhido ao Tesouro Nacional. Para os débitos não inscritos em dívida ativa da União a regulamentação está na Instrução Normativa RFB nº 1.891/19, enquanto para aqueles já inscritos a regulamentação está nos artigos 18 a 20 da Portaria PGFN nº 2.382/21.

O parcelamento previsto no art. 10-A da Lei nº 10.522/02 se aplica a todos os créditos fazendários, tributários ou não tributários, inscritos ou não em dívida ativa, inclusive aqueles vencidos após o pedido de recuperação judicial, desde que já existentes na data do pedido (assim como prevê o art. 49 da LREF para os credores concursais).

O prazo máximo do parcelamento é de 10 anos (e o parágrafo 7º-A prevê que para microempresas e empresas de pequeno porte esse prazo será 20% maior), sendo feito um escalonamento no pagamento, de maneira que nos dois primeiros anos é pago apenas 13% da dívida total. Ressalte-se que o prazo médio para pagamento dos credores quirografários é de 9 anos, de acordo com o relatório "Recuperação Judicial no Estado de São Paulo — 2ª Fase do Observatório de Insolvência", do Núcleo de Estudos de Processos de Insolvência — NEPI da PUCSP e da Associação Brasileira de Jurimetria — ABJ.[4]

Também foi possibilitado o pagamento de até 30% dos débitos ainda não inscritos em dívida ativa da União (em geral os débitos mais recentes, ou aqueles que foram objeto de contencioso administrativo) com a utilização de créditos decorrentes de prejuízo fiscal de IRPJ e de base de cálculo negativa da CSLL, ou com outros créditos próprios relativos aos tributos administrados pela Secretaria Especial da Receita Federal do Brasil (RFB), caso em que o restante será parcelado em até 84 vezes.

[4] https://abjur.github.io/obsFase2/relatorio/obs_recuperacoes_abj.pdf. Acesso em 27/08/2021.

Com o §1º-C supera-se uma das principais críticas que havia no parcelamento da Lei nº 13.043/14, que era a necessidade de se incluir todos os débitos no parcelamento, ainda que estivessem sendo questionados judicialmente. Com as novas regras é permitido não incluir os débitos que sejam objeto de discussão judicial ou administrativa, desde que estejam garantidos ou com sua exigibilidade suspensa.

O parágrafo 4º traz a vantagem de ser mais tolerante com o atraso de parcelas antes de rescindir o parcelamento. Se para as demais modalidades de parcelamento o art. 14-B da mesma Lei nº 10.522/02 estabelece que a falta de pagamento de 3 parcelas, consecutivas ou não, implica a rescisão automática do acordo, para as empresas em recuperação judicial o §4º do artigo 10-A prevê que somente levará à exclusão do sujeito passivo do parcelamento o inadimplemento de 6 parcelas consecutivas ou de 9 parcelas alternadas.

Esse benefício representa um reconhecimento de que o soerguimento de uma empresa em recuperação judicial não é um processo simples e sem percalços, permitindo que se adeque o pagamento das parcelas a eventuais dificuldades de caixa que a empresa esteja passando, sem que isso acarrete a rescisão do parcelamento.

Por sua vez, o art. 10-B autoriza, especificamente para as empresas em recuperação judicial, o parcelamento de tributos passíveis de retenção na fonte e o IOF retido e não recolhido. Nesse caso, podem ser parcelados os débitos relativos aos tributos previstos nos incisos I e II do caput do art. 14 desta Lei, em até 24 (vinte e quatro) parcelas mensais e consecutivas. Também para esse parcelamento as microempresas e as empresas de pequeno porte farão jus a prazos 20% superiores.

Há um escalonamento das parcelas, de maneira que da primeira à sexta prestação cada parcela corresponderá a 3% da dívida, da sétima à décima segunda prestação cada parcela corresponderá a 6% da dívida, e da décima terceira prestação será pago o saldo remanescente, em até 12 prestações mensais e sucessivas.

São exigidos alguns compromissos do devedor como condição para a concessão das vantagens dos referidos parcelamentos, previstos no §2º-A do art. 10-A. Uma das grandes novidades é o que foi estabelecido no inciso II, regulamentado pelo §2-B, e que trata do dever de se utilizar uma parte do produto da alienação de bens e direitos integrantes do ativo não circulante, realizada durante o período de vigência do plano de recuperação judicial, para a amortização do parcelamento (figura conhecida em reestruturação de empresas como *cash sweep*).

A própria lei prevê que o percentual a ser destinado ao Fisco corresponderá à razão entre o valor total do passivo fiscal e o valor total de dívidas do devedor, na data do pedido de recuperação judicial, e será limitado a no máximo 30%.

3. Transação tributária

O instrumento de negociação que vem se consolidando como importantíssimo aliado dos contribuintes para a regularização de débitos fiscais é a transação tributária, cujas normas gerais estão previstas na Lei nº 13.988/20, regulamentada pela Portaria PGFN nº 9.917/20,[5] e que em pouco tempo alcançou relevantes números no âmbito federal.[6] A modalidade específica para as empresas em recuperação judicial é disciplinada pelo art. 10-C da Lei nº 10.522/02 e pela Portaria PGFN nº 2.382/21.

Na transação para as empresas em recuperação judicial é possível conceder descontos sobre o total da dívida fiscal levando em consideração o grau de recuperabilidade do débito, o perfil da recuperanda e critérios específicos que veremos adiante.

A transação permite que seja reestruturado o passivo inscrito em dívida ativa através de um plano de recuperação fiscal elaborado especificamente para aquela empresa, concedendo descontos e alongamento do prazo de pagamento, por exemplo (conforme previsto no art. 11 da Lei nº 13.988/20, que prevê os benefícios que podem ser contemplados na transação da dívida ativa da União).

As disposições das normas gerais da transação (Lei nº 13.988/20 e Portaria PGFN nº 9.917/20) se aplicam à transação prevista no art. 10-C da Lei nº 10.522/02, no que não forem conflitantes (como prevê o próprio art. 10-C e o art. 30, da Portaria PGFN nº 2.382/21). Essas normas

[5] Para uma análise detalhada do instituto e sua regulamentação, conferir: Souza, Priscila Maria Fernandes Campos de. Transação tributária: definição, regulamentação e principais desafios. Revista da PGFN, Ano XI, Número 1.

[6] Conforme exposto na Nota SEI nº 14/2021/PGDAU-CDA-COAGED/PGDAU/PGFN-ME, "*foram negociados em 2020 mais de oitocentos mil débitos, no valor de R$ 81,9 bilhões, por aproximadamente 60 mil pessoas físicas e 140 mil pessoas jurídicas*", números superlativos e que demonstram o sucesso e a viabilidade da transação tributária.

que tratam da transação tributária para as empresas em recuperação judicial dispõem sobre duas modalidades distintas de transação. Temos a modalidade de transação individual, que é aquela na qual se celebra um acordo jurídico cujos termos as partes possuem ampla liberdade para definir (dentro dos limites permitidos pelas normas regulamentares). E, temos a modalidade de transação por adesão, na qual o Fisco oferece uma proposta, com condições pré-definidas para o contribuinte, em procedimento simplificado (como, por exemplo, a Transação Excepcional, prevista na Portaria PGFN nº 14.402/20 e Portarias PGFN nºs 2.381/2021 e 11.496/21).

Essa ampla liberdade para definir o acordo para reestruturação do passivo fiscal, permite a construção artesanal de soluções customizadas para cada caso específico e autoriza que as partes sejam criativas, permitindo a previsão de escalonamento do valor das parcelas, ou o estabelecimento dos pagamentos de parcelas-balão, a utilização de garantias como a alienação fiduciária de marcas, entre outras coisas. O espaço para negociação é realmente muito amplo.

Por outro lado, essa maior flexibilidade na estruturação de negócios jurídicos com os contribuintes traz uma exigência ainda mais intensa de motivação dos atos praticados, que necessitam ser devidamente justificados, a fim de se demonstrar o atendimento aos princípios da legalidade, isonomia, impessoalidade e capacidade contributiva (o que foi positivado no §2º, do art. 1º, da Lei nº 13.988/20).

Como bem pontua Pedro Ivo Lins Moreira:[7]

> *Do ponto de visa tributário, as alterações da Lei 11.101/05 pela Lei 14.112/20 trouxeram uma série de novidades que buscaram contrabalançar as melhorias nas condições de renegociação do passivo fiscal com a necessidade de dar tratamento adequado à tutela do crédito público.*
>
> *(...)*

[7] Moreira, Pedro Ivo Lins. A exigência de regularidade fiscal para fins de concessão da recuperação judicial à luz da hermenêutica constitucional e do princípio da preservação da empresa *in* TEMAS DE DIREITO DE INSOLVÊNCIA FUNDAMENTOS, PRÁTICAS E CONSEQUÊNCIAS. Coordenadores: Carlos Eduardo Quadros Domingos e Carlos Alberto Farracha de Castro. OAB/PR. Pág. 336-337.

O legislador buscou equilibrar essas vantagens concedidas em favor do contribuinte com o fortalecimento da posição do Fisco na recuperação judicial, especialmente contra os devedores que, mesmo diante dos múltiplos incentivos legais, não regulariza sua situação fiscal."

Conforme previsto no art. 10-C da Lei nº 10.522/02, poderão ser concedidos descontos de até 70% do valor total da dívida, que incidirá sobre a multa, os juros e os encargos legais (ou seja, não há desconto sobre o principal da dívida, respeitando a vedação prevista no art. 11, §2º, I, da Lei nº 13.988/20). Já o prazo para pagamento será de até 120 meses, via de regra, mas pode ser estendido para 145 meses nos casos das pessoas citadas no §3º do art. 11 da Lei nº 13.988/20.

O legislador teve o cuidado de prever, expressamente (art. 10-C, VI), que a apresentação da proposta de transação por parte da recuperanda já é suficiente para que se suspenda o trâmite das execuções fiscais. Assim, se evita que a não submissão da cobrança do crédito fiscal à regra de suspensão das execuções em face de empresas em recuperação judicial, prevista no art. 6º, II, da Lei nº 11.101/05, acarrete prejuízos às atividades da empresa que já se encontra em dificuldades. Basta, para isso, que a recuperanda dê inícios às negociações com o Fisco ao mesmo tempo em que inicia sua negociação com os credores privados.

Além disso, assim como foi feito no parcelamento, também na transação houve o aumento do número de parcelas cujo inadimplemento leva à rescisão do acordo, vide o disposto no inciso VII, do art. 10-C. É necessário que a recuperanda esteja em atraso por 6 parcelas consecutivas ou 9 alternadas.

Foi também criado um incentivo para que os Estados, Distrito Federal e Municípios, por lei própria, assimilem em seus ordenamentos internos as mesmas regras aplicadas em âmbito federal para a transação com empresas em recuperação judicial. Similar ao que seria uma "lei por adesão", o § 4º permite que o disposto no art. 10-C seja adotado pelos outros entes federativos, o que garantiria uma solução global para as dívidas fiscais das recuperandas. Não obstante alguns Estados e Municípios possuam normas próprias autorizando a transação com empresas em recuperação judicial, é certo que um arcabouço normativo único que se aplique a todo o passivo fiscal das empresas em recuperação judicial, como propõe a citada norma, representaria um grande avanço em termos de segurança jurídica e simplificação de procedimentos e regras.

O §1º do art. 21, da Portaria PGFN nº 2.382/21, define os parâmetros[8] a serem examinados na elaboração da proposta de acordo e, por conseguinte, que devem ser considerados para se determinar as concessões a serem feitas pelo Fisco. Dentre esses parâmetros, temos alguns que são específicos para as empresas em recuperação judicial, dispostos nas alíneas IX, X e XI. Eles preveem que devem ser levados em consideração durante a negociação tanto a crise econômico-financeira que ensejou o pedido de recuperação judicial, bem como o prognóstico em caso de eventual falência, a proporção entre o passivo fiscal e o restante das dívidas do contribuinte em recuperação judicial, e o porte e a quantidade de vínculos empregatícios mantidos pela pessoa jurídica.

Vemos, portanto, que há uma franca preocupação em se investigar o contexto próprio de cada empresa e o que levou ela a essa situação de crise, além da forma como ela impacta a comunidade em que está inserida e como atende à sua função social. Também são ponderadas eventuais repercussões da transação tributária no cumprimento do plano de recuperação judicial, ao se tomar como parâmetro a proporção entre o passivo fiscal e as demais dívidas da recuperanda, e se avaliar o prognóstico em caso de falência.

Houve uma grande preocupação em se garantir que o acordo de transação a ser firmado com o Fisco se adeque ao plano de recuperação

[8] Portaria PGFN nº 2.382/21 — Art. 21.
§ 1º Para fins de mensuração do percentual de redução de que trata o inciso I do caput deste artigo, deverão ser observados, isolada ou cumulativamente, os seguintes parâmetros:
I — o tempo em cobrança;
II — a suficiência e liquidez das garantias associadas aos débitos inscritos;
III — a existência de parcelamentos ativos;
IV — a perspectiva de êxito das estratégias administrativas e judiciais de cobrança;
V — o custo da cobrança judicial;
VI — o histórico de parcelamentos dos débitos inscritos;
VII — o tempo de suspensão de exigibilidade por decisão judicial;
VIII — a situação econômica e a capacidade de pagamento do contribuinte em recuperação judicial;
IX — a recuperabilidade dos créditos, inclusive considerando o impacto na capacidade de geração de resultados decorrente da crise econômico-financeira que ensejou o pedido de recuperação judicial bem como o prognóstico em caso de eventual falência;
X — a proporção entre o passivo fiscal e o restante das dívidas do contribuinte em recuperação judicial;
XI — o porte e a quantidade de vínculos empregatícios mantidos pela pessoa jurídica.

judicial, para que esteja inserido na reestruturação da empresa e, não represente apenas um acordo isolado. A finalidade é preservar a empresa viável, possibilitando acordos que sejam favoráveis para a recuperanda, para os demais credores, para o Fisco e para a sociedade, concretizando o princípio da preservação da empresa em seu sentido instrumental.

Não adiantaria o Fisco exigir um acordo inviável, que prejudique o plano de recuperação judicial e que poderá culminar com situação ainda pior, de falência. Por outro lado, também não é qualquer acordo que deve ser aceito pelo Fisco, os limites e os parâmetros postos pelo legislador devem servir como balizas para orientar a celebração da transação. Conforme precisa lição de João Pedro Scalzilli, Luis Felipe Spinelli e Rodrigo Tellechea:[9]

> *Nem toda empresa merece ser preservada. Não existe, no direito brasileiro ou em qualquer outro dos que temos notícia, um princípio da "preservação da empresa a todo custo". Na verdade, a LREF consagra, no sentido exatamente oposto, um princípio complementar ao da preservação da empresa, que é o da retirada da empresa inviável do mercado.*
>
> *Ora, não é possível — nem razoável — exigir que se mantenha uma empresa a qualquer custo; quando os agentes econômicos que exploram a atividade não estão aptos a criar riqueza e podem prejudicar a oferta de crédito, a segurança e a confiabilidade do mercado, é sistematicamente lógico que eles sejam retirados do mercado, o mais rápido possível, para o bem da economia como um todo, sempre com a finalidade de se evitar a criação de maiores problemas.*

Registre-se que para as empresas que já tinham tido seu plano de recuperação judicial homologado quando da edição dessas novas regras sobre transação tributária, sem a exigência de apresentação de certidão negativa de débitos fiscais (mas cujo processo ainda não tivesse se encerrado, estando na fase de supervisão judicial, prevista no art. 61, da LREF), o §4º, do artigo 5º, da Lei nº 14.112/20 (artigo este que traz as regras de direito intertemporal da reforma da LREF), autorizava que elas também se beneficiassem do desconto e prazo de parcelamento mais favoráveis, desde que apresentassem sua proposta em até 60 dias da regulamentação da Lei pela PGFN (o que foi feito pela Portaria

[9] Recuperação de empresas e falência: Teoria e prática na lei 11.101/2005. Almedina Brasil. Edição do Kindl, p. 308.

PGFN nº 2.382/21, publicada em 1º de março de 2021. Ou seja, esse prazo se esgotou em 29 de abril de 2021). Para as empresas que não observaram essa regra ainda é possível celebrar um acordo de transação, mas nos mesmos termos que as pessoas jurídicas em geral (desconto máximo de 50% e parcelamento em até 84 meses).

Diante do exposto nas linhas acima, vimos que, em suma, é possível a empresa em recuperação judicial parcelar sua dívida com o Fisco em até 10 anos e ainda obter 70% de desconto. A título de comparação, de acordo com o relatório[10] "Recuperação Judicial no Estado de São Paulo — 2ª Fase do Observatório de Insolvência", do Núcleo de Estudos de Processos de Insolvência — NEPI da PUCSP e da Associação Brasileira de Jurimetria — ABJ, as taxas de deságio médio para os credores titulares de créditos com garantias reais é de 47,2%, enquanto para o pagamento dos credores quirografários o deságio médio foi de 70,8%. Dessa forma, as concessões possíveis na reestruturação da dívida fiscal estão bastante alinhadas com aquelas feitas na renegociação das dívidas privadas.

Há, ainda, a possibilidade de se utilizarem créditos líquidos e certos ou precatórios para quitação da transação (art. 8º, VI, da Portaria PGFN nº 2.382/21), o que facilita que o acerto das dívidas se dê sem grandes desembolsos de caixa por parte da empresa. Ademais, o mercado de negociação de precatórios vem crescendo cada vez mais, permitindo a aquisição desses títulos com consideráveis deságios, o que também contribui para que o plano de recuperação fiscal seja concretizado.

Destacamos, ainda, que essa modalidade de transação alcança também os débitos de FGTS sob responsabilidade da PGFN, nos termos da Resolução do Conselho Curador do FGTS nº 974/2020 e da Portaria PGFN nº 3.026/2021. Embora a regulamentação preveja benefícios, é vedada a negociação que reduza o montante principal do débito ou conceda descontos sobre quaisquer valores devidos aos trabalhadores, conforme critérios estabelecidos pela Lei n. 8.036/19. E se a negociação envolver valores devidos a trabalhadores que já tenham direito ao uso do FGTS, o pagamento da totalidade dessa parte da dívida deverá ser realizado junto com a primeira prestação acordada.

[10] Scalzilli. João Pedro; Spinelli, Luis Felipe; Tellechea, Rodrigo. *Recuperação de empresas e falência: Teoria e prática na lei* 11.101/2005, p. 77.

Por fim, é importante registrar que há uma preocupação muito grande do legislador com a transparência ativa (vide o §3º, do art. 1º, da Lei nº 13.988/2020), de maneira que todos os termos de transação individual são publicados na página da PGFN na internet.[11] Essa iniciativa também atende aos objetivos da Política de Dados Abertos do Poder Executivo federal (Decreto nº 8.777/16) e Política Nacional de Governo Aberto (Decreto nº 10.160/19).

4. Outros instrumentos

4.1. Transação excepcional

Na transação por adesão a PGFN publica um edital com as condições do negócio já pré-fixadas, e o contribuinte opta por uma das possibilidades ali previstas, fazendo todo o procedimento de adesão de maneira automatizada, por meio do portal Regularize.

Nos anos de 2020 e 2021, as opções foram consolidadas no Programa de Retomada Fiscal (Portarias PGFN nº 21.562/20, 2.381/21 e 11.496/21), e diversas opções foram oferecidas aos contribuintes, abrangendo desde débitos rurais e fundiários até dívidas do Simples Nacional e do FGTS.

Foram regulamentadas[12] a (i) Transação Individual e por Adesão (Portaria PGFN nº 9.917/2020 e Edital de Acordo de Transação por Adesão nº 1/2019); (ii) Transação Extraordinária (Portaria PGFN nº 9.924/2020); (iii) Transação Excepcional (Portaria PGFN nº 14.402/2020); (iv) Transação Excepcional para débitos rurais e fundiários (Portaria PGFN nº 21.561/2020); (v) Transação Tributária na Dívida Ativa de Pequeno Valor (Edital nº 16/2020); (vi) Transação Excepcional para Débitos do Simples Nacional (Portaria PGFN nº 18.731/2020); (vii) Edital de Acordo de Transação por Adesão nº 2/2021; e (viii) Transação na dívida ativa do FGTS (Edital nº 3/2021)

Com a reforma operada pela Lei nº 14.112/20, que aumentou os prazos e descontos oferecidos às empresas em recuperação judicial na transação, a Portaria nº 14.402/20 (Transação Excepcional) foi alterada para

[11] https://www.gov.br/pgfn/pt-br/assuntos/divida-ativa-da-uniao/painel-dos-parcelamentos/termos-de-transacao-individual

[12] Para mais informações conferir: https://www.gov.br/pgfn/pt-br/servicos/orientacoes-contribuintes/acordo-de-transacao

prever no inciso VII, do art. 9º, as condições específicas para empresas em recuperação judicial, nos termos do que dispõe o art. 10-C, da Lei nº 10.522/02 (desconto de até 70% e prazo de até 120 meses). Dessa maneira, as recuperandas poderão aderir à transação diretamente pelo Regularize, de forma rápida e simples.

4.2. Transação do contencioso tributário de pequeno valor

A transação do contencioso tributário de pequeno valor se distingue das demais modalidades por permitir a concessão de desconto sobre o principal da dívida (vide o disposto no art. 25, I, da Lei nº 13.988/20).

Esta é uma modalidade disponível exclusivamente às microempresas e empresas de pequeno porte (além de pessoas físicas, mas essas não podem entrar em recuperação judicial, ainda), para débitos de até 60 salários-mínimos, e apenas para os débitos de natureza tributária. Os descontos podem chegar a até 50% do valor total da dívida, que pode ser parcelada em 60 meses.

São condições bem mais favoráveis do que aquelas previstas nos artigos 70 a 72, da LREF, que trata do Plano de Recuperação Judicial para Microempresas e Empresas de Pequeno Porte. Neste último não há qualquer desconto, e o parcelamento é em apenas 36 meses, concedida uma moratória inicial de no máximo 6 meses.

4.3. Negócio Jurídico Processual

O Código de Processo Civil instituiu no art. 190, a cláusula geral de negociação processual, permitindo a adaptabilidade do procedimento às peculiaridades do caso concreto. A Lei nº 13.874/19 inseriu os parágrafos 12 e 13 no art. 19 da Lei nº 10.522/02, prevendo expressamente a possibilidade da Procuradoria-Geral da Fazenda Nacional celebrar negócios jurídicos processuais em seu âmbito de atuação, realizando adequação procedimental para cobrança judicial ou administrativa dos débitos sob sua responsabilidade.

A Portaria PGFN nº 742/2018 regulamentou a celebração de negócio jurídico processual para equacionamento de débitos inscritos em dívida ativa da União, que poderá versar sobre: (i) calendarização da execução fiscal; (ii) plano de amortização do débito fiscal; (iii) aceitação, avaliação, substituição e liberação de garantias; e (iv) modo de constrição ou alienação de bens.

É um instrumento que, apesar de ter perdido um pouco de espaço com a criação da transação tributária, ainda têm grande utilidade na resolução de litígios diversos e na calendarização de atos processuais, além de ser o meio mais adequado para se acordar a respeito da garantia a ser oferecida e aceita para se manter determinado débito em discussão judicial, bem como os procedimentos a serem adotados quando do trânsito em julgado do processo.

4.4. Outras dívidas federais e demais entes federativos

Por fim, importa registrar que o art. 11 da Lei nº 13.988/20 estabelece que as disposições ali previstas são aplicáveis também à dívida ativa das autarquias e fundações públicas federais, bem como aos créditos de responsabilidade da Procuradoria-Geral da União.

É o que levou a Lei de reforma da LREF a estender a aplicação das regras de transação tributária para empresas em recuperação judicial também para as demais dívidas perante a União, não apenas as fiscais, conforme previsto no §2º, do art. 10-C da Lei nº 10.522/02.[13] Para além disso, o parágrafo 3º permite expressamente que no caso de multas decorrentes do exercício de poder de polícia seja concedido desconto sobre o principal da dívida, o que pode ser especialmente útil para as empresas que estejam submetidas à fiscalização das agências reguladores, por exemplo. Tanto a Procuradoria-Geral da União, quanto a Procuradoria-Geral Federal, já regulamentaram a transação dentro de sua órbita de competência, através da Portaria AGU nº 249/20 e da Portaria PGF nº 333/20.

Além disso, vários entes federativos vêm regulamentando a negociação com empresas em recuperação judicial. Nesse sentido, tivemos, por exemplo, a edição de leis pelos Estados e Municípios de São Paulo[14] e Rio de Janeiro.[15]

[13] § 2º O disposto neste artigo aplica-se, no que couber, aos créditos de qualquer natureza das autarquias e das fundações públicas federais.
§ 3º Na hipótese de os créditos referidos no § 2º deste artigo consistirem em multa decorrente do exercício de poder de polícia, não será aplicável o disposto no inciso I do § 2º do art. 11 da Lei nº 13.988, de 14 de abril de 2020. (Incluído pela Lei nº 14.112, de 2020).

[14] Lei Estadual nº 17.293/2020 e Lei Municipal nº 17.324/2020.

[15] Lei Estadual nº 8.502/2019 e Lei Municipal nº 5.966/2015.

Conclusões

Buscamos apresentar as novidades trazidas pela reforma da LREF em relação aos meios de negociação do passivo fiscal que agora estão disponíveis às empresas em recuperação judicial. As mudanças legislativas alteraram sobremaneira o cenário que era então encontrado pelas recuperandas. Isso é fruto também de uma mudança institucional pela qual a administração tributária vem passando[16], e que visa estimular os contribuintes a alcançarem a conformidade fiscal por meio do diálogo, e não do conflito.

Com isso, espera-se que de agora em diante a regularização das dívidas fiscais seja encarada como uma prioridade pelas empresas em recuperação judicial, ao lado da negociação com os credores concursais. Somente assim pode-se considerar que a recuperação da empresa em crise será efetivamente alcançada.

Concluindo:[17]

> *A Lei 14.112/2020 deve ser vista, portanto, como uma importante iniciativa legislativa para reestruturar o procedimento de recuperação judicial, após mais de uma década de experimentação. Importante que a doutrina e o Poder Judiciário interpretem adequadamente seus dispositivos, sobretudo com respeito à proposta que foi tão estudada e discutida no parlamento. Os créditos públicos não podem ser colocados em segundo plano, a fim de que só sejam adimplidos após o pagamento dos credores privados, modelo este que se afasta por completa do procedimento estruturado na legislação.*

Referências

Cerezetti, Sheila Christina Neder. A recuperação Judicial de Sociedade por Ações: O princípio da preservação da empresa na lei de recuperação e falência. São Paulo: Malheiros, 2012.

Moreira, Pedro Ivo Lins. A exigência de regularidade fiscal para fins de concessão da recuperação judicial à luz da hermenêutica constitucional e do princípio

[16] Além da PGFN, também a Receita Federal tem avançado em medidas em prol de uma relação menos conflituosa com os contribuintes. Vide nesse sentido a criação do Programa de Conformidade Cooperativa Fiscal (Confia) — Portaria RFB nº 28/2021.

[17] Oliveira, Paulo Mendes de; Nolasco, Rita Dias. Os créditos tributários e o novo modelo de recuperação judicial. Lei de recuperação e falência: pontos relevantes e controversos da reforma / Arthur Cassemiro Moura de Almeida ... [et al.]; coordenado por Paulo Furtado de Oliveira Filho. Indaiatuba, SP: Editora Foco, 2021. Edição do Kindle. Pág. 11.

da preservação da empresa in TEMAS DE DIREITO DE INSOLVÊNCIA FUNDAMENTOS, PRÁTICAS E CONSEQUÊNCIAS. Coordenadores: Carlos Eduardo Quadros Domingos e Carlos Alberto Farracha de Castro. OAB/PR.

MUNHOZ, Eduardo Secchi. Comentários ao art. 57. In: SOUZA JR., Francisco Satiro; PITOMBO, Antônio Sérgio A. de Moraes. (Coord.). Comentários à lei de recuperação de empresas e falências: Lei 11.101/2005. 2 ed. São Paulo/SP: Revista dos Tribunais, 2007.

OLIVEIRA, Paulo Mendes de; NOLASCO, Rita Dias. Os créditos tributários e o novo modelo de recuperação judicial. Lei de recuperação e falência: pontos relevantes e controversos da reforma / Arthur Cassemiro Moura de Almeida ... [et al.]; coordenado por Paulo Furtado de Oliveira Filho. Indaiatuba, SP: Editora Foco, 2021. Edição do Kindle.

TOLEDO, Paulo Fernando Campos Salles de. A apresentação de CND e o parcelamento de débitos fiscais in Dez anos da Lei nº 11.101/2005: Estudos sobre a lei de Recuperação e Falência. Coordenadores Sheila C. Neder Cerezetti, Emanuelle Urbano Maffioletti. Almedina, 2015.

SCALZILLI. João Pedro; SPINELLI, Luis Felipe; TELLECHEA, Rodrigo. Recuperação de empresas e falência: Teoria e prática na lei 11.101/2005. Almedina Brasil. Edição do Kindle.

SOUZA, Priscila Maria Fernandes Campos de. Transação tributária: definição, regulamentação e principais desafios. Revista da PGFN, Ano XI, Número 1.

14.
UMA VISÃO PRAGMÁTICA DA MEDIAÇÃO

Luiz Antonio Sampaio Gouveia

"O Judiciário não sabe se comunicar. A linguagem barroca e rebuscada é o fator de distanciamento do Judiciário [da ADVOCACIA inclusive], do povo", conforme o Ministro Joaquim Barbosa, em "Isto É", edição especial de 12 de dezembro de 2007. A Mediação enquanto juízo leigo e compreensível de acesso popular. Conforme este autor.

1. A evolução do Direito Brasileiro e a revolução do moderno processo civil e penal brasileiro

Já me aproximando de meus cinquenta anos de vida forense, entre a poesia do umbigo no balcão de que creio as novas gerações logo sequer saberão o que isto seja — mesmo porque com o processo eletrônico, o balcão do foro nem mais vai existir — e até o minueto de minha vida nos tribunais, que continuará para quem saiba bailar, já há anos que o Direito e sua ferramenta de realização que é a Justiça, estavam em franco processo de mudança e evolução.

Apaixonado pelo quanto já aprendera na Fundação Getúlio Vargas, aberto o primeiro curso da GVlaw, sobre Crimes Econômicos, fui lá bater, mais uma vez, às suas portas e entre filhos e netos de meus amigos, comecei uma nova vida jurídica. Vi então que não bastava o que ali ficara sabendo para meu novo diálogo com as fontes do Direito e fui à Pontifícia Universidade Católica, de São Paulo, para melhor aprofundar-me em Direito Constitucional, mestrando-me, dando curso ao meu amor pelo Direito haurido nos jardins de pedra de nossas Arcadas, sim, nossas e porque são a Meca do Direito Humanista e Social Brasileiro e se esparramam por inspirar todas as faculdades de direito do Brasil, que a ela se imantam para a edificar a grande Nação de paz, que é o Brasil.

Como todos, tive meus momentos de dúvida na escolha da profissão. Quase me levariam primeiramente ao seminário católico romano e dominicano, não fosse o tirocínio de meu pai, que dissera, vai quando tiver a consciência do que queira. Havia militares na família e um primo guarda marinha e pelo amor de minha mãe ao cisne branco, quis ir para a Marinha de Guerra, mas não fui. Parecia, no entanto, que meu pai me empurrava para as Arcadas, para a Advocacia, principalmente; e em cima da escrivaninha de meu avô, havia um célebre processo de nossa Santa Cruz do Rio Pardo, de mais de cem anos atrás, contendo uma peça de recurso maravilhosamente talhada por um grande advogado, Pedro Camarinha, que citando o alemão Rudolf Von Ihering, dizia: "O Direito é a luta da qual a Justiça é o termo da paz".

Não precisou mais nada! Meu sangue mameluco, de tupinambá, falou mais alto, da guerra para a paz. Decidi, seria advogado! Mas nunca imaginei que pudesse ver de repente uma luta por Justiça, na prática da paz, como é o instituto da Mediação.

De início na Justiça cível. Mas evoluindo já na Justiça Restauradora, como alternativa ao poder punitivo draconiano do Estado, na seara penal, em crimes, de pequeno potencial ofensivo, em que o nome de Justiça Restauradora é o próprio mote da Mediação que restaura a paz, entre os desentendidos; outrora havidos de bem entre si.

Para que eles cheguem ao consenso autêntico de sua autocomposição, por si próprios, um lance, sem dúvida, que requer elevado espírito cívico. Mas sobretudo humildade ou praticidade para a compreensão de que mediar é melhor que não levar nada. Porque sempre quem busca a decisão jurisdicional, nem sempre acaba bem porque o árbitro distante, que é o Estado juiz nem sempre sente as agruras do jurisdicionado e muitas vezes resolve o conflito, com o corte do arbítrio ou a imposição da mão pesada, que a solução distante do jurisdicionado, como se fosse a de Deus Pai, não deixa alternativa, nem de choro e nem de vela, impondo-se pela coerção do Estado-juiz, quando o filho chora e a mãe não vê.

Diferentemente da Mediação em que o gnomo da paz, o mediador, facilita as partes mediadas à reflexão e ao entendimento. Para a continuidade de uma vida pragmática e pois suave, instaurando a psicologia para composição de demandas complexas, repondo e preservando vínculos sociais, desde familiares até societários e creditícios, para solucionar a disputa.

Mas se a evolução é um modo de resiliência porque nos leva a nos adaptar às modificações da vida, para viver, em verdade, a revolução é uma forma abrupta de mudança estrutural e a par de toda a modificação do Direito Brasileiro contemporâneo, ter sido feita por via legislativa, a mudança começou pela jurisprudência. Não obstante e igualmente pela doutrina globalizada inevitavelmente, em universo digital que, em si, já é revolucionário.

Vivi, no início da carreira tempos kelsenianos, de aplicação da lei abstratamente aos fatos humanos e às nossas coisas e submisso ao brocardo, dura lei, mas é a lei, às favas, com fundamentos filosóficos e culturais. Nada a fazer que não seja cumpri-la. Embora insistente em minhas práticas na lógica do razoável de Luiz Recasens Siches, respirava com Miguel Reale, na trimendisionalidade do Direito, na linha do fato, valor e norma, vértice de uma justiça social, até que o Novo Código Civil, veio evolucionar o Direito, trazendo novos tempos, com suas cláusulas gerais, seus tipos abertos e conceitos indeterminados, dentre outras modernidades, que se revolucionam às vezes, favorecendo o protagonismo do Judiciário. Mas longe de ser um direito alternativo, contudo, na linha de que o Direito precede a lei, a ver que Justiça desumana é injustiça e muito menos justiça etérea é justiça e sem levar em conta fatos e valores e normas, nunca poderá ser jurídica nem humana.

Mas em um mundo "on line", fundem-se as matrizes do Direito e não é apenas o nosso Direito que se universaliza, absorvendo institutos do "common law". É o próprio direito anglo saxão, que se aproximas de nossas matrizes peninsulares, ibérica e ricamente italiana, francesa e germânica também. Notadamente no campo do direito penal, onde o juízo pelos precedentes, cede à tipificação dos standards.

Em que pese, com alguma reserva no Direito Penal, absorvido do modelo anglo saxão, principalmente, no Direito Processual Penal, o traçado de um novo Direito de Família e uma linguagem moderna no Direito Civil, embrenhando-se por um Direito Comercial mais pragmático, na seara falimentar e recuperacional, vou, como velho constitucionalista, amando essa Constituição de 1988, certamente surgida do único momento constituinte brasileiro, com a queda da Ditadura Militar e as Diretas Já deram causa autêntica ao nosso único momento constituinte popular.

Logo, a Mediação vem neste contexto para suavizar, humanizando as disputas de Direito, em todos os campos desta fascinante ciência, que nela nos faz viver. Ressuscitou dos tempos das cavernas em que o ser humano se equilibrava em suas pendências pela Mediação dos pagés ou, ao contrário, a clave ou tacape do adverso compunha a disputa, cumprindo a lei do mais forte.

2. A Mediação enquanto sistema de autocomposição e real instrumento da paz social

A mediação revolucionou o Direito, enquanto esse se concretizava como Justiça, por via de um processo tradicional de solução de disputas, plasmado pelo método adversarial, que se qualificava, como ferramenta de composição de pendências, entre partes, postas elas em disputa ferrenha e sem condições então de viabilizar um consenso para composição voluntária de demandas e consequentemente de suas concessões mútuas, como possíveis e justas, de acontecerem independentemente da decisão impositiva e coercitiva pela força de um juiz estatal.

Desta maneira, a mediação finalmente se direcionou e atualmente, para ser uma metodologia de solução de conflitos dialógica. Pelo mútuo sopeso de posturas divergentes reciprocamente ostentadas, por uma parte face à outra e em um contexto antes de desentendimento entre ambas. Mas finalmente, na direção do prevalecimento de uma lógica jurídica de composição aceita conscientemente por ambas e preponderante, ante seus desentendimentos, para extingui-los e a fim de que essas partes desavindas se componham, autonomamente, em suas desavenças, deles resultantes. Pairando sobre elas uma síntese de justiça em consenso por elas mesmas estruturada para resolvê-las e extingui-las construtivamente em um cenário de restauração da paz que antes, entre elas, existira, em suas relações jurídicas e sociais anteriores e para que as duas perdurem resolvidas e conciliadas em favor do equilíbrio social.

Em que possa pesar o concurso do mediador, terceiro imparcial e equidistante, dos fatos e dos interesses, postos em jogo, pelas partes, no contexto das disputas e que não é um conciliador. Certamente tão somente um inspirador e orientador, ouvinte ou escutador dos consequentes e recíprocos limites de entendimento, entre as partes e até as concessões consentidas pela voluntariedade do consenso naturalmente operacionalizado entre elas e até que se faça a justiça consensualmente pela Mediação, por via da escuta, orientação e estímulo das partes quanto às quais, o mediador buscará atenuar as emoções sopitadas na demanda, para neutralizar os ele mentos psíquicos, que conduzem as partes à ruptura.

Mas este mediador não é um árbitro. É, sim, um orientador de boa-fé, entre elas, conhecedor de seus problemas e do contexto de suas ações, além de amplo sabedor da técnica de geração dos fatos jurídicos que ocasionaram a desavença entre os mediados. Para levá-los a identificar a hipótese de paz, entre eles, pela solução justa, que eles mesmos possam encontrar nas águas turvas de suas relações poluídas pela escuridão das desavenças, que ostentem, por via da clarificação dos enfoques que tenham de uma questão entre havida com eles, no quanto não se entendam e para que propendam a uma solução célere de suas demandas e jamais desconstitutivas, pela destruição, de suas relações passadas. Ao contrário, reconstitutivas do quanto fizeram antes as partes juntamente.

A mediação não é assim conciliação. Não é achego de conveniência, que simplesmente se dá, entre partes, para não se perder mais. Mas é uma construção de consenso em que se cede ao correto e justo compreensivamente e de sorte a uma dar à outra o que lhe caiba por direito consensualmente. Também não é transação, em que se dão as mãos para não se irem os pés. A mediação tem face própria. É recomposição antes de ser uma composição. Também não é uma arbitragem. Porque esta é o mesmo corte que ao problema faz o Judiciário para solvê-lo, em seu dito justo arbítrio, contudo em sede de jurisdição contratada e extrajudicial, por via da adjudicação de uma solução ao caso.

Não é também a Mediação uma negociação porque nesta, as partes atuam por elas próprias e na Mediação existe a interposição do Mediador, que as conduz a como concluir na solução do problema entre elas.

Em princípio, o que havia, na Justiça brasileira, era a solução de demandas, pelo confronto da rigidez da contraposição, entre adversos.

Arbitrada por uma força maior, a do juiz, que se impunha, entre ambos, em posições antípodas, antitéticas consequentemente, para reduzi-los à solução legal de extinção da disputa. Quando, então, o juiz impunha a síntese de justiça, pela força de sua autoridade emanada do Direito e da Lei. Rachando as partes e as submetendo à sua autoridade. Sem que o consenso entre elas confirmasse a lógica da composição, que seria a própria eliminação mutuamente consentida do confronto, para o seguimento pacífico da vida, entre os disputantes, que, pela Mediação se reconciliariam definitivamente.

Hoje, com a mediação, é a composição pelo diálogo que corre, pelo "vis a vis" das partes. Sem os estrados do Poder Judiciário a pairar sobrepostos em relação a elas. Então reduzidas por ele à obediência à autoridade pública e judiciaria, sem o entendimento, no ponto em que as partes se conscientizem de como e sem egoísmo, devam se compor no conflito, entre elas. Por uma solução alvitrada pela composição compreensiva e pelo entendimento voluntário de ambas, sem imposição ou a concitação a compor, por uma força superior do juízo. Daí, mais lucrarão elas entendendo-se e se compondo mutuamente, em um clima de equilíbrio e de busca de uma conclusão, que balanceie as disputas delas. Para terminá-las, perdoando-se e reciprocamente se entendendo e reatando suas relações pretéritas e fazendo do processo, um negócio jurídico de convergência mutuamente satisfativa e de preservação pacífica das relações passadas, alvitrada na concorrência que equilibre as partes. Pela compreensão de ambas do que seja o justo, que ambas intuam e aceitem validamente.

A Mediação, neste sentido, é a ficha que cai. A ver afinal e de repente que a disputa era desnecessária. Como pudera antes pensassem as partes ser isto impossível de se mediar e assim, fosse inviável resultasse da Mediação a composição que ela pudesse ensejar naquele momento de dúvida e estresse dos litigantes.

Entretanto que, de repente as partes, pela Mediação, entendam possível a composição de suas desavenças e a vejam tendente a um novo reequilíbrio de suas relações jurídicas e sociais. Substancialmente humanizadas para a paz social construtiva da solidariedade humana. Vindo daí a se compor em processo de Mediação.

Das priscas eras da humanidade, em que o processo de mediação era corrente, notadamente nas culturas orientais, judaica, árabe, chinesa e japonesa, desde os anos de 1960 e até os anos de 1980, quando a Mediação começou a despontar como processo de solução de conflitos, judicial e extrajudicial, no mundo ocidental, isto se deu em decorrência de uma ainda nascente cultura pós positivista e principiológica, que passa a ser a regra nascente de um novo Direito.

3. A lenta e tardia absorção da Mediação, como meio alternativo de solução de disputas pela sociedade brasileira

Já em 1970, na obra sobre o "Acesso à Justiça", de Mauro Cappelletti e Bryan Garth, defendia-se a efetividade do acesso à Justiça para toda a cidadania. Notadamente para os menos bafejados pela fortuna, cidadãos vulneráveis e hipossuficientes. Postulavam-se políticas públicas que incentivassem a tutela dos interesses difusos e coletivos e a criação de tribunais especializados e de pequenas causas.

Nesta inspiração, o Direito brasileiro produziu a lei da Ação Civil Pública, em 1985, dos Juizados Especiais, estaduais, em 1995 e federais, em 2001, a Lei da Arbitragem, em 1996, a da Mediação, em 2015 e mais a legislação com que se aperfeiçoam os serviços judiciários a buscar além de uma justiça efetiva, necessariamente uma justiça eficaz e sobretudo célere, para ser concreta.

Fatos que se exprimem ainda pela Emenda Constitucional n. 45, de 8 de dezembro de 2004, que constitucionalizou o artigo 5º da Constituição da República Federativa do Brasil, inciso LXXVIII. O qual trata da justiça jurisdicional e administrativa céleres e porque eficazes e reais. Constituindo também o Conselho Nacional de Justiça, enquanto vem se aprimorando e modernizando todo aparato jurisdicional brasileiro. Ainda por via de todo arcabouço legal, que edifica o moderno direito material e processual brasileiro, do Século XXI. No sentido de que é no processo civil e penal que se concretizam efetivamente as garantias constitucionais. Não obstante, um direito estatal e o serviço do Estado, em prestá-lo, venha mais e cada vez mais e muito contraditoriamente, estar à margem de uma prestação jurisdicional segura e completa, de maneira que vai se aparelhando uma justiça privada constitucionalizada, em que a Mediação ocupa lugar importante e destacado, para suprir os limites de eficiência do Estado, que deveria ser o primeiro fautor de Justiça, mas ainda não é.

Nesses passos supra expostos, Cappelletti e Bryan denominaram--nas as três ondas renovatórias do Direito, que se complementa, por uma quarta onda, agora. A da ética e da justiça real, sustentada no curso da verdade verdadeiramente explícita e demonstrada por um contexto probatório haurido sobretudo em provas lícitas e morais, no seio de um direito para a democracia e a liberdade.

Entretanto e em que pese, entre nós, ser esta renovação embrionária, ela é evidentemente alvissareira. Gerando as melhores expectativas, para que não venha a Civilização sucumbir no atraso que misteriosa e incompreensivelmente marca atualmente o pensamento de muitos e em muitos lugares, do nosso universo social, por uma volta ao passado haja vista o fundamentalismo conservador religioso e político.

Embora já, em 1998, tenhamos tido pela atuação e inciativa parlamentar da Deputada Zulaiê Cobra, o Projeto n. 4.827, que parecia suficiente a disciplinar a Mediação entre nós, efetivamente é o Código de Processo Civil quem se refere à Mediação, como procedimento incidental, dentro do processo civil brasileiro.

Todavia e diferentemente de outros povos do planeta, o Brasil foi tardio em implementar sua Justiça, no caminho de uma nova civilização jurídica. Enquanto a União Europeia disciplinou a Mediação antes, a ver a Diretiva Europeia n. 52, de 21 de maio de 2008, dando causa na Itália, à Lei n. 69, de 18 de junho de 2009, que a regulamenta, em uma de nossas mais importantes matrizes jurídicas, somente em 26 de junho de 2015, viemos ter a nossa Lei n. 13.140, de 26 de junho de 2015, a tratar da Mediação.

Se o Brasil nasceu sob a máxima da "Libertas quae sera tamen", ou seja, da "Liberdade ainda que tardia", dos Inconfidentes Mineiros, o "quae sera tamen", o ainda que tardia, marca todo processo de criação estatal e da sociedade civil brasileira, inclusive. Fazemos, sim, a modernidade progressista, mas "quae sera tamen", ainda que tardiamente.

Mas isto não seria razão para não tratar de tão instigante tema, como é a Mediação.

O que fez o Código de Processo Civil de 2015, foi disciplinar a Mediação incidental no bojo do processo jurisdicional. Enquanto a Lei n. 13.140 veio dar o molde também extrajudicial ao Instituto.

É tal a importância da Mediação que a recomendação vestibular do legislador, no Código de Processo Civil, é não apenas para ela ser aplicada ao processo civil juntamente com outros meios de solução consensual de conflitos. Mas também a ser estimulada por juízes, advogados, defensores públicos e membros do Ministério Público, como se diz, inclusive no curso do processo judicial e como consta no artigo 3º § 3º desse nosso Código.

Neste sentido, a ver o Código de Ética e Disciplina da Ordem dos Advogados do Brasil, ao advogado compete igualmente estimular a mediação entre os litigantes e prevenir sempre que possível, a instauração de litígios, dever que lhe cabe desde 19 de outubro de 2015, data em que foi promulgado esse Código de Ética.

Já os artigos 165 a 175 do Código de Processo Civil, definem regras para a disciplina da Mediação. Muito embora seja certo possam as partes regerem-se em Mediação por regras próprias, que as instituam para sua dinâmica e regramento processual, conforme o caso concreto a ser mediado, subsidiária ou concursivamente com as regras legisladas para a Mediação, nesse Código de Processo Civil.

De sua parte, o artigo 166 desse mesmo Código, refere-se aos princípios diretivos da Mediação, como os da independência e da imparcialidade do Mediador, da autonomia da vontade dos mediados, da oralidade, da informalidade e da confidencialidade de seus ritos e temas e da decisão informada, já que os mediados devem ser postos a par de todos os ritos e finalidades da Mediação e possíveis consequências de seu uso e instrumentalização.

Há assim casos que são melhor resolvidos pelos meios alternativos de solução de conflitos, efetivando-se a justiça por via informal, que não se realiza, pelos meios formais e tradicionais de adjudicação coercitiva, que se realizando sob a autoridade de um juiz de direito, que é por vezes intimidador e distante ou indiferente às emoções psíquicas do jurisdicionado, o qual termina por não entender ou aceitar a solução do processo adversarial, muito menos a composição dele, como lhe foi adjudicada pelo Magistrado, que não teve pulso da demanda como teria o mediador.

São as hipóteses heterocompositivas para solução de conflitos, melhores entendidas e resolvidas por meios alternativos de solução de disputas, como é a Mediação, que apresenta maior informalidade que o processo comum em que as desavenças tendem ser resolvidas mais brevemente sem formalidades judiciárias e complexidades de tempo e prazo, de justiça, pelo consenso dos conciliados. Já que a conciliação é o passo de arremate da mediação, emanando de uma conjugação de esforços multidisciplinares em seu desenvolvimento em que se pode contar com psicólogos, mediadores propriamente ditos, advogados, tudo e todos levando à quebra do preconceito psíquico emocional que afasta as partes da composição de suas desavenças jurídicas, em que deve se inserir o mediador, para extrair da raiz do conflito a lógica do entendimento entre as partes suficiente a encerrar a demanda e consumar a paz entre elas.

A Mediação desonera a jurisdição, desafogando-a da pletora de processos, que lhe tiram a capacidade ordenada e sopesada para a conclusão da Justiça em tempo útil e contribui assim para um processo célere, de maior interação entre as partes, com os seus temas e varáveis de soluções, que desafoga a Justiça e pode corresponder a uma necessidade de mercado da instituição jurídica, que é a satisfação de seus consumidores, com a composição que se deu ao seu desequilíbrio, impedido de uma solução racional, balanceada na compreensão mútua dos limites do direito que as partes ultrapassaram, ao se desentender.

A Mediação vem sendo utilizada na solução de pendências de Direito de Família e das Sucessões, encaminhadas as causas aos centros judiciários criados em nossos foros pelos tribunais, para solução consensual, pela mediação, de disputas coerentes com estas áreas jurídicas, onde se espera haja especialização de mediadores para bem solucionar os problemas que lhes forem encaminhados.

Nesta senda, o Conselho Nacional de Justiça editou sua Recomendação n. 58, em 22 de outubro de 2019, recomendando à Magistratura responsável pelo processo e julgamento de feitos de recuperação judicial e falências, o uso da mediação para auxiliar, quando e quanto possível, em conflitos, entre o empresário/sociedade em recuperação ou falidos e seus credores, fornecedores, sócios, acionistas e terceiros interessados no processo. Substancialmente para otimizar o trabalho do Poder Judiciário e acelerar o andamento dos processos falimentares e recuperacionais tendentemente à elaboração célere, no mínimo de um Quadro Geral de Credores estabilizado.

A Mediação como então recomendada somente foi vedada em hipótese de classificação de créditos. Ela foi sugerida em incidentes de verificação de créditos, objetivando que devedor e credor cheguem a um acordo quanto ao valor deles. Elejam critérios próprios entre os disponíveis, para atribuição de valores a bens que garantam créditos.

Ainda para acerto entre essas partes, na negociação de um plano de recuperação judicial, maximizando a hipótese de sua aprovação pela Assembleia de Credores e evitando assim, o desdobro dessa Assembleia em muitas outras, o que sempre atrasa a conclusão dos processos. Ou viabilizando a composição, entre elas, nos casos de consolidação processual, em favor de uma consolidação substancial.

Da mesma maneira, visando sempre à sumarizaçao e à celeridade na solução dos processos de falência e recuperação judicial, a Mediação solucionará disputas entre os sócios e acionistas do devedor e em casos de concessionárias/permissionárias de serviços públicos e órgãos reguladores, a Mediação servirá para pactuar acerca dos entes reguladores no processo e nas questões que envolvam créditos extraconcursais e outros não sujeitos aos efeitos da falência ou da recuperação judicial.

Mesmo assim a Mediação não escapará do controle de legalidade do crivo judicial e igualmente da Assembleia de Credores, essa inclusive na questão de conveniência e oportunidade quanto ao resultado da Mediação, nos limites das competências dela.

A Mediação, assim, tem funções especialíssimas em toda a economia brasileira, seja a judicial e a extrajudicial, não obstante muitos jurisdicionados a vejam com reservas e preconceitos, injustificadamente.

4. O Estado moderno e a Mediação

Desde sua criação, o Estado tem passado por variações em suas características. Do Estado liberal, passando pelo Welfare State, finalmente desaguando no moderno Estado de Direito Social, cujas prestações à cidadania são quase que totais para atender nossas necessidades sociais e a se realizarem estas prestações, nos termos das contemporâneas constituições dirigentes, notadamente as atuais Constituições Portuguesas e Espanholas, que não se pouparam em atender e superar os défices mesmo assistencialistas de suas ditaduras fascistas, já há recuo de setores do Direito Constitucional, propendendo para um Estado Neo Liberal, quase que um Estado mínimo, cujo recuo está exatamente não apenas em buscar uma política constitucional para simples contenção do poder do Estado, mas também na linha de que pior será para a Democracia, um Estado sufocado por suas obrigações sociais e em aspectos fiscais falido e ineficiente.

A par disto, outros fenômenos sociais e econômicos vêm modificando o Estado havendo que entenda que ele esteja sucumbindo e até mesmo morrendo.

A ver o Estado liberal, parece nos que dois monopólios, essa entidade tenha que preservar a externar sua soberania sobre seu território, o da Justiça e o da moeda.

O da Justiça, assim compreendida a jurisdição institucionalizada, para a solução pacífica dos conflitos, já sofre certa limitação porquanto em um mundo globalizado a cooperação internacional imbrica a Justiça, em termos supra estatais. Os foros nacionais e internacionais dos grandes negócios do comércio exterior, é múltiplo e o conflito de competências entre jurisdições transnacionais, já é quase comezinho em se tratando do Direito Recuperacional e Falimentar.

O da moeda já pereceu a ver as moedas digitais como o bitcoin que a inteligência de um certo Satoshi Nakamoto (existiria mesmo esse senhor?), bolou, como se fosse o mesmo súcubo que, no Fausto de Goethe, aparece a um príncipe alemão para ser o tesoureiro dele, em que e em um passe mefistotélico, cria a inflação, para suportar os rombos daquele tesouro germânico.

Mas há um fato sutil que limita a soberania legal e local do Estado, notadamente o brasileiro, contudo que não é fenômeno local, como com a Máfia, organização clandestina siciliana, na Itália, que já propagara ao mundo, na "legge dell'omerta", um direito corporativo próprio, divorciado da lei estatal.

Em países latino-americanos, como o México, a Colômbia e o Brasil, o direito estatal sofre a concorrência do direito das organizações criminosas, que, nos arrabaldes de nossas grandes cidades é o direito válido, em todas as relações humanas, cíveis, criminais e até mesmo tributárias, em que as milícias são a força de coercibilidade das populações subjugadas.

Isto sem falar na justiça do pastoreio religioso em que as corporações religiosas, tem os seus códigos e os impõe a seus fiéis.

Em face de quaisquer desses estados, oficiais ou paralelos, como afirmação da justiça constitucional e oficial, a Mediação tem sua razão de ser.

5. Perspectivas para a Mediação

É no vácuo de insuficiência funcional da justiça estatal que a Mediação e outras alternativas extrajudiciais de composição de conflitos frutificam.

São elas céleres e efetivas e sempre compreensíveis pela clientela, ainda que sempre insatisfeitas as partes sucumbentes, com resultado de suas demandas, mas que, pelo menos e aí, estamos falando na situação da arbitragem, enquanto a Mediação nos parece ser sempre um sistema do ganha- ganha, nunca uma fermenta para o ganha-perde e vice-versa.

Se a Arbitragem é custosa e está muito distante das massas da cidadania, a Mediação é de baixo custo e pode se ajustar à justiça gratuita, sempre e principalmente, quando ela for um incidente do processo jurisdicional.

O inspirador de soluções para disputas, que é o mediador, é alguém que pode falar a língua dos anjos, diferentemente do Magistrado cuja burocracia o faz distante da psicologia dos mais humildes jurisdicionados.

Neste contexto, cumpre ao Estado-juiz prover-se de mediadores competentes, que tenham a psicologia e a pedagogia necessárias e suficientes a se entender com as partes, falando lhes em linguagem inteligível e a lhes construir, no concurso de um processo solidário, solução conciliatória, que não os posicionem em posturas adversárias, não apenas na disputa mas na vida social reconstituída entre os disputantes, principalmente.

Os juizados especiais se tão úteis, ainda não conseguiram edificar uma justiça participativa e é essa justiça, pela Mediação, que pode entrar nos labirintos de nossas favelas, para fazer justiça e cortar na raiz, a delinquência infanto juvenil, que conduz nossas crianças e jovens à criminalidade.

15.

DAS CONCILIAÇÕES E DAS MEDIAÇÕES ANTECEDENTES OU INCIDENTAIS AOS PROCESSOS DE RECUPERAÇÃO JUDICIAL

Irini Tsouroutsoglou
José Laurindo de Souza Netto

Introdução

O presente estudo propõe trazer ao leitor uma análise acerca da mediação antecedente nos processos de insolvência e recuperação judicial, tendo em vista as mudanças trazidas pela Lei nº 14.112/2020, sancionada pelo Presidente da República e publicada no Diário Oficial no final da tarde de 24.12.20, em especial aos artigos 20-A a 20-D, inseridos na Lei nº 11.101/2005.

A crise sanitária ocasionada pela pandemia da Covid-19, somada as restrições e isolamento social, atingiu significativamente inúmeras empresas e segmentos industriais, aumentando abruptamente não só a crise das empresas que já estavam passando por processos de reestruturação, mas àquelas antes sadias que entraram em situação de crise.

Ciente disso, Judiciário e Legislativo, atentos a necessidade de minorar os impactos da crise na sociedade, se viram diante da necessidade de criar mecanismos que oportunizassem, extrajudicialmente, um ambiente negocial entre credores e devedores, evitando uma enxurrada de ações que acabaria por sobrecarregar o Judiciário. Mais do que nunca, era o momento de abrir os olhos aos benefícios do estímulo à solução consensual dos conflitos de forma autônoma, pelas próprias partes envolvidas, em superação da cultura do litígio há muito enraizada.

Nesse sentido, diversos tribunais se anteciparam na criação de mecanismos que possibilitassem a utilização da mediação como forma de composição de conflitos, indo ao encontro do previsto no Código de Processo Civil, Lei de Mediação, resoluções e recomendações do Conselho Nacional de Justiça, bem como da tendência internacional de fomento a mediação como forma viável e segura para solução de conflitos diversos, inclusive, entre credores e devedores, nas relações empresariais de empresas em crise.

Os Tribunais de Justiça dos Estados do Paraná (TJPR), São Paulo (TJSP) e Rio de Janeiro (TJRJ) foram pioneiros. Deram importante passo e criaram suas próprias iniciativas. O TJPR criou o CEJUSC Recuperação Empresarial, na comarca de Francisco Beltrão; o TJSP instituiu o Projeto Piloto de Conciliação e Mediação pré-processuais para disputas empresariais decorrentes dos efeitos da Covid-19; e o TJRJ, por meio do ato normativo 17/2020, implementou o Regime Especial de Tratamento de Conflitos Relativos à Renegociação Prévia (RER), aplicável à recuperação empresarial, nas vias judicial e extrajudicial, e a falência das empresas atingidas pelos impactos da pandemia.

Atento às necessidades e modificações, o legislador trouxe a mediação para o epicentro das discussões quando da tramitação do projeto de lei que culminou na Lei nº 14.112/202. O pacote expressivo de alterações da lei que trata dos processos de recuperação judicial, extrajudicial e falências, não só positivou o instituto da mediação, criando uma sessão específica dentro da lei de insolvência, mas evidenciou ao credor e devedor que existe um ambiente aberto à negociação.

Embora o instituto já fosse pontualmente aplicado dentro do direito da insolvência, em casos como o da operadora de telefonia Oi S.A e em outros casos de recuperação judicial espalhados pelo país, em razão da própria Lei de Mediação e das disposições do Código de Processo Civil, a positivação da mediação dentro do direito da insolvência veio apenas nas últimas versões do projeto. Em boa hora, a positivação estimula a comunicação entre devedor e credor — uma comunicação que, em certa medida, traduz a natureza dos procedimentos de Recuperação Judicial, isto é, uma grande negociação coletiva.

Neste cenário, sem a pretensão de exaurir a matéria, o estudo busca analisar a conciliação e mediação antecedentes, ou incidentais, ao processo de recuperação judicial.

Para tanto, além da introdução e conclusão, o estudo irá se desenvolver em cinco capítulos. O primeiro e segundo irão se dedicar à análise da mediação no âmbito dos procedimentos de recuperação judicial e falência, com alguns questionamentos, na sequência. No terceiro, far-se-á uma retrospectiva da mediação na Lei nº 11.101/05, adentrando-se, na sequência, na mediação pré-processual e negociação antecedente, no quarto capítulo. No quinto e último, a temática da negociação prévia e *stay period* será objeto de análise.

Para a elaboração, será utilizado o método lógico dedutivo, combinados aos precedentes de pesquisa bibliográfica e documental.

1. Mediação na recuperação judicial

A crise do paradigma legalista e do litígio abriu espaço para novos horizontes sustentáveis, situando o cidadão no epicentro da jurisdição.

Em 2010, a Resolução nº 125 do CNJ inaugurou um novo paradigma no processo rumo à um verdadeiro Sistema Multiportas de resolução de conflitos, instituindo Política Judiciária Nacional de tratamento adequado dos conflitos e incorporando ao ordenamento os meios autocompositivos, com criação dos Núcleos Permanentes de Métodos Consensuais de Solução de Conflitos (NUPEMEC's) e Centros Judiciários de Solução de Conflitos e Cidadania (CEJUSC's).

O sistema transformador, no entanto, apenas veio a se sedimentar, em 2015, quando o Código de Processo Civil, no §1º do art. 3º e caput do art. 334, adotou de forma expressa o modelo de um Tribunal Multiportas, evidenciando a efetividade e natureza transformadora dos métodos autocompositivos de resolução de conflitos, em somatória à jurisdição.

Inobstante, assim como em outros países, no Brasil, já quando de sua implementação, a mediação enfrentou grande resistência de parcela expressiva da advocacia e das próprias partes.

O cenário de superação do tradicional com construção do novo, de uma nova forma customizada, menos burocratizada, mais eficiente, sustentável, inclusiva e democrática de fazer e gerenciar a justiça, tinha na cultura do litígio, marcada por um "um padrão binário de passividade ou agressão",[1] um dos seus principais entraves.

No âmbito da recuperação judicial e falência a situação não foi diferente. Apesar de o instituto compatibilizar-se com a natureza de ambas, dado que inerente à própria espécie a negociação entre credores e devedores a todo instante, a sua adoção ainda era incipiente, enfrentando entraves culturais e estruturais de uma cultura eminentemente litigante.

Neste segmento, considerando a natureza do instituto amoldar-se às espécies, recuperação e falência, bem como tratar-se de ferramenta poderosa, questiona-se o motivo de, no Brasil, o instituto não ser utilizado desde o início, já quando do deferimento da recuperação judicial?

Destarte, verifica-se que o primeiro grande desafio da ampliação de seu uso reside no entrave cultural.

No Brasil, ainda vige a cultura adversarial, polarizada, da judicialização. Judicializa-se em busca de uma solução imposta por terceiro, diante da crença no dito mote do pleno acesso de todos à uma justiça[2] e de que à solução do conflito cabe a uma autoridade que dirá quem está certo e errado, dentro da lógica do ganha-perde.

De outro giro, a figura do mediador, terceiro independente e imparcial que vem a facilitar a aproximação dos envolvidos, com o fim de reestabelecer o diálogo e permitir às partes que proponham rol de opções para solução do litígio, não é tão comum. Na maioria das vezes, as partes, despreparadas para uma seção de mediação, esperam do mediador que adote postura de juiz, propondo uma solução de pronto.

Inobstante, a mediação visa a fugir a este tipo de lógica. A sistemática participativa busca justamente conferir às partes o protagonismo na resolução profunda de seus conflitos, com maior comprometimento, responsabilização e estímulo a paz pela autocomposição.

[1] Almeida, Rafael Alves de; Almeida, Tania; Crespo, Mariana Hermandez. *Tribunal Multiportas: investindo no capital social para maximizar o sistema de soluções de conflitos no Brasil.* Rio de Janeiro: Editora FGV, 2012. Disponível em: http://hdl.handle.net/10438/10361. Acesso em: 5 abr. 2021. p. 121.

[2] Tartuce, Fernanda. Mediação no Novo CPC: questionamentos reflexivos. 2013. *In:* Freire, Alexandre; Medina, José Miguel Garcia; Didier Jr, Fredie; Dantas, Bruno; Nunes, Dierle; Miranda de Oliveira, Pedro (Org.). Novas Tendências do Processo Civil: estudos sobre o projeto do novo Código de Processo Civil. Disponível em: www.fernandatartuce.com.br/artigosdaprofessora. Acesso em: 27 mar. 2020.

Verdade seja dita, os benefícios com o uso dos métodos adequados transcendem o próprio contexto do processo. Ao trazer o cidadão para o centro da resolução dos conflitos, conferindo-lhe os conhecimentos de que necessita para que tenha autonomia, não apenas na resolução de suas contendas, mas para participar da vida pública, há o fortalecimento até mesmo das instituições democráticas.

No caso da mediação, por exemplo, o mediador, terceiro neutro e imparcial, em hipótese alguma terá poder de decisão, mas buscará reestabelecer o diálogo entre a partes e buscar a compreensão mútua, facilitando, auxiliando e incentivando a aproximação, à luz dos interesses compartilhados, para que, em equilíbrio, possam juntas chegar à uma solução para o conflito, como consequência.

Neste sentido, longe de ser função da mediação oferecer respostas prontas e acabadas, o mediador poderá valer-se das diversas espécies de mediação, facilitadora, avaliativa, narrativa, transformativa, ou warattiana, no intuito de facilitar o diálogo.

Para além disso, em termos pragmáticos, na recuperação, a negociação judicial funciona da seguinte forma: conquanto possa ser utilizada em todas as oito fases, preenchidos os requisitos, seu processamento será deferido logo de início, dada sua maior efetividade nesta fase, auxiliando na elaboração de um plano conjunto, evitando impugnações desnecessárias e uma futura assembleia geral de credores.

Ainda, cabe frisar que a lei portuguesa segue a mesma linha. Utiliza-se da mediação desde o início do processo recuperacional. Inclusive, informando quais as qualificações mínimas que o mediador deverá ter.

No caso do Brasil, a legislação ainda se mostra genérica. Além do mais, considerando possuir caráter jurisdicional, o seu deferimento na área judicial, caberá ao juiz verificar, dentro do cadastro existente, o perfil de mediador que melhor se amolda, para atuar naquele determinado caso concreto.

De modo a contornar à resistência inicial das partes, em via judicial, a saída à cultura do litígio seria, inicialmente, já no deferimento da recuperação judicial, convocar as partes para uma sessão de pré-mediação, nomeando, desde já, profissional da confiança do juízo, facultando às partes a ela aderir, ou não.

Caberá, ainda, ao magistrado, nesta primeira oportunidade, explicar as vantagens da mediação, advertindo acerca da diminuição do tempo do processo de recuperação, uma vez ampliado o ambiente negocial entre credor e devedor, resolvidas as discussões satélites, tais como, disputa entre os sócios, credores, obstáculos impostos pelo fisco etc.

Inclusive, em sede incidental, deve-se priorizar a adesão das partes, para tanto, destacando que todo o procedimento pautar-se-á nos princípios da *par conditio creditorium*, negociação por classe de credores, preservação da empresa, maximização dos ativos e as limitações que a própria lei impõe, isto é, vedação à mediação sobre verificação de crédito e alteração da ordem de votação, além dos demais princípios próprios que regem qualquer tipo de mediação e a atuação do mediador.[3]

Seguindo a mesma linha, o Enunciado nº 45 da I Jornada de Prevenção e Solução Extrajudicial de Litígios, promovida pelo Conselho da Justiça Federal, aduz que "a mediação e conciliação são compatíveis com a recuperação judicial, a extrajudicial e a falência do empresário e da sociedade empresária, bem como em casos de superendividamento, observadas as restrições legais".

Destarte, considerando a complexidade dos processos de recuperação judicial, que, naturalmente, envolvem interesses múltiplos, das mais diversas partes, a serem atendidos, o procedimento de mediação mostra-se ferramenta essencial, ao trabalhar as posições e os interesses ocultos, dentro da lógica do ganha-ganha, permitindo o consenso, a paz social, a manutenção do relacionando e, em decorrência, a obtenção de um acordo favorável à todos, que, portanto, certamente será cumprido, o que não seria possível dentro da lógica da lide judicial.

3 Dentre eles: busca pelo consenso (art. 2º, IV, da Lei de Mediação; e art. 165, §3º, CPC), confidencialidade (art. 1º, anexo III, da Resolução 125, CNJ; art. 166, §§ 1º e 2º, CPC); princípio da decisão informada (art. 1º, anexo III, da Resolução 125, CNJ; art. 334, § 9º, CPC); competência (art. 1º, anexo III, da Resolução 125, CNJ; art. 167, § 1º, CPC); imparcialidade (art. 1º, anexo III, da Resolução 125, CNJ; art. 5º, da Lei de Mediação; art. 17, parágrafo único e art. 173, II, CPC); isonomia entre as partes (art. 5º, caput e inciso I; e 37, caput, CF; art. 139, I, CPC); art. 2º, da Lei de Mediação); independência e autonomia (art. 1º, anexo III, inciso V, da Resolução 125, CNJ; art. 166, CPC; art. 2º, V e § 2º, art. 4º e 20, Lei de Mediação); respeito à ordem pública e leis vigentes (art. 1º, anexo III, VI, da Resolução 125, CNJ; art. 5º, II, CF; empoderamento (art. 1º, anexo III, VII, da Resolução 125 do CNJ); validação (art. 1º, anexo III, VIII, da Resolução 125 do CNJ)); informalidade art. 166, CPC; art. 2º, Lei de Mediação); oralidade (art. 166, CPC; art. 2º, da lei de Mediação); boa-fé (art. 5º, CPC; art. 2º, da Lei de Mediação).

A experiência dos Tribunais de Justiça de São Paulo e Rio de Janeiro revelam justamente que, na prática, a criação de um ambiente seguro e propício para negociação e acordos tem se mostrado altamente eficaz. Daí o Conselho Nacional de Justiça, na linha daquilo que já sugeriam os magistrados responsáveis pelo processamento e julgamento dos processos de recuperação e falência, de varas especializadas ou não, recomendar o uso da mediação, de forma auxiliar a resolução de todo e qualquer conflito de recuperação e falência.

Diante deste cenário, tem-se que, na atualidade, pouco a pouco a mediação vem ganhando destaque, máxime, diante dos benefícios obtidos pelas partes na resolução de conflitos. O grande desafio, no entanto, encontra-se na remuneração do profissional na mediação nos procedimentos envolvendo a recuperação e falência.

Outro ponto importante reside na relevância de sua expertise e qualificação, adequada e continuada, de modo que a experiência vivenciada pelas partes seja o mais positiva possível.

Malgrado, até então, em que pese haver o cadastro comum do Cejusc e o Cadastro Nacional de Mediadores e Conciliadores, composto, principalmente, por mediadores das áreas cível e de família, os mediadores com expertise em recuperação judicial e falência, seja porque já atuaram do lado do credor, seja porque já atuaram do lado do devedor, ainda ficavam de fora.

Felizmente, no âmbito Tribunal de Justiça de São Paulo, depois de sucessivas reuniões envolvendo Desembargadores e o NUMEPEC, viabilizou o cadastramento desses profissionais, muitos que já atuavam na Recuperação judicial, garantindo à disposição das varas especializadas profissionais altamente qualificados, certificados e com grande experiência.

2. Questionamentos acerca da mediação nos procedimentos de recuperação judicial e falência

Como a mediação se aplica aos processos? Ela se mostra, de fato, eficiente quando envolve a recuperação judicial e falência? Ou, corresponde pura e simplesmente a imposição de um maior custo à recuperanda? Estes são os questionamentos que guiam o presente capítulo.

Neste sentido, cita-se o clássico exemplo do Estado de São Paulo que, no decorrer dos últimos dez anos, em quase 90% dos casos, vêm aprovando plano de recuperação que impõe aos credores pagamento de 47%, ao longo de 11 anos. Trata-se do típico exemplo de uma recuperação mal elaborada e de que o devedor, na prática, consegue aprovar absolutamente tudo o que quiser nos ditos Planos de Recuperação Judicial.

Destarte, indaga-se: se o devedor, na prática, aprova o que quiser, por que iria se convencer de que a mediação é alternativa útil? Por qual razão arcaria com os custos extras que envolvem um procedimento de mediação se o plano de recuperação que apresenta, qualquer que seja, será aprovado em 90% dos casos? Ou, alteraria as regras do jogo se, à seu favor, além de ter a aprovação quase que certa do plano, precisaria arcar com os custos de um mediador que vai conferir ao credor tantas "informações" que lhe seriam desfavoráveis?

Ato contínuo, se a mediação é uma busca consensual e autônoma para uma melhor solução conjunta, qual seria a razão para que um terceiro, o juiz, imponha a sua realização? Pode ele, sem que haja afronta a autonomia da vontade, princípio basilar da mediação, obrigar seja instaurado procedimento autocompositivo, determinar qual das partes irá arcar com as custas, escolher o mediador? Não seria, isso, contraproducente? Será que não se estaria indo contra a própria razão de ser da mediação?

Segundo ponto, se a medição é um processo em que ambas as partes se desarmam para chegar a uma composição, pode o juiz impor que seja instaurado procedimento autocompositivo, escolhendo o mediador e, inclusive, determinando qual das partes deverá arcar com as custas do procedimento? A imposição pelo juiz não poderia representar óbice à efetividade do procedimento de mediação, tornando-o inócuo, uma vez afetados os seus pilares basilares?

Terceiro ponto, agora, quando a verificação de crédito. O artigo 20-B, parágrafo 2º, da Lei nº 11.101/2005, veda a mediação na classificação de crédito, e aqui a interpretação que vem sendo aplicada é a de que a proibição se estende, também, à conciliação.

Malgrado, a lei não fala em verificação de crédito, mas em natureza e classificação. Assim, em uma primeira análise, dá a entender não se sujeitar à mediação a natureza e a classificação do crédito. Mas, ausente proibição expressa, no entanto, o valor em si seria mediável — premissa incoerente, já que, uma vez que não se possa mediar a natureza, também não se poderá chegar, por óbvio, em um valor.

Mas, por que não? Por que não poderia ocorrer uma mediação na classificação, ou verificação de crédito? Se a parte pode fazer um acordo antes, uma composição judicial, ou arbitral, por qual motivo não poderiam chegar a um consenso, dentro da recuperação judicial, com o auxílio do mediador?

Não há absolutamente nenhum problema com relação a isso, notadamente, uma vez tratar-se de crédito e, portanto, de um direito disponível, isto é, transacionável.

Diferentemente, não é porque a mediação poderia ocorrer que o juiz deveria, necessariamente, homologá-la e internalizar os créditos da maneira exata com que acordaram as partes. Isso porque, da mesma forma que ocorre em qualquer outro acordo, o administrador judicial terá de verificar se há afronta aos direitos de terceiros, bem como lastro em relação ao acordo.

Destarte, nestes casos, cumpre ao administrador judicial, em sede de parecer, e ao juiz, avaliar se àquele acordo firma-se em provas e documentos a ponto de não afetar o interesse de terceiros. Caso isso ocorra, não há óbice à mediação, relativa à habilitação específica e impugnação de crédito.

Neste sentido, questiona-se se as partes podem chegar a um acordo, como normalmente se faz na grande maioria das habilitações e impugnações, se o administrados elaborou parecer favorável, com manifestação de ambas as partes, se não é levantado nenhum óbice e o juiz, ao verificar os termos, inclusive, homologa o acordo, estando em termos a documentação, provas atribuídas e não havendo prejuízos a terceiros, porque não se poderia realizar o mesmo procedimento por intermédio da figura do mediador, com o papel de aproximar ambas as partes?

Parece-nos aqui o melhor sentido para esse artigo 20-B, parágrafo segundo, da Lei de Recuperação, é o seguinte: pode ser feito, mas o parecer do administrador judicial e a homologação pelo juízo exigirão documentos suficientes instruindo a habilitação, de modo a assegurar o interesse de terceiros. Ou seja, é vedada a conciliação em relação a natureza e classificação, mas apenas se houver prejuízo em relação à terceiros. Do contrário, mostra-se plenamente viável.

Na prática, tem sido frequente o exercício do controle da legalidade, formal e material, pós acordo de mediação pelo juízo, inclusive, com a participação do Ministério Público.

De outro vértice, a análise dos custos deverá ser feita pelo próprio advogado. Daí a necessidade da expertise do profissional nos diversos métodos e encaminhamentos de resolução de conflitos, dentro da lógica de uma sistemática multiportas, para que, quando da devolução da análise do caso ao cliente, possa indicar o melhor caminho a ser adotado, advertindo, informadamente, acerca das vantagens e desvantagens da adoção de cada um dos métodos.

O advogado, neste sentido, tem papel primordial, uma vez que, como primeiro juiz da causa, exercendo função essencial à justiça, terá a oportunidade de incentivar o cliente à seguir pelo caminho da mediação, à luz de seus benefícios múltiplos, que superam em muito os custos com o procedimento.

Além do mais, os conhecimentos por ele adquiridos acerca da condução e técnicas de negociação são primordiais à uma experiência positiva obtida pelo cliente em uma sessão. A satisfatividade com o procedimento dependerá, além da boa condução pelo mediador, da expertise do negociador.

No entanto, considerando a formação para o litígio dos profissionais que, até então, formaram-se no curso de direito, na prática, esse tem sido mais um dos grandes desafios à sedimentação de uma cultura da paz, democrática e participativa.

Na prática, isso se evidencia nos próprios procedimentos de mediação com relação, principalmente, ao advogado do credor que adota a velha postura do litígio tentando contemplar apenas o seu interesse, ou melhor, sempre puxando a "fatia do bolo para si", ao invés de buscar trabalhar dentro da lógica que deve permear a composição, segundo a qual todos saem ganhando.

Neste contexto, caberá ao mediador, enquanto terceiro imparcial da confiança do juízo, em um ambiente de confidencialidade, aproximar as partes, advertindo-as acerca dos benefícios da mediação, para que possam, juntas, trabalhando dentro da lógica da mediação, de forma pacífica, não polarizada e à luz do desenho da disputa, chegar a uma solução conjunta que atenda os múltiplos interesses, evitando, inclusive, futuros descumprimentos, impugnações e assembleias desnecessárias.

Neste contexto, o uso adequado da mediação tem tornado ainda mais eficiente o procedimento de recuperação, com aprovação célere do plano de recuperação, redução de embates e disputas satélites.

Nesta linha, a Lei nº 11.101/05 veio trazer a possibilidade de um grande acordo coletivo, respeitada a autonomia da vontade das partes, que apenas se iniciará diante da aceitação de todos, bem como a confidencialidade do procedimento que, posteriormente encaminhado ao administrador judicial e ao juiz, permanecerá em segredo de justiça até a homologação do acordo.

De outro giro, quanto à possibilidade de transformação da recuperação judicial em extrajudicial, alguns pontos merecem ser tecidos: (i) a partir da alteração legislativa efetuada pela da Lei nº 14.112/20, a recuperação extrajudicial passou a ter *stay period*; (ii) o custo do Administrador Judicial na recuperação extrajudicial, uma vez que atuar apenas na verificação de créditos, é reduzido; (iii) o descumprimento do plano na recuperação extrajudicial não acarreta a falência; (iv) alterada de judicial para extrajudicial a recuperação tem-se uma melhora na classificação da situação da empresa perante as instituições financeiras (*rating*); (v) em razão de não ser mais obrigatória a supervisão do plano de recuperação, tão logo aprovado, extinguir-se-á a recuperação.

Ato contínuo, as alterações empreendidas pela lei de 2020 passaram a possibilitar o uso da mediação até mesmo na otimização da Assembleia Geral de Credores (AGC), à advertência do prazo máximo de suspensão da AGC de 90 (noventa) dias, que acaba impelindo uma preparação prévia à assembleia, já que impossibilitadas as sucessivas suspensões.

No caso do Tribunal de Justiça do Estado de São Paulo, as modificações encabeçadas pela lei já são sentidas. O uso da mediação nos procedimentos de recuperação estendeu-se à discussão em torno dos valores de habilitação e divergência.

Com relação ao plano de recuperação, de forma inovadora, a nova legislação permite o uso do método autocompositivo para a sua aprovação dentro de um termo de adesão. Passo importante que conferiu celeridade e efetividade ao procedimento, dado que, agora, a recuperanda não mais terá de se deslocar até à assembleia, sem saber sequer se o credor vai, ou não, anuir com o plano apresentado.

Ato contínuo, o uso da mediação, uma vez transcender a temática da mera recuperação em si, também se mostra útil aos credores *holdouts*, extraconcursais, que se vêm umbilicalmente envolvidos na recuperação da empresa e terão seus interesses contemplados na discussão.

Por fim, apesar dos limites, uma vez que o administrador deve orientar sua atividade pelos princípios da Administração, indisponibilidade do interesse público, supremacia do interesse público e legalidade, o uso da mediação dissolveu as fronteiras do público adentrando na seara da própria administração.

Assim, na atualidade, editadas leis autorizativas, tem-se que o negócio jurídico realizado pela Procuradoria da Fazenda seguindo o caminho da mediação se mostra plenamente viável, dentro do espaço de discricionariedade que tem o administrador para melhor atender o interesse público.

A título de exemplo, cita-se a possibilidade de renegociação dos juros e multas das dívidas ativas com a União. Neste caso, há autorização expressa para que as pessoas jurídicas parcelem suas dívidas com descontos de até 100% sobre os valores de multas, juros e encargos, desde que respeitado o limite de até 50% do valor da dívida. No caso das demais categorias, a dívida poderá ser parcelada em até 133 meses, com descontos de até 100%, respeitado o limite de até 70% do valor total da dívida.

3. Retrospectiva da mediação na Lei nº 11.101/05

Como traçado no item anterior, o instituto da mediação já tinha aplicação pontual no direito da insolvência, por influência da Lei de Mediação e do próprio Código de Processo Civil, como se deu no caso da recuperação judicial da operadora de telefonia Oi S.A.

A tramitação do projeto de lei que culminou na edição da Lei nº 14.112/2020, com alteração significativa da Lei de Recuperação Judicial e Falências, no entanto, em um primeiro momento, deixou de fora o instituto da mediação que apenas foi inserido na última versão do Projeto.

Em boa hora, a positivação da mediação no direito da insolvência passou a permitir uma grande negociação coletiva e aberta, com estímulo à comunicação entre devedor e credor, sem, contudo, acarretar a suspensão dos prazos processuais, como geralmente ocorreria nos procedimentos de mediação em geral.

Não só como também, considerando a natureza continuada da relação entre recuperanda, credores e fornecedores, o uso da mediação mostra-se extremamente positivo, já que auxiliará na melhoria do ambiente de comunicação, com estabelecimento de um diálogo construtivo, com manutenção de um relacionamento saudável e duradouro, partindo da perspectiva de que durante e após a recuperação judicial a vida continua.

Sob o ponto de vista da recuperanda, em choque com a notícia da recuperação judicial, conscientizada acerca do processo de insolência e, por corolário, das possíveis perdas financeiras, bem como de que não terá como honrar com a obrigação contratada no tempo e modo devidos, a mediação terá papel de incentivo, engajando-a a participar para que chegue ao melhor acordo possível, dentro do processo de socialização, evitando a falência da empresa.

Assim, a mediação desmembra-se em dois âmbitos, o individual, relativo às discussões em torno do crédito em si, e o coletivo, referente à conscientização do credor da necessidade de minimizar os impactos do processo, seja impedindo a falência, seja se empenhando a realizar a melhor negociação possível por meio do diálogo.

Ato contínuo, no art. 20-B, especificamente, e no decorrer do artigo 22-A à D, a Lei nº 11.101/05 traz rol exemplificativo das situações e relações jurídicas mediáveis, um incentivo à cultura do consenso para a adoção sem entraves da mediação dentro da recuperação judicial.

Quanto aos créditos sujeitos, ou não, à recuperação, há a necessidade de uma reflexão mais profunda acerca da adoção do procedimento de mediação.

No caso dos não sujeitos que, em geral, têm como garantia bens essenciais, à luz do rol *numerus apertus* das situações passíveis de mediação previsto na Lei nº 11.101/05, a mediação é permitida e mostra-se benéfica para credor e devedor. Isso porque, para àquele, o procedimento permite a negociação com maior liberalidade de um crédito não sujeito a recuperação judicial, para esse, assegura a preservação dos seus bens essenciais.

Destarte, no caso dos créditos não sujeitos, o cuidado no procedimento de mediação deverá ser redobrado, realizando-se sessão específica, com participação apenas da classe própria dos credores não sujeitos aos efeitos da recuperação.

Quanto aos créditos sujeitos, à exemplo do adiantamento à contratos de câmbio, que ensejará execução própria e independente da Recuperação Judicial, mas cuja constrição dos bens recairá apenas sobre os bens das empresas em recuperação, sem que se tenha à disposição amplo leque para contrição, em geral, não se tem os bens essenciais como garantia, merecendo maior reflexão à aplicação da mediação, neste caso.

No entanto, mesmo nesta hipótese, mostra-se possível a realização do ato, uma vez observadas as vedações que a própria lei estabelece relativas à natureza jurídica e classificação dos créditos, bem como dentro de um critério de razoabilidade, à luz dos documentos juntados e do parecer do administrador judicial.

Em verdade, o uso da mediação mostra-se muito benéfico, inclusive, para o caso da recuperação judicial, já que irá acelerar a formação do quadro geral de credores, o final das impugnações e, principalmente, reduzir a litigiosidade propiciando a manutenção da relação mesmo após o procedimento.

Neste sentido, tem-se que a sessão de mediação não apenas contribuirá para aprovação do plano e ajustes para determinadas classes, ou subclasses, mas permitirá o reestabelecimento da comunicação entre recuperanda e os credores da classe que participou das sessões, evitando que o litígio se protraia no tempo, em prejuízo a todos os envolvidos, inclusive, ao credor que não terá sua relação estabilizada de maneira conclusiva.

Outro ponto relevante quanto à temática da mediação na Recuperação Judicial reside no momento em que será realizada.

Considerando que os credores estão com a legitima expectativa frustrada, impactados com a notícia de que o devedor entrou em recuperação judicial e que, portanto, não terão o adimplemento substancial que esperavam, quanto mais rápida a questão se resolver, findando-se a mediação, preferencialmente antes dos 60 (sessenta) dias, prazo legal de apresentação do plano, maior será a abrangência e efetividade do procedimento, minorados os possíveis impactos.

Ato contínuo, apresentado o plano, embora aproveitável e possível, até para fins de evitar sucessivas suspensões das assembleias de credores e aditamentos ao plano, a mediação já não se mostrará tão efetiva e eficaz, devendo-se seguir pela via da recuperação judicial.

Com isso, tem-se como momento ideal à realização das sessões, para que se extraia o máximo de benefícios possíveis com a realização do ato, àquele que vai do deferimento do processamento até os 60 (sessenta) dias para apresentação do plano e supervisão do credor.

Nesta linha, apresenta-se como braço direito, importante ao procedimento de recuperação que, ao reduzir a litigiosidade aproximando às partes para que juntas se componham, acaba conferindo celeridade e preservando vínculos.

A colaboração das partes na elaboração do plano e o termo de adesão, estimulada pela mediação, neste sentido, evita a realização das incansáveis assembleias, pondo fim ao procedimento de recuperação e as incertezas que envolve, principalmente, quanto ao pagamento da dívida e situação da empresa, se vai se recuperar, ou ir à falência. Ganha-se em celeridade, reduzem-se custos, findam-se as angústias e, ainda, preserva-se a continuidade da relação.

4. Mediação pré-processual (negociação antecedente?)

Já há muito incentivada pelo Conselho Nacional de Justiça, a Lei nº 14.112/20 cuidou de positivar a mediação pré-processual, ou antecedente, preparatória ao pedido de recuperação, em seu texto, evitando a judicialização.

No decorrer do art. 20-A a 20-D a Lei prevê a adoção da solução consensual, também, em momento anterior à distribuição do pedido de recuperação.

Destarte, a previsão expressa da mediação antecedente em capítulo incentiva à adoção dos métodos adequados, destacando ao credor e devedor a relevância do instituto, inclusive, com indicação da desnecessidade de intervenção judicial, uma vez que frutífera a negociação, com reestruturação das dívidas da empresa, o processo de recuperação não se fará necessário.

De outra banda, além do cenário nacional, foram as normativas internacionais que, em grande parte, influenciaram as modificações empreendidas pela legislação de 2020.

Neste contexto, no item 24, a Diretiva 2019/1023 (EU) do Parlamento Europeu e do Conselho, de 20 de junho de 2019, já fazia menção à fase antecedente, anterior à declaração de insolvência do devedor, diante da presença dos requisitos para início do processo de insolvência.

Segundo a diretiva, a fase prévia se dará "quando for provável que será possível evitar a sua insolvência e garantir a viabilidade da empresa", destinada à elaboração do regime de reestruturação da empresa, com elaboração de um plano que impeça a insolvência e garanta a viabilidade da atividade empresarial.

Na atual conjuntura de comunhão de esforços para a sedimentação de uma cultura autocompositiva de paz, mais efetiva e sustentável, em todo o ordenamento jurídico e na sociedade como um todo, até mesmo nos cursos de formação continuada e universidades, a Lei nº 14.112/20 foi iniciativa importante de resguardo prévio do empresário, antes da necessidade de se instaurar processo adversarial de recuperação e falência.

De outro giro, já que antecedente, tem-se que a negociação pré-processual, deveria ser um procedimento 100% extrajudicial. No entanto, o que se denota é que, na prática, o legislador deixou a encargo do credor a possibilidade de o judicializar, ainda em sede incidental, antes mesmo de iniciado. Isso porque, ao receber o convite do CEJUSC, ou da Câmara Empresarial do Tribunal, poderá requerer junto ao Judiciário medida cautelar de urgência para suspensão da execução pelo prazo de 60 (sessenta) dias.

Neste segmento, ante a possibilidade de polarização incipiente do conflito em sede cautelar, questiona-se até que ponto haveria na negociação antecedente espaço para uma efetiva autocomposição entre partes. Será que não iria ela se tornar instrumento contraproducente, utilizado para procrastinar o feito, levando, naturalmente, a recuperação judicial do devedor?

Neste segmento, junto à análise do preenchimento dos requisitos da cautelar, o magistrado deve atentar-se ao elemento da boa-fé do devedor, de modo a evitar o uso arbitrário de um instrumento voltado ao estímulo efetivo da autocomposição, tão positivo aos credores e ao mercado de crédito.

A postura adotada pelas partes no procedimento, aliás, é elemento chave ao êxito da mediação. Do ponto de vista do credor, principalmente, a quem não interessa ver a falência do devedor, a assunção de uma postura mais proativa é essencial, de modo a auxiliar com efetividade o devedor que buscou a conciliação via CEJUSC, ou câmara empresarial.

Ainda no âmbito da cautelar, apesar de inegável a menção ao instituto da conciliação, o legislador acaba por se equivocar, misturando-o com o da mediação e negociação prévias.

Inobstante, em uma primeira análise, não parece que o legislador abriu espaço especificamente para uma mediação propriamente, já que as partes não teriam o poder de escolha quanto a quem seria o mediador.

Retomando a questão do procedimento judicial, questiona-se, ainda, como se dará a apreciação do pedido de tutela de urgência cautelar, quais os requisitos e de que maneira o empresário e credores iriam ser influenciados a negociar.

Primeiramente, considerando que a lei não estabelece nenhum tipo de punição para hipótese de pedido abusivo do empresário e que esse procedimento, em si, a ele não irá gerar ônus algum, caberá ao magistrado cautela na avaliação do pedido liminar, a fim de evitar oportunismos.

Quanto aos elementos necessários à concessão da medida, a Lei nº 14.112/20 exige o preenchimento dos requisitos dos artigos 51 e 305 e seguintes, da Lei nº 11.101/05 e CPC, respectivamente. Isto é, os necessários ao deferimento de qualquer medida cautelar, probabilidade do direito, perigo de dano, ou risco ao resultado útil do processo, somados àqueles necessários ao processamento da recuperação judicial, apesar de a benesse do *stay period* não depender do pedido da recuperação judicial em si.

Neste sentido, uma dúvida que pode surgir é, se cumpridos os requisitos do artigo 51, com as alterações que vieram e a inserção do artigo 51-A, ainda haveria a necessidade da constatação previa, utilizada para verificar se há, efetivamente, o direito ao processamento da recuperação?

A leitura do dispositivo legal dá a entender que sim. Seria necessária a abertura para permitir avaliar previamente se o devedor, ainda que não tenha dado entrada no pedido e recuperação, de fato, faz jus ao *stay period*, afastando oportunismos.

No âmbito da recuperação judicial, inclusive, a constatação já era plenamente admitida pela jurisprudência, de modo que seria ilógico deixar de aplicá-la em sede cautelar, ainda mais em se considerando as peculiaridades de uma decisão liminar de natureza provisória que invade a esfera do direito do credor. Aí residindo a necessidade de uma maior cautela em sede cautelar, verificando a boa-fé do devedor, que não esteja desvirtuando o instituto de forma abusiva, e a probabilidade do direito invocado, além dos demais requisitos, inclusive, com uso da constatação prévia, se preciso, de modo a evitar, inclusive, a irreversibilidade da decisão para o credor.

Deste modo, tem-se que a constatação prévia pode e deve ser utilizada como condição ao deferimento da medida cautelar de urgência, sempre quando houver dúvidas com relação ao preenchimento dos requisitos.

Ato contínuo, em se tratando de uma exceção legal, o stay *period*, não resta possível a interpretação analógica do dispositivo, com base no inciso XII do artigo 6º, muito menos uma emenda à inicial, para permitir a antecipação dos 60 (sessenta) dias, ainda que não cumpridos todos os requisitos legais para se requerer a recuperação judicial. Exceções legais devem sempre ser interpretadas restritivamente e, além do mais, a legislação sequer faz exigência mais robusta no sentido de exigir vinculação à um pedido de recuperação, como ocorre no art. 6º, § 12º.

Ainda, a norma cuidou de fixar no parágrafo único do art. 20-C uma garantia ao credor que adere à negociação prévia.

Além da homologação do acordo, "Requerida a recuperação (...) em até 360 (trezentos e sessenta) dias contados do acordo (...), o credor terá reconstituídos seus direitos e garantias nas condições originalmente contratadas, deduzidos os valores eventualmente pagos e ressalvados os atos validamente praticados".

No entanto, importante destacar que a ressalva se direciona apenas a eventual futuro pedido de recuperação, dentro do prazo de 360 (trezentos e sessenta dias). Por óbvio, em não havendo pedido de recuperação, o entabulado entre as se manterá *in totum*, devendo ser cumprido na íntegra, respeitado os princípios da autonomia da vontade, lealdade, probidade, boa fé e *venire contra factum proprium*.

Ademais, não se sujeitam ao procedimento de negociação prévia, não podendo, assim, ser suspensos, os créditos excluídos da recuperação judicial, a exemplo dos parágrafos 3º e 4º do artigo da Lei nº 11.101/2005, dado que sequer serão objeto da negociação preparatória ao procedimento de recuperação.

Indo adiante, faz-se algumas observações acerca dos limites e alcances do §1º do artigo 20-B: (i) só podem ser objeto de tutela os créditos concursais, uma vez que apenas mencionado o inciso IV. Se houvesse intenção de ampliar as hipóteses de cabimento o legislador teria feito menção aos incisos I, II e III (principalmente o III); (ii) a tutela prevista no §1º é de natureza cautelar, especificamente destinada à suspensão da execução pelo prazo máximo de 60 (sessenta) dias, nada além disso. No entanto, considerando a aplicação subsidiária do Código de Processo Civil, é evidente que a parte poderá pugnar pelas tutelas de urgência de outra natureza, sejam cautelares, sejam antecipadas; (iii) a competência para análise da liminar é reconhecidamente do juízo da recuperação, apesar de alguns autores a atribuírem ao juízo da execução.

5. Negociação prévia e *stay period*

A primeira dificuldade na negociação preventiva reside na ausência de uma proteção, senão por meio de uma medida judicial.

Neste sentido, aquilo que começaria como um procedimento autocompositivo de negociação acaba tomando os rumos da judicialização, expondo a crise da empresa para o mercado e impactando negativamente no desenvolvimento da mediação.

Outro ponto negativo da mediação preventiva reside na impossibilidade de se firmar acordos mais amplos, profundos, que se amoldem à extensão da crise da empresa. Isso porque o acordo homologado em sede de negociação preventiva não goza de proteção contra a declaração de ineficácia, como ocorreria no caso da Recuperação Judicial e Extrajudicial, de tal modo que tão logo declarada a falência a garantia tornar-se-ia ineficaz.

De outro giro, o ativo na negociação preventiva sequer poderá ser vendido, uma vez não contar com proteção diante de eventual sucessão.

Outra desvantagem reside na própria instabilidade da negociação prévia, já que, havendo a necessidade de propor a recuperação judicial em até 360 (trezentos e sessenta) dias, grandes são as chances de os direitos serem retomados.

Verdade seja dita, são tantas as falhas e dificuldades postas que, muito provavelmente, o empresário irá preferir optar pelo modelo já conhecido da Recuperação Judicial, ou Extrajudicial.

Trata-se de lacuna que impacta diretamente o fomento à cultura da negociação, sobretudo, na fase extrajudicial. Daí a necessidade de se ter à disposição uma disciplina minimamente adequada, que confira segurança jurídica ao instituto para obtenção de resultados efetivamente positivos, a exemplo do que já ocorre na mediação aplicável aos processos de recuperação judicial. Bem como, além disso, um movimento por parte dos próprios credores, possibilitando a construção de um procedimento consensual e efetivo que dispensasse a judicialização.

Cita-se, neste sentido, o caso dos bancos, os maiores credores nas recuperações. Enquanto elementos indispensáveis ao sucesso da negociação, as instituições bancárias poderiam fazer uso da mediação prévia em caráter extrajudicial.

Melhor dizendo, se reunir, antecipadamente por meio da FEBRABAM, adotando de modo explícito postura receptiva quanto ao convite para uma negociação preventiva, por meio da renúncia, pelo prazo de 60 (sessenta) dias, à execução, como uma espécie de suspensão temporária, um *stay period* voluntario, ou melhor, dispensa cautelar da judicialização.

Conclusões

O presente estudo buscou investigar o uso da mediação antecedente nos processos de insolvência e recuperação.

Neste sentido, verificou-se a compatibilidade do instituto com a natureza dos procedimentos de recuperação, inclusive, com a positivação em legislação específica, bem como os benefícios múltiplos obtidos com o seu uso em um conflito tão complexo e cuja relação entre as partes é de natureza continuada.

Evidenciou-se, ainda, a importância da formação adequada do profissional do direito, mediador e da adoção de uma postura proativa por ambas as partes no êxito do procedimento, constatando-se como momento ideal à realização das sessões o que vai do deferimento do processamento até os 60 (sessenta) dias para apresentação do plano e supervisão do credor. Sendo possível, ainda, a realização do ato mesmo em momento anterior ao pedido de recuperação, conforme dispõe a Lei nº 14.112/20.

Ato contínuo, ficará a encargo do juiz à luz do parecer elaborado pelo administrador, provas e documentos colacionados, exercer juízo de legalidade formal e material quanto aos termos do acordo firmado, de modo a impedir afronta a direitos de terceiros.

A respeito da mediação antecedente, procedimento que deveria ser eminentemente extrajudicial, verificou-se que, na prática, o legislador permitiu sua judicialização por meio do requerimento, em sede cautelar, da concessão benesse do *stay period.*

Mais uma vez, caberá ao juiz atuar com cautela, verificando a boa-fé do devedor e a probabilidade do direito invocado, além dos demais requisitos (arts. 51, da Lei nº 11.101/05; art. 305 e ss, do CPC), inclusive, com uso da constatação prévia, se preciso, de modo a evitar a irreversibilidade da decisão para o credor.

Não preenchidos os requisitos, o indeferimento é medida que se impõe, sem se falar em emenda, dado tratar-se de medida excepcional e que, portanto, deve ser interpretada restritivamente.

Ainda, a norma cuidou de fixar no parágrafo único do art. 20-C uma garantia ao credor que adere à negociação prévia, de modo que diante de eventual futuro pedido de recuperação, dentro do prazo de 360 (trezentos e sessenta dias), terá por reconstituídos seus direitos e garantias nas condições originalmente contratadas. Do contrário, permanecerá *in totum* o avençado pelas partes, em respeito aos princípios da autonomia da vontade, lealdade, probidade, boa fé e *venire contra factum proprium*.

Apesar dos benefícios, tem-se que as falhas e dificuldades em torno da negociação prévia levam a crer que, muito provavelmente, na prática, o empresário ainda apresentará certa resistência com predileção pelo modelo já conhecido da Recuperação Judicial, ou extrajudicial.

Neste cenário, verifica-se a necessidade de uma disciplina minimamente adequada, que confira segurança jurídica ao instituto para obtenção de resultados efetivamente positivos, além de um movimento por parte dos próprios credores.

No geral, apesar dos pontos de aprimoramento, observou-se que o uso da mediação tem se mostrado extremamente positivo no âmbito da recuperação judicial, já que além de acelerar a formação do quadro geral de credores, aprovação do plano e ajustes para determinadas classes, ou subclasses, melhora o ambiente de comunicação, com estabelecimento de um diálogo construtivo, manutenção de um relacionamento saudável e duradouro, partindo da perspectiva de que durante e após a recuperação judicial a vida continua.

Referências

Almeida, Rafael Alves de; Almeida, Tania; Crespo, Mariana Hermandez. *Tribunal Multiportas: investindo no capital social para maximizar o sistema de soluções de conflitos no Brasil.* Rio de Janeiro: Editora FGV, 2012. Disponível em: http://hdl.handle.net/10438/10361. Acesso em: 5 abr. 2021. p. 121.

BRASIL. Tribunal de Justiça do Estado do Paraná. *CEJUSC Recuperação Empresarial é implantado na comarca de Francisco Beltrão.* Disponível em: https://www.tjpr.jus.br/noticias/-/asset_publisher/9jZB/content/-cejusc-recuperacao-empresarial-e-implantado-na-comarca-de-francisco-beltrao/18319. Acesso em: 8 ago. 2021.

BRASIL. Tribunal de Justiça do Estado de São Paulo. Dispõe sobre a criação de projeto-piloto de conciliação e mediação pré-processuais para disputas empresariais decorrentes dos efeitos da Covid-19. Disponível em: https://www.tjsp.jus.br/download/portal/coronavirus/comunicados/provimento_cg_n11-2020.pdf. Acesso em: 8 ago. 2021.

BRASIL. Tribunal de Justiça do Estado do Rio de Janeiro. Ato normativo TJ nº 17, de 24 de junho de 2020. Disponível em: http://www.tjrj.jus.br/documents/10136/1077812/ato-normativo-tj-n-17-2020.pdf/4ebebb1d-3bfe-6fb0-e42c-7b4ab5f16e42?version=1.0. Acesso em: 8 ago. 2021.

Garcel, Adriane; Netto, Eleonora Laurindo de Souza Netto; Zimiani, Laís Silva; Goto, Lilian Cristina Pinheiro (coord.). *Mediação & Conciliação: métodos adequados de solução de conflitos*. 1. ed. Curitiba: Clássica Editora, 2021.

Netto, José Laurindo de Souza; Montescio, Horácio; Garcel, Adriane. A Mediação Judicial como instrumento efetivo no processamento e julgamento dos processos de recuperação e insolvência empresarial. Administração de Empresas em Revista, v. 2. n.16 (2019). Disponível em: http://revista.unicuritiba.edu.br/index.php/admrevista/article/view/4047revista.unicuritiba.edu.br/index.php/admrevista/article/view/4037/371372353.

Netto, José Laurindo de Souza; Fogaca, Anderson Ricardo; Hippertt, Karen Paiva; Garcel, Adriane. Estado de Direito e o Acesso à Justiça em uma Sociedade Pós-Pandemia: o Papel das Escolas Formadoras na Construção da Magistratura do Futuro. *In:* III CONIBADEC — Congresso Ibero Americano de Direito Empresarial e Cidadania, 2020, Curitiba. Anais do III CONIBADEC — Congresso Ibero Americano de Direito Empresarial e Cidadania, 2020. v. 03. p. 83-92.

Tartuce, Fernanda. Mediação no Novo CPC: questionamentos reflexivos. 2013. *In:* Freire, Alexandre; Medina, José Miguel Garcia; Didier Jr, Fredie; Dantas, Bruno; Nunes, Dierle; Miranda De Oliveira, Pedro (Org.). Novas Tendências do Processo Civil: estudos sobre o projeto do novo Código de Processo Civil. Disponível em: www.fernandatartuce.com.br/artigosdaprofessora. Acesso em: 27 mar. 2020.

Hippertt, Karen Paiva; Netto, Eleonora Laurindo de Souza; Garcel, Adriane; Netto, José Laurindo. O acesso à justiça em tempos de crise e a onda das tecnologias na justiça brasileira. *In:* Adriane Garcel; Eleonora Laurindo de Souza Netto; Laís Silva Zimiani; Lilian Cristina Pinheiro Goto. (org.). Conciliação & Mediação: Métodos Adequados de Solução de Conflitos. 1ed.Curitiba: Clássica, 2021. v. 1. p. 1-22.

16.
MEDIAÇÃO DE RECUPERAÇÃO DE EMPRESAS: ALGUMAS CONSIDERAÇÕES PRÁTICO-LEGAIS BASEADAS NO SISTEMA PORTUGUÊS

Ana Maria Maia Gonçalves
Cátia Sofia Marques Cebola

Introdução

Vivemos tempos singulares para os profissionais ligados ao processo de insolvência em Portugal e no mundo. A legislação inerente à reestruturação de empresas que foi sendo publicada nos últimos anos anunciava uma onda de otimismo e fazia antever um novo amanhecer cheio de oportunidades para a reestruturação das empresas em dificuldades.

O ritmo de mudança é rápido e a novos paradigmas devemos aliar a inovação e estar dispostos a pensar "*fora da caixa*", uma vez que a mudança sem progresso terá pouco propósito e capacidade para operar uma verdadeira transformação. Cabe-nos, assim, identificar novos caminhos e soluções para alcançar melhores resultados na reestruturação de empresas em situação económica difícil, principalmente tendo em conta o contexto pós-pandémico que viveremos nos próximos anos.

A importância da mediação como ferramenta para encontrar soluções eficazes na reestruturação de empresas, particularmente em processos complexos, é hoje um dado (quase) adquirido. O caso da Lehman Brothers nos EUA[1] e a aplicação da mediação em inúmeros processos de negociação de dívida desta empresa contribuiu para uma rápida resolução das ações judiciais em curso, o que acarretou uma enorme economia de custos e de tempo, tendo projetado a mediação para as luzes da ribalta nesta sede.

Em termos internacionais vários são os exemplos de aplicação da mediação em processos de insolvência e da sua progressiva adesão. Na Holanda, por exemplo, em junho de 2018 um tribunal de segunda instância referiu-se pela primeira vez à mediação como uma opção viável e com mais vantagens num processo de insolvência.[2] Também no Japão a mediação neste contexto tem ganho terreno e regulamentação legal, existindo mesmo atualmente uma lista de mediadores certificados para casos de insolvência.[3]

A mediação promove o consenso e reduz a adversidade através da resolução de problemas de forma criativa[4] e baseada nos interesses dos envolvidos. Por isso assistimos a um novo paradigma no modo de enfrentar as situações de dificuldades financeiras das empresas, apostando-se crescentemente em soluções baseadas na negociação e na mediação.

A análise do processo bem como as habilidades do mediador de recuperação de empresas que a seguir se analisam permitirão demonstrar as valências da mediação no âmbito da reestruturação de empresas em

[1] Sobre este processo veja-se, entre outros, ALI, Shahla F. & KWOK, John Koon Wang. "After Lehman: International Response To Financial Disputes — A Focus On Hong Kong". *Richmond Journal of Global Law & Business*, Vol. 10, Nº 2, 2011, pp. 151-173; GU, Weixia. "ADR and Financial Disputes in Hong Kong: The Lehman Brothers Experience and The Way Forward". *Asian Dispute Review*, 2011, pp. 20-23, disponível em SSRN: https://ssrn.com/abstract=2196704.

[2] BOON, Gert-Jan *et al.* "The Mediator in Insolvency Law: Exploring New Terrain". *Leiden Law Blog*. Leiden University, 2019, disponível em https://leidenlawblog.nl/articles/the-mediator-in-insolvency-law-exploring-new-terrain.

[3] FUCCI, F. Mark & SAKAI, Hideyuki. "Japanese Companies Using New Rehabilitation ADR Procedures in Major Restructurings". *National Law Review Database,* Junho 2009, disponível em https://www.natlawreview.com/article/japanese-companies-using-new-rehabilitation-adr-procedures-major-re

[4] Analisando a criatividade na mediação intra-judicial, veja-se, entre outros ADRIAN, Lin & MYKLAND, Solfrid. "Creativity in Court-Connected Mediation". *Negotiation Journal*. Vol. 30, Nº 4, 2014, pp. 421-439.

situação económica difícil. Teremos por base o enquadramento legal vigente em Portugal no âmbito da mediação de recuperação de empresas para melhor se percecionar as características distintivas deste processo e as suas potencialidades.

1. O que é a mediação de conflitos?

A mediação pode definir-se em termos gerais como um meio específico de resolver conflitos entre duas ou mais pessoas.[5] As partes envolvidas no desacordo concordam em trabalhar com um terceiro imparcial — o mediador/a — que os ajudará a resolver a sua disputa. Desta feita, na mediação são as próprias partes que tentam resolver o conflito através de um acordo, contando com a ajuda de um mediador neutro em relação a todos os envolvidos.

No entanto, diferentemente de um árbitro ou juiz, o mediador não propõe soluções (pelo menos de acordo com o modelo de mediação facilitativa[6]) nem toma uma decisão sobre a resolução da disputa.[7] O objetivo da mediação não é o de decidir quem é vencedor ou vencido no processo. O objetivo dos participantes é o de utilizar o processo de mediação para negociar e alcançar um acordo que seja aceitável para todos. O processo envolve a avaliação do risco de cada parte e o mediador incentiva e promove a negociação por forma a explorar soluções criativas e fomentar o comprometimento das partes no cumprimento do acordo alcançado.

[5] Analisando a mediação por contraposição a outros meios de resolução de conflitos, veja-se, *inter alia*, GOLDBERG, Stephen; SANDER, Frank; ROGERS, Nancy; COLE, Sarah Rudolph. *Dispute Resolution. Negotiation, Mediation, and Other Processes.* Nova York: Aspen Publishers, 2007.

[6] Sobre o modelo facilitativo (por contraposição com o modelo avaliativo) ver, entre outros, BROWN, Henry & MARRIOTT, Arthur. *ADR: Principles and Practices.* 2ª ed. Sweet & Maxwell, 1999, p. 137; RISKIN, Leonard. "Understanding Mediators' Orientations, Strategies and Techniques: A Grid for the Perplexed". *Harvard Negotiation Law Review*, Vol. 1, Nº 7, 1996, pp. 23-24, disponível em: https://www.mediate.com/pdf/riskinL2_Cfm.pdf.

[7] Neste sentido, a Lei Modelo da UNCITRAL de 2018, sobre a Mediação Comercial Internacional e Acordos Internacionais resultantes de Mediação, no seu artigo 1º define este meio como "*a process, whether referred to by the expression mediation, conciliation or an expression of similar import, whereby parties request a third person or persons ("the mediator") to assist them in their attempt to reach an amicable settlement of their dispute arising out of or relating to a contractual or other legal relationship. The mediator does not have the authority to impose upon the parties a solution to the dispute*".

A mediação representa, assim, um dos métodos mais sustentáveis de resolução de disputas, tanto nacionais quanto internacionais, uma vez que as partes sentem a solução encontrada como sua e como resultado da negociação onde tiveram o papel principal.[8]

2. O que faz o mediador de conflitos?

O mediador de conflitos ajuda cada uma das partes a explicar o seu ponto de vista e a discutir formas de resolver o desacordo, facilitando a negociação entre as partes. O papel do mediador é ajudar as partes a comunicarem entre elas, pelo que, para chegarem a um acordo, todos os mediados devem entender quais as questões em disputa e o que cada parte deseja ou precisa. O mediador não decide, como vimos, qual será o acordo que as partes terão de aceitar. As partes decidirão o seu acordo de forma conjunta. Ajudar as partes a diminuir o grau de conflito e restabelecer uma comunicação construtiva, bem como ajudá-las a chegarem a um acordo total ou parcial são as principais tarefas que um mediador deve desempenhar numa mediação.

O trabalho do mediador inicia-se com a criação, explicação e acordo sobre uma série de tópicos que definirão o modo como a mediação se vai desenvolver. O processo de mediação é flexível, sendo o mediador e os mediados que decidem conjuntamente como se desenrolarão as sessões, ajustando-se e adaptando-se à situação e às partes em causa.[9]

O mediador não deve atuar como consultor jurídico para qualquer parte envolvida na mediação. Concretizando, o papel do mediador traduz-se em ajudar as partes a (i) fazer a separação entre as pessoas e as suas personalidades, determinando-se quais as questões concretas que

[8] Analisando a eficácia da mediação enquanto meio de resolução de conflitos, veja-se, entre outros, BRETT, Jeanne; BARSNESS, Zoe & GOLDBERG, Stephen. "The effectiveness of mediation: An independent analysis of cases handled by four major service providers". *Negotiation Journal*. Vol. 12, Nº 3, 1996, pp. 259-269.

[9] Em regra, quando estão em causa mediações complexas esta etapa inicial integra a elaboração de um texto explicativo que resume o processo que será aplicado, bem como o que é esperado do mediador e o que é esperado de cada uma das partes presentes. Respondendo à questão sobre como preparar as partes para uma mediação, veja-se Alexander, Nadja Marie & LEBARON, Michelle. "The Alchemy of Mediation', Essays on Mediation". *Singapore Management University School of Law Research Paper No. 11/2017*, 2016, Available at SSRN: https://ssrn.com/abstract=2929155.

estão efetivamente em discussão; (ii) facilitar a comunicação entre as partes, sobretudo removendo obstáculos à comunicação; (iii) listar os interesses de cada parte e explorar várias opções e alternativas de acordo (visando que sejam criativas); (iv) auxiliar os negociadores na conclusão de um acordo final e na especificação de tudo o que nele deverá estar integrado, de forma a tornar este acordo sustentável no tempo (podendo, inclusive, integrar medidas de monitorização do cumprimento do acordo).

Como o mediador não toma uma decisão e não tem o poder de impor qualquer tipo de solução, o acordo final é aquele que for negociado e considerado aceitável para todas as partes. A palavra aceitável é importante porque na mediação, em regra, será inverosímil pensar que todas os participantes estarão completamente felizes com tudo o que o acordo contém. Na maioria dos casos, as partes consideram o acordo aceitável não só porque as mesmas tiveram um papel ativo na determinação e definição do resultado final, mas também porque o resultado final é conhecido de todos, claro na forma como é explicitado, considerado como correto por todos e quantificável.

O mediador é um ouvinte ativo que sabe usar habilidades de negociação específicas. Um mediador qualificado atua como um interveniente neutro que valoriza as partes e consegue conduzi-las a um terreno comum por forma a alcançarem um acordo aceitável.

O mediador atua como aquele que mantém o foco das partes no essencial, concentrando os esforços dos mediados nos problemas reais e práticos que devem ser abordados e nos custos e riscos associados a outras formas de resolução de conflitos, em muitos casos mais complexas, mais caras e duradouras, como se verifica no recurso aos tribunais judiciais.

O mediador faz perguntas. As perguntas do mediador vão levar as partes a expressarem as suas expetativas e os seus sentimentos, por vezes, ocultos. As perguntas do mediador vão além dos factos legais, o que traz para a mesa das negociações transparência e aumenta as hipóteses de escuta mútua das partes relativamente aos interesses reais e efetivos da outra parte. As perguntas do mediador vão ajudar as partes a comunicarem e a expressarem a sua visão e os seus interesses. Só após estar estabelecida esta comunicação as partes conseguirão concentrar-se no conteúdo do acordo específico para cada situação.

3. O que é específico na mediação em recuperação de empresas?

Analisemos agora as especificidades da mediação quando em causa está um processo de recuperação de uma empresa em situação económica difícil. Importa desde já realçar o facto de que uma situação de dificuldades financeiras introduz inevitavelmente mudanças na relação devedor-credor(es), o que torna a sua interação mais complexa e difícil.

A qualidade das interações entre todas as partes interessadas é o principal problema a tratar em qualquer processo de mediação de recuperação de empresas, tendo em conta os aspetos que a seguir se abordam de forma especial.

Desconfiança — na maioria dos casos os credores desconfiam do devedor, da sua gestão e da capacidade do mesmo para ultrapassar a situação económica onde se encontra. O credor não confia no comportamento do devedor, nem agora nem no futuro.

Ceticismo — em regra o devedor é muito cético em relação ao interesse dos credores em reorganizar a situação financeira existente ou em solucioná-la de outra forma que não o pagamento dos seus créditos e reivindicação judicial dos direitos que têm.

Custos — todos os envolvidos têm consciência de que os custos e o tempo associado a um processo judicial, na maioria dos casos, reduzem a probabilidade de a empresa conseguir reorganizar-se, o que, simultaneamente, diminui também os montantes que poderão ser distribuídos aos credores.

Circunstâncias particulares de cada caso — cada processo de mediação é diferente e requer sempre atenção às circunstâncias particulares do caso e à personalidade e temperamentos das partes envolvidas. É importante perceber o impacto da situação no devedor e dar espaço para que este possa contar a sua história, expor as suas queixas (quanto aos credores, ao cenário social, ao cenário internacional, ao cenário pessoal, a qualquer cenário que ele considere que o conduziu à situação onde se encontra a empresa) e onde as emoções possam ser acolhidas. O que as experiências de mediação em recuperação de empresas no mundo têm provado é que nenhum caso é somente sobre dinheiro.[10]

[10] Um estudo realizado com 120 empresários que estiveram numa situação de falência de uma empresa concluiu que a forma como o fracasso é interpretado em termos de perda de auto-estima e perda financeira tem implicações importantes para o modo como os empreen-

O "**elefante na sala**" — não raros são os casos onde a comunicação e o relacionamento entre as partes é difícil, muito por conta de um concreto assunto ou problema não comunicado (ou mal comunicado) entre as mesmas. Esta incapacidade de comunicar uma situação delicada aumenta as incompreensões e o stress das partes, bem como limita a capacidade de escuta das mesmas.

A **parte devedora (a culpa e as emoções)** — na mediação de recuperação de empresas, sobretudo no caso de pequenas e médias empresas, há duas componentes geralmente presentes:

1) por um lado e contrariamente a outro tipo de disputas, a parte devedora pode sentir-se como a responsável pelos problemas vividos. É, assim, comum o sentimento de que foi porque esta parte errou que se chegou à situação económica difícil. Sentimentos de incompetência, de *status* inferior aos credores, de responsabilidade por situações difíceis na vida de outras pessoas (por exemplo, os trabalhadores da empresa) podem fazer da parte devedora uma parte especialmente vulnerável e frágil;
2) por outro lado, frequentemente os devedores (em especial empresas de pequena dimensão) não têm a cultura e as habilidades certas para conduzir negociações bem-sucedidas. Muitas vezes estes devedores não conseguem resolver os seus problemas porque, num momento de crise financeira, não conseguem comportar-se racionalmente e, como resultado, agem de forma emotiva e irracional.[11]

Os **credores** na mediação de recuperação de empresas podem assumir uma atitude de superioridade (sentindo que têm o "queijo e a faca na mão"), pelo que demonstram pouca capacidade para ver a parte devedora como alguém competente e capaz de agir de forma a não conduzir a empresa a situações financeiras difíceis. Este tipo de credores sente que eles sim são competentes, têm capacidade e sabem como toda a situação deve ser resolvida. Neste caso, sentimentos de superioridade são

dedores se sentem após essa situação de falência e indicam que o fracasso da empresa é visto também como um fracasso pessoal. Cfr. Jenkins, Anna; Wiklund, Johan; brundin, Ethel. "Individual responses to firm failure: Appraisals, grief, and the influence of prior failure experience". *Journal of Business Venturing*. Vol. 29, Nº 1, 2014, pp. 17-33.

[11] Kahneman, Daniel. *Thinking fast and slow*. Ed. Farrar, Straus and Giroux, 2011.

comuns (mesmo que os credores nunca tenham vivenciado a situação que a empresa devedora enfrenta) e, muitas vezes, estes credores não estão preparados para cooperar ou não estão prontos para concordar com propostas de reestruturação que podem alterar substancialmente os seus direitos.[12] Por outro lado, estes credores não querem negociar enquanto não tiverem a certeza de que situações relativas a operações ilícitas ou fraude existem ou estão a ser investigadas e não se querem envolver seriamente na negociação porque não confiam minimamente nas capacidades do devedor para gerir a situação da empresa em dificuldades.

Assim, nestes casos a primeira fase no processo de mediação passa pela assunção por parte dos credores de que vale mais recuperar a empresa do que proceder à sua liquidação. E nesta decisão a capacidade do devedor para transmitir confiança ao credor é um factor crucial.

Trade off — o principal ponto a negociar nestes processos assenta em convencer os credores de que receberão mais se a empresa continuar a laborar do que se a mesma for liquidada.

Relacionamento distante entre partes — o relacionamento entre as partes geralmente esfria como resultado da deterioração da situação da empresa. Partes que no passado possam ter tido relações cordiais e positivas podem agora deparar-se com uma relação negativa fruto do desenvolvimento da situação económica onde a empresa se encontra.

Cristalização — a visão da situação pode parecer cristalizada como se nenhuma outra possibilidade fosse possível ou viável. O devedor está preocupado com o custo do processo de insolvência, com os riscos da sua reputação, além do medo de perder o seu negócio, tendo dificuldades em conseguir racionalizar e pensar em soluções para superar a situação.

Tempo — o devedor tem quase sempre o tempo contra si. Reestruturar o negócio ou maximizar os ativos para uma possível venda é uma escolha que necessita de um estudo aprofundado da situação financeira e operacional da empresa e de tempo que o devedor raramente tem.

[12] Olekalns, Mara; Brett, Jeanne & Weingart, Laurie. "Phases, transitions and interruptions: Modeling processes in multi-party negotiations". *International Journal of Conflict Management*, Vol. 14, Nºs 3-4, 2003, pp. 191-211.

4. A mediação de recuperação de empresas em Portugal

Observadas as especificidades da mediação de recuperação de empresas em geral importa agora ter o ordenamento jurídico português como objeto de estudo. Iniciaremos com uma breve contextualização legal, para melhor se perceber o processo de mediação de recuperação de empresas defendido no âmbito do curso de mediação de recuperação de empresas promovido pelo Instituto de Certificação e Formação de Mediadores Lusófonos — ICFML — em Portugal.

4.1. Quadro legal da mediação de recuperação de empresas no ordenamento jurídico português

Na sequência do Programa Capitalizar[13] foi estabelecido em Portugal o Regime Extrajudicial de Recuperação de Empresas (RERE), através da Lei 8/2018, de 2 de março, cujo procedimento passou a incorporar a possibilidade de participação de um mediador de recuperação de empresas (MRE) conforme melhor se prescreve no artigo 14, nº 1, desta Lei.

De acordo com o artigo 2, nº 1, da Lei 8/2018, o:

> "RERE regula os termos e os efeitos das negociações e do acordo de reestruturação que seja alcançado entre um devedor e um ou mais dos seus credores, na medida em que os participantes manifestem, expressa e unanimemente, a vontade de submeter as negociações ou o acordo de reestruturação ao regime previsto na presente lei".

Em termos subjetivos, o RERE aplica-se, por interpretação sistemática, a empresas[14] que deverão estar numa situação de pré-insolvência, nomeadamente em situação económica difícil ou numa situação de insolvência meramente iminente (artigo 3º da Lei 8/2018).

[13] Estabelecido pela Resolução do Conselho de Ministros 42/2016, de 18 de agosto, o Programa Capitalizar tinha como objetivo estimular a economia, propondo, na sede que nos ocupamos, *criar um regime jurídico de reestruturação extrajudicial de passivos empresariais, a partir da avaliação de potenciais melhorias no âmbito do PER e Sistema de Recuperação de Empresas por Via Extrajudicial* (medida 33).

[14] Tendo em conta o previsto no artigo 2, nº 1, do Código da Insolvência e da Recuperação de Empresas (CIRE), aprovado em anexo ao Decreto-Lei 53/2004, de 18 de março. Cfr. SERRA, Catarina. *Regime Extrajudicial de Recuperação de Empresas — Análise (e)* Crítica. Almedina, 2018, p. 83.

A intervenção do Mediador de Recuperação de Empresas é facultativa — podendo existir um RERE com ou sem mediador — e temporalmente "amovível" — atendendo a que a empresa devedora pode solicitar a nomeação de um mediador antes de iniciar as negociações com os credores ou no decurso das mesmas (artigo 14, nº 1, da Lei 8/2018).

O exercício da atividade do mediador e sua participação no RERE encontra regulamentação na Lei 6/2018, de 22 de fevereiro, que estabelece o estatuto do mediador de recuperação de empresas (Estatuto do MRE). No quadro legal inerente ao exercício da atividade do MRE deve ainda atender-se aos seguintes documentos legais:

- Decreto-Lei 26/2019, 14 de fevereiro, que determina o montante das taxas para efeitos de inscrição nas listas oficiais de mediadores e regula os termos da remuneração do mediador de recuperação de empresas;
- Portaria 315/2018, de 10 de dezembro, que fixa o montante do capital mínimo coberto pelo seguro de responsabilidade civil obrigatória para os mediadores de recuperação de empresas;
- Portaria 309/2018, de 3 de dezembro, que estabelece o regime aplicável à certificação de entidades formadoras de mediadores de recuperação de empresas.

O figurino legal da mediação de recuperação de empresas assumiu em Portugal as características de um sistema público institucionalizado[15], ou seja, assenta na prestação dos serviços de um mediador integrado numa lista especializada, gerida e monitorizada por uma entidade pública — neste caso o IAPMEI,[16] que, além do mais, é responsável pela receção e tratamento dos pedidos de mediação no âmbito da sua competência material, assumindo, ainda, funções de fiscalização da atividade dos mediadores.[17]

[15] Os sistemas públicos de mediação estão regulados de forma genérica nos artigos 30 a 44 da Lei 29/2013, de 19 de abril em Portugal.

[16] O IAPMEI — Agência para a Competitividade e Inovação, I.P. "é uma entidade pública a quem cumpre promover a competitividade e o crescimento empresarial, assegurar o apoio à conceção, execução e avaliação de políticas dirigidas à atividade industrial, visando o reforço da inovação, do empreendedorismo e do investimento empresarial". Cfr. https://eportugal.gov.pt/entidades/agencia-para-a-competitividade-e-inovacao.

[17] Artigo 6, nº 3; artigo 14 e artigo 12, respetivamente.

Assim, para poder integrar a lista do IAPMEI e ser nomeado no âmbito de um RERE, o mediador de recuperação de empresas em Portugal deve cumprir as seguintes condições:

1) Ter uma licenciatura e experiência profissional adequada ao exercício da atividade;
2) Frequentar com aproveitamento uma ação de formação em mediação de recuperação de empresas, nos termos definidos na Portaria 309/2018, de 3 de dezembro;[18]
3) Não se encontrar em nenhuma situação de incompatibilidade para o exercício da atividade (de acordo com o estabelece o artigo 4 do Estatuto do MRE);
4) Ser pessoa idónea para o exercício da atividade de mediador (conforme estabelece o artigo 5 do Estatuto do MRE).

Um mediador que preencha os requisitos acima indicados e pretenda exercer a sua atividade no âmbito de um RERE deve solicitar junto do IAPMEI a sua inscrição nas listas de mediadores de recuperação de empresas, de acordo com o procedimento e documentação previstos no artigo 7 da Lei 6/2018.

A empresa devedora interessada na nomeação de um mediador de recuperação de empresas deve dirigir o pedido respetivo ao IAPMEI que, de acordo com o artigo 14 da Lei 6/2018, procederá no prazo de 5 dias à sua nomeação por ordem sequencial.[19]

Nos termos do artigo 18 do Estatuto do MRE, compete ao mediador de recuperação de empresas:

- analisar a situação económico-financeira da empresa devedora;
- aferir conjuntamente com a empresa devedora as suas perspetivas de recuperação;
- auxiliar a empresa devedora na elaboração de uma proposta de acordo de reestruturação;

[18] A primeira entidade certificada em Portugal para ministrar cursos de mediação de recuperação de empresas à luz do plasmado na Portaria 309/2018 foi o ICFML — Instituto de Certificação e Formação de Mediadores Lusófonos, por Despacho do Diretor Geral da Direção Geral da Política de Justiça, exarado a 16 de abril de 2019.

[19] A nomeação do mediador por ordem sequencial das listas do IAPMEI apenas pode ser excepcionada nos casos do artigo 14, nº 6, da Lei 6/2018.

– e auxiliar a empresa devedora nas negociações a estabelecer com os seus credores relativas à mesma.

O artigo 15 da Lei nº 8/2018 atribui ainda ao mediador de recuperação de empresas a função de participar, em articulação com o devedor, na elaboração do diagnóstico económico-financeiro da empresa devedora que permita conhecer os pressupostos nos quais se pode basear o acordo de reestruturação.

A leitura da lei quanto às funções do MRE, conforme resulta das normas indicadas, tem levado vários autores a questionar se o legislador pretendeu instituir um verdadeiro modelo de mediação facilitativa ou se antes consagrou um modelo de mediação avaliativa ou até se poderemos sequer falar de mediação nesta sede.[20]

Da leitura do artigo 18 do Estatuto do MRE parecia, de facto, ter-se instituído o mediador de recuperação de empresas como um verdadeiro assessor do devedor, o que o afastaria do seu papel primordial de promotor do diálogo tendente à resolução de conflitos. Contudo, a análise de conjunto do regime jurídico do mediador de recuperação de empresas — em concreto a exigência de imparcialidade e de independência[21]

[20] A este propósito Menezes Cordeiro distingue "*mediação de conflitos*" de "*mediação negocial*", para concluir que a utilização da expressão "mediador" na nova regulamentação em análise é enganadora e deve ser substituída pela de "mandatário de recuperação de empresas", porquanto se "ao mediador de conflitos cabe mediar os interesses das partes", pelo contrário, ao mediador de recuperação de empresas compete "auxiliar o devedor ao longo do processo" (cfr. Cordeiro, António Menezes. "Resposta à consulta pública relativa ao projeto de proposta de lei que estabelece o Estatuto do Mediador de Recuperação de Empresa". *Revista de Direito das Sociedades*, Ano IX, Nº 1, 2017, pp. 159-160). No mesmo sentido, Catarina Serra refere que se "o mediador de recuperação de empresas é descrito como uma pessoa incumbida de prestar assistência à empresa no âmbito da reestruturação" então, "afinal, ele não é um mediador, sendo a sua designação manifestamente desajustada" (cfr. Serra, Catarina. "Direito da Insolvência em movimento. A reestruturação de empresas entre as coordenadas da legislação nacional e as perpectivas do Direito europeu". *Revista de Direito Comercial*, Edit. Pedro Manuel de Melo Pais de Vasconcelos, 2017, pp. 114-115, disponível em https://www.revistadedireitocomercial.com/direito-da-insolvencia-em-movimento-a-reestruturacao-de-empresas-entre-as-coordenadas-da-legislacao-nacional-e-as-perpectivas-do-direito-europeu). Veja-se ainda Moreira, António Júdice. "A Figura do Mediador de Recuperação de Empresas em Portugal: Mediador ou *Hired Gun*?". *Temas de Mediação e Arbitragem III*. Lex, 2019, pp. 18-33.

[21] Ver artigo 20 da Lei 6/2018 que estabelece que os "credores devem ser tratados de forma equitativa durante todo o procedimento de negociação, cabendo ao mediador gerir o proce-

que deve nortear a sua conduta — aliada às técnicas e ferramentas procedimentais ao dispor do MRE, permitem-nos concluir ser possível ao mediador auxiliar a empresa devedora sem despir a sua veste de terceiro externo sem funções avaliativas.

E foi com base nesta perspetiva que o processo de mediação de recuperação de empresas ministrado na formação do ICFML em Portugal foi delineado, como a seguir melhor se descreverá.

4.2. O processo de mediação de recuperação de empresas do ICFML

Em geral, o processo de mediação pode dividir-se em quatro grandes momentos.

1) Um primeiro momento, prévio ao início da mediação propriamente dita, no qual o mediador explicará às partes em que consiste a mediação e como o processo se irá desenrolar. Em Portugal este momento designa-se de pré-mediação ou, na terminologia do processo ICFML, de sessão de abertura.
2) Num segundo momento o mediador recolhe as informações necessárias e organiza os tópicos a discutir pelas partes.
3) Segue-se um terceiro momento onde os temas definidos na fase anterior serão explorados com as diferentes partes interessadas.
4) Por fim, num quarto momento, as partes definem os pontos com os quais concordam e relativamente aos quais estão em desacordo.

Em termos procedimentais, estes momentos concretizam-se em reuniões entre o mediador e as diferentes partes interessadas, sendo que cada reunião tem objetivos específicos. No processo de mediação de recuperação de empresas ministrado pelo ICFML, teve-se em conta o figurino legal inerente ao RERE, bem como os objetivos e as especificidades das situações em causa nesta sede, tendo-se definido como etapas a realização das seguintes reuniões:

- Abertura da mediação com a empresa devedora;
- Sessão individual com a empresa devedora;
- Abertura da mediação com os credores;

dimento de forma a garantir o equilíbrio e a transparência do mesmo" (nº 1); e que "o mediador deve agir com o devedor e os credores de forma imparcial durante toda a negociação" (nº 2).

- Sessão individual com cada um dos credores (e.g. trabalhadores, banco, outros);
- Sessão conjunta com todas as partes interessadas;
- Conclusão da mediação.

Em cada uma destas fases a atuação do mediador, como facilitador da discussão, deverá seguir diferentes parâmetros e o mediador deverá utilizar habilidades e técnicas de mediação de acordo com o propósito da fase em que se encontra. Estas reuniões podem ser conduzidas presencialmente ou online, devendo o mediador, neste último caso, ter em consideração aspetos essenciais inerentes a este específico meio de comunicação na mediação.[22]

a) Sessão abertura da mediação (com o devedor, com os credores ou com qualquer outra parte que possa participar no processo de mediação)

O propósito desta reunião de abertura com cada parte é, antes de mais, definir um cenário para discussões construtivas e de boa fé. Importante é que o mediador confirme que os presentes compreendem e concordam com os princípios subjacentes à mediação e que compreendem o papel que nela vão representar. É um momento onde o mediador consegue — explicando os princípios da mediação e os papéis de cada parte — estabelecer um clima de confiança, tanto no processo de mediação como na sua atuação como mediador.

A abertura do mediador deve incluir a explicação de vários temas. Deve o mediador iniciar por se apresentar e pedir aos presentes para fazerem o mesmo. Segue-se uma explicação breve do que é a mediação, qual o seu processo e o papel de cada um naquela negociação assistida (papel do mediador, das partes ou de outros intervenientes). Esta reunião termina com um acordo sobre as regras a aplicar no desenrolar das sessões.

[22] Sobre as especificidades da mediação online, ver, entre outros, Gonçalves, Ana e Rainey, Daniel. «Mediating Online Is Much More Than "Doing It On Zoom"». *Kluwer Mediation Blog*, fevereiro de 2021, disponível em http://mediationblog.kluwerarbitration.com/2021/02/28/mediating-online-is-much-more-than-doing-it-on-zoom/.

Dar clareza e certeza aos presentes sobre o que os espera naquele processo de mediação contribui para um clima de confiança, essencial na mediação. Ao mediador cabe também nesta reunião verificar que os participantes que estão na sala têm autoridade e legitimidade para negociar e realizar o acordado. Deve igualmente explicar todos os aspetos relativos à confidencialidade do processo.[23] Finaliza o mediador esta abertura com um compromisso das partes presentes em como estas desejam colaborar e negociar com os outros intervenientes no processo, devendo de igual modo proferir algumas palavras de incentivo a uma conversa genuína.

b) Sessão individual com a empresa devedora

O propósito desta reunião é o de perceber a situação e o seu impacto no devedor. O mediador vai ouvir e obter a história que o devedor lhe vai trazer,[24] vai identificar as emoções experienciadas pelo devedor, tendo, por vezes, de gerir as mesmas para poder avançar na abordagem da situação. Nesta sessão individual o mediador deve dirigir perguntas ao devedor e resumir o que ouviu para confirmar se percebeu efetivamente a situação e o que o devedor lhe quis transmitir. Uma curiosidade genuína em perceber a situação do devedor ajuda a que este consiga identificar e verbalizar os seus interesses.

O papel do mediador na sessão individual com o devedor, bem como, de resto, em todas as sessões individuais que possa ter com qualquer parte, é essencial para explorar as preocupações existentes e descobrir se existem outras preocupações que não foram mencionadas.

A sua intervenção visa ainda:

- ajudar as partes a identificar as suas opções e testar as mesmas na prática;
- explorar as diferentes alternativas que o devedor tem na situação concreta — qual o melhor e o pior cenário em caso de não acordo naquela mediação e como gerir cada uma dessas situações;
- preparar cada parte para as reuniões seguintes.

[23] Sobre a confidencialidade do RERE e as obrigações inerentes para o mediador de recuperação de empresas, veja-se o artigo 8 da Lei 8/2018 e o artigo 19 da Lei 6/2018.

[24] A história é muitas vezes diferente do que o mediador possa ter construído aquando da consulta dos documentos que lhe possam ter sido enviados previamente, por isso é importante ouvir atentamente o que o devedor lhe transmite.

O mediador não deve utilizar questões genéricas e não contextualizadas como, por exemplo, "Digam-me então quais são as vossas questões...". Deve sim recorrer a questões específicas, como "Relativamente ao que acabou de relatar, no ponto x da nossa agenda, ajude-me a perceber melhor este tema relativo a yyyy". De modo a que a comunicação seja facilitada é muito importante que o mediador saiba utilizar o questionamento de forma correta, sobretudo fazendo as questões de forma direta e evitando questões múltiplas e indiretas.

As sessões individuais devem também ser espaços de criatividade, que nos processos de mediação joga um papel essencial. Pensar em como pagar um empréstimo, em quantas vezes e com que tipo de garantias são aspetos que o advogado ou consultor da parte consegue facilmente estabelecer. Contudo, na mediação pode e deve ir-se mais longe, criando-se espaços nos quais o devedor, conjuntamente com o mediador e sem qualquer compromisso ou julgamento, pode imaginar outras opções de forma livre e criativa. Pensar "fora da caixa" pode gerar acordos diferenciadores e que constituam verdadeiras soluções para recuperar a empresa. Um mediador qualificado e treinado em mediação não resume a sua intervenção a definir prazos, garantias e prestações. Antes põe em ação uma das técnicas mais difíceis de dominar, mas também uma das mais prometedoras da mediação: a técnica de geração de opções criativas.

c) Sessão individual com os credores (ou outras partes interessadas)

O propósito desta reunião é o de perceber a situação mas da perspetiva de cada credor, tentando compreender o seu impacto na parte presente na reunião. Tudo o que foi mencionado relativamente às habilidades do mediador na sessão individual com o devedor também se aplicará, de forma adaptada, a esta fase da mediação.

É relevante que o mediador compreenda as expetativas de cada parte e faça a sua gestão de forma adequada. Perante expetativas irrealistas o mediador deve colocar questões concretas relativas ao como, quando, onde, de que forma, com que meios. O mediador não deve hesitar em testar a realidade do que a parte lhe diz, questionando a razoabilidade das expetativas, bem como o nível de risco associado.

Nestas reuniões o mediador deve igualmente integrar, respeitando a agenda estabelecida, o que é importante para a parte em causa, o que poderá ser importante para as outras partes e estabelecer prioridades.

Em termos de ações do mediador este deve: escutar, resumir, concretizar, listar as opções possíveis, explorando os riscos associados a cada opção. Em todas as suas intervenções deve utilizar uma linguagem construtiva e finalizar com uma escolha, ou várias escolhas, sobre como seguir no processo e que informações levar para os outros intervenientes aquando da sessão conjunta com os mesmos, sem nunca esquecer que são as partes as protagonistas da mediação.

d) Sessão conjunta com todas as partes interessadas

O propósito desta reunião conjunta com todas as partes interessadas é múltiplo, passando por o mediador:

- identificar um conjunto de opções que estão em cima da mesa como possíveis formas de alcançar um acordo (nesta fase sem avaliar ainda cada sugestão e sem que cada parte se comprometa com o cumprimento de qualquer uma);
- assistir as partes para que as mesmas façam uma escolha informada das diferentes opções e identifiquem os critérios que poderão ser utilizados para avaliar cada opção relativamente aos seus interesses;
- e, finalmente, facilitar a negociação onde as partes encontram as opções para o acordo e fazem ofertas e contraofertas para cada ponto da agenda.

Esta é a fase na qual todas as partes interessadas se juntam para negociar os diferentes pontos até ali abordados nas sessões individuais com o mediador. É o momento onde organizar e seguir a agenda é importante para a estruturação da conversa que pode rapidamente ser emotiva e destruturada. O mediador, como facilitador, tem como principais preocupações promover a negociação direta entre as partes, fazendo regularmente resumos para que o entendimento da situação seja comum a todos os presentes, bem como estruturar a discussão. Ao mediador compete ainda gerir as diferentes intervenções dos presentes e estimular as partes a uma reflexão com critérios objetivos, sendo possível testar a realidade do que está sendo proposto.

e) Conclusão da mediação

O propósito desta fase é o de conseguir que o acordo de mediação (total ou parcial) inclua os compromissos assumidos pelas partes em palavras claras, de modo a reduzir os conflitos de interpretação e garantir o seu cumprimento voluntário, sem gerar novas disputas.[25]

Ao mediador compete aqui sintetizar os pontos de convergência e de divergência de forma compreensível para todos, sempre tendo em conta o que as partes têm a acrescentar a cada ponto discutido. Essencial aqui é a capacidade de raciocínio do mediador para ajudar a identificar lacunas ou incongruências no que as partes estão a tentar acordar. Com efeito, as partes devem no final desta fase compreender de forma concreta, clara e muito prática o que vão ter de fazer para que cada ponto do acordo seja cumprido. O mediador deve nesta fase estabelecer a ligação entre os pontos acordados e os interesses trazidos pelas partes no início da mediação (de modo a potencializar que o relacionamento entre as mesmas melhore).

Os testes da sustentabilidade do acordo são fulcrais no modo como as partes vão cumprir o que acordaram, sendo importante que o mediador as ajude a projetarem no tempo as suas decisões e a identificarem aquele acordo como o pacto que elas poderão cumprir e viver no futuro.

Conclusões

Do que fica escrito percebe-se como a mediação pode ser de facto um caminho com inúmeras vantagens no âmbito dos processos de recuperação de empresas em situação económica difícil. Com efeito, a mediação introduz um novo paradigma na abordagem das situações de empresas que enfrentam problemas económico-financeiros. À perceção de que a solução passa por liquidar a empresa, a mediação abre o caminho para a sua efetiva recuperação através da formulação de soluções criativas e do comprometimento de todos os envolvidos para o cumprimento do acordo alcançado conjuntamente.

A liquidação de uma empresa acarreta o fim da mesma e tem consequências económicas e pessoais negativas uma vez que, na generalidade dos casos, os credores não conseguem reaver na totalidade os montantes em dívida e, se em causa estão os trabalhadores, o encerramento da empresa significa o seu desemprego e uma busca por uma nova situação profissional.

[25] Sobre o acordo de reestruturação veja-se os artigos 19 e seguintes da Lei 8/2018.

Mudar mentalidades e paradigmas é, contudo, um caminho difícil, sobretudo numa temática tão judicializada como a insolvência e a recuperação de empresas.

A formação ministrada pelo ICFML em Portugal relativa à mediação de recuperação de empresas (tendo já sido formados mais de 180 mediadores nesta área apenas por esta entidade) evidenciou um desconhecimento e errónea perceção do que é a mediação e das suas virtualidades. O regime legal não ajudou a uma correta divulgação deste mecanismo uma vez que permite a visualização do mediador de recuperação de empresas como um mero assessor técnico do devedor. Esta conceção não é obrigatória do ponto de vista legal (como verificámos) nem vantajosa na prática. Na verdade, a empresa devedora terá, na generalidade dos casos, advogados, contabilistas, financeiros para a assessorar nas questões financeiras e legais.

Nesta seara percebe-se, assim, que a empresa devedora necessita de um outro tipo de ajuda. Precisa desde logo de alguém que afaste da equação sentimentos de culpa e responsabilidade, bem como cenários de pessimismo nos quais nenhuma solução é possível. Necessita depois de alguém que possa ser o interlocutor neutro e descomprometido por forma a trazer os credores para uma base de diálogo que permita a todos pensarem em soluções criativas para recuperar a empresa. Como analisámos, o sentimento de desconfiança por parte dos credores é comum e difícil de esbater. Assim, a intervenção de um mediador que não representa os interesses do devedor nem está ao seu serviço, mas antes orienta a sua atuação tendo em vista o processo e a recuperação da empresa, é essencial para que os credores abram a porta ao diálogo e à criação de outras soluções que não a liquidação imediata.

Transmitir e fazer compreender esta nova perspetiva e paradigma é difícil, principalmente quando estamos perante profissionais habituados durante longos anos a processos de insolvência judicializados. Mas o caminho faz-se caminhando e os resultados alcançados na formação em mediação de recuperação de empresas ministrada pelo ICFML fazem-nos acreditar que a mediação nesta área será uma realidade efetiva e com sucesso.

Referências

ADRIAN, Lin & MYKLAND, Solfrid. "Creativity in Court-Connected Mediation". *Negotiation Journal*. Vol. 30, Nº 4, 2014, pp. 421-439.

ALEXANDER, Nadja Marie & LEBARON, Michelle. "The Alchemy of Mediation', Essays on Mediation". *Singapore Management University School of Law Research Paper No. 11/2017*, 2016, Available at SSRN: https://ssrn.com/abstract=2929155

ALI, Shahla F. & KWOK, John Koon Wang. "After Lehman: International Response To Financial Disputes — A Focus On Hong Kong". *Richmond Journal of Global Law & Business*, Vol. 10, nº 2, 2011, pp. 151-173.

BOON, Gert-Jan *et al*. "The Mediator in Insolvency Law: Exploring New Terrain". *Leiden Law Blog*. Leiden University, 2019, disponível em https://leidenlawblog.nl/articles/the-mediator-in-insolvency-law-exploring-new-terrain.

BRETT, Jeanne; BARSNESS, Zoe & GOLDBERG, Stephen. "The effectiveness of mediation: An independent analysis of cases handled by four major service providers". *Negotiation Journal*. Vol. 12, Nº 3, 1996, pp. 259—269.

BROWN, Henry & MARRIOTT, Arthur. *ADR: Principles and Practices*. 2ª ed. Sweet & Maxwell, 1999, p. 137

CORDEIRO, António Menezes. "Resposta à consulta pública relativa ao projeto de proposta de lei que estabelece o Estatuto do Mediador de Recuperação de Empresa". *Revista de Direito das Sociedades*, Ano IX, Nº 1, 2017, pp. 159-160

FUCCI, F. Mark & SAKAI, Hideyuki. "Japanese Companies Using New Rehabilitation ADR Procedures in Major Restructurings". *National Law Review Database*, Junho 2009, disponível em https://www.natlawreview.com/article/japanese-companies-using-new-rehabilitation-adr-procedures-major-re

GOLDBERG, Stephen; SANDER, Frank; ROGERS, Nancy; COLE, Sarah Rudolph. *Dispute Resolution. Negotiation, Mediation, and Other Processes*. Nova York: Aspen Publishers, 2007.

GONÇALVES, Ana e RAINEY, Daniel. «Mediating Online Is Much More Than "Doing It On Zoom"». *Kluwer Mediation Blog*, fevereiro de 2021, disponível em http://mediationblog.kluwerarbitration.com/2021/02/28/mediating-online-is-much-more-than-doing-it-on-zoom/

GU, Weixia. "ADR and Financial Disputes in Hong Kong: The Lehman Brothers Experience and The Way Forward". *Asian Dispute Review*, 2011, pp. 20-23, disponível em SSRN: https://ssrn.com/abstract=2196704.

JENKINS, Anna; WIKLUND, Johan; BRUNDIN, Ethel. "Individual responses to firm failure: Appraisals, grief, and the influence of prior failure experience". *Journal of Business Venturing*. Vol. 29, Nº 1, 2014, pp. 17-33.

KAHNEMAN, Daniel. *Thinking fast and slow*. Ed. Farrar, Straus and Giroux, 2011.

MOREIRA, António Júdice. "A Figura do Mediador de Recuperação de Empresas em Portugal: Mediador ou *Hired Gun*?". *Temas de Mediação e Arbitragem III*. Lex, 2019

Olekalns, Mara; Brett, Jeanne & Weingart, Laurie. "Phases, transitions and interruptions: Modeling processes in multi-party negotiations". *International Journal of Conflict Management*, Vol. 14, Nºs 3-4, 2003

Riskin, Leonard. "Understanding Mediators' Orientations, Strategies and Techniques: A Grid for the Perplexed". *Harvard Negotiation Law Review*, Vol. 1, Nº 7, 1996, pp. 23-24

Serra, Catarina. "Direito da Insolvência em movimento. A reestruturação de empresas entre as coordenadas da legislação nacional e as perpectivas do Direito europeu". *Revista de Direito Comercial*, Edit. Pedro Manuel de Melo Pais de Vasconcelos, 2017, pp. 114-115, disponível em https://www.revistadedireitocomercial.com/direito-da-insolvencia-em-movimento-a-reestruturacao-de-empresas-entre-as-coordenadas-da-legislacao-nacional-e-as-perpectivas-do-direito-europeu

Serra, Catarina. *Regime Extrajudicial de Recuperação de Empresas — Análise (e)* Crítica. Almedina, 2018

Sikri, A.K. & Omkar, Anuroop. "Mediation In Corporate Insolvency: A Game Changer". Business World, Junho 14, 2019, disponível em http://www.businessworld.in/article/Mediation-In-Corporate-Insolvency-A-Game-Changer/14-06-2019-171872/

17.
A(S) LEI(S)-MODELO DA CNUDCI EM TEMA DE INSOLVÊNCIA INTERNACIONAL: UMA NOVA OPORTUNIDADE

CATARINA SERRA

Introdução

Como se disse noutra ocasião, ocorre uma situação de insolvência transfronteiriça ou internacional sempre que o devedor tenha ligações com mais do que um Estado, designadamente por ter bens ou credores localizados em mais do que um Estado.[1]

Uma situação deste tipo suscita, compreensivelmente, problemas particulares, que não podem ser solucionados por uma única ordem jurídica. Estando os bens e/ou os credores do devedor geograficamente

[1] Cfr. SERRA, 2021, p. 658. Diz, em fórmula próxima, MACHADO, 1999, p. 78, e MACHADO, 2000, p. 12: "[Q]uando, quer as pessoas implicadas (devedor e credores), quer os bens em causa, quer ambos, apresentam ligações com as ordens jurídicas de dois ou mais Estados". Diz ainda BRITO, 2005, p. 186, e BRITO, 2007, pp. 632-633: "quando, em razão das pessoas envolvidas ou dos bens abrangidos ou dos dois factores conjuntamente, apresenta contactos com diversas ordens jurídicas". Mas a explicação mais completa é a de HO, 2003: "[i]n its simplest form, a transnational insolvency involves an insolvency proceeding in one country, with creditors located in at least one additional country. In the most complex case, it involves multiple proceedings, subsidiaries, affiliated entities, assets, operations and creditors in dozens of nations".

dispersos, põe-se a questão de saber qual é o alcance da declaração de insolvência. Será que, por exemplo, uma declaração de insolvência proferida em Portugal afecta os bens e os credores do devedor insolvente que estejam situados em território estrangeiro?

Esta dúvida origina, por sua, vez, questões relacionadas com a competência judicial (qual é o tribunal competente para declarar a insolvência numa situação de insolvência internacional?) e a competência legislativa (qual é a lei aplicável na mesma situação?)

Perfilam-se duas grandes teses: a tese da universalidade ou do universalismo (também conhecida como tese da unidade), segundo a qual que os efeitos da declaração de insolvência não se limitam ao território onde a insolvência é declarada, e a tese (inversa) da territorialidade, também conhecida como tese da pluralidade, segundo a qual, tais efeitos se circunscrevem ao território onde a insolvência é declarada.[2] Como é fácil de ver, a opção por uma ou outra tese não é indiferente pois as consequências são completamente diversas. No primeiro caso, os bens localizados no estrangeiro são, tal como os bens localizados em Portugal, apreendidos e liquidados (se o processo seguir para liquidação) ou objecto de medidas de recuperação (se o processo seguir para recuperação) e os credores no estrangeiro, tal como os credores em Portugal, são impedidos de propor ou fazer prosseguir acções executivas individuais enquanto durar o processo; no segundo caso, estes bens e estes credores passam à margem do processo de insolvência tramitado em Portugal.[3]

Seja qual for a opção — e tendo presente que não há modelos plenos ou puros[4] —, é indiscutível que instrumentos que realizem alguma har-

[2] A preferência em Portugal é pelas teses universalistas e foi visível desde cedo. Ela é marcante em obras de reputados autores como Montenegro, 1894, Saldanha, 1897, e Marnoco e Souza, 1898.

[3] Costuma dizer-se que as vantagens da tese da universalidade são as de assegurar ou propiciar o tratamento paritário dos credores, a recuperação do devedor, a unidade do património do devedor, e um processo simples, não oneroso, célere e eficaz. Em contrapartida, a favor da tese territorialista apresentam-se razões de coerência e de exequibilidade: o processo de insolvência serve o interesse público, logo o interesse nacional; os tribunais têm competência territorial limitada; as tarefas do juiz e do administrador judicial ficam facilitadas quando o processo tem âmbito territorial. Sobre esta troca de argumentos, de uma forma bem sistematizada, cfr. Esplugues Mota, 1993, pp. 28 e s.

[4] E nem seria desejável que existissem em quaisquer circunstâncias. Cfr. Vicente, 2007, p. 84.

monização são úteis, sob pena de entropias, com consequências nefastas para a dinâmica das relações económicas e de comércio internacional. Além disso, os conflitos que se geram entre os vários regimes da insolvência podem afectar o valor dos bens e, estando em causa uma empresa, pôr em causa, em última instância, a possibilidade da sua recuperação.

Um dos instrumentos criados com o intuito de evitar estes problemas e contribuir para a convergência entre as legislações nacionais em matéria de insolvência foi a Lei-Modelo da Comissão das Nações Unidas para o Direito do Comércio Internacional (CNUDCI) sobre insolvência transfronteiriça,[5] adoptada em Viena, em 30 de maio de 1997.[6-7]

A CNUDCI continuou, porém, a desenvolver o seu trabalho neste domínio, existindo hoje, na realidade, três Leis-Modelo: a Lei-Modelo sobre Insolvência Transfronteiriça (1997) e o respectivo Guia para Transposição e Interpretação (2013), além de diversos instrumentos acessórios; a Lei-Modelo sobre Reconhecimento e Execução de Decisões Relacionadas com a Insolvência (2018) e o respectivo Guia para Transposição; e a Lei-Modelo sobre a Insolvência de Grupos de Empresas (2019).[8]

[5] Corresponde, em inglês, à *United Nations Commission on International Trade Law (UNCITRAL) Model Law on Cross-Border Insolvency*.

[6] Um dos instrumentos também dignos de referência surge alguns anos mais tarde e é exclusivamente aplicável aos Estados-membros da União Europeia. Trata-se do Regulamento (CE) 1346/2000, do Conselho, de 29 de Maio, hoje substituído pelo Regulamento (UE) 2015/848, do Parlamento Europeu e do Conselho, de 20 de Maio de 2015, relativo aos processos de insolvência (reformulação). Cfr., para uma análise do Regulamento, Serra, 2021, pp. 659 e s. Cfr. para uma comparação entre a Lei-Modelo e o Regulamento e a possibilidade de conflitos, Berends, 2012, pp. 3 e s., e Omar, 2012, pp. 32-33. Existe ainda um conjunto de convenções, bilaterais e multilaterais, de alcance limitado. Entre eles destaca-se a Convenção de Bruxelas relativa aos processos de insolvência, de 23 de Novembro de 1995. Por não ter sido ratificada pelo número necessário de Estados-membros, a convenção não chegou a entrar em vigor mas foi um contributo valioso para a elaboração do Regulamento (CE) 1346/2000, sendo que este a reproduziu em parte Cfr., sobre o conjunto de convenções mais relevantes e, em particular, a Convenção de Bruxelas, Machado, 2000, pp. 27-29 e pp. 140-160, ou, mais sucintamente, Machado, 1999, pp. 88-99.

[7] Para dois estudos *ex professo* sobre a Lei-Modelo, pode ver-se Esplugues Mota, 1998, 657 e s., e HO (ed.), 2017.

[8] Os textos das Leis-Modelo e dos Guias para Transposição bem como os restantes documentos estão disponíveis, em inglês, em https://uncitral.un.org/en/texts/insolvency.

Sucede que a lei-modelo (ou lei-tipo, como alguns preferem chamar-lhe[9]), é um instrumento de *soft law*. Quer dizer: funciona como uma mera proposta normativa que os legisladores nacionais são livres de incorporar na sua ordem jurídica e de decidir em que termos incorporar (no todo ou em parte, com ou sem adaptações, combinada ou não com outros elementos). Ora, são já alguns os países foram progressivamente adoptando a Lei-Modelo sobre Insolvência Transfronteiriça. Mas são escassos os países europeus, logo escassos são os que são membros da União Europeia (UE).[10] Que nem se argumente, quanto a estes últimos, que um instrumento deste tipo é dispensável, pois o Regulamento (UE) 2015/848, do Parlamento Europeu e do Conselho, de 20 de maio de 2015, relativo aos processos de insolvência, assegura a uniformidade necessária.[11] Desde logo, deve ter-se presente o *Brexit*. Desempenhando o Reino Unido (sempre) um papel relevante no contexto do comércio europeu e mundial, deve ter-se presente, por um lado, que ele deixou de estar sujeito àquele Regulamento e, por outro, que ele é um dos países que acolheram, há vários anos, a Lei-Modelo. Depois, e mais importante, as relações de comércio internacional não se reduzem ao espaço da UE. Os Estados-membros precisam de estabelecer relações também com países fora da UE, nomeadamente da América, da Ásia e da África, alguns dos quais também acolheram a Lei-Modelo. No presente cenário (crise COVID-19), é essencial criar condições que transmitam segurança, estabilidade, confiança nos investidores estrangeiros e os estimulem a investir. Em suma, se as grandes crises contribuem para a revisão e o apuramento das leis da insolvência, este é o momento propício para os vários países que ainda não o fizeram ponderarem — ponderarem seriamente — a adopção da Lei-Modelo.

[9] Cfr., por exemplo, MACHADO, 1999, p. 106.

[10] De entre 49 países de que há notícia que adoptaram a Lei-Modelo (https://uncitral.un.org/en/texts/insolvency/modellaw/cross-border_insolvency/status), destacam-se o Japão (2000), os Estados Unidos da América (2005), o Canadá (2005), a Nova Zelândia (2006), a Austrália (2008), Israel (2018), o Brasil (2020) e, no grupo dos países europeus, o Montenegro (2002), a Roménia (2002), a Polónia (2003), a Sérvia (2004), o Reino Unido (2006), a Eslovénia (2007) e a Grécia (2010).

[11] Como é sabido, o Regulamento é um instrumento vinculativo, aplicável em todos os Estados-membros mas, neste caso, com a excepção da Dinamarca.

1. As Leis-Modelo e as suas funções

Como se viu, existem hoje três Leis-Modelo, tratando aspectos diversos da insolvência internacional.

A Lei-Modelo sobre Insolvência Transfronteiriça é a mais antiga e a que tem alcance mais geral. Destina-se a ajudar os Estados a desenvolverem um quadro de insolvência moderno, harmonizado e justo, de forma a abordarem de forma mais eficaz os casos de processos transfronteiriços relativos a devedores em graves dificuldades financeiras ou insolventes. Inicialmente, era acompanhada do Guia para Transposição elaborado na mesma data, que fornecia informações de fundo e explicativas para tornar a Lei-Modelo uma ferramenta mais eficaz. Este foi convertido no Guia para Transposição e Interpretação, na sequência de uma revisão / actualização, operada em 2013, a instância dos Estados Unidos da América.

Existem ainda três documentos acessórios: o Guia Legislativo sobre a Lei de Insolvência (2004); o Guia de Práticas sobre a Cooperação na Insolvência Transfronteiriça (2009); e a Lei-Modelo sobre Insolvência Transfronteiriça: A Perspectiva Judiciária (2011, actualizada em 2013). O Guia Legislativo, dividido em quatro partes, contribui para a criação de um quadro jurídico eficiente e pode ser utilizado como referência pelas autoridades nacionais e pelos órgãos legislativos na elaboração de nova legislação ou na avaliação e na revisão da legislação existente. O Guia de Práticas sobre a Cooperação faz referência a casos reais para fornecer informações aos profissionais e juízes sobre aspectos práticos da comunicação e da cooperação em casos de insolvência transfronteiriça. Além disso, a Perspectiva Judiciária oferece orientações gerais sobre as questões que um juiz poderá ter de considerar, com base nas intenções de quem desenvolveu a Lei-Modelo e as experiências de quem a utilizou na prática.

A segunda Lei-Modelo é a Lei-Modelo sobre Reconhecimento e Execução de Decisões Relacionadas com a Insolvência. Tem em vista a ajudar os Estados a criar um quadro de regras para o reconhecimento e a aplicação de decisões relacionadas com a insolvência. É acompanhada do Guia para Transposição com vista a fornecer informações sobre esta Lei-Modelo.

Finalmente, em 2019, a CNUDCI aprovou a Lei-Modelo sobre a Insolvência de Grupos de Empresas. Visa dotar os Estados de legislação moderna no que toca à insolvência interna e transfronteiriça de grupos empresariais. Vem complementar a Lei-Modelo sobre Insolvência Transfronteiriça e, em particular, a terceira parte do Guia Legislativo sobre a Lei de Insolvência intitulada "Tratamento dos grupos de empresas na insolvência" (2010). O que distingue a Lei modelo sobre a Insolvência de Grupos de Empresas da Lei-Modelo sobre Insolvência Transfronteiriça é que esta se foca no processo de insolvência relativo a um único devedor enquanto aquela se foca em processos de insolvência relativos a vários devedores que são membros do mesmo grupo empresarial e podem estar localizados num ou mais territórios. O termo "grupo empresarial" é usado na Lei modelo para designar duas ou mais empresas que estão ligadas entre si por uma relação de controlo ou de domínio significativo e é explicitado no Guia para Transposição que acompanha a Lei-Modelo. Não obstante as medidas dispostas nesta Lei-Modelo serem semelhantes, em vários aspectos, às dispostas na Lei-Modelo sobre Insolvência Transfronteiriça, respondem a necessidades específicas dos processos de insolvência que envolvem os membros do grupo empresarial, nomeadamente a necessidade de alcançar um certo grau de centralização, de comunicação, de cooperação e de coordenação.

2. A Lei-Modelo sobre Insolvência Transfronteiriça em particular

2.1. A Lei-Modelo em traços gerais

Antes de mais, cumpre dizer que os pressupostos em que assenta a Lei-Modelo são, tal como os do Regulamento europeu sobre insolvência transfronteiriça,[12] os pressupostos da tese ou do sistema do universalismo modificado (*modified universalism*).[13-14] Parte-se do princípio de que

[12] Cfr. Serra, 2021, p. 661.

[13] Cfr., neste sentido, por todos, Mccormack / Wan, 2019, pp. 273 e s.

[14] A expressão universalismo modificado (*modified universalismo*) aparece, pela primeira vez, nos trabalhos do *American Law Institute Transnational Insolvency Project* (1995-2000). Nem por coincidência relator neste projecto, em representação dos Estados Unidos da América, Westbrook, 1998, pp. 27 e s., e, 2000, pp. 2276 e s., foi um dos primeiros a usá-la e a difundi-la. Alternativamente, Lopucki, 1998-1999, pp. 696 e s., fala em territorialismo cooperativo (*cooperative territoriality*) e Wessels, 2006, pp. 16 e s., fala em universalismo coordenado (*coordinated universalism*). Na doutrina portuguesa, a propósito do Regulamento europeu sobre insolvência transfronteiriça, refere-se Brito, 2005, p. 193 e p. 199, a um princípio de "universalidade limitada" e Vicente, 2007, p. 91, a uma "universalidade mitigada". Entre-

não é possível contrariar a tendência (natural) para afectar os bens localizados no território de um Estado-membro à satisfação dos interesses dos credores locais e assegurar, em absoluto, o reconhecimento de um processo aberto num Estado-membro pelos outros Estados-membros. Podem, por isso, abrir-se processos não principais ou secundários onde quer que o devedor possua estabelecimentos, sendo os efeitos destes últimos circunscritos aos bens que aí se encontrem localizados.

Quanto ao âmbito de aplicabilidade da Lei-Modelo, repare-se que ele é delimitado com grande flexibilidade. A noção de processo de insolvência estrangeiro é relativamente lata, designando os processos judiciais ou administrativos de tipo colectivo num Estado estrangeiro, incluídos os processos preventivos, em que, nos termos da lei aplicável à insolvência, a administração dos bens e dos negócios do devedor fica sujeita ao controlo ou à fiscalização de um tribunal estrangeiro, com o objectivo da recuperação ou da liquidação do património do devedor [cfr. art. 2º, *(a)*].[15] Distingue-se, depois, entre processo estrangeiro principal e processo estrangeiro não principal consoante decorre no Estado em que se localiza, respectivamente, o centro dos interesses principais do devedor (CIP) [cfr. art. 2º, *(b)*] ou um estabelecimento do devedor, definido como qualquer centro de operações onde o devedor exerce, de forma estável, uma actividade económica com recurso a meios humanos e capital [cfr. art. 2º, *(c)* e *(f)*].[16] Salvo prova em contrário, presume-se que o local da sede estatutária ou, no caso de devedores que sejam pessoas naturais, o local da residência habitual é o CIP (cfr. art. 16º, nº 3).

Apesar de esta última definição (de estabelecimento) parecer apontar para certa concentração nas empresas, em rigor, a aplicabilidade da Lei-Modelo não se restringe aos processos de certa qualidade de devedores, pelo que estão cobertos os processos de pessoas naturais ou j

tanto, Pinheiro, 2006, afirma que "um puro sistema universal não atende suficientemente aos interesses dos pequenos credores locais e às vantagens oferecidas por processos territoriais de insolvência em certas circunstâncias. Daí que mereça preferência um sistema misto de pendor universalista".

[15] Todas as normas citadas sem outra indicação são da Lei-Modelo cuja apreciação esteja em causa.

[16] Dada a sua imprecisão, ou a sua menor precisão, é de convocar o Regulamento europeu sobre insolvência transfronteiriça e a sua definição dos termos (homónimos) de "centro dos interesses principais" (CIP) e "estabelecimento". Cfr., para o esclarecimento destes termos, Serra, 2021, pp. 671 e s.

urídicas, de empresas ou consumidores. Prevê-se, no entanto, que os Estados possam excluir os processos respeitantes a determinado tipo de devedores, como bancos, empresas de seguros e entidades sujeitas a legislação especial (cfr. art. 1º, nº 2).[17]

Relativamente ao fim último da harmonização ou convergência, entendeu-se que seria importante estabelecer um regime uniforme em quatro objectivos, aparentemente bem delimitados na sistematização da Lei-Modelo, a saber: garantir o acesso aos tribunais locais por parte dos representantes estrangeiros[18] bem como dos credores estrangeiros (Capítulo II — arts. 9º a 14º); assegurar o reconhecimento dos processos estrangeiros e delimitar os seus efeitos (Capítulo III — arts. 15º a 24º); propiciar a comunicação, a cooperação e a coordenação (Capítulo IV — arts. 25º a 27º); e regular o concurso de processos / o curso de processos simultâneos (Capítulo V — arts. 28º a 32º). Ainda assim, para poder compreender o que é proposto em cada um dos domínios, é absolutamente necessário fazer uma leitura completa e "cruzada" do articulado: além do que se dispõe na secção respectiva (e homónima), encontram-se sempre elementos importantes nas outras secções — como se verá.

Os representantes estrangeiros devem poder dirigir-se directamente aos tribunais locais e, nomeadamente, requerer a abertura de um processo de insolvência local, sempre que estejam reunidas as condições para tal, e, quando seja reconhecido o processo de insolvência estrangeiro, requerer a participação no processo de insolvência local em curso (cfr. arts. 9º, 11º e 12º).

Lendo adiante, verifica-se que são eles também quem pode requerer o reconhecimento do processo estrangeiro para o qual tenham sido nomeados (cfr. art. 15º) e, uma vez reconhecido este, requerer medidas de protecção dos bens do devedor ou dos interesses dos credores,

[17] Esta exclusão é habitual nas leis da insolvência nacionais e compatível com o que se estabelece no Regulamento europeu sobre insolvência transfronteiriça (cfr. art. 1º, nº 2). Cfr., sobre esta exclusão, SERRA, 2021, pp. 670-671.

[18] O representante estrangeiro (no original, "*foreign representative*") é a pessoa ou o órgão nomeado, mesmo a título provisório, num processo estrangeiro para levar a cabo a recuperação ou a liquidação dos bens do devedor ou para intervir como representante do processo estrangeiro [cfr. art. 2º, *(d)*]. A tradução para "administrador da insolvência" ou mesmo "administrador judicial" seria, porventura, demasiado restritiva.

como a suspensão dos processos que envolvam os bens ou os interesses do devedor, a suspensão das acções executivas individuais ou a privação do devedor dos poderes de administração dos seus bens (cfr. art. 21º), impugnar os actos prejudiciais aos credores (cfr. art. 23º) e intervir em quaisquer processos locais em que o devedor seja parte (cfr. art. 24º). Entre o pedido de reconhecimento e a decisão de reconhecimento, podem ainda, se houver necessidade urgente, requerer medidas cautelares de protecção dos bens do devedor ou dos interesses dos credores (cfr. art. 19º).

Como é visível, atribuiu-se ao representante estrangeiro o interesse processual ou interesse em agir nas situações de insolvência internacional, ou seja, é ele o titular do *locus standi in iudicio*.

Não obstante serem ou parecerem numerosos e relevantes, os poderes processuais e substantivos que o representante estrangeiro detém consubstanciam aquilo a que pode chamar-se "assistência mínima", admitindo-se que os Estados lhe concedam assistência adicional, como resulta expressamente do disposto no art. 7º.

Por seu turno, os credores estrangeiros granjeiam de um tratamento igual aos credores locais, ou seja, são notificados nos termos previstos para os credores conhecidos e domiciliados no estrangeiro, são admitidos a reclamar o seu crédito nas mesmas condições dos credores locais e têm, enfim, igual direito a participar no concurso e a ser satisfeitos proporcionalmente à custa dos bens do devedor (cfr. arts. 13º e 14º).

O princípio fundamental em matéria de reconhecimento de processos estrangeiros é o de que estes só não serão reconhecidas se contrariarem manifestamente a ordem pública internacional do Estado em que é requerido o reconhecimento (cfr. art. 6º, *ex vi* do art. 17º, nº 1, proémio) ou envolvam tribunal que não seja considerado competente[19] [cfr. arts. 2º, *(e)*, e 4º, *ex vi* do art. 17º nº 1, *(d)*]. Ainda assim, exige-se que o requerente seja o representante estrangeiro [cfr. art. arts. 2º, *(d)*, *ex vi* do art. 17º, nº 1, *(b)*] e que o pedido de reconhecimento seja acompanhado de certos documentos [cfr. art. 15º, nº 2, *ex vi* do art. 17º, nº 1, *(c)*]. Deve

[19] O tribunal competente será, consoante os casos, o tribunal do Estado em que se localiza o CIP do devedor, presumindo-se, salvo prova em contrário, que este é o do local da sede estatutária ou da residência habitual do devedor (cfr. art. 16º, nº 3), ou o tribunal do Estado em que se localiza o estabelecimento de devedor, nos termos do art. 2º, *(f)*.

concluir-se, pois, que o reconhecimento não é automático, pressupondo uma avaliação judicial.

Os efeitos habituais ou típicos do reconhecimento de um processo estrangeiro principal são a suspensão das acções executivas e acções de natureza patrimonial contra o devedor e a privação do devedor dos poderes de administração dos seus bens, mas podem ser limitados no tempo ou sujeitos a excepções (cfr. art. 20º), devendo, em qualquer caso ficar assegurada a protecção dos interesses dos credores (cfr. art. 22º). Noutros pontos do articulado, descobrem-se efeitos adicionais, destacando-se a impossibilidade, em regra, de abertura de um processo local (cfr. art. 28º) e a presunção de que o devedor está insolvente na eventualidade de abertura de um processo local (cfr. art. 31º).

Como já se disse, logo que apresente o pedido de reconhecimento do processo estrangeiro, seja este um processo principal ou não principal, o representante estrangeiro pode, se for urgentemente necessário, requerer medidas cautelares de protecção dos bens do devedor ou dos interesses dos credores (cfr. art. 19º), e, logo que seja decidido o reconhecimento, pode requerer medidas de carácter definitivo com idêntica finalidade, na medida em que isso não resulte já dos efeitos automáticos do reconhecimento (cfr. art. 21º), bem como impugnar os actos prejudiciais aos credores (cfr. art. 23º) e intervir em quaisquer processos locais em que participe o devedor (cfr. art. 24º).

No que respeita ao tema da cooperação entre as entidades envolvidas (sobretudo tribunais e representantes estrangeiros), salienta-se que ela é independente do reconhecimento prévio do processo estrangeiro. A cooperação realiza-se por três formas: a designação de uma pessoa ou de um órgão que actue em nome do tribunal; a comunicação directa de informações; e a coordenação dos actos de administração dos bens e dos negócios do devedor (cfr. arts. 25º a 27º).[20]

[20] Deve salientar-se que a cooperação tem sido uma preocupação constante dos especialista e das entidades que desenvolvem a sua actividade em matéria de insolvência internacional como o *International Insolvency Institute (III)*, o *American Law Institute (ALI)*, o *World Bank*, ou a *INSOL Europe*, além, obviamente, da *UNCITRAL*. Refiram-se, para uma breve panorâmica, os seguintes documentos: *Guidelines Applicable to Court-to-Court Communications in Cross-Border Cases (ALI-III Guidelines*, 2000); *ALI's Principles of Cooperation among the member-states of the North American Free Trade Association (ALI NAFTA Principles)* (2003); *European Communication and Cooperation Guidelines for Cross-border Insolvency (CoCo Guidelines)* (Wessels / Virgos, 2007); *Principles for Effective Insolvency and Creditor/Debtor Regimes (World Bank Principles,*

Por fim, tenta-se restringir ao máximo a possibilidade de concurso de processos / o curso de processos simultâneos. A regra é a de que o reconhecimento de um processo estrangeiro principal impede a abertura, localmente, de um processo de insolvência contra o mesmo devedor; a excepção é a existência de bens do devedor no local (cfr. art. 28º). Nesta hipótese, os efeitos do processo são tendencialmente territoriais, ou seja, circunscritos a estes bens ou então, mas isto na estrita medida em que seja necessário para assegurar a comunicação, a cooperação e a coordenação, a outros bens que, segundo a lei do Estado local, devam ser sujeitos ao processo local

Quando se configure uma situação de processos simultâneos e, em especial, quando esteja em curso mais do que um processo de insolvência estrangeiro, deve recorrer-se aos instrumentos de comunicação, de cooperação e de coordenação, nos termos dos arts. 25º, 26º e 27º (cfr. arts. 29º e 30º).

Sempre que um processo de insolvência estrangeiro principal seja reconhecido, deve presumir-se que o devedor está insolvente para o efeito da abertura de um processo local, salvo prova em contrário (cfr. art. 31º).

Uma das preocupações dominantes da Lei-Modelo é a de assegurar o respeito pelo princípio da igualdade dos credores. Assim, determina-se que, sem prejuízo dos créditos garantidos ou que tenham (outras) causas legítimas de preferência, nenhum credor que seja parcialmente pago no estrangeiro pode receber mais pagamentos enquanto os credores locais da mesma classe tiverem recebido pagamentos de valor proporcionalmente mais reduzido do que o já recebido por aquele credor (cfr. art. 32º).

2.2. Os limites da harmonização

Não é preciso dizer muito mais sobre a Lei-Modelo para se perceber que a harmonização para que ela propende é exígua. Poder-se-ia quase

2011); *Global Principles for Cooperation in International Insolvency Cases* (*ALI-III Global Principles*, 2013); *EU Cross-Border Insolvency Court-to-Court Cooperation Principles* (*JudgeCo Principles and Guidelines*, Tri *Leiden, University of Leiden / Nottingham Law School*, 2014); *European Law Institute Project on the Rescue of Business in Insolvency Law* (*ELI Report*, 2017); e, por fim, *Judicial Co-Operation supporting Economic Recovery in Europe* (*JCOERE's Reports*) (*University College Cork*, 2018-2020).

dizer que ela visa meramente reduzir as diferenças entre os regimes domésticos num ou noutro aspecto fundamental da insolvência internacional (avulta o reconhecimento do processo estrangeiro) e que, em tudo o mais, deposita a confiança nos mecanismos de cooperação — o mesmo é dizer: na boa vontade dos Estados envolvidos.[21]

A grande vantagem da Lei-Modelo, que é, simultaneamente, a alegada fonte das suas debilidades, é assentar em princípios gerais, de ser, como é hábito dizer, *principle-based*. Isto dá-lhe uma extraordinária flexibilidade e converte-a num instrumento fácil de aceitar mas, ao mesmo tempo, limita a sua eficácia uniformizadora, uma vez que, mesmo quando é adoptada, é permitido adoptá-la com tais modificações / exclusões que tal uniformidade pode ficar inviabilizada.[22]

A propósito disto, saltam à vista três disposições da Lei-Modelo. Elas são paradigmáticas deste carácter da Lei-Modelo, ou seja, do seu contributo "pouco invasivo" ou de "perturbação mínima".

Em primeiro lugar, o art. 3º, segundo o qual, em caso de conflito entre a Lei-modelo (*rectius*: a lei interna que replique a disciplina da Lei-Modelo) e quaisquer obrigações resultantes de convenção internacional, tem prevalência esta última. Não seria aceitável uma solução diversa. É inegável, contudo, que esta prevalência desvaloriza a Lei-Modelo.

Depois, o art. 6º, que consagra a excepção de ordem pública. Trata-se de uma cláusula de salvaguarda da soberania dos países, que opera como um mecanismo de defesa contra decisões que sejam manifestamente contrárias aos valores locais. Levado às últimas consequências, o mecanismo permitiria inviabilizar qualquer acto de cooperação internacional, pelo que é sustentável uma interpretação restritiva, à imagem foi sustentada a propósito da norma (homóloga) do art. 26º da Convenção que antecedeu o Regulamento europeu sobre insolvência transfronteiriça, segundo a qual a excepção de ordem pública é, sobretudo, suscep-

[21] Segundo alguns autores, a harmonização que é possível realizar através da Lei-Modelo é diminuta, uma vez que ela define somente regras de cooperação e não regula nem a competência nem a lei aplicável ao processo de insolvência internacional. Cfr., por exemplo, Vicente, 2007, p. 86.

[22] Conscientes destes limites mas elogiando, acima de tudo, a maior flexibilidade da Lei-Modelo relativamente à convenção, que torna aquela um instrumento fácil de aceitar pelos países cfr. Blocl-Lieb / Halliday, 2007, pp.

tível de ser convocada quando estejam em causa direitos e liberdades constitucionais e valores fundamentais[23].

Por fim, o art. 8º e o seu apelo a certos critérios para a interpretação da disciplina.

Ao ditar uma interpretação funcionalizada à origem internacional e à necessidade de promover uma aplicação uniforme e o respeito pela boa fé), a disposição relativiza, mais uma vez, o valor da disciplina. Depois, a referência final, algo dispensável, à boa fé permite confirmar a ideia de que aquilo que se pretende não exorbita do que são aos valores adquiridos em todos os Estados de Direito.

2.3. Breve referência a alguns países adoptantes e à respectiva experiência

Os Estados Unidos da América estão no grupo de países que adoptou a Lei-Modelo ainda na primeira década da sua existência. Resulta disso o *Chapter 15* do *Bankruptcy Code*, aditado pelo *Bankruptcy Abuse Prevention and Consumer Protection Act of 2005*, em que se segue a Lei-Modelo de forma notavelmente fiel.

De acordo com o § 1501 do *Bankruptcy Code*, é visada a concretização de cinco objectivos: (1) promover a cooperação entre os tribunais norte-americanos e pessoas de interesse e os tribunais e outras autoridades competentes de países estrangeiros envolvidos em processos de insolvência transfronteiriços; (2) imprimir maior segurança jurídica no que toca ao comércio e aos investimentos: (3) promover a gestão adequada e eficaz de processos de insolvência transfronteiriços de forma a proteger os interesses de todos os credores e outras partes interessadas, incluído o devedor; (4) assegurar a protecção e maximizar o valor dos bens do devedor; e (5) facilitar a recuperação das empresas em situação difícil e, através disso, proteger o investimento e preservar os postos de trabalho.

É do conhecimento público e geral que a aplicação do *Chapter 15* tem sido bem-sucedida[24]. Deve ter-se em conta, no entanto, que para isso

[23] Cfr. Virgos / Schmidt, 1996, p. 127. Note-se que na norma correspondente do Regulamento em vigor (art. 33º) se sublinha expressamente que a função principal da ordem pública é ao nível dos "princípios fundamentais [do Estado] ou [d]os direitos e liberdades individuais garantidos pela sua Constituição".

[24] Cfr., para uma perspectiva do impacto da Lei-Modelo nos Estados Unidos da América cfr., por exemplo, Conaway, 2018, p. 40-41, Conaway, 2019, pp. 36-37, e Conaway / Bruckmann, 2020, pp. 34-35.

contribui decisivamente a actividade interpretativa desenvolvida pelos tribunais norte-americanos.[25]

Um ano depois dos Estados Unidos coube ao Reino Unido adoptar a Lei-Modelo, o que fez através de *Cross-Border Insolvency Regulations 2006* (*Regulations*).[26] A Lei-Modelo passou, então, a ser aplicável no Reino Unido nos termos definidos no *Schedule 1* das *Regulations* (que incorpora as disposições da Lei-Modelo com as modificações entendidas necessárias a adaptá-la para aplicação no Reino Unido).[27]

Também aqui é de notar que a *common law* se mantém relevante[28] e tem até vindo a adquirir crescente importância devido aos casos que, no passado recente, foram, designadamente, submetidos ao *Supreme Court.* As decisões jurisprudenciais disponibilizam orientação importante sobre a insolvência internacional e, em particular, sobre os limites da assistência e da cooperação devidas em casos de processos de insolvência estrangeiros.

O Brasil é um dos países que mais recentemente adoptaram à Lei--Modelo (2020). A adopção realizou-se através da Lei nº 14.112/2020, que, entre outras alterações, incorporou na Lei nº 11.101/2005 (Lei de Falências brasileira) as disposições relativas ao reconhecimento dos processos de insolvência estrangeiros e à comunicação, cooperação e coordenação de processos simultâneos. A iniciativa foi considerada bem-vinda por vários sectores da sociedade brasileira, incluindo alguns especialistas em Direito da Insolvência e Direito Internacional Privado que há muito advertiam para o "isolamento" do Brasil neste domínio e

[25] Crocco, 2019, enaltece o trabalho dos tribunais norte-americanos e conclui que eles concedem quase sempre reconhecimento aos processos de insolvência estrangeiros e as medidas requeridas pelo representante estrangeiro.

[26] De referir é ainda a *Section 426* do *Insolvency Act 1986*, que harmoniza a disciplina do Reino Unido e de certos países ou territórios como as Ilhas do Canal, a Ilha do Homem, a República da Irlanda e os países da *Commonwealth.*

[27] Para uma primeira apresentação das *Regulations* cfr. Fletcher, 2006.

[28] Repare-se que o princípio fundamental em matéria de *common law* é o da universalidade. Esta corresponde, em estado puro, e como se viu atrás, à ideia de que deve existir um único processo de insolvência, aberto no tribunal onde o devedor tenha o seu centro de interesses principais ou domicílio, e que este deve ser universalmente reconhecido e envolver todos os bens do devedor, independentemente da sua localização.

a boa oportunidade da iniciativa.[29] Mas a sua experiência está apenas a começar. A nova legislação entrou em vigor apenas em 23 de janeiro de 2021.

2.4. Uma nova oportunidade para a Lei-Modelo

Como é do conhecimento público, o Reino Unido abandonou a UE em 31 de Janeiro de 2020 e entrou em período de transição até 31 de Dezembro de 2020. O Acordo de Comércio e Cooperação celebrado entre a UE e o Reino Unido não cobre a matéria da insolvência transfronteiriça (*no deal on cross-border insolvency*), pelo não há uma disciplina comum para regular os processos de insolvência que envolvam o Reino Unido e algum (alguns) Estado(s) da UE iniciados depois de 1 de Janeiro de 2021.[30-31]

O facto de se ter dado corpo, através das *Regulations*, a regras que replicam, com e sem modificações, a certas disposições da Lei-Modelo, sobre questões importantes da insolvência internacional como o reconhecimento do processo de insolvência estrangeiro assume uma grande importância neste contexto. Mas de pouco vale se permanecer unilateral. A aplicação das *Regulations* é independente do princípio da reciprocidade, o que significa, por exemplo, que um processo de insolvência de um Estado-membro é susceptível de ser reconhecido mesmo que neste não tenha sido adoptada a Lei-Modelo mas o certo é que o contrário não é verdade: o reconhecimento de um processo de insolvência aberto no Reino Unido num Estado-membro que não tenha adoptado a Lei-modelo depende, em última instância, da bondade / receptividade da lei do Estado-membro em causa e da interpretação que for feita nos seus tribunais. As dificuldades criadas por esta situação[32] poderão levar

[29] Cfr. Locatelli, 2008, pp. 313 e s. Cfr., analisando já o projecto de lei, Fernandes / Almeida, 2018, pp. 67 e s.

[30] Antecipava, há alguns anos atrás, as consequências do Brexit, Wood, 2018, pp. 7 e s.

[31] Apesar de tudo, algumas das disposições constantes do Regulamento europeu sobre insolvência transfronteiriça foram transpostas para a lei inglesa (o *Insolvency Act 1986*) pelo *The Insolvency (Amendment) (EU Exit) Regulations 2019*. Entre elas está a regra da competência dos tribunais ingleses para iniciar processos de insolvência de devedores com o seu CIP localizado em Inglaterra. Isto não assegura, contudo — insiste-se — o reconhecimento automático do processo na generalidade dos Estados-membros da UE.

[32] Ilustre-se estas dificuldades com um exemplo simples: se um devedor insolvente tiver a sua actividade repartida entre Inglaterra e França, é compreensível que os tribunais ingleses

as empresas e outros devedores com o CIP no Reino Unido a mudá-lo para um Estado-membro para beneficiar de maior segurança.[33]

Como se isto não bastasse, a presente crise (crise COVID-19) veio tornar mais premente a abertura das economias nacionais países da UE à economia mundial e a criação de canais de diálogo com os dos países do norte e do sul da América, asiáticos e africanos. Isto pressupõe um conjunto de regras comuns, que sejam claras e cognoscíveis pelos operadores, que é, justamente, o que a Lei-Modelo pode propiciar, pelo menos, numa primeira fase.[34] Note-se que a Lei-Modelo poderá ter uma eficácia considerável — tudo depende do número de países adoptantes.[35]

Conclusões

Chegados aqui, é possível concluir que a uniformidade de regimes para que propende a Lei-Modelo sobre Insolvência Transfronteiriça é visivelmente reduzida.

A Lei-Modelo é consideravelmente mais simples do que o Regulamento europeu sobre insolvência transfronteiriça, deixando deliberadamente por regular matérias complexas como competência internacional e a escolha da lei aplicável.

se considerem competentes para abrir o processo de insolvência com o fundamento de que o CIP do devedor se situa na Inglaterra. Mas raciocínio igual podem ter os tribunais franceses e abrir-se também um processo em França. O administrador da insolvência inglês irá necessitar de assistência em França para o efeito de administração dos bens, o que não é certo que lhe seja concedido e, no mínimo, envolverá consideráveis custos. Complicando as coisas, o processo aberto em França obtém reconhecimento automático em todos os Estados-membros, por força do Regulamento europeu sobre insolvência transfronteiriça, pelo que tenderá a prevalecer. Havendo múltiplos processos descoordenadamente em curso, os credores terão interesse, até que a situação se esclareça, em reclamar os seus créditos em ambos os processos, o que pode tornar-se insustentável.

[33] É o que se chama "*COMI (Center of Main Interest) shift*".

[34] Globalmente neste sentido cfr., por exemplo, Deane / Mason, 2016, pp. 138 e s. Concluem as autoras que a adopção da Lei-Modelo promove a transparência, a responsabilidade e a previsibilidade, o que, por sua vez, confere estabilidade aos mercados financeiros e às relações creditícias e, logo, ao comércio numa economia global. Cfr., ainda, em sentido próximo, entre tantos outros, Isham, 2001, pp. 1177 e s.

[35] Afirmando o mesmo, numa fase ainda inicial da vigência da Lei-Modelo, Andersen, 2004, p. 11.

Além disso, a Lei-Modelo admite grande flexibilidade na transposição, sendo os países livres de acolher a disciplina em todo ou em parte, em estado puro ou com adaptações.

Por isso mesmo, a mera transposição, por mais que cuidadosa, não basta, havendo que interpretar sempre a disciplina interna de forma a favorecer os fins estabelecidos na Lei-Modelo.

Ainda assim, a transposição é útil, especialmente numa época em que o Regulamento europeu sobre insolvência transfronteiriça deixou de ser aplicável ao Reino Unido e que os países se multiplicam nos esforços de revigoração da economia e de captação de investimento estrangeiro[36].

O estabelecimento de um *level playing field* enquanto conjunto de princípios e regras comuns destinado a evitar que as empresas de um país obtenham uma vantagem competitiva sobre as que operam em outros países é absolutamente essencial nesta altura. Pelo seu impacto na economia, o Direito da Insolvência é uma das áreas em que isso é mais premente.

Em suma, com todas as suas limitações, a Lei-modelo sobre Insolvência Transfronteiriça é um pequeno passo a dar no percurso para a promoção da segurança e da confiança nas relações creditícias e, consequentemente, da desejável liberdade de concorrência e de circulação de capitais no plano internacional[37]. Note-se, mais uma vez, que a sua utilidade só depende do número de países adoptantes.

Referências

Andersen, Kent. Testing the Model Soft Law Approach to International harmonization; a Case-Study examining the UNCITRAL Model Law on Cross-Border Insolvency, in: 23 *Australian Yearbook of International Law*, 2004, pp. 1 e s.

Berends, André J. The EU Regulation on Insolvency Proceedings and the UNCITRAL Model-Law on Cross-Border Insolvency: Differences and Similarities, in: Parry, Rebecca (Ed.), *Substantive Harmonisation and Convergence of Laws*

[36] Apelando directamente à transposição da Lei-Modelo por todos os Estados-membros que ainda o não tenham feito Ignacio, 2020/2021, pp. 12-13.

[37] Cfr., para um estudo empírico sobre a aptidão da Lei-Modelo para realizar as metas do universalismo, sobretudo para facilitar o reconhecimento dos processos estrangeiros, apesar das suas limitações, Mevorach, 2011, pp. 517 e s.

in Europe — Papers from the INSOL Europe Academic Forum Annual Insolvency Conference. Nottingham: INSOL Europe, 2012, pp. 3 e s.

Block-Lieb, Susan / Halliday, Terence. Harmonization and Modernization in UNCITRAL's Legislative Guide on Insolvency Law. *Texas International Law Journal*, 2007.

Brito, Maria Helena. Falências internacionais. Algumas considerações a propósito do Código da Insolvência e da Recuperação de Empresas. *Themis, Edição Especial — Novo Direito da Insolvência*. Lisboa, 2005, pp. 183 e s.

Brito, Maria Helena. Falências internacionais, in: AA. VV., *Estudos em memória do Professor Doutor José Dias Marques*. Coimbra: Almedina, 2007, pp. 625 e s.

Conaway, David H. US Chapter 15: Delaware court sends U.S. creditor packing...to Italy. *Eurofenix*, 2018, 72, pp. 40-41.

Conaway, David H. Cross-Border Insolvency: English High Court ruling impacts Delaware Chapter 11 case. *Eurofenix*, 2019, 75, pp. 36-37.

Conaway, David H. / Bruckmann, Ronald D.P. Chapter 15: US Bankruptcy Court bars class action lawsuit. *Eurofenix*, 2020, 81, pp. 34-35.

Crocco, Fabio Weinberg. When deference makes a difference: the role of U.S. courts in cross-border bankruptcies. 2019 (https://www.sullcrom.com/events-sandc-participates-in-international-insolvency-institutes-19th-annual-conference-2019).

Deane, Felicity / Mason, Rosalind. The UNCITRAL model law on cross-border insolvency and the rule of law. *International Insolvency Review*, 2016, 25(2), pp. 138 e s.

Esplugues Mota, Carlos. *La quiebra internacional*. Barcelona: J.M. Bosch Editor, S.A., 1993.

Esplugues Mota, Carlos. The UNCITRAL model law of 1997 on cross border insolvency: an approach. *Diritto del Commercio Internazionale*, 1998, 3, pp. 657 e s.

Fernandes, Jean Carlos / Almeida, Pedro Francisco da Silva. Insolvência transfronteiriça e o papel da Lei Modelo da UNCITRAL, *Revista da AJURIS — Porto Alegre*, 2018, v. 45, n. 145, pp. 67 e s.

Fletcher, Ian F. Better late than never — The UNCITRAL Model Law enters into force in Great Britain. 2016 (https://www.iiiglobal.org/sites/default/files/media/076A_Better_late_by_Fletcher.pdf).

Ho, Look Chan. Anti-Suit Injunctions in Cross-Border Insolvency: A Restatement, *International & Comparative Law Quarterly*, 2003, 52(3), pp. 697 e s.

Ho, Look Chan (ed.). *Cross-Border Insolvency — A Commentary on the UNCITRAL Model Law*. 4 Ed. London: Global Business Publishing, 2017 (2 vols.).

Ignacio, Emmanuelle. Recognition of French preventive confidential procedures in the UK. *Eurofenix*, 2020/2021, 82, pp. 12-13.

ISHAM, Sara. UNCITRAL'S Model Law on Cross-Border Insolvency: A Workable Protection for Transnational Investment at Last. *Brooklyn Journal of International Law*. 2001, 26(3), pp. 1177 e s.

LOCATELLI, Fernando. International Trade and Insolvency Law: Is the UNCITRAL Model Law on Cross-Border Insolvency an Answer for Brazil — An Economic Analysis of Its Benefits on International Trade. *Law & Business Review of the Americas*, 2008, 14(2), pp. 313 e s.

LOPUCKI, Lynn M. Cooperation in International Bankruptcy: a Post-Universalist Approach. *Cornell Law Review*, 1998-1999, 84, pp. 696 e s.

MACHADO, Maria João Pimentel. Algumas considerações sobre a falência em direito internacional privado. *Separata da Revista Jurídica da Universidade Portucalense*, 1999, nº 3, pp. 77 e s.

MACHADO, Maria João Pimentel. *Da falência em direito internacional privado — Introdução aos seus problemas fundamentais*. Porto: Departamento de Direito, Universidade Portucalense Infante D. Henrique, 2000.

MARNOCO E SOUZA. *Execução extraterritorial das sentenças civeis e commerciaes*. Coimbra: F. França Amado Editor, 1898.

MCCORMACK, Gerard / WAN, Wai Yee. Model Law on cross-border insolvency comes of age: new times or new paradigms. *Texas International Law Journal*, 2019, 54(2), pp. 273 e s.

MEVORACH, Irit. On the Road to Universalism: A Comparative and Empirical Study of the UNCITRAL Model Law on Cross-Border Insolvency. *European Business Organization Law Review*, 2011, 12, pp. 517 e s.

MONTENEGRO, Artur. *Theoria da unidade e Universalidade da Fallencia*. Coimbra: Imprensa da Universidade, 1894.

OMAR, Paul. The European Insolvency Regulation and UNCITRAL Model Law. *Eurofenix — The Journal of INSOL Europe*, 2012, 49, pp. 32-33.

PINHEIRO, Luís de Lima. O Regulamento comunitário sobre insolvência — Uma introdução. *Revista da Ordem dos Advogados*, 2006, vol. III, pp. 1101 e s.

SALDANHA, Eduardo. *Das falências*. Porto: Imprensa Portugueza, 1897.

SERRA, Catarina. *Lições de Direito da Insolvência*. 2. ed. Coimbra: Almedina, 2021.

VICENTE, Dário Moura. Insolvência internacional: direito aplicável, in: AA. VV., *Estudos em memória do Professor Doutor José Dias Marques*. Coimbra: Almedina, 2007, pp. 81 e s.

VIRGOS, Miguel / SCHMIT, Etienne. Report on the Convention on Insolvency Proceedings. Brussels, 1996 (http://aei.pitt.edu/952/).

WESSELS, Bob. EU insolvency regulation and its impact on European business. Cesio, 2006, vol. 4(01), pp. 16 e s. (https://ideas.repec.org/a/ces/ifodic/v4y2006i01p16-21.html).

Westbrook, Jay Lawrence. Universal Priorities. *Texas International Law Journal*, 1998, 33, pp. 27 e s.

Westbrook, Jay Lawrence. A Global Solution to Multinational Default. *Michigan Law Review*, 2000, 98, pp. 2276 e s.

Wood, John. Cross-Border Insolvencies After Brexit: Challenges and Recommendations. *Nottingham Insolvency and Business Law e-Journal*, 2018, 5, pp. 7 e s.

18.
O IMPACTO DA CRISE PANDÉMICA NA GOVERNAÇÃO DAS EMPRESAS EM CRISE

Nuno Líbano Monteiro
Francisco da Cunha Matos

Introdução: da crise pandémica à crise económico-social

O eclodir da presente situação pandémica despoletou, desde o início de 2020, uma crise sanitária que se repercutiu rapidamente nas condições sociais e econômico-financeiras mundiais,[1] numa dimensão que ainda não conseguimos estimar, com precisão.

A deterioração do contexto económico mundial teve um impacto gravoso no tecido empresarial nacional, sobretudo nas empresas que ficaram impossibilitadas de cumprir as suas obrigações em razão das di-

[1] Serra, Catarina. *Covid-19 Para uma legislação para a crise das empresas em tempos de «crise total»*, p. 1, consultado em https://observatorio.almedina.net/index.php/2020/04/03/covid-19-para-uam-legislacao-para-a-crise-das-empresas-em-tempos-de-crise-total/; Matos, Francisco da Cunha. *El necesario cambio de paradigma de la cultura bancária. Un banco de servicio en la Nueva Normalidad — una reflexión ibérica. In* Revista de derecho bancario y bursátil, Año nº 39, nº 160, Madrid, Aranzadi, 2020, pp. 195-216; e Madaus, Stephan. Covid-19 — *Der Gesetzgeber muss das Insolvenzrecht anpassen*, consultada em https://stephanmadaus.de/2020/03/15/covid-19-der-gesetzgeber-muss-das-insolvenzrecht-anpassen/.

ficuldades de tesouraria geradas quer pela queda abrupta da procura (motivada pelo isolamento profilático dos cidadãos) quer pela suspensão generalizada da sua atividade (numa forçada *hibernação primaveril*[2] de 2020 que se foi prolongando — por maiores ou menores períodos — em função das sucessivas renovações do Estado de emergência e da Situação de calamidade),[3] cuja repercussão se fez sentir nos índices estatísticos de criação de novas empresas, decréscimo do produto interno bruto nacional e no número de insolvências (**Secção 1**).

Impõe-se, por isso, respostas em múltiplas frentes, designadamente no Direito da Insolvência e no Direito Societário. Efetivamente, estes ramos do Direito têm a potencialidade de oferecer um enquadramento jurídico a certos instrumentos (mecanismos de recuperação de empresas e procedimentos de deliberação mais ágeis e céleres) que permitem minimizar o impacto da atual crise.[4] É urgente prosseguir a estratégia legislativa de apoio a empresas afetadas pela crise pandémica, evitando a destruição de estruturas empresariais viáveis, mas cuja tesouraria se encontra provisoriamente estrangulada.[5]

Com o propósito de conferir maior preponderância à restruturação das empresas, consideramos que o presente contexto sócio-económico aumenta a urgência na transposição da Diretiva (UE) nº 2019/1023, do Parlamento Europeu e do Conselho, de 20 de julho de 2019 sobre os regimes de reestruturação preventiva, o perdão de dívidas e as inibições, e sobre as medidas destinadas a aumentar a eficiência dos processos relativos à reestruturação, à insolvência e ao perdão de dívidas[6] ("Diretiva"),

[2] Matos, Francisco da Cunha. The urgency of a company's recovery after the COVID-19 crisis. *In Eurofenix — The Journal of INSOL Europe, Summer Edition*, 2020, p. 36.

[3] O presente artigo foi redigido na vigência da Resolução de Ministros nº 114-A/2021, de 20 de agosto, que declarou a Situação de contingência, num passo significativo rumo ao progressivo desconfinamento profilático, uma vez que cerca de 70% da população nacional se encontra totalmente vacinada. Deste modo, interrompe-se a alternância verificada, desde março de 2020, no decretamento do Estado de emergência e da Situação de calamidade.

[4] Epifânio, Maria do Rosário, *A pandemia da Covid-19 e o Direito da Insolvência*, consultado em https://observatorio.almedina.net/index.php/2021/02/17/a-pandemia-da-covid-19-e-o-direito-da-insolvencia/.

[5] Monteiro, Nuno Líbano e Matos, Francisco da Cunha, *A preponderância da reestruturação das empresas no «novo normal»*. *In* Vida Judiciária, nº 215, 2020, pp. 19-20.

[6] Consultada em https://eur-lex.europa.eu/legal-content/PT/TXT/PDF/?uri=CELEX:32019L1023&from=EN

em vigor e com transposição obrigatória até 17.07.2021,[7] de modo a conferir ao ordenamento jurídico nacional instrumentos que visam a continuidade da atividade total ou parcial das empresas em situação económica difícil e a mitigação dos efeitos das diferenças dos diversos regimes de recuperação e insolvência dos Estados-Membros (**Secção 2**).

É precisamente numa circunstância de exceção (como naquela em que ainda continuamos a viver) que os administradores (e órgãos deliberativos de qualquer empresa) estão sob enorme pressão, tendo a necessidade de tomar decisões e medidas com caráter de urgência, gerando impacto muito significativo na vida das empresas e dos seus sócios, colaboradores e com as entidades com que se relacionam (especialmente, clientes, fornecedores, entidades financeiras e autoridades político-administrativas).[8] Assim, a preparação de equipas decisoras, a execução de eventuais planos de contingência e a informação com que as decisões são tomadas são elementos essenciais na organização societária e no quadro dos deveres dos administradores, apresentando-se uma reflexão acerca da atuação dos administradores no período de crise da empresa (especialmente gerado pela atual situação pandémica), problematizando a intensificação dos seus deveres (**Secção 3**).

Tendo em vista assegurar a liquidez imediata e o acesso ao financiamento por parte das empresas que lhes permita manter níveis de solvabilidade suficientes ao exercício da atividade, Portugal tem vindo a aprovar, à semelhança dos Estados-membros congéneres da União Europeia, estímulos de índole financeira e económica destinados às empresas em dificuldades relacionadas com a perturbação virológica, a fim de mitigar os efeitos da redução da atividade e, com isso, preparar o País para uma rápida retoma. Até ao momento, foram introduzidas alterações cirúrgicas e temporárias na disciplina do processo de insolvência, do processo especial de revitalização (PER), do processo especial para acordo de pagamento (PEAP) e do regime extrajudicial de recuperação de empresas (RERE) (através do Decreto-Lei nº 1-A/2020, de 19 de março, e

[7] Na sequência do contexto pandémico, o governo português comunicou à Comissão Europeia a necessidade de prorrogação do prazo de transposição da Diretiva por um ano (até 17.07.2022).

[8] FONSECA, Rodrigo, *Voltar ao Essencial: a responsabilidade de Administradores e Diretores durante e após uma Pandemia*, consultado em https://coronavirus.marsh.com/pt/pt/insights/risk-in-context/back-to-essentials-do-liability-during-and-after-pandemics.html.

da Lei nº 75/2020, de 27 de novembro). Para além disso, foram criados dois novos mecanismos recuperatórios — o processo extraordinário de viabilização de empresas (PEVE) e o sistema público de apoio à conciliação no sobre-endividamento SISPACSE). Estas novas oportunidades criadas pelo legislador pátrio não devem ser desperdiçadas pelo devedor que deverá resistir à tentação de nelas se entrincheirar para evitar insolvência inadiável. Por seu turno, aos credores deve ser demonstrada a essencialidade destas novas ferramentas para a minimização de prejuízos inevitáveis no contexto pandémico atual (**Secção 4**).

Assim, num horizonte de grande volatilidade comportamental e de incerteza sócio-económica, é importante prosseguir um caminho de conjugação dos interesses dos sócios com os interesses dos restantes *stakeholders*, num quadro de especial intensidade dos deveres dos administradores na gestão pré-insolvencial ou de insolvência iminente por motivos decorrentes da pandemia da Covid-19 (**Secção 5**).

1. Um contexto único: a excecionalidade (mitigada) dos indicadores sócio-económicos de 2020

Embora seja ainda precoce estimar as consequências da crise económico-financeira decorrente da crise sanitária, é possível — a título introdutório — refletir sobre o impacto no tecido empresarial pátrio das medidas político-jurídicas adotadas, que visaram mitigar as consequências devastadoras da quebra abrupta do mercado mundial.

De acordo com os mais recentes indicadores estatísticos,[9] verificou-se, em Portugal, um decréscimo de 23,6%, no que diz respeito à constituição de novas empresas em 2020 relativamente a 2019, podendo constatar-se uma tendência negativa associada ao novo investimento, o qual já demonstrava comportamento retrativo em janeiro e fevereiro de 2020 (pré-Covid), tendo ainda assim sido verificada, sucessivamente, durante todos os meses de 2020, uma redução significativa de novas empresas criadas. Assim, veja-se que, no cômputo geral, foram em 2019 criadas 49.193 empresas, o que compara com 37.589, em 2020.[10]

[9] Dados retirados da plataforma *Iberinform*, consultada em https://infocredito.iberinform.pt/.

[10] Adicionalmente, segundo as mais recentes informações da Eurostat, Portugal encontra-se acentuadamente abaixo da média europeia neste parâmetro visto que, comparando o terceiro trimestre de 2020 com o terceiro trimestre de 2019, o número de registos de novas empre-

Por outro lado, quanto ao volume dos processos de insolvência,[11] verificou-se um decréscimo marginal de -1,4% em relação ao número de insolvências em 2020 face ao período homólogo de 2019, o que se traduz em 5.000 insolvências registadas em 2020, comparáveis com 5.071 em 2019. Mais uma vez, observando as estatísticas do Eurostat, Portugal encontra-se consideravelmente aquém da média europeia neste indicador visto que, comparando o terceiro trimestre de 2020 e o período homólogo em 2019, o número de insolvências tem vindo a diminuir com acuidade, com tendência de menos 17,7% insolvências na União Europeia ("UE") e 19,8% na Zona Euro.[12]

Por conseguinte, evidencia-se que a variação negativa de -1,4% do número de insolvências é certamente ancorada nas medidas estaduais de apoio às empresas durante a crise, as quais têm viabilizado a sobrevivência de empresas que, de outra forma, não teriam alternativa a submeter-se a processos de reestruturação ou falimentares.

Todavia, Portugal não tem conseguido acompanhar os seus pares no apoio às empresas. Com efeito, tal desfasamento poder-se-á justificar por referência ao histórico elevado nível de endividamento das entidades comerciais não financeiras portuguesas, sem prejuízo do esforço que têm promovido para uma progressiva e crescente desalavancagem — de um pico de 126,7% do PIB em 2013 para os 75,7% em 2020 — conforme dados do Gabinete do Ministério da Economia e Banco de Portugal reportados a dezembro de 2020[13], não conseguindo, por este facto, evitar as diversas consequências económico-financeiras da crise pandêmica.

sas veio mesmo a aumentar, contrariamente ao expectável, em 2,2% na União Europeia e 3,5% na Zona Euro (Gregório, Tomás de Almeida, *Criação e Insolvência de Empresas em Tempos de Pandemia*, consultado em https://rsa-lp.com/2021/02/15/criacao-e-insolvencia-de-empresas-em-tempos-de-pandemia/).

[11] Também por referência a dados publicados na plataforma *Iberinform*.

[12] Por referência ao número do decretamento de insolvências, de acordo com o *Destaque Estatístico Trimestral de 2020 da Direção-Geral da Política de Justiça* (resultados reportados a dezembro de 2020), consultado em https://estatisticas.justica.gov.pt/, verifica-se que em 2020 (sempre em comparação com o período homólogo de 2019), verificou-se: no 1º Trimestre, uma redução de 9,7% (2.491 insolvências decretadas); no 2º Trimestre, uma redução de 34,7% (1.722 insolvências decretadas); no 3º Trimestre, uma redução de 12,0% (2.042 insolvências decretadas); e, no 4º Trimestre, uma redução de 15,7% (2.104 insolvências decretadas).

[13] Banco de Portugal, *Boletim Económico*, Dezembro de 2020, p. 42, consultado em https://www.bportugal.pt/sites/default/files/anexos/pdf-boletim/be_dez2020_p.pdf.

Tal inclinação negativa revela uma fraca capacidade do mercado português para aliciar novo investimento que, esperemos, possa ser revertida rapidamente. Para inverter a situação, atentemos os bons exemplos de França e Bélgica. Segundo as referências da Eurostat,[14] comparando o terceiro trimestre de 2020 e o período homólogo em 2019, no que concerne a quantidade de empresas constituídas, França e Bélgica alcançaram um aumento de 21,5% e 14,3%, respetivamente, e em número de insolvências, uma diminuição de -34,9% e -32,3%, também respetivamente. Este fenómeno francófono não se distingue pela diferenciação dos apoios estatais concedidos, mas sim na inerente capacidade de adaptação das suas empresas, que conseguiram identificar as atividades que saem fortalecidas desta crise, designadamente, os setores da tecnologia, mobilidade (v. gr. hidrogénio verde), do e-commerce, da robótica, da cibersegurança, e da logística e infraestruturas.[15]

Pelo exposto, importa referir que a crise insolvencial — em larga medida travada em 2020 pelos estímulos político-legislativos — seja materialmente evitada e não apenas artificialmente diferida no tempo. Os referidos estímulos económicos às empresas (ou, pelo menos, fortemente mitigada), como as moratórias bancárias, as subvenções a fundo perdido, os mecanismos de apoio laboral não devem ser abruptamente suspensos, com a superação da situação de excecionalidade pandémica, de modo a que não se proceda a uma corrida à reestruturação creditícia por falta de liquidez e, decerto, a massivos pedidos de declaração de insolvência.

[14] Dados retirados da informação estatística da *Eurostat*, consultada em https://ec.europa.eu/info/policies/justice-and-fundamental-rights/civil-justice/civil-and-commercial-law/insolvency-proceedings_en.

[15] Gregório, Tomás de Almeida, *Criação e Insolvência de Empresas em Tempos de Pandemia*, consultado em https://rsa-lp.com/2021/02/15/criacao-e-insolvencia-de-empresas-em-tempos-de-pandemia/ e Inácio, Emmanuelle. A closer look at: The impact of COVID-19 on (pre-)insolvency. *In* Eurofenix — The Journal of INSOL Europe, nº 79, 2020, pp. 14-15.

2. A Diretiva (UE) nº 2019/1023 do Parlamento Europeu e do Conselho, de 20 de junho de 2019 e a sua (demorada) transposição para o ordenamento jurídico nacional

2.1. Os mecanismos de reestruturação preventiva — uma nova conceção do Direito da insolvência?

Desde 16 de julho de 2019 que está em vigor a Diretiva (UE) nº 2019/1023 do Parlamento Europeu e do Conselho cujo principal objetivo é o de harmonizar as leis e os processos nos Estados integrados na União Europeia, especialmente no que respeita a instrumentos de reestruturação preventiva de empresas. Depois de profunda discussão no seio da UE, este é o primeiro grande passo no sentido de tentar harmonizar, na medida do possível, a legislação relativa a insolvência e reestruturação de empresas nos vários Estados-membros.

Trata-se de um documento legislativo onde, pela primeira vez, a Comissão Europeia reconhece que o bom funcionamento dos sistemas de insolvência e de reestruturação das empresas é essencial ao crescimento económico e à criação de emprego, em especial, num período pandémico. Esta iniciativa tem como principal objetivo a criação de oportunidades para que as empresas em dificuldades financeiras procedam à sua reestruturação atempada, de modo a prosseguirem a sua atividade, atraindo investidores, criando e mantendo postos de trabalho, de forma a potenciar as economias dos Estados-membros.[16]

A Diretiva constituiu-se em torno de três pilares: a) um conjunto de princípios comuns sobre a utilização de planos de reestruturação precoce, possibilitando a revitalização das empresas em dificuldades financeiras; b) consagração de normas que atribuem aos empresários uma "segunda oportunidade", mediante a exoneração de parte significativa das suas dívidas, no termo de um período máximo de três anos; e c) medidas específicas para que os Estados-membros melhorem a eficiência

[16] Cruz, Nuno Gundar da, *Aproveitemos a nova diretiva comunitária sobre reestruturação de empresas*. *In* O Jornal Económico, 24 de março de 2020, consultado em https://jornaleconomico.sapo.pt/noticias/aproveitemos-a-nova-diretiva-comunitaria-sobre-reestruturacao-de-empresas-564932.

do processos de reestruturação e de insolvência, reduzindo a sua morosidade e os custos excessivos dos mesmos procedimentos.[17]

No plano nacional (assim seja transposta), a Diretiva vem dinamizar os processos de reestruturação de empresas (especialmente, o PER, mas também potenciar a criação de novos e / ou implementar mecanismos entretanto criados no âmbito da situação de excecionalidade pandémica), promovendo a sua tendencial desjudicialização, através da apresentação de planos de pagamentos resultantes das negociações verificadas entre credores e devedor, sendo estes responsáveis pela votação e aprovação daquele plano, intervindo o Tribunal no momento da homologação do acordo, salvaguardando os interesses de todos os intervenientes.[18]

Relativamente às soluções normativas já oferecidas pelo CIRE, a Diretiva apresenta as seguintes novidades:[19]

> (i) Antecipação do momento de utilização do procedimento de reestruturação (artigo 3º da Diretiva). O CIRE prevê a possibilidade de recuso ao PER, quando o devedor se encontrar em dificuldade séria para cumprir pontualmente as suas obrigações, enquanto a Diretiva identifica o momento da deteção da deterioração do negócio, munindo os devedores de mecanismos para a sua melhor aferição. Os Estados-membros têm a faculdade de limitar o acesso a este procedimento às pequenas e médias empresas.
>
> (ii) Aumento dos períodos de negociações entre credores e devedor (artigo 6º da Diretiva). O devedor beneficiará de uma margem de manobra temporal, de um máximo de 4 meses, para a aplicação de medidas de execução, a fim e facilitar as negociações e o êxito da reestruturação.
>
> (iii) Incentivos ao financiamento das empresas em reestruturação (artigo 17º da Diretiva), através da criação de incentivos fiscais e de

[17] Christoph, Paulus G., *The new German preventive restructuring framework*, consultado em http://www.rivistaodc.eu/Article/Archive/index_html?ida=171&idn=25&idi=-1&idu=-1; e Denozza, Francesco, *Lo scopo della società tra short-termism e stakeholder empowerment*, consultado em http://www.rivistaodc.eu/Article/Archive/index_html?ida=172&idn=25&idi=-1&idu=-1.

[18] Cruz, Nuno Gundar da, *Processo Especial de Revitalização. Estudo sobre os poderes do juiz*, Petrony Editora, 2016, pp. 22-25.

[19] Monteiro, Nuno Líbano e Matos, Francisco da Cunha, *Impulso europeu à restruturação das empresas*. *In* Jornal de Negócios de 12.01.2017.

privilégios creditórios para instituições financeiras, com o intuito de aumentar o êxito de cumprimento do plano de reestruturação.

(iv) Período mais curto (3 anos) para exoneração do passivo dos empresários/pessoas singulares (artigo 20º da Diretiva). Embora o CIRE preveja a possibilidade de *fresh start* do devedor, permitindo que este, em determinadas condições, se liberte das responsabilidades perante credores que não hajam ainda sido satisfeitas ao fim de 5 anos, a proposta de Diretiva reduz esse período, como incentivo a procurar um novo negócio.

Assim, conclui-se que, mediante as novidades introduzidas pelo referido diploma, a Comissão Europeia afirma uma conceção de insolvência diferente, vocacionada para a reestruturação e revitalização dos devedores, em detrimento da liquidação do seu património. Neste sentido, a Diretiva visa a estabilidade financeira e a segurança jurídica, uma vez que os processos de reestruturação eficazes evitam que as empresas deixem de pagar os seus empréstimos aos bancos, auxiliando a resolução dos elevados níveis de crédito malparado em terminadas áreas do setor bancário europeu.[20]

Não obstante as referidas novidades, a maioria dos objetivos legislativos da Diretiva encontram-se cumpridos na lei portuguesa, sendo a transposição urgente para acomodar de forma equilibrada os mecanismos de reestruturação de empresas (PEVE e SISPACSE) criados transitoriamente para fazer face à situação de excecionalidade pandémica, desejando-se o cumprimento do prazo prorrogado de 17.07.2022. Contudo, cremos que a legislação nacional relativa à reestruturação de empresas é moderna, estando Portugal bem posicionado entre o Estados-membros.[21]

[20] Serra, Catarina, *Regime Extrajudicial de Recuperação de Empresas — Análise (e) Crítica*, Coimbra, Almedina, 2018, p. 30; e Ferreira, Bruno, *Recuperação de empresas viáveis em dificuldades: em especial, a recuperação extrajudicial* in *Congresso — Direito das Sociedades em Revista*, nº 2, Coimbra, Almedina, 2011, p. 395.

[21] Nuno Gundar da Cruz salientando a qualidade da lei portuguesa relativamente aos mecanismos de reestruturação das empresas, considerou que os processos de insolvência em Portugal são morosos e, na maioria dos casos, é quase impossível recuperar o insolvente por falta de "previsibilidade e de algum arrojo". Explica que "*A falta de previsibilidade a que me refiro tem que ver, por exemplo, com a dificuldade que se tem em antecipar quanto tempo levará até um determinado processo de insolvência estar concluído ou quando será distribuído, pelos credores, o produto*

2.2. O artigo 19º da Diretiva e o dever geral de prevenção da insolvência

Preliminarmente, importa salientar que a Diretiva é um excelente contributo normativo para afirmação de condutas de administração comprometidas com a sustentabilidade de longo prazo das empresas.[22]

Em particular e com especial relevância no quadro dos deveres dos administradores e gestores, o dever de evitar a insolvência consagrado no artigo 19º da Diretiva é inovador. É certo que o artigo 64º, nº 1 do CSC e o artigo 186º, nºs 1, 2 e 3 do CIRE (conjugado com o artigo 189º do CIRE) já impõem aos administradores deveres cuja observância tem um efeito preventivo da insolvência.

Porém, os deveres gerais de cuidado e de lealdade do CSC visam o *curso normal* do processo empresarial e, fundamentalmente, os interesses dos sócios; e os deveres de lealdade e de cuidado do CIRE são no essencial de conteúdo negativo (prescrevem o que não fazer).[23]

Diversamente, o dever de evitar a insolvência é um dever (de conteúdo) positivo, que impele à realização de medidas adequadas ao saneamento da empresa quando exista uma probabilidade séria de a sociedade cair em situação insolvencial[24], com vista à salvaguarda dos

da liquidação da empresa insolvente. Para um investidor "tempo é dinheiro" e o "tempo para o dinheiro" costuma ser fulcral na decisão de investir. Já quanto ao arrojo, ou melhor, a falta dele, refiro-me, por exemplo, a assumirmos que não são apenas os credores privados que devem suportar as perdas associadas à reestruturação de uma empresa: se o Estado quer promover a recuperação de empresas viáveis deve contribuir, de forma mais substancial, para aquela recuperação" (Cruz, Nuno Gundar da, *Aproveitemos a nova diretiva comunitária sobre reestruturação de empresas*).

[22] Em geral, sobre reestruturação de empresas, veja-se Ezquerra, J. Pulgar, *Holdout accionarial, reestruturación forzosa y deber de fidelidad del socio. In* Revista de derecho concursal y paraconcursal, nº 27, 2017, pp. 43-67. Veja-se também Serra, Catarina, *La recuperación negociada de empresas bajo la ley portuguesa. Para una lectura sistemática de los acuerdos de recuperación o restructuración de empresas. In* Las Soluciones Negociadas como Respuesta a la Insolvencia Empresarial — Reformas en el Derecho Comparado y Crisis Económica, García-Cruces, Antonio (Director), Cizur Menor, Thomson-Reuters Aranzadi, 2014, p. 297.

[23] Abreu, J. M. Coutinho de, *Administradores e (novo?) dever geral de prevenção da insolvência. In* V Congresso de Direito da Insolvência, Coimbra, Almedina, 2019, p. 234.

[24] Spindler, G., *Trading in the Vicinity of Insolvency. In* European Business Organization Law Review, Vol. 7, Issue 1, 2006, pp. 339, consultada em https://www.cambridge.org/core/journals/european-business-organization-law-review-ebor/article/trading-in-the-vicinity-of-insolvency/27E51817397D245BC636426343EC9D76

interesses dos credores sociais, dos sócios e de outros *stakeholders* (estando aqueles em primeira linha ou, ao menos, em paridade com os restantes).

Segundo o artigo 19º da Diretiva, os Estados-membros assegurarão que, quando há uma probabilidade de insolvência, os administradores têm em devida consideração "*a necessidade de tomar medidas para evitar a insolvência*" (artigo 19º, b) da Diretiva).[25]

Como refere Coutinho de Abreu, "*No quadro dos deveres legais dos administradores, onde se distingue deveres específicos e deveres gerais (de cuidado e de lealdade), o dever de evitar a insolvência, porque não denota imediata e especificadamente os comportamentos devidos, está próximo dos deveres gerais. Mas, ao contrário deles, o dever de evitar a insolvência não é permanente, é eventual e conjuntural: impõe-se quando haja probabilidade de insolvência (é, neste sentido, um dever particular)*".[26]

Em geral, os administradores têm de gerir a sociedade cumprindo, além dos deveres legais e estatutários específicos, deveres de cuidado

[25] Sobre a Proposta de Diretiva, e especificamente o seu artigo 18º (correspondente ao artigo 19º da Diretiva, embora com redação significativamente distinta da redação final do referido artigo da Diretiva), veja-se Graña, Eva Recáman, *Derecho proyectado de reestructuraciones y deberes de los administradores sociales. In* Revista de Derecho Concursal y Paraconcursal, nº 28/2018, Wolters Kluwer, 2018, p. 2 e 6. Refere Eva Recáman que "*Todas estas iniciativas tienen, ademãs, una mayor trascendencia que la que, en un primer momento y de manera expresa, se les pudiera atribuir. Porque, en cierto modo, apoyan aquellas posiciones que, desde hace un tiempo, vienen reflexionando sobre si puede colegirse de las distintas reformas legislativas nacionales y de las propuestas normativas internacionales un cambio de paradigma en la interpretación de los fundamentos mismos de nuestro Derecho de sociedades, así como en su conexión con la normativa concursal, en especial, en relación con aquel conjunto normativo que, de manera generalizada, se denomina ya como Derecho preconcursal. Si la respuesta es afirmativa, conviene plantear, asimismo, la necesidad de estudiar e interpretar la regulación existente a la luz de estés «nuevo» paradigma*". Conclui ainda que "*aún sea demasiado pronto para afirmarlo con certeza, es fácil presumir que esta Propuesta, de convertirse en Directiva, reavivará el debate sobre el contenido y beneficiarios de los deberes de los administradores en el contexto de la crisis empresarial, con el art. 18º (b) de la actual propuesta como centro de la discución. Asismismo, es razonable suponer, por una parte, que quienes han defendido la existencia de un «cambio de paradigma» en Derecho de sociedades, en el sentido — dicho de manera sintética — de uns reformulación o retorno a formulaciones de interés social como interés compresivo de los distintos intereses concurrentes en la sociedad (stakeholders interest), en mayor o menor medida aparentemente superadas, encontrarán en el texto de la Propuesta y, específicamente, en el art. 18º (b), apoyo. En sentido contrario, se puede aventurar que, desde los postulados más estrictos de la shareholders value maximization se haga una interpretación de la norma más en sentido de una recomendación o de medio para la consecución del fin último de maximización del valor de la posición del acionista*".

[26] Abreu, J.M. Coutinho de, *Administradores e (novo?) dever geral de prevenção da insolvência. In* V Congresso de Direito da Insolvência, Coimbra, Almedina, 2019, p. 230.

e de lealdade para com a sociedade.[27] O interesse da sociedade, servido por estes deveres, é na prática normal *primordialmente interesse (comum) dos sócios* — quer vigore uma conceção monística do interesse social, quer uma conceção mais ou menos pluralística.[28]

Quando existe uma probabilidade de a sociedade entrar em situação de insolvência, o risco maior impende sobre os credores sociais. Agora (como antes), os sócios não têm direito à restituição das entradas ou do investimento feito na aquisição das participações sociais, nem têm direito a que a sociedade satisfaça os seus créditos; se ela, no estado crítico atual, pode já não ter património suficiente para cumprir integralmente as suas obrigações, menos terá depois, previsivelmente, se os administradores, não estando obrigados a tentar a recuperação (viável), continuarem a atuar exclusiva ou preferencialmente no interesse dos sócios.[29]

Com efeito, esta atuação poderia levar, por exemplo à prática de atos anormalmente arriscados, se mal sucedidos, seriam prejudiciais à situa-

[27] MARTINS, Alexandre Soveral, *O Regulamento (EU) 2015/848 relativo aos processos de insolvência. In* Estudos de Direito de Insolvência, Coimbra, Almedina, 2018, p. 25.

[28] ABREU, J. M. Coutinho de, *Curso de direito comercial*, vol. II, 6.ª Edição, Coimbra, Almedina, 2019, p. 275.

[29] Refere Eva Recamán que *Claro está, deberán respetarse siempre (como también sucede en la solvencia, obviamente) los derechos que la ley y los estatutos otorguen a los socios como propietarios de participaciones. Lo que no tiene sentido es que se mantenga inalterada la interpretación de normas legales (como, por ejemplo, el citado art. 227.1 LSC) hecha a la luz de «criterios economicistas» so pretexto del respeto a la posición «formal» de los socios como meros propietarios de participaciones. Dicho de otra manera: la LSC en ningún sitio establece que el mejor interés de la sociedad sea el interés común de los socios. Desde la perspectiva ahora planteada, tal interpretación encuentra fundamento en la realidad económica subyacente. Pues si la realidad económica subyacente fundamento de la interpretación de la norma varía, no entendemos por qué no debe variar también la interpretación de la norma. Lo que no se puede, en definitiva, es sostener la misma consecuencia («los administradores son los agentes de los socios») cuando la premisa económica («socios propietarios del valor residual de la sociedad») que la fundamenta desaparece. Y tal premisa desaparece en el momento en que el apalancamiento supera determinados límites, dejando de ser los socios los «propietarios» del valor residual, para pasar a serlo los acreedores cuya capacidad de cobro del crédito que tengan frente a la sociedad se encuentre afectada: «if the company is insolvent, in the vicinity of solvency, or embarking on a venture which it cannot sustain without relying totally on creditor funds, the creditors are [the] residual claimants»* (GRAÑA, Eva Recamán, *Hacia una determinación del comportamiento debido por los administradores en la reestructuración. In* Revista de Derecho Concursay y Paraconcursal, nº 32/2020, Wolters Kluwer, 2020, p. 5).

ção patrimonial dos credores; ou a um *underinvestment*[30] — descrendo na possibilidade de a continuação / recuperação da sociedade vir a beneficiar os sócios (as vantagens seriam sobretudo dos credores sociais), os administradores desinteressam-se da sociedade e diminuem ou cessam a atividade respetiva.[31]

Por seu turno, numa interpretação restritiva do artigo 19º da Diretiva, assim sustenta Eva Recamán Graña:

> *propone una interpretación del artículo 19 como una norma que establece obligaciones que determinan el comportamiento de los administradores estrictamente en el marco de la negociación y adopción de un plan de reestructuración, compuesta por tres piezas o elementos. El primero, un estándar de gestión ordenada del administrador en la crisis, que se podría leer ya incluido en nuestro deber de diligencia (art. 225 LSC) y en las normas que disciplinan la diligencia gestora en sede concursal, en particular en el artículo 164.1 de la Ley Concursal [art. 19 c)]. La segunda, un deber de monitorización y seguimiento del estado contable, asimilado a la interpretación de la modulación del deber de diligencia en la crisis y acompañado del deber de analizar las progresiones negativas y tomar las medidas adecuadas para revertirlas, dentro de los márgenes de la discrecionalidad empresarial del administrador, promoviendo la reestructuración sólo cuando, siendo viable, se presentara, a juicio del administrador, como la solución más diligente (en el sentido del Sanierungspflicht alemán y como se lee en la explicación del artículo 18 en la Propuesta de Directiva) [art. 19 b)]. El tercero, la obligación de actuar en el marco de la reestructuración como un administrador neutral, independiente y desinteresado, teniendo en consideración a todas las partes interesadas en la reestructuración para la mayor viabilidad de la reestructuración [art. 19 a)].*[32]

[30] Quando o *underinvestment* configura a "*descapitalização provocada por sócios*", os credores podem responsabilizar aqueles sócios por via da desconsideração da personalidade jurídica (Abreu, J. M. Coutinho de, *Curso de direito comercial*, p. 176).

[31] Costa, Ricardo, *Deveres gerais dos administradores e «gestor criterioso e ordenado. In* Estudos Dispersos, Coimbra, Almedina, 2020, pp. 251-253; Abreu, J. M. Coutinho de, *Administradores e (novo?) dever geral de prevenção da insolvência*, p. 231; e Luciano, Alessandro M., *La gestione della s.r.l. nela crisi pre-concorsale. In* Reviste della società, Anno 62, 2017, p. 49.

[32] Eva Recamán justifica a sua posição salientando que "*Esta interpretación del artículo 19 encuentra su fundamento en el cambio de los intereses económicos subyacentes que se produce en los escenarios de crisis —que, precisamente, se intenta revertir con la reestructuración — donde los socios dejan de ser los acreedores residuales del valor de la sociedad y su interés deja de ser la guía más eficiente para determinar el comportamiento de los administradores*" (Graña, Eva Recamán, *Hacia una determinación del comportamiento debido por los administradores en la reestructuración*, p. 10).

Em nossa opinião, verifica-se que o artigo 19º da Diretiva atribui aos administradores o dever de evitar a insolvência da sociedade em crise.[33] Implicando isto que nas situações em que existe uma probabilidade de insolvência os deveres de cuidado e de lealdade dos administradores "*devem ser iluminados prioritariamente pelos interesses dos credores sociais*".[34]

3. A governação das sociedades em crise no período pandémico

3.1. O quadro de deveres e responsabilidade dos administradores na crise pandémica

Tendo em conta os desafios (i) estabelecidos pelo referido artigo 19º da Diretiva e (ii) decorrente do período pandémico *supra* caracterizado,[35] o tratamento da atuação dos administradores e gerentes das sociedades comerciais — enquanto regime de deveres e responsabilidades — no período de *crise empresarial* — e de *insolvência provável* — não pode deixar de se sustentar numa composição articulada e em complementaridade recíproca do regime de direito societário e da normatividade do direito da insolvência. Como refere Ricardo Costa, a propósito do artigo 18º da Proposta de Diretiva, "*A razão de ser programática do art. 18º da Diretiva aspira justamente à coordenação e ao diálogo entre as regras ditadas pelos dois ramos do ordenamento, tendo por fim a delimitação da função gestória das empresas em crise pré-insolvencial — uma das principais vertentes de cada vez autónomo "direito societário da crise"*".[36]

Por um lado, temos o regime comum dos deveres dos administradores, com destaque para os deveres legais gerais — cuidado e lealdade, previstos no artigo 64º CSC. Neste âmbito, cabe ainda enfatizar os deveres legais específicos e de execução vinculada — na maior parte dos casos densificação do cuidado e lealdade exigíveis em geral — que constam do artigo 186º, nºs 2 e 3 do CIRE, e que ingressam na esfera dos

[33] Em sentido diverso, Águila-Real, Jesus Alfaro, *El deber de atuación indepedinete de los administradores en el mejor interés de la sociedad*, consultado em https://almacendederecho.org/deber-actuacion-independiente-los-administradores-mejor-interes-la-sociedad

[34] Abreu, J. M Coutinho de, *Administradores e (novo?) dever geral de prevenção da insolvência*, p. 231; e Costa, Ricardo, *A administração da sociedade PME e o sócio gestor. In* O sócio gestor, Coimbra, Almedina, 2017, p. 5.

[35] Veja-se a Secção 1. *supra*.

[36] Costa, Ricardo, *A gestão das sociedades em «crise de empresa». In* Estudos Dispersos, p. 41.

administradores antes e independentemente da insolvência efetiva (pois têm perfil preventivo).[37]

Por outro lado, no direito pré-insolvencial releva o quadro de conduta delineado pelo artigo 186º, nº 1 do CIRE, e os mecanismos/procedimentos específicos de caráter recuperador: (judicialmente) o PER; extrajudicialmente o RERE, que mobiliza uma disciplina de negociações e de conclusão de um "acordo de reestruturação", com ou sem a intervenção de um "mediador de recuperação de empresas nomeado e fiscalizado pelo IAPMEI.[38]

A identificação da situação de crise fará emergir o estatuto normativo especial de devedores dos administradores de sociedades, cuja violação e censurabilidade serão recondutíveis à sua responsabilidade (artigos 72º-79º, CSC), nomeadamente em face da sociedade. Esse estatuto necessitará, em nome de uma maior certeza jurídica, de ser refletido (na futura transposição da eventual Diretiva aprovada) em previsões normativas (nomeadamente no direito positivo insolvencial) que permitam dar adequada tutela aos interesses tocados pela atuação dos administradores (em complemento das previsões e dos meios previstos no direito societário).

3.1.1. O dever geral de cuidado

Compreendido o dever geral de cuidado — "*enquanto padrão abstrato de comportamento — assumido como normação da conduta devida na administração gestionária (art. 64, nº 1, a), CSC) —, assumem-se fulcrais dois planos de análise, de acordo com a individualização das suas manifestações (ou subdeveres)*".[39]

No que toca aos deveres de controlar e vigiar a evolução económico-financeira da sociedade e de obtenção razoável de informação (para ha-

[37] Costa, Ricardo, *A gestão das sociedades em «crise de empresa»*. *In* Estudos Dispersos, p. 41, refere que "*Finalmente, devem ser chamados à colação o regime do artigo 35º CSC ("Perda grave do capital") e, a esse propósito, as medidas societárias tradicionais de reestruturação, como sejam as modificações estatutárias sobre o capital social, a fusão, a cisão, a transformação e (se for instrumental numa conexão de sociedades) a dissolução, e outras decisões, estatutárias ou não, que possam ser instrumentais ou conexas com a recuperação (como poderão ser a exclusão de sócios, a modificação da estrutura organizatória ou da composição dos próprios órgãos sociais existentes e as previsões no pacto de autorizações dos sócios para operações de gestão)*".

[38] Serra, Catarina, *Lições de Direito da Insolvência*, Coimbra, Almedina, 2019, pp. 485-490.

[39] Ricardo Costa, *A gestão das sociedades em «crise de empresa»*, p. 47.

bitar e instruir o processo de tomada de decisão), o contexto específico da crise pré-insolvencial traz consigo uma obrigação de conduta cognoscitiva prévia: impõe-se, numa perspetiva *ex ante*, a estruturação de um complexo de elementos e dados organizativos, administrativos, contabilísticos e patrimoniais que, considerando a dimensão da sociedade-empesa, tenha como fim permitir o conhecimento de uma situação de crise (e da sua dimensão de gravidade) e, numa perspetiva *ex post*, leve tal situação de crise ao conhecimento dos administradores (e, depois, aos credores e, se for o caso, aos próprios sócios). É no cumprimento desse dever que cabe demandar aos administradores a monitorização da compatibilidade das escolhas de gestão com o estado de solvência da empresa e, se for o caso disso, a (re)planificação económico-financeira como método normal de reequilíbrio da sociedade-empresa.[40]

No que respeita ao dever de tomar decisões substancialmente razoáveis (subdever crítico do dever legal geral de cuidado, direcionado à ativação da autonomia e discricionariedade de julgamento dos administradores dentro de um catálogo de alternativas possíveis e adequadas e de acordo com a bitola do gestor criterioso e ordenado — o segundo plano de análise anunciado —, a razoabilidade cautelar e com tutela penal (recomendada pela conjugação da alínea (c) com as alíneas (a) e (b) do art. 19º da Diretiva implica: (i) redução da discricionariedade no âmbito das opções de gestão, uma vez que surge pujante a vinculação de medidas tomadas com o fito de contribuir para a subsistência e evitar a insolvência definitiva, seja na (re)planificação da atividade e do projeto empresariais, seja no saneamento financeiro da sociedade; e (ii) a conjugação dos interesses dos sócios (interesse social) e dos interesses dos sujeitos relevantes para a sustentabilidade da sociedade.[41]

[40] Costa, Ricardo, *A business judgement rule na responsabilidade societária: entre a razoabilidade e a racionalidade*, p. 49; Frada, Carneiro da, *A responsabilidade dos administradores na insolvência. In* Revista da Ordem dos Advogados, 2006, pp. 676-677; e Ribeiro, Maria de Fátima, *A responsabilidade dos administradores na crise de empresa. In* I Congresso Direito das Sociedades em Revista, Almedina, Coimbra, 2011, p. 401.

[41] Costa, Ricardo, *A business judgement rule na responsabilidade societária: entre a razoabilidade e a racionalidade*, p. 50, "*Não é de excluir que se deva optar por, nomeadamente em certas circunstâncias (medidas de financiamento com oneração do património social), fazer prevalecer os interesses dos credores em relação aos demais interesses atendíveis, uma vez que o período de crise pré-insolvencial obriga os administradores à inibição / omissão de atos que, alegadamente em homenagem a interesses (perversos ou especulativos ou oportunistas) de prossecução, sem ponderação devida, de (eventual) lucro (dos*

3.1.2. A *business judgement rule*

A reconstrução do dever geral de cuidado na presença de uma crise pré-insolvencial, assente na redução da discricionariedade da gestão e autonomia e na vinculação ao interesse da conservação e da promoção do valor da empresa, coloca a questão de saber se a responsabilidade decorrente da violação desse dever (na relação com a sociedade: arts. 72º-77º CSC) durante esse período de crise empresarial pode ser afastado pela causa de exclusão prevista no art. 72º, nº 2 (manifestação da *business judgement rule*) — justificação da ilicitude por cumprimento do dever jurídico mínimo e suficiente de cuidado, o de tomar uma decisão informada e não irracional

Entendemos aplicar-se o artigo 72º, nº 2, CSC, com duas especificidades.

Em primeiro lugar, compreendendo que a atuação em termos de informação é nesse período de crise mais exigente — o que aumenta as possibilidades de não preenchimento do requisito legal da informação adequada e ponderada (enquanto verdadeiro requisito procedimental de aplicação do regime excludente) e de impossibilidade de dispensar a razoabilidade (e de alegar a não irracionalidade) como critério do mérito das decisões.

Em segundo lugar, percebendo que o círculo da racionalidade fica mais apertado, uma vez que a coerência, a explicação e o fundamento estão guiados pela lógica de escolhas orientadas pela conservação e saneamento da empresa e pelo impedimento preventivo da insolvência.[42]

É verosímil que na ponderação deste equilíbrio — fundamentalmente centrado na decisão sobre o grau de risco em abstrato e fito de continuidade em concreto — se encontrem mais decisões possíveis

sócios, portanto) e/ou de prolongamento indefensável da atividade empresarial (dos administradores), se traduzem numa, excessiva e inadmissível, translação do risco empresarial para a esfera dos credores. Ou de outros stakeholders diversos dos credores, como será, em particular, o interesse dos trabalhadores na manutenção dos seus postos de trabalho".

[42] Costa, Ricardo, *Deveres gerais dos administradores e «gestor criterioso e ordenado»*, pp. 264-265, *"A racionalidade económica e empresarial admitida pela lei no safe harbour da administração gestionária está, na moldura temporal da crise, ancorada num equilíbrio (delicado e sensível) entre a inibição para o "overinvestment", assente em operações e negócios com álea e risco excessivos e cujos resultados negativos agravarão a situação da sociedade (mediatamente, dos credores), e a inibição para o "underinvestment", assente no desinteresse e aniquilamento da sociedade e cuja impossibilidade de obtenção de resultados positivos de gestão alavancará a agonia e a astenia da sociedade".*

como sendo qualificáveis como irracionais (desde logo por serem de grave imprudência e se colocarem ao serviço de um retardamento da insolvência efetiva).

3.2. Os procedimentos de prevenção da insolvência e mecanismos de recuperação das empresas

3.2.1. As alterações cirúrgicas implementadas no processo de insolvência, no PER e no RERE

No âmbito do processo de insolvência, a suspensão do prazo do dever de apresentação do devedor à insolvência (previsto no artigo 18º, nº 1 do CIRE) foi uma medida com extraordinário impacto na contenção das consequências da pandemia no comércio mundial, reduzindo o número de insolvências decretadas e habilitando as empresas em crise superar as dificuldades conjunturais. Foi um regime instituído pela Lei nº 1-A/2020, de 19 de março (na redação atualizada pela Lei nº 4/2020, de 6 de abril, e cuja vigência foi prorrogada, em 2021 (artigo 6º-B, nº 6, a) da 4-B/2021, de 1 de fevereiro).[43]

Deste modo, não recai sobre as entidades que estejam insolventes o dever de se apresentarem à insolvência, consagrado no referido artigo do Código da Insolvência e da Recuperação de Empresas. Note-se que, embora não estejam obrigadas a fazê-lo, as entidades que estejam insolventes podem, caso assim o entendam, apresentar-se à insolvência. É importante salientar ainda que a suspensão do dever de apresentação à insolvência não é aplicável às entidades que, no dia 22 de janeiro de 2021 (data da produção de efeitos da Lei em análise), já estivessem insolventes há mais de 30 dias.

Apesar de estar suspenso o prazo de apresentação à insolvência, por parte do devedor, pode, porém, ser requerida a declaração de insolvência de uma empresa por um credor. Por outras palavras, não ficou suspenso o direito de terceiros requererem a declaração de insolvência.

[43] SERRA, Catarina, *O regime provisório de recuperação de empresas depois do art.6º-A da Lei nº 1-A/2020*, consultado em https://observatorio.almedina.net/index.php/2020/06/01/covid-19-iv-o-regime-provisorio-de-recuperacao-de-empresas-depois-do-artigo-6-o-a-da-lei-n-o-1-a-2020-suspensao-de-prazos-e-de-actos-executivos-relativos-ao-processo-de-insolvencia/

Entendemos que, neste ponto, o legislador deveria ter sido mais coerente com os objetivos e propósitos que estiveram na base da suspensão do dever de apresentação à insolvência.[44]

Em Portugal, as alterações ficaram aquém do esperado. Nomeadamente, e à semelhança do que ocorreu com outras jurisdições, poder-se-ia igualmente ter suspenso o direito dos credores iniciarem os processos de insolvência, ou, de outra forma, estabelecer um limite mínimo que fosse suficientemente razoável quanto ao valor dos créditos necessários para a apresentação de pedido de insolvência.

Ainda no âmbito do processo de insolvência, concretamente no que tange ao plano de insolvência, o artigo 4º da Lei nº 75/2020, de 27 de novembro, estabeleceu a possibilidade de, a requerimento do proponente, o tribunal conceder 15 dias para adaptação do plano em execução ao contexto pandémico.

Também de uma perspetiva processual, e quanto ao PER, nos termos do artigo 2º da Lei nº 75/2020, o juiz poderá conceder uma nova prorrogação do prazo, por uma só vez, e por um mês, para a conclusão das negociações para a aprovação de um plano de recuperação ou de um acordo de pagamento adaptado ao contexto da pandemia por doença COVID-19.[45]

Por outro lado, o legislador nacional pretendeu tutelar o *fresh money* (antecipando a tutela da Diretiva) numa ótica de estímulo ao autofinanciamento, como elemento essencial à recuperação das empresas. Assim, foi concedido aos credores que financiem a atividade do devedor,

[44] Vários países, incluindo Itália, Espanha, Suíça e Turquia, suspenderam os direitos dos credores de iniciar o processo de insolvência. Outros países impuseram restrições aos direitos dos credores de iniciar processos de insolvência. Essas restrições são geralmente adotadas aumentando o limite quantitativo necessário para os credores iniciarem processos de insolvência (por exemplo, na Índia), ou estendendo o período legal para responder ao pedido de insolvência, ou ambos (como, por exemplo, se prevê na Austrália e Singapura).

[45] Como se sabe, nos termos respetivamente do art. 17º-D, e 222º-D, nº 5, o prazo para a conclusão de negociações é de dois meses, podendo ser prorrogado por um mês, mediante acordo prévio e escrito entre o administrador judicial provisório nomeado e a empresa ou o devedor. Quando tal tenha sucedido, pode a empresa ou o devedor, juntamente com o administrador da insolvência, valer-se desta extensão adicional do prazo. Cremos que não se tendo ainda esgotado o prazo de dois meses, a empresa ou o devedor podem valer-se da prorrogação de um mês, nos termos respetivamente do art. 17º-D e do art. 22º-D, nº 5, CIRE, e recorrer por fim a este prazo extraordinário.

concedendo-lhe capital para a sua revitalização, um privilégio creditório mobiliário geral, graduado antes do privilégio creditório mobiliário geral concedido aos trabalhadores (art. 17º-H, nº 2 CIRE). Porém, para o efeito estavam excluídos os sócios que concedessem crédito através de suprimentos. Sendo os seus créditos subordinados (artigo 48º do CIRE) numa eventual futura insolvência, não poderiam adquirir a posição de credores garantidos, por terem sido concedidos no quadro do PER, mesmo para financiar a recuperação do devedor. Agora admite-se (artigo 3º da Lei nº 75/2020), excecionalmente, essa tutela ao capital concedido para a recuperação por parte de "sócios, acionistas, ou quaisquer outras pessoas especialmente relacionadas com a empresa" (artigo 49º do CIRE), no âmbito de um PER "tramitado" durante a vigência da Lei nº 75/2020, de 27/11.[46]

A lei vai mais longe do que proteger, através do privilégio, o financiamento interno realizado através dos sócios, incluindo-se igualmente aquele que seja concedido pelos administradores, de direito ou de facto, e pelos associados, sempre que a pessoa coletiva for uma associação. Estes créditos não passam simplesmente a comuns, o que significaria simplesmente cessar a subordinação em insolvência futura, mas passam a privilegiados.

Importa, ainda referir, que, no artigo 5º da Lei nº 75/2020 permite-se que o devedor que esteja na situação de insolvência atual, caso esta decorra da pandemia, possa lançar mão dos mecanismos de recuperação de empresas. Não se trata de uma inovação, pois, o RERE permitia (art. 35º) que, no prazo de 18 meses depois da sua entrada em vigor, a ele recorressem as empresas em situação de insolvência determinada "nos termos do nº 3 do artigo 3º" da Lei nº 8/2018, de 2/3, norma que, por sua, vez estatui que a situação do devedor "é aferida de acordo com o estabelecido no artigo 3º (...) do CIRE". Esta última disposição prevê as duas situações de insolvência, por conseguinte, se estivesse impossibilitado de cumprir ou tivesse um passivo manifestamente superior ao ativo, o devedor pôde neste período de tempo (até agosto de 2019) recorrer ao RERE. A lei (art. 5º da Lei nº 75/2020, de 27/11) volta a

[46] Vasconcelos, Miguel Pestana de, *O novo processo extraordinário de viabilização de empresas (PEVE). Análise e proposta de reforma. In* Revista de Direito Comercial, pp. 2105-2139, consultada em www.revistadedireitocomercial.com.

permitir o que já tinha permitido, mas de forma mais restrita. Com efeito, é agora necessário que a insolvência atual seja devida à pandemia, a empresa seja suscetível de viabilização e demonstre que a 31 de dezembro de 2019 tinha um ativo superior ao passivo, calculados com base nas normas contabilísticas aplicáveis, mas retificados por aplicação dos critérios do art. 3º, nº 3 CIRE. Por fim, podem ainda recorrer a este regime as empresas que, não tendo a 31 de dezembro um ativo superior ao passivo tenham conseguido regularizar a sua situação jurídica, por via de um acordo de restruturação, nos termos do art. 35º, nº 1 do RERE (art. 5º, nº 2 da Lei nº 75/2020).

3.2.2. A criação do PEVE e do SISPACSE

A principal novidade do diploma consiste na introdução do PEVE, que se junta aos já existentes, principalmente o PER e o RERE. Ele tem um caráter extraordinário e transitório, vigorando, nos termos do art. 18º, nº 1 da Lei nº 75/2020, de 27/11, somente até 31 de dezembro de 2021 (embora esse prazo possa ser estendido por decreto-lei — art. 18º, nº 2 Lei nº 75/2020, de 27/11) assim como um caráter urgentíssimo, dado que ter prioridade sobre o processo de insolvência, PER e PEAP (art. 6º, nº 1 Lei nº 75/2020, de 27/11), já de si processos urgentes, destinado à recuperação de empresas insolventes e pré-insolventes, em virtude da pandemia motivada pela doença da Covid-19.

Apostando na promoção da prévia negociação voluntária de um acordo de viabilização entre a empresa e a maioria dos seus credores (sem dúvida, aquela que promove o melhor ambiente negocial entre ambos), convoca, todavia, a intervenção do tribunal na estrita medida do necessário ao alargamento da sua eficácia a certos credores não subscritores do mesmo — integra, assim, a classe dos processos "híbridos". É, por isso, um processo urgentíssimo, pois goza de precedência sobre a tramitação e o julgamento dos restantes processos pré-insolvenciais (PER ou PEAP) e dos processos insolvenciais.[47]

Sem custas processuais, a empresa suportará a remuneração do administrador judicial provisório, mas beneficiará da proteção do finan-

[47] Epifânio, Maria do Rosário, *A pandemia da Covid-19 e o Direito da Insolvência*, consultado em https://observatorio.almedina.net/index.php/2021/02/17/a-pandemia-da-covid-19-e-o--direito-da-insolvencia/.

ciamento interno (que goza de privilégio creditório mobiliário geral, escapando assim à sua classificação como crédito subordinado) e de vantagens fiscais (redução ou perdão de juros) associadas a eventuais planos prestacionais aceites pela Autoridade Tributária ou pela Segurança Social.[48]

Por fim, para evitar utilizações abusivas, assegurando o delicado equilíbrio de interesses entre os vários *stakeholders*, é um processo de utilização única, que pressupõe não só a demonstração do nexo causal entre a situação de insolvência e a pandemia da Covid-19, como também um inédito controlo jurisdicional da aptidão do acordo para oferecer "*perspetivas razoáveis de garantir a viabilidade da empresa*".

Por outro lado, o SISPACSE é um mecanismo puramente extrajudicial expressamente assumido como um sistema público que visa promover a "resolução alternativa de litígios" entre o devedor e os seus credores, através da intervenção de um "profissional habilitado a usar técnicas que promovam essa contratualização" (designado de conciliador) (Preâmbulo do respetivo diploma de aprovação). Contrariamente ao PEVE, promove-se, aqui, a adoção de soluções puramente conciliatórias sem a intervenção do tribunal e sem prazo de validade (esta solução não é excecional ou temporária).[49]

Destina-se a devedores pessoas singulares (empresários ou não) que pretendam renegociar as suas dívidas pecuniárias que incumpriram, definitiva ou temporariamente, ou ameacem não cumprir (não se exigindo, em rigor, que o devedor esteja numa situação de sobre-endividamento, não obstante a referência expressa que é feita no Preâmbulo do respetivo diploma de aprovação e na designação da figura). Estão, porém, expressamente excluídas as dívidas tributárias e à segurança social, bem como as dívidas enquadráveis num PARI ou num PERSI.[50]

[48] RAMOS, Susana Amaral, *Recuperação de Empresas. Regimes legais anotados,* Coimbra, Almedina, 2021, pp. 167-168.

[49] EPIFÂNIO, Maria do Rosário, *A pandemia da Covid-19 e o Direito da Insolvência*, consultado em https://observatorio.almedina.net/index.php/2021/02/17/a-pandemia-da-covid-19-e-o-direito-da-insolvencia/.

[50] Apesar de abranger um círculo muito restrito de dívidas pecuniárias, esta ferramenta jurídica poderá revelar-se de grande utilidade nos tempos vindouros — o levantamento das moratórias (nos contratos de arrendamento, para habitação ou comércio) vai "desligar da máquina" muitos devedores que terão que estar preparados para o embate que se avizinha.

Enquanto solução conciliatória, apresenta inúmeras vantagens para as partes envolvidas (devedor, credores e garantes) — celeridade, eficiência, redução de custos. Em particular, e no que respeita aos credores, é voluntário, pois os credores negoceiam, se quiserem; subscrevem o acordo, se assim o pretenderem. Depois, e ainda quanto aos credores, habilita-os, de forma rápida e económica, a um título executivo. Já no que concerne ao devedor, permite-lhe superar (ou, pelo menos, ensaiar uma tentativa de superação) uma situação de risco de incumprimento, de incumprimento temporário ou incumprimento definitivo de obrigações pecuniárias — prevenindo ou regularizando uma situação de sobre-endividamento.[51]

4. O impacto da resposta normativa decorrente da pandemia na gestão da empresa em crise

Como resulta do exposto, os administradores — no cumprimento do dever de cuidado — devem monitorizar a compatibilização das escolhas de gestão com o estado de solvência da empresa e, se for o caso disso, a (re)planificação económico-financeira como método normal de reequilíbrio da sociedade-empresa. Portanto, no contexto da crise pandémica, o cumprimento do dever de cuidado na administração das sociedades é especialmente relevante, devendo os membros da administração fazer um esforço adicional por se informarem das melhores práticas a adotar no cenário atual.

Por outro lado, o administrador deverá atender aos interesses de longo prazo dos sócios, procurando (no sentido do estabelecido pelo legislador) desincentivar as práticas agressivas de administração baseadas na maximização dos resultados imediatos que não raras vezes colocam em causa a própria subsistência das empresas.[52] Impõe-se ainda aos administradores que ponderem os interesses dos outros sujeitos relevantes para a sustentabilidade da sociedade, tais como os seus trabalhadores, clientes e credores. Significa isto que o legislador, além de reforçar novamente a importância da sustentabilidade da sociedade, obriga os

[51] Ramos, Susana Amaral, *Recuperação de Empresas.* Regimes legais anotados, Coimbra, Almedina, 2021, pp. 220.

[52] Cunha, Paulo Olavo, *A recuperação de sociedades no contexto do PER e da insolvência. In* Revista de Direito da Insolvência, Coimbra, Almedina, 2017, pp. 108-109.

administradores a considerar nas suas decisões os interesses dos demais *stakeholders* que se relacionam com a sociedade. Assim, como corolário do dever de lealdade, ficam os administradores obrigados a adotar medidas nas sociedades que acautelem trabalhadores, clientes e credores que se relacionem com a sociedade de forma a, também eles, serem protegidos no cenário de crise atual e, com isso, assegurar relações duradouras e sustentáveis no futuro.[53]

A situação atual obrigará ainda os administradores/gerentes a ponderar e divulgar os impactos que a presente pandemia representa para a sociedade enquanto "facto relevante ocorrido após o termo do exercício" devendo essas conclusões ser incluídas no âmbito do relatório de gestão que acompanha as aprovações de contas anuais da sociedade relativas ao exercício de 2019 (alínea b) do nº 5 do art. 66º do CSC).[54] Além disso, se o contexto atual comportar um risco financeiro, a alínea h) do nº 5 do art. 66º do CSC estabelece que o relatório de gestão deverá ainda incluir "*os objetivos e as políticas da sociedade em matéria de gestão dos riscos financeiros, incluindo as políticas de cobertura de cada uma das principais categorias de transações previstas para as quais seja utilizada a contabilização de cobertura, e a exposição por parte da sociedade aos riscos de preço, de crédito, de liquidez e de fluxos de caixa, quando materialmente relevantes para a avaliação dos elementos do ativo e do passivo, da posição financeira e dos resultados, em relação com a utilização dos instrumentos financeiros*".

Conclusões

Assim, no contexto de *crise de empresa* e de situação de excecionalidade pandémica, os administradores devem, preliminarmente e como obrigação de meios — deste modo antecipando o regime de prevenção da insolvência consagrado no artigo 19º da Diretiva —, encetar um processo de negociação com o ou os credores que permitam viabilizar os planos ou os acordos de recuperação, conforme tenham optado por recorrer ao PER (independentemente da identificação do credor ou credores que o requeiram *ab initio*) ou ao RERE (independentemente da identificação

[53] Serra, Catarina, *Lições de Direito da Insolvência*, Coimbra, Almedina, 2018, p. 326.

[54] Cordeiro, António Menezes, *O princípio da boa-fé e o dever de renegociação de contratos em contextos de «situação económica difícil»*. *In* II Congresso de Direito da Insolvência, Coimbra, Almedina, 2014, p. 67; Martins, Alexandre Soveral, *Um Curso de Direito da Insolvência*, Coimbra, Almedina, 2019, p. 509.

do credor ou credores com que se pretenda negociar)[55] ou, na atual situação de excecionalidade pandémica, o PEVE.

Depois (e em relação com o sucesso ou insucesso desse processo) devem usar de acrescida diligência informativa e técnica, direcionada para a captação da utilização dos dados informativos junto dos terceiros e colaboradores relevantes (credores, trabalhadores, fornecedores, contabilistas certificados, revisores oficiais de contas, Fisco, Segurança Social), e para a sustentação das medidas,[56] instrumentos e providências de reestruturação com base em aconselhamento especializado. Tal reflete-se — quanto ao PER — na elaboração, em primeiro lugar, da proposta de plano de recuperação (com descrição da situação patrimonial financeira e creditícia da empresa)[57] — art. 17º-C, nº 3, c), CIRE —, assim como da elaboração (com os credores) e apresentação para homologação judicial do acordo extrajudicial de recuperação (para o PER previsto no artigo 17º-I) e, depois, na intervenção no processo negocial e contribuição para a conclusão do plano de recuperação tendente à revitalização (artigos 17º-D, 17º-F, CIRE).[58]

Quanto ao RERE — na elaboração, em primeiro lugar, do protocolo de negociação, na participação negocial e na conclusão do acordo final da reestruturação (nomeadamente composto pelos termos da reestruturação da atividade económica do devedor, do seu passivo, da sua estrutura legal, dos novos financiamentos a conceder ao devedor e das novas garantias a prestar por este, assim como as alterações dele decorrentes para as posições jurídicas dos credores e modificações societárias (como decorre dos artigos 6º, 7º, 14º-18º, 19º-22º. 26º da Lei nº 8/2018).

Assim, num horizonte de grande volatilidade comportamental e de incerteza sócio-económica, conclui-se que é importante prosseguir um caminho de conjugação dos interesses dos sócios com os interesses dos restantes *stakeholders*, num quadro de especial intensidade dos deveres

[55] Costa, Ricardo, *A gestão das sociedades em «crise de empresa»*, p. 50.

[56] Para soluções de direito brasileiro, veja-se Almeida, Thalita, Alves, Alexandre Ferreira de Assunção e Gonçalves, Rubén Miranda, *Financiamento do devedor em recuperação judicial e os impactos da pandemia do Covid-19 para o empresário brasileiro. In* Revista Jurídica UniCuritiba, nº 64, 2021, consultado em http://revista.unicuritiba.edu.br/index.php/RevJur/article/view/5296.

[57] Machado, José Gonçalves, *O dever de renegociar no âmbito pré-insolvencial — Estudo comparativo sobre os principais mecanismos de recuperação de empresas*, Coimbra, Almedina, 2016.

[58] Costa, Ricardo, *A gestão das sociedades em «crise de empresa»*, pp. 51-52.

dos administradores na gestão pré-insolvencial ou de insolvência iminente por motivos decorrentes da pandemia da Covid-19.

Referências

Abreu, J. M. Coutinho de, *Curso de direito comercial*, vol. II, 6.ª Edição, Coimbra, Almedina, 2019

Abreu, J. M. Coutinho de, *Administradores e (novo?) dever geral de prevenção da insolvência. In* V Congresso de Direito da Insolvência, Coimbra, Almedina, 2019

Águila-Real, Jesus Alfaro, *El deber de atuación indepedinete de los administradores en el mejor interés de la sociedad*, disponível em https://almacendederecho.org/deber-actuacion-independiente-los-administradores-mejor-interes-la-sociedad

Almeida, Thalita, Alves, Alexandre Ferreira de Assunção e Gonçalves, Rubén Miranda, *Financiamento do devedor em recuperação judicial e os impactos da pandemia do Covid-19 para o empresário brasileiro. In* Revista Jurídica UniCuritiba, nº 64, 2021, disponível em http://revista.unicuritiba.edu.br/index.php/RevJur/article/view/5296.

Christoph, Paulus G., *The new German preventive restructuring framework*, disponível em http://www.rivistaodc.eu/Article/Archive/index_html?ida=171&idn=25&idi=-1&idu=-1

Cordeiro, António Menezes, *O princípio da boa-fé e o dever de renegociação de contratos em contextos de «situação económica difícil». In* II Congresso de Direito da Insolvência, Coimbra, Almedina, 2014

Costa, Ricardo, *A administração da sociedade PME e o sócio gestor. In* O sócio gestor, Coimbra, Almedina, 2017

Costa, Ricardo, *A business judgement rule na responsabilidade societária: entre a razoabilidade e a racionalidade,* in Governação das sociedades, responsabilidade civil e proteção dos administradores, IJ FDUC/IDET, Coimbra, 2018.

Costa, Ricardo, *Deveres gerais dos administradores e «gestor criterioso e ordenado. In* Estudos Dispersos, Coimbra, Almedina, 2020

Costa, Ricardo, *A gestão das sociedades em «crise de empresa». In* Estudos Dispersos, Coimbra, Almedina, 2020.

Cruz, Nuno Gundar da, Aproveitemos a nova diretiva comunitária sobre reestruturação de empresas. In O Jornal Económico, 24 de março de 2020, disponível em https://jornaleconomico.sapo.pt/noticias/aproveitemos-a-nova-diretiva-comunitaria-sobre-reestruturacao-de-empresas-564932

Cunha, Paulo Olavo, *A recuperação de sociedades no contexto do PER e da insolvência. In* Revista de Direito da Insolvência, Coimbra, Almedina, 2017

Denozza, Francesco, Lo scopo della società tra short-termism e stakeholder empowerment, disponível em http://www.rivistaodc.eu/Article/Archive/index_html?ida=172&idn=25&idi=-1&idu=-1

Epifânio, Maria do Rosário, A pandemia da Covid-19 e o Direito da Insolvência, disponível em https://observatorio.almedina.net/index.php/2021/02/17/a-pandemia-da-covid-19-e-o-direito-da-insolvencia/

Ezquerra, J. Pulgar, *Holdout accionarial, reestruturación forzosa y deber de fidelidad del socio. In* Revista de derecho concursal y paraconcursal, nº 27, 2017,

Ferreira, Bruno, *Recuperação de empresas viáveis em dificuldades: em especial, a recuperação extrajudicial* in *Congresso — Direito das Sociedades em Revista*, nº 2, Coimbra, Almedina, 2011,

Fonseca, Rodrigo, Voltar ao Essencial: a responsabilidade de Administradores e Diretores durante e após uma Pandemia, disponível em https://coronavirus.marsh.com/pt/pt/insights/risk-in-context/back-to-essentials-do-liability-during-and-after-pandemics.html

Frada, Carneiro da, *A responsabilidade dos administradores na insolvência. In* Revista da Ordem dos Advogados, 2006

Graña, Eva Recáman, *Derecho proyectado de reestructuraciones y deberes de los administradores sociales. In* Revista de Derecho Concursal y Paraconcursal, nº 28/2018, Wolters Kluwer, 2018

Graña, Eva Recamán, *Hacia una determinación del comportamiento debido por los administradores en la reestructuración. In* Revista de Derecho Concursay y Paraconcursal, nº 32/2020, Wolters Kluwer, 2020

Gregório, Tomás de Almeida, Criação e Insolvência de Empresas em Tempos de Pandemia, disponível em https://rsa-lp.com/2021/02/15/criacao-e-insolvencia-de-empresas-em-tempos-de-pandemia/

Inácio, Emmanuelle. A closer look at: The impact of COVID-19 on (pre-)insolvency. *In* Eurofenix — The Journal of INSOL Europe, nº 79, 2020, pp. 14-15.

Luciano, Alessandro M., *La gestione della s.r.l. nela crisi pre-concorsale. In* Reviste della società, Anno 62, 2017

Machado, José Gonçalves, *O dever de renegociar no âmbito pré-insolvencial — Estudo comparativo sobre os principais mecanismos de recuperação de empresas*, Coimbra, Almedina, 2016

Madaus, Stephan. Covid-19 — *Der Gesetzgeber muss das Insolvenzrecht anpassen*, disponível em https://stephanmadaus.de/2020/03/15/covid-19-der-gesetzgeber-muss-das-insolvenzrecht-anpassen/

Martins, Alexandre Soveral, *O Regulamento (EU) 2015/848 relativo aos processos de insolvência. In* Estudos de Direito de Insolvência, Coimbra, Almedina, 2018, p. 25

Martins, Alexandre Soveral, *Um Curso de Direito da Insolvência*, Coimbra, Almedina, 2019,

MATOS, Francisco da Cunha. El necesario cambio de paradigma de la cultura bancária. Un banco de servicio en la Nueva Normalidad — una reflexión ibérica. *In Revista de derecho bancario y bursátil*, Año nº 39, nº 160, Madrid, Aranzadi, 2020

MATOS, Francisco da Cunha. The urgency of a company's recovery after the COVID-19 crisis. In Eurofenix — *The Journal of INSOL Europe, Summer Edition*, 2020, p. 36.

MONTEIRO, Nuno Líbano e MATOS, Francisco da Cunha, A preponderância da reestruturação das empresas no «novo normal». In Vida Judiciária, nº 215, 2020, pp. 19-20.

MONTEIRO, Nuno Líbano e MATOS, Francisco da Cunha, Impulso europeu à restruturação das empresas. In Jornal de Negócios de 12.01.2017.

RAMOS, Susana Amaral, *Recuperação de Empresas. Regimes legais anotados*, Coimbra, Almedina, 2021

RIBEIRO, Maria de Fátima, *A responsabilidade dos administradores na crise de empresa. In* I Congresso Direito das Sociedades em Revista, Almedina, Coimbra, 2011

SERRA, Catarina. Covid-19 Para uma legislação para a crise das empresas em tempos de «crise total», p. 1, disponível em https://observatorio.almedina.net/index.php/2020/04/03/covid-19-para-uam-legislacao-para-a-crise-das-empresas-em-tempos-de-crise-total/

SERRA, Catarina, *Regime Extrajudicial de Recuperação de Empresas — Análise (e) Crítica*, Coimbra, Almedina, 2018

SERRA, Catarina, La recuperación negociada de empresas bajo la ley portuguesa. Para una lectura sistemática de los acuerdos de recuperación o restructuración de empresas. In *Las Soluciones Negociadas como Respuesta a la Insolvencia Empresarial — Reformas en el Derecho Comparado y Crisis Económica*, Cizur Menor, Thomson-Reuters Aranzadi, 2014.

SERRA, Catarina, *Lições de Direito da Insolvência*, Coimbra, Almedina, 2019

SERRA, Catarina, *O regime provisório de recuperação de empresas depois do art.6º-A da Lei nº 1-A/2020*, disponível em https://observatorio.almedina.net/index.php/2020/06/01/covid-19-iv-o-regime-provisorio-de-recuperacao-de-empresas-depois-do-artigo-6-o-a-da-lei-n-o-1-a-2020-suspensao-de-prazos-e-de-actos-executivos-relativos-ao-processo-de-insolvencia/

SPINDLER, G., Trading in the Vicinity of Insolvency. In European Business Organization Law Review, Vol. 7, Issue 1, 2006, pp. 339, disponível em https://www.cambridge.org/core/journals/european-business-organization-law-review-ebor/article/trading-in-the-vicinity-of-insolvency/27E51817397D245BC636426343EC9D76

VASCONCELOS, Miguel Pestana de, *O novo processo extraordinário de viabilização de empresas (PEVE). Análise e proposta de reforma. In* Revista de Direito Comercial, pp. 2105-2139, disponível em www.revistadedireitocomercial.com.